예수아 채널링

예수아 채널링

빛의 일꾼들에게 전하는 새 시대의 메시지

파멜라 크리베 받아씀 | 이균형 옮김

정신세계사

예수아 채널링

ⓒ 파멜라 크리베, 2008

파멜라 크리베 받아쓰고, 이균형 옮긴 것을 정신세계사 정주득이 2016년 7월 29일 처음 펴내다. 김우종이 다듬고, 김윤선이 꾸미고, 한서지업사에서 종이를, 영신사에서 인쇄와 제본을, 김영수가 기획과 홍보를, 하지혜가 책의 관리를 맡다. 정신세계사의 등록일자는 1978년 4월 25일(제1-100호), 주소는 03965 서울시 마포구 성산로4길 6 2층, 전화는 02-733-3134, 팩스는 02-733-3144, 홈페이지는 www.mindbook.co.kr, 인터넷 카페는 cafe.naver.com/mindbooky이다.

2024년 12월 4일 펴낸 책(초판 제4쇄)

ISBN 978-89-357-0402-6 03290

이 도서의 국립중앙도서관 출판시도서목록(CIP)은 서지정보유통지원시스템 홈페이지(http://seoji.nl.go.kr)와 국가자료공동목록시스템(http://www.nl.go.kr/kolisnet)에서 이용하실 수 있습니다. (CIP제어번호: CIP2016017681)

차례

2부 공개 채널링 2003-2006

읽으시기 전에

이 책은 네덜란드의 한 여성을 통해 전해진 흥미롭고 심오한 채널링 메시지로서, 그 주인공은 예수인 것으로 주장된다. 간단히 말해서 이것은 또 하나의(!) '예수 채널링' 메시지다. 이 대목에서부터 혼란을 느끼는 독자들을 위해서 이에 대한 역자의 개인적 소견을 참고로 피력하려고 한다.

일단, 채널링은 일어날 수 있는 현상이다. 전파 공간 속에 놓여 있는 수신기가 문자와 소리와 영상을 수신해서 우리에게 전해주듯이, '아카식 필드'로 불리는 의식 공간 속에 놓여 있는 감도 높은 인간 수신기도 그 속의 정보를 우리에게 전해줄 수 있을 것이다.(사실 이 책 속의 예수아는 "모든 사람이 부지중에 채널링을 하고 있다"고 말한다.)

두 번째 문제는 그 메시지의 진위 여부인데, 나는 채널러의 주장이 진실인지 거짓인지를 알아내려고 애쓰기보다는 — 판단의 객관적인 준거 자체가 모호하지만 — 그 내용이 일개 채널러의 에고가 지어낼 수 있는 수준을 훌쩍 넘어선 것으로 판단된다면 일단 읽어보기를 택한다.

세 번째로, 메시지를 보내는 주인공이 가령 '예수'라고 주장되고 있다면 나는 그것을 무턱대고 믿기보다는 참고정보로 받아들인다. 믿든지 안 믿든지는 각자가 결정해야 할 문제라고 생각하거니와 그 자체에 큰 중요성을 부여하지 않는다.

그런데 가령 그게 예수가 아니라고 판단했을 경우에도 그것이 곧 예수의 메시지를 실제로 채널링하는 것 자체가 불가능한 일임을 뜻하는 것은 아니다. 오히려 채널링이라는 현상의 존재는, 조건만 만족한다면 나 같은 보통사람도 예수와 같은 높은 존재를 언제든지 만날 수 있다는 믿음을 갖게 해서 '저 높은 곳'이 한층 더 가까워진 느낌이 들게 해준다.

마지막으로 메시지 내용에 대한 가치판단은, 그 메시지가 내가 몰랐던 것을 깨우쳐주어서 그 결과로 내가 더 성숙해지고 내 삶에 자유로움과 조화가 더해졌다면 더도 덜도 말고 딱 그만큼 내게 가치가 있다고 판단한다. 설사 책 속에는 그보다 더 엄청난 내용이 들어 있다고 하더라도 그것이 내 존재, 내 삶으로 체화되지 않으면 그것은 없는 것과 같다.

흔해 빠진 예수의 채널링 메시지를 이것저것 가리지 않고 — 역자로서는 꽤나 까다롭게 가린 것이지만 — 자꾸만 출판하는 것이 별 의미가 있겠느냐 하는 반대도 있었다. 개인적 경험을 말하자면, 시각장애인이라 하더라도 여러 명이 달라붙어서 코끼리를 만져볼수록 코끼리의 근사한 몽타주를 만들어낼 수 있듯이, 역시 여러 관점을 통해서 바라보니 '예수의 가르침'으로 표방되는 메시지들 사이에서 일관성이 발견되면서 그 골자가 선명해지는 것을 깨닫게 된다.

결국 채널링이라는 이 새롭고 비과학적인 영역에서 모든 판단의 주체는 나일 수밖에 없으니, 오로지 무엇이 나의 의식을 더욱 밝게 깨워주는지를 기준으로 각자가 주관적인 판단을 내리는 수밖에 없다. 다양한 채널의 메시지 내용들 중에는 서로 상반되는 부분도 있는데 그것을 취사선택하느냐, 더 넓은 관점에서 모두 포용하느냐, 아니면 깡그리 다 무시해버리느냐 하는 것조차도 전적으로 각자의 판단에 달린 것이니, 이 영역을 지날 때는 특히 들려오는 말이 나의 〈가슴〉을 울리는지에 예민하게 주의를 기울이며 가야 할 것이다.

옮긴이 이균형

서문

이 책은 내가 영적 스승 예수아로부터 4년 동안 받아 모은 영감의 메시지, 곧 '채널링' 내용을 담고 있다. 이 책의 채널링 내용은 전부터 우리의 웹사이트 www.jeshua.net에 공개되어왔고, 거기서 무료로 볼 수 있다. 그럼에도 우리는 이것을 책으로 내면 독자들이 좀더 편하게 읽어볼 수 있을 것으로 느꼈다. 또한 이 책의 모든 내용은 2007년에 새로 편집되고 '업데이트'되었다. 달리 표현할 필요가 있다고 느껴지는 — 예수아와 긴밀히 관련된 — 부분들을 다시 썼다는 말이다.

예수아Jeshua는 예수의 아람어 이름인 '예수아 벤 요셉'의 약칭이다. '예수아'를 자신을 부르는 이름으로 택함으로써 예수아는 자신의 인간성과, 우리와의 친밀성을 강조하고 있다. '예수 그리스도'라는 이름이 주는 것과 같은 신격화된 스승의 이미지가 아니라 마치 친구처럼, 아니면 형제처럼 우리에게 다가오려는 것이 그의 목적이다.

이 책은 그가 누구인지, 그리고 2천 년 전에 그가 지상에서 이루려 했던 사명이 무엇이었는지를 소개하는 내용의 채널링으로부터 시작된다. 그다음에는 '빛의 일꾼 시리즈' 채널링이 이어진다. 이것은 아직 실황을 지켜보는 청중이 없었던 초창기에 남편과 내가 예수아로부터 받았던 메시지이다. 이 메시지는 빛의 일꾼이 된다는 것이 무엇을 뜻하는지와, 이 영혼 그룹의 역사와 운명에 관한 이야기다. 여기에는 에고에 중심한 의식으로부터 가슴에 중심한 의식으로 변성해가는 과정이 상세히 설명되어 있다.

이 책의 후반부에는 실황을 지켜보는 청중들 앞에서 예수아로부터 받은 열한 개의 메시지가 담겨 있다. 이 시리즈에서 다루는 문제들은 대부분 매우 실질적인 내용이어서 인간관계, 감정, 일, 그리고 건강 등 일상적 삶의 다양한 측면에 관한 것이다. 치유와 내적 평화라는 주제가 이 모든 메시지를 일관하여 흐르면서 메시지들을 하나로 묶어준다. 마지막 장은 이 메시지의 채널러인 나의 신상 배경과 채널링이라는 전반적 현상에 대한 몇 가지 언급을 담고 있다.

이 일을 돕고 지원해준 몇몇 사람들에게 깊은 감사를 느낀다. 무엇보다도, 남편 게릿Gerrit이 없었으면 이 책은 나올 수 없었을 것이다. 그는 채널링이라는 분야를 발견해가는 나의 여정을 출발부터 함께 해주었다. 그는 내가 예수아를 채널링할 때마다 늘 내 곁에 있으면서 내가 안전하게 집중할 수 있도록 도와주었고, 지금도 도와주고 있다. 또 그는 인내심과 신뢰로써, 내가 채널링이라는 과정에 수반하는 두려움과 저항과 의심의 순간들을 이겨낼 수 있도록 도와주었다. 게릿은 또 이 책의 출판과 관련된 기술적인 측면에서 큰 도움을 주었다.

예수아 채널링은 원래 네덜란드어로 받아져 쓰였다. 녹음내용을 모두 받아 적어준 헤드비히 드 비르Hedwig de Beer, 그리고 전체 내용을 분담하여 영어로 옮겨준 웬디 질리센Wendy Gillissen과 티네케 레빈

디히에게 감사드린다. 원고를 편집하여 제대로 된 영어책으로 만들어준 조 미보Joe Meboe에게도 신세를 많이 졌다. 마지막으로 채널링 모임에 꼬박꼬박 참석하여 메시지가 받아들여질 수 있는, 열리고 사랑 깊은 분위기를 조성해준 여러 친구들과 상담의뢰자들에게 깊이 감사드린다.

우리는 여러 해에 걸쳐 모임과 워크샵, 혹은 인터넷을 통해 많은 사람들을 만났고, 그들은 예수아의 메시지에 깊이 감동받았다. 이것이 우리로 하여금 이 작업에 대한 의심과 불안을 조금씩 내려놓고 계속해갈 수 있도록 용기를 북돋아주었다. 예수아의 메시지를 출판함으로써 우리는 우리 영혼의 가족 ─ 영적 변성과 성장과 치유를 향한 깊은 열망의 부름을 함께 느끼는 영혼들 ─ 과 다시 연결된 느낌을 느끼고, 깊이 감사드린다.

2007년 9월 파멜라 크리베

예수아는 누구인가?

나는 여러분에게 예수로 알려진, 과거에 여러분과 함께 살았던 사람입니다. 나는 당신네 교회 전통이 언급하는 예수나 종교문헌 속의 예수가 아닙니다. 나는 피와 살을 가진 한 인간으로서 살았던 예수아-벤-요셉입니다. 나는 여러분보다 일찍 그리스도 의식에 도달했지만, 그것은 현재의 여러분이 상상할 수 없는 힘의 뒷받침을 받은 결과였습니다. 내가 지상에 온 것은 하나의 우주적 사건이었습니다. 나는 그 사건에 나 자신을 내놓았던 것입니다.

그것은 쉬운 일이 아니었습니다. 신의 엄청난 사랑을 사람들에게 전하는 나의 노력은 성공을 거두지 못했습니다. 많은 오해가 있었지요. 나는 너무 일찍 왔습니다. 하지만 누군가는 와야만 했습니다. 내가 온 것은 마치 큰 호수에 돌을 하나 던지는 것과도 같았습니다. 물고기는 다 도망가고 돌은 바닥으로 가라앉지요. 그래도 물결은 오래도록 남아 있었습니다. 그 이후로 내가 전하고자 했던 종류의 그 의식이 암암리에 작용을 해왔다고 말할 수 있습니다. 수면에는 늘 잔물결이 일어났습니다. 용의주도하게 오도하는 해석들이 생겨나서 나의 이름으로 만나서 서로 싸우곤 했지요. 나의 에너지를 느꼈던 사람들, 그리스도 에너지의 충격파를 느꼈던 이들도 그것을 자신의 심리적, 물질적 현실과 온전히 통합시킬 수가 없었습니다.

그리스도 의식이 지상에 발을 딛기까지는 오랜 세월이 걸렸습니다. 하지만 이제는 때가 왔습니다. 나는 나의 말을 듣고자 하고, 고요한 가슴으로 나를 이해하게 된 많은 이들, 아니 모든 이들에게로 돌아와서 말하고 있습니다. 나는 전도도 하지 않고, 심판도 하지 않습니다. 내가 진실로 원하는 것은 오로지, 여러분이 언제든지 다가갈 수 있는, 없는 데 없이 확고히 존재하는 사랑에 대해 이야기해주는 것입니다.

나는 보다 더 큰 의식, 더 큰 존재의 일부입니다. 그러나 예수아인 나는 그 존재(혹은 의식의 장)의 몸으로 나타난 부분입니다. 나는 예수라는 이름을 별로 좋아하지 않습니다. 왜냐하면 그것은 나라는 실체의 너무나 왜곡된 판이기 때문입니다. '예수'는 기독교 교회의 소유물입니다. 그는 수세기에 걸쳐 교회 장로들의 이해에 맞춰 왜곡 변형되는 바람에 이제 예수라는 이미지는 실제의 나와는 너무나 거리가 먼 것이 되어버렸습니다. 그래서 나로서는 여러분이 그저 그것을 놓아 보내어 나를 그 유산의 틀에서 해방시켜주기만 한다면 더 이상 기쁠 수가 없겠습니다.

나는 예수아, 피와 살을 지닌 인간입니다.
나는 여러분의 친구요 형제입니다.
나는 인간과 속속들이 친합니다.

14

나는 스승이요, 벗입니다.

나를 두려워하지 마세요. 가까운 벗을 안 듯이 나를 안으세요.

우리는 한가족입니다.

예수아, 예수, 그리고 그리스도

내가 여러분께 드리고자 지니고 온 그리스도 에너지는 이원성의
세계를 넘어간 집단의 에너지로부터 나옵니다. 이것은, 이 에너지가
선과 악, 빛과 어둠, 주기와 받기 등의 양극을 동일한 하나의 에너지
의 양면으로 인식한다는 뜻입니다. 그리스도 의식의 실상 속에서 산
다는 것은 그 어떤 것과도 갈등이 없다는 뜻입니다. 현실에 대한 온
전한 받아들임만이 있습니다. 갈등이나 저항이 없는 이것이야말로
그리스도 에너지의 중요한 특징입니다. 그리스도(혹은 그리스도 에너
지)는 모든 생각과 느낌과 행동의 양극단을 '하나의' 신성한 에너지
의 현현으로 인식하므로 '그'(그리스도화된christed 에너지)가 현실을 경
험하는 방식에는 이원성이나 심판 같은 것은 있을 수가 없습니다.

예를 하나 들어보지요. 여러분 내면의 그리스도가 사람들이 무기
를 들고 싸우는 것을 보면 그녀의 가슴은 피해자의 운명에 눈물을 흘
리지만, 누구도 심판하지 않습니다. 공격이 한 차례씩 가해질 때마
다 그녀는 고통과 굴욕을 느끼고 연민으로 가슴이 가득 차지만, 누구
도 심판하지 않습니다. 그녀는 총으로, 권력으로 고통을 가하는 공격

자를 지켜보면서 그들 내면의 증오심과 고뇌를 느끼고 애통해하지만, 누구도 심판하지 않습니다. 그리스도의 가슴은 깊은 연민으로써 이 모든 광경을 감싸 안지만 그 누구도 심판함이 없이 그렇게 합니다. 왜냐하면 그녀는 그 모든 측면들을 자신이 몸소 겪었던 경험으로 인식하기 때문입니다. 그녀 자신이 이 모든 배역으로, 가해자와 피해자, 주인과 노예의 역할로 살았었기 때문에, 그녀는 자신이 그들 중 누구도 아니라 양쪽 모두의 배후에 있는 그것임을 아는 경지에 이르렀습니다.

그리스도 에너지는 이원성의 모든 에너지를 거쳐 지나왔습니다. 그것은 자신을 한 때는 어둠과, 또 어느 때는 빛과 동일시했습니다. 그러나 그 모든 과정을 통틀어 어떤 것은 변함없이 그대로 남아 있었습니다. 그리고 모든 것의 배후에 있는 이 '동일함'을 깨달았을 때, 그녀의 의식은 새로운 종류의 일체성을 획득했습니다. ─ 그녀의 의식이 '그리스도화된' 것입니다. 그 그리스도화된 에너지가 바로 내가 여러분께 드리고자 가져왔던 에너지입니다.

내가 누구였는지는 설명하기가 매우 어렵습니다만, 예수아와 예수와 그리스도라는 세 가지 정체성을 구분하는 것으로 그것을 설명해보겠습니다.

지금 이 이야기를 하고 있는 나는 예수아입니다. 지상에 태어났을 때, 나는 이 그리스도 에너지를 지닌 인간이었습니다. 이 에너지를 그리스도라고 불러도 됩니다.

나의 사전에서 예수는 예수아의 육체적, 심리적 현실 속에 그리스

16

도 에너지가 주입된 소산인, 그 신과 같은(Godlike) 인간을 가리키는 이름입니다.

이 그리스도 에너지는 여러분의 관점에서 볼 때 미래에 놓여 있는 빛의 세계로부터 예수아의 내면으로 쏟아 부어졌습니다. 예수는 기적을 행하고 예언을 한 사람입니다. 예수는 내 안에 태어난, 빛의 세계로부터 온 사자使者였습니다. 사실, 그는 미래의 나 자신이었습니다. 지상에 살고 있는 예수아라는 인간인 나의 관점에서 봤을 때, 예수는 그리스도 에너지와 하나가 된, 미래의 나 자신이었습니다. 그의 내면의 그리스도는 그 임재가 너무나 확연해서 주변의 많은 사람들의 눈에도 보였기 때문에 그들에게 그는 거룩한 존재로 보였습니다.

나 예수아는 피와 살을 가진 한 인간이었습니다. '예수라는 모습'의 독특하고도 좀 인위적인 측면은, 내가 미래로부터 그의/나의 그리스도화된 자아를 받아들였다는 점입니다. 나는 내 과거, 혹은 과거의 경험을 통해서 그리스도가 된 것이 아닙니다. 나는 통상적인 방법으로 깨달음을 얻은 것이 아니라 외부로부터의 개입에 의해서, 말하자면 미래로부터 그리스도 에너지가 주입됨으로써 그렇게 되었습니다. 나는 이 생애를 시작하기 전에 이 역할을 하기로 동의했었습니다. 나는 하나의 봉사행위로서, 그리고 나 자신의 가장 깊이 묻혀 있는 가능성의 실체를 알고자 하는 깊은 열망 때문에 예수라는 존재가 내 위에 드리우는 것을 허용했던 것입니다.

빛의 세계로부터 온 미래의 나 자신인 예수는 그리스도 에너지와 하나가 되어 있었습니다. 하지만 그가 곧 이곳 지상의 모든 그리스도 에너지를 대변하는 것은 아니었습니다. 그 에너지는 예수보다 더 큰 에너지를 포함하는 것이기 때문입니다. 그는 이 에너지의 한 부분, 한 세포일 뿐입니다.

그리스도, 곧 그리스도 에너지 ― 이것은 한 인격체라기보다는 에너지장과 더 비슷합니다 ― 는 완벽하게 협동하여 마치 하나의 유기체처럼 기능하는 무수한 측면들 혹은 세포들을 지닌 하나의 집단 에너지입니다. 모든 세포는 전체를 위해 저마다 고유한 역할을 하면서, 전체의 일부로서 존재하는 동시에 자신을 한 개체로서 경험합니다. 그리스도 에너지의 이런 몇몇 측면들을 천사나 대천사로 부를 수도 있습니다. 개체의 느낌을 가지고 있으면서도 높은 수준의 이타심을 지니고 있는 것이 천사들의 특징입니다. 이 이타심이 그들로 하여금 집단 에너지와 하나인 느낌을 갖게 하여 기꺼이 봉사하게 만들지요.

(대)천사라는 개념은 빛의 일꾼 시리즈의 마지막 장('당신의 빛의 자아')에서 잘 설명됩니다.

예수의 지상의 사명

예수는 인류에게 빛과 지혜를 전하기 위해 미래로부터 온 하나의 에너지였습니다. 그는 다른 세계, 아니, 다른 차원으로부터 왔고, 그 현실 차원의 높은 에너지를 품고 왔습니다. 그가 지상에 태어나는 와중에도 자신의 더 큰 자아에 대한 자각은 훼손되지 않고 그대로 남아 있었습니다. 나 예수아 안에 자리 잡은 그의 존재로 인해 나는 물질 세계의 법칙이란 것이 유연한 것임을 쉽게 깨닫고 '기적을 행할' 수 있었습니다.

예수/예수아라는 인격이 지상에 온 이유는 새로운 의식상태로 연결된 통로, 문을 만들어내기 위해서였습니다. 나는 모든 인간에게 열려 있는 가능성의 한 본보기를 보여주고자 한 것입니다.

예수가 온 곳인 빛의 세계는 지구가 결국은 '지구 실험'에 연루된 영혼들을 깊은 어둠과 자기소외에 빠지게 하는 방향으로 가고 있는 것을 감지했습니다. 인간들로 하여금 그들이 택할 수 있는 가능성을 확연히 깨닫게 만들, 변화의 강력한 동력이 주어져야 한다는 판단이 내려졌습니다. 우리는 예수의 에너지 인격을 보냄으로써 그것이 인류에게 거울과 같은 역할을 하여 자신들의 신성한 기원과 내면에 깃들어 있는 잠재된 가능성을 들여다보고 상기할 수 있게 해주기를 바랐습니다. 평화와 자유와, 자기가 자기의 주인이 될 가능성 말입니다.

모든 인간은 자기 현실의 주인입니다. 여러분은 끊임없이 자신의 현실을 창조하고 있습니다. 여러분은 비참하거나 불만족스러운 현실은 놓아 보내고 빛은 들어오도록 허용함으로써 자신의 창조를 변화시킬 수 있습니다. 여러분은 자기 자신의 주인입니다. 하지만 여러분은 진리를 안다고, 여러분에게 최선의 것을 제공하리라고 호언하는 외부의 권위에 자신의 권능을 넘겨줘버리곤 합니다. 정치, 의학, 교육 등의 분야에서 일어나는 일이 이것입니다. 또한 여러분의 '오락산업'은 행복과 성공과 아름다움에 대한 온갖 거짓 이미지들로 가득

합니다. 그것은 그것을 만들어낸 자들 말고는 아무에게도 이득이 되지 않습니다. 그 이미지들을 만들어내는 데에만도 얼마나 많은 돈이 쓰이는지를 생각해본 적이 있습니까? 대중매체, 신문, 영화, 라디오와 텔레비전과 인터넷을 통해서 이런 이미지가 끊임없이 퍼뜨려지고 있습니다. 이런 이미지는 어디서 나오는 걸까요? 왜 거기에 있는 걸까요? 누가 고안해내는 걸까요?

이미지는 대중에게 권력을 휘두르기 위한 하나의 수단입니다. 이미지는 물리적인 힘이나 폭력을 쓰지 않고도 대중을 자신의 진정한 요구로부터 단절된 채 환상을 좇게끔 만들 수 있습니다. 이미지는 대중으로 하여금 자신의 권능과 자기가치를 제 손으로 갖다 바치게끔 만들 수 있습니다. 그것은 여러분을 너무나 교묘하게 미혹시켜서, 무력을 사용하지 않고도 무엇이든 하게 만들 수 있습니다. 여러분은 이미지가 그려낸 가치를 자신의 것으로 받아들이고, 그에 따라 행동하게 될 것입니다. 이것은 우리가 보이지 않는 마인드 컨트롤이라 부르는 것으로, 당신네 '자유' 서방사회에 만연해 있습니다.

빛의 주된 역할은, 여러분의 삶을 형성하고 있는 생각과 느낌의 보이지 않는 틀을 명징하게 자각할 수 있게끔 하는 것입니다. 빛은 마인드 컨트롤의 반대극입니다. 현실 속으로 빛이 들어오면 그것은 힘과 권위의 결탁을 깨부수고 그 위에 세워진 위계구조를 허물어뜨립니다. 그러면 악용된 권력의 내막은 빛 속에 드러나고, 사람들은 자기결정권을 앗아갔던 그 환영과 기만에서 놓여나게 됩니다.

예수는 그가 살았던 당시의 지배층에게 위협적인 존재였습니다.

그가 민중에게 한 말과 그가 방사한 빛은 권력구조의 실체를 적나라하게 드러냈습니다. 이것은 기득권 조직에게는 견딜 수 없고 용인할 수 없는 일이었습니다.

예수가 떠맡았던 빛의 일꾼의 역할은 무거운 것이었습니다. 제 생애에 이 밝고 강렬한 에너지를 품는 데 동의했던 한 인간인 예수아, 곧 나에게는 특히나 무거운 일이었습니다. 나 예수아는 예수라는 존재, 미래의 나 자신에게 거의 짓눌려버렸습니다. 그것이 나를 엄청난 통찰과 사랑과 영감으로 채워주기도 했지만, 그의 에너지를 물리적으로 '담고' 다닌다는 것은 엄청난 도전이었습니다. 그의 에너지를 나의 육체적 존재 속으로 정말 통합시킬 수가 없었습니다. 내 몸의 세포들은 아직 그것을 받아들일 준비가 되어 있지 않았습니다. 그래서 육체적 차원에서 내 몸은 이 강렬한 빛의 에너지를 담고 다니느라 진이 다 빠져버렸습니다.

육체적 측면 외에도 그리스도 에너지를 담는 데 대한 심리적 부담도 있었습니다. 그리스도 에너지의 속성이 가장 가까운 친구들이나 '제자들'로부터도 종종 오해되는 것을 지켜보는 것은 매우 힘든 일이더군요. 때로 나는 절망감에 빠져서 내가 떠난 이 여정의 의미를 스스로 의심하게까지 되었습니다. 나는 세상이 그리스도 에너지를 받아들일 준비가 되지 않았다는 것을 느꼈습니다. 세상은 그리스도 에너지의 본질을 인식하지 못했습니다. 예수는 정말 시대를 앞질러 간 개척자였지요.

예수가 지상에 온 결과

예수가 이 땅에 옴으로써 씨앗은 뿌려졌습니다. 그것은 그리스도 에너지의 씨앗이었습니다. 사람들은 내가 한 말과 행동에 감화되었습니다. 그리고 영혼의 차원에서 무의식중에 그리스도 에너지를 감지했습니다. 그들의 영혼 깊은 곳의 어떤 기억이 휘저어졌습니다. 뭔가가 건드려졌고, 움직이기 시작했습니다.

표면에서, 곧 물리적으로 보이고 느껴지는 것들의 차원에서, 나의 출현은 많은 동요를 일으켰습니다. 이원성의 법칙으로 인해 빛의 강력한 주입은 어둠으로부터 강력한 반응을 만들어냅니다. 이것은 단순히 논리의 문제입니다. 빛은 어둠을 마주하고 있습니다. 빛은 권력 구조를 깨뜨려 갇혀 있는 에너지를 해방시키고 싶어합니다. 어둠은 억누르고 통제하고 싶어하는 에너지입니다. 그러니 이 두 에너지의 이해는 상반됩니다. 한 쪽이 힘을 얻으면 다른 쪽은 자신을 방어하기 위해 반격하여 균형을 되찾습니다. 그리하여 내가 이 땅에 온 것은 또한 내가 퍼뜨리러 온 빛에 대한 반동으로서 많은 투쟁과 폭력을 촉발시켰습니다.

나의 추종자들, 곧 초기 기독교인들에 대한 박해가 이 폭력적 반동의 한 보기입니다. 하지만 교회를 세운 기독교인들 자신도 나의 가르침을 전파하려는 열성에서 폭력 행사를 마다하지 않았습니다. 십자군 전쟁과 종교재판을 생각해보세요. 비기독교인들뿐만 아니라 기독교인들에 의해서도, 그리스도의 이름으로, 가장 야만적인 어둠의 행위가 자행되었습니다.

　나를 사자로 지상에 보내기로 했던 빛의 스승들도, 예수의 미증유
未曾有의 강렬한 에너지가 어둠의 강한 반동을 불러일으키리라는 사
실을 알고 있었습니다. 예수는 마치 혜성처럼 지구의 현실에 충돌해
왔습니다. 그것은 빛의 세계로부터 ― 지구와 그 거주민들을 깊이 염
려하는 에너지로부터 ― 가해진 일종의 응급처치였습니다. 그것은
하염없이 되풀이되고 있는 무지와 파괴의 악순환을 저지하기 위한
하나의 수단, 지구가 향해 가고 있는 방향을 틀어놓으려는 최후의 시
도였습니다.

　그 결과는 불확실했습니다. 한 편에서는 예수의 빛이 그에 대한
반동으로서 많은 어둠을 자극하여 일으켰습니다. 다른 한 편에서는
그리스도 의식의 씨앗이 많은 사람들의 가슴속에 심어졌습니다. 내
가 온 중요한 목적의 하나는 지상에서 빛의 일꾼들의 영혼들을 일깨
우는 것이었습니다. (빛의 일꾼이라는 개념은 이 책의 전반부에서 설명됨. 편
집자 주) 지상세계의 높은 밀도와 어둠 속에서 많은 이들이 길을 잃고
헤매고 있기는 했지만 그들은 나의 에너지를 가장 예민하게 받아들
일 것이었습니다. 빛의 일꾼들은 사실 예수와 동일한 사명을 띤 빛의
사자들입니다. 다른 점은, 그들은 육신 속에서 자신의 더 넓은 신성
한 자아에 나보다 덜 긴밀히 연결되어 있다는 것입니다. 그들은 지상
계의 카르마의 짐과 환영에 더 종속되어 있습니다. 그들은 과거에 더
매여 있습니다. 그러나 예수의 생애에서는 뭔가 특별한 일이 일어나
고 있었습니다. 예수는 과거로부터의 카르마의 짐이 없었으므로 자

신의 신성을 더 쉽게 접할 수 있었습니다. 그는 좀 인위적인 방식으로 여기에 있었습니다. 미래로부터 존재하는, 여기와 거기에 동시에 존재하는 그런 방식으로 말입니다.

당시에 지구의 현실 속으로 예수의 에너지를 주입시키기로 함께 결정했던 빛의 존재들의 의식은 완벽하지도, 전지全知하지도 않았습니다. 모든 의식 있는 존재들은 늘 자신을 발전시키고 이해해가는 과정 중에 있습니다. 인간들 사이에는 모든 일이 모종의 신성한 계획에 의해 예정되어 있다고 믿는 끈질긴 신념이 있습니다. 이 신념의 배후에는 전지전능한 신이라는 개념에 대한 믿음이 있습니다. 이 개념은 그릇된 것입니다. 외부의 힘에 의해 예정된 운명은 없습니다. 여러분 자신이 마음속에서 내리는 선택의 결과인 개연성만이 있을 뿐입니다. 내가 이 땅에 온 것은 예수도 그 일부였던 빛의 집단적 에너지가 내린 결정에 의한 것이었습니다. 그것은 위험성과 예상 밖의 결과를 무릅쓴 선택이었습니다.

내가 언급하고 있는 이 빛의 집단적 에너지란, 인간과 지구의 창조를 도움으로써 인류와 지구와 깊은 관계를 맺게 된 하나의 천사계입니다. 사실 여러분도 그들의 일부여서 그들과 전혀 분리되어 있지 않습니다. 하지만 우리는 지금 다차원적으로, 곧 당신네의 단선적 시간 틀 밖에 있는 의식 차원에서 이야기하고 있습니다. 다른 차원, 혹은 다른 시간 틀에서 보면 바로 여러분이 예수가 지상으로 내려오기 전에 거했던 빛의 세계를 구성하고 있는 이 천사들입니다. (다차원성과 당신의 천사적 본질에 대한 자세한 설명은 1부의 마지막 장 '당신의 빛의 자아'를 참고할 것. 편집자 주) 여러분 ― 빛의 일꾼들 ― 은 스스로 생각하는 것보다 훨씬 더 깊이 '예수 사건', 곧 이 지상에 그리스도 에너지가 주입된 사건과 연루되어 있습니다. 그것은 어느 정도까지는 여러분 모두가 함께 기여한 집단적 노력이었고, 거기서 나 예수아는 하나의 가시적이고 물리적인 상징이었던 것입니다.

나의 메시지는, 그리스도 에너지가 모든 인간의 내면에 하나의 씨앗으로서 존재한다는 것이었습니다. 여러분이 나를 모종의 권위로서 우러러보고 있다면 나의 메시지를 잘못 이해한 것입니다.

나는 여러분이 여러분 자신을 믿기를, 자신의 가슴속에서 진실을 발견하기를, 그리고 자기 밖의 그 어떤 권위도 믿지 말기를 바랐고, 지금도 그러기를 바랍니다.

얄궂게도 기독교 교회는 나를 숭배하고 복종해야 할 권위적인 존재로 만들어서 여러분의 현실 밖에다 모셔놓았습니다. 이것은 내가 의도했던 것과는 정반대입니다. 나의 의도는 여러분 자신도 살아 있는 그리스도가 될 수 있음을 보여주는 것이었습니다.

이제 나는 여러분께 내면의 그리스도를 자각하고, 나에게 인간성을 되돌려주기를 부탁합니다.

나는 예수아, 피와 살을 가진 인간, 그리고 여러분 모두의 진정한 친구이자 형제입니다.

1부

빛의 일꾼 시리즈

새로운 지구 I

오늘날, 이 시대의 지구에는 모종의 전환이 일어나고 있습니다. 어떤 새로운 의식이 출현하고 있어서 그것은 조만간에 물질적 형체를 띠게 될 것입니다. 이 전환이 어떤 식으로 찾아올 것인지, 어떤 형태를 띨 것인지는 정해져 있지 않습니다. 미래는 언제나 불확정합니다. 진실로 주어진 것은 오직 이 순간 － 지금 － 뿐입니다. 지금이라는 원천으로부터 가능한 무수한 길, 가능한 미래의 무한한 가지가 샘솟듯이 뻗어 나오고 있습니다.

과거를 바탕으로 우리는 하나의 특정한 미래가 실현될 가능성이 다른 미래보다는 더 크다고 예측할 수 있습니다. 하지만 선택은 언제나 여러분의 것입니다. 과거가 여러분의 미래를 결정하도록 놔둘 것인지 말 것인지를 결정하는 것은 여러분입니다! 예측은 언제나 확률에 근거합니다. 확률은 과거와 관련되어 있습니다. 과거와 결별하고 다른 코스를 가는 것은 인간인 여러분의 권능 안에 있습니다. 여러분에게는 자유의지가 주어져 있습니다. 여러분은 변화의 힘, 자신을 재창조할 힘을 지니고 있습니다. 이 권능 속에 여러분의 신성이 있습니다. 그것은 무로부터 창조해내는 권능입니다. 이 신성한 권능은 다름 아닌 여러분의 본성에 속해 있습니다.

오늘과 이 시대를 전환의 시대로 일컬을 때, 여러분은 자기 현실의 주인임을 결코 잊지 마십시오. 정해진 계획이라든가, 각 영혼의 길이나 자기 현실을 창조하는 개인의 힘을 지배하는 우주적 권능 같은 것은 존재하지 않습니다. 일은 그런 식으로 작용하지 않습니다. 지상의 모든 영혼들은 이 전환을 저마다 자신의 내면적 성향에 어울리는 방식으로 경험할 것입니다. 현실은 무수히 많습니다. 여러분이 선택하는 현실은 여러분 내면의 요구와 소망에 응답할 것입니다. 이 시기(대략 1950~2070년)를 특별한 시기로 만드는 것은, 의식의 두 가지 다른 주기가 끝을 맺게 된다는 점입니다. 개인적 주기(혹은 일련의 개인적 주기들)의 끝과 행성 주기의 끝 말입니다. 이 주기들의 완료시점이 일치함으로써 이 둘은 서로 힘을 강화시켜줍니다.

인류의 일부에게는 지구생의 개인적 주기의 마무리가 다가오고 있습니다. 이 마무리에 관여된 대부분의 영혼들은 빛의 일꾼들(Light Workers)입니다. 이 그룹의 빛의 일꾼 영혼들에 대해서는 곧 훨씬 더 자세히 이야기할 것입니다. 여기서는 이 개인적 주기의 성질을 설명하고자 합니다. 개인적 주기를 지나간다는 것은 무엇을 뜻하는지, 지상의 그 모든 복잡다단한 생애들을 겪는 목적은 무엇인지에 대해서 말입니다.

개인의 카르마 주기

여러분이 경험하는 지상의 생애들은 여러분 영혼의 더 큰 순환주기의 한 부분입니다. 이 순환주기는 이원성을 온전히 경험해볼 수 있게끔 설계되었습니다. 이 순환 속에서 여러분은 남자나 여자가 되는 것, 건강하거나 아픈 것, 부자이거나 가난한 것, '좋은' 것이나 '나쁜' 것이 어떤 것인지를 경험했습니다. 어떤 생애에서 여러분은 농부나 노동자나 장인이 되어서 물질세계와 깊은 관계를 맺었습니다. 또 자신의 영적 뿌리에 대한 강한 자각을 지니고 있었던, 좀더 영적인 생애들도 있었습니다. 그런 생애들에서 여러분은 종교적인 부름에 잘 이끌렸습니다. 또 권력과 정치 등의 세속적인 세계를 탐사했던 생애도 있었습니다. 자신을 예술적으로 표현하는 데에 몰두했던 생애도 있었을 겁니다.

영혼들은 흔히 이 모든 생애들을 통해서 뭔가 전문성을 띠는 경향을 보입니다. 이것은 특정 분야에 천부적인 재능을 가진 사람들에게서 확연히 나타납니다. 그들은 어릴 적부터 거기에 능력을 가진 것처럼 보입니다. 그런 능력은 적당한 시기에 일깨워지기만 하면 쉽게 발달합니다.

빛의 일꾼 영혼들은 종종 종교적 삶에 이끌려서 무수한 생을 수도사, 수녀, 사제, 주술사, 마녀, 영능력자 등으로 살아왔습니다. 그들은 물질적, 육체적 세계와 영적 세계 사이의 중개자가 되는 쪽으로 이끌렸습니다. 그리하여 그들은 이 분야에서 전문적인 능력을 계발했습니다. 당신이 이 부름, 영적인 일에 관여하고 싶은 강한 충동을 느낀다면, 그것이 현재의 일상생활과는 어울리지 않을지라도 당신은 이 빛의 일꾼들 가족의 일원일 가능성이 많습니다.

지상의 삶은 인간이 된다는 것이 어떤 것인지를 온전히 경험해볼 기회를 제공해줍니다. 이제 여러분은 이렇게 묻겠지요. ― 인간이 된다는 게 뭐가 그렇게 특별한 일일까? 나는 왜 그것을 경험하고 싶어 할까?

인간의 경험은 다양하고도 강렬합니다. 인간의 삶을 살면 육체적 감각과 생각과 느낌이 압도하는 장 속에 잠시 젖어들어 있게 됩니다. 이 장 속에 내재된 이원성으로 인해 여러분의 경험은 소위 아스트랄계에 있을 때보다 훨씬 더 강렬하게 대비됩니다. (아스트랄계는 사후에 들어가서 다음 생애 전까지 머무는 곳입니다.) 여러분은 상상하기가 힘들겠지만, 우리 쪽의 많은 존재들은 여러분의 입장이 되어보기를 갈망할 겁니다. 그들은 인간이 되어보고 인간의 경험을 얻을 수 있다면 너무나 좋아할 겁니다. 인간의 경험은 그들에게는 가치를 따질 수 없는 모종의 실감을 지니고 있습니다. 그들은 상상력만으로 무수한 현실을 창조해낼 수 있지만 그것은 지상에다 '진짜' 현실을 하나 만들어내는 것만큼 만족감을 주지 못합니다.

지상에서는 창조의 과정이 흔히 지난한 몸부림이 됩니다. 자신의 꿈을 실현하려면 대개 많은 저항에 부딪혀야 합니다. 하지만 아스트랄계에서 정신적인 창조물을 만들어내는 것은 그보다 훨씬 더 쉽습니다. 무엇에 대한 생각과 그것의 실질적인 창조 사이에 시간차가 없습니다. 게다가 원하거나 생각해낼 수 있는 그 어떤 현실도 다 창조해낼 수 있습니다. 한계가 존재하지 않지요. 아름다운 정원을 그리는 순간 그것은 거기 있고, 들어가 볼 수 있습니다.

지상에서 어떤 생각에 생명을 주는 것은, 생각이 물질계의 현실이 되게 하는 것은 엄청난 일입니다. 그것은 강한 의도와 끈기와 명료한 마음과 신뢰 깊은 가슴을 요구합니다. 지상에서는 물질계의 느린 속도와 완강한 견고성을 다뤄내야만 합니다. 자기 내면의 모순적인 충동들 — 의심, 좌절, 지식 부족, 신뢰감 결핍 등 — 도 다뤄야만 합니다. 창조의 과정은 이런 요소들 중 어떤 것에 의해서도 가로막힐 수 있고, 실패할 수 있습니다. 그럼에도 이런 문제의 — 심지어 실패의 — 가능성이야말로 지상의 삶의 경험을 그토록 가치 있는 것으로 만들어주는 필수요소입니다. 이 과정, 여러분이 마주치는 도전거리들은 여러분의 큰 스승입니다. 바로 그것이 애쓰지 않고 쉽게 해내는 아스트랄계의 창조과정보다 훨씬 더 깊고 넓은 심원성을 지상의 경험에 부여해줍니다. 애쓰지 않아도 되는 용이성은 허무한 느낌을 낳습니다. 지상의 삶을 아직 경험해보지 못한 아스트랄계의 존재들은 이것을 알고, 이해합니다.

여러분은 자신의 현실이 고분고분하고 말랑말랑하지 않은 것에 용기가 꺾여서 좌절해버립니다. 너무나 흔히, 현실은 여러분의 소망과 기대에 부응해주지 않습니다. 여러분의 창조적 의도는 너무나 자주 고통과 환멸에 의해 종지부가 찍히는 것처럼 보입니다. 하지만 언젠가는 여러분도 평화와 행복으로 가는 저 열쇠를 발견할 것입니다.

여러분 가슴속에 있는 저 열쇠를 말입니다. 그리고 그때 여러분에게 와 닥칠 그 환희는 아스트랄계에서 창조된 그 어떤 것과도 비교될 수 없을 것입니다. 그것은 여러분의 주인됨, 여러분의 신성의 탄생이 될 것입니다.

자신의 신성이 깨어날 때 여러분이 경험하게 될 황홀경은 자신을 치유시킬 힘을 줄 것입니다. 이 신성한 사랑은 당신이 지상의 뭇 생애에 걸쳐 시달려온 깊은 상처에서 헤어나도록 당신을 도와줄 것입니다.

그러고 나면 여러분은 같은 시련과 슬픔을 겪어온 다른 이들의 회복도 도와줄 수 있게 될 것입니다. 여러분은 그들의 고통을 알아볼 것입니다. 그것을 그들의 눈빛 속에서 보게 될 것입니다. 그리고 신성으로 가는 그들만의 길로 그들을 인도해줄 수 있을 것입니다.

이원성을 경험하는 목적

지상의 생애의 의미를 과소평가하지 마세요. 여러분은 신(있는 모든 것)의 가장 창조적이고 앞서가는 용감한 부분에 속합니다. 여러분은 미지의 탐험가들이자 새로운 것의 창조자들입니다. 이원성의 세계를 거쳐온 여러분의 탐사는 여러분의 상상을 훨씬 능가하는 목적에 이바지했습니다. 여러분의 여행의 가장 깊은 의미를 설명하기는 쉽지 않지만, 여러분은 이전에는 존재하지 않았던 새로운 종류의 의식을 창조해냈다고 할 수 있습니다.

이 의식은 그리스도가 지상을 걸었을 때 최초로 내보여졌습니다. 내가 그리스도 의식이라 부르는 이 의식은 영적 연금술로부터 나옵니다. 물질적 연금술은 납을 금으로 변화시키는 것입니다. 영적 연금술은 어둠의 에너지를 '제3의 에너지', 그리스도 에너지 속에 있는 영적 황금으로 변성시키는 기술입니다.

우리가 어둠을 빛으로, 혹은 악을 선으로 변성시키는 것이 목적이라고 말하지 않았다는 사실에 주목하세요. 어둠과 빛, 악과 선은 자연의 양극입니다. 이 양극들은 서로 상대극의 은혜를 입어 존재합니다.

영적 연금술은 사랑과 이해의 에너지를 통해 양극을 모두 포용하는 그런 종류의 의식인 '제3의 에너지'를 만나게 해줍니다. 여러분의 여행의 진정한 목적은 빛이 어둠을 정복하게 하는 것이 아니라 이 양극을 넘어서 새로운 종류의 의식을 창조해내는 것입니다. 이 의식은 빛과 어둠이 양쪽 다 존재하는 가운데서도 일체성을 유지할 수 있습니다.

좀 난해한 이것을 비유로써 설명해보겠습니다. 당신이 진주를 찾는 심해 잠수부라고 싱상해보세요. 여러분은 모든 사람들의 입에 오르내리지만 아무도 실제로 본 적은 없는 이 특별한 진주를 찾아내기 위해 하염없이 다이빙을 합니다. 최고참 잠수부인 신조차 그 진주를 만져보진 못했다는 소문도 있습니다.

바닷속을 다이빙하는 것은 위험천만한 일입니다. 방향을 잃어버릴 수도 있고 너무 깊이 들어가서 숨 돌릴 시간을 놓쳐버릴 수도 있습니다. 그래도 당신은 끈질기게 바닷속으로 다이빙합니다. 당신은 영감에 차 있고 믿음이 확고합니다. 당신은 정신이 나간 걸까요?

아닙니다. 당신은 새로운 것을 탐사하는 자입니다.

비밀은, 당신은 진주를 발견해내려는 바로 그 과정을 통해서 그것을 창조해내고 있다는 것입니다. 그 진주는 그리스도 의식이라는 영적 황금입니다. 진주는 이원성의 경험에 의해 변성된 당신입니다.

여기에 진정한 역설이 있습니다. ─ 새로운 것을 탐사하는 와중에, 당신은 그것을 창조해내고 있는 것입니다. 당신 자신이 신이 창조해낸 진주가 되었습니다.

신에게는 그것을 해낼 다른 방법이 없었습니다. 당신이 발견하려고 애썼던 그것은 아직 존재하지 않았기 때문입니다. 그것은 당신에 의해 창조되어야만 했습니다. 신은 왜 새로운 것을 창조해내는 일에 그토록 관심이 많을까요? 이것을 가능한 한 단순하게 설명해봅시다.

먼저, 신은 전적으로 선했습니다. 오로지 선善만이 모든 곳에 온통 가득했습니다. 사실 다른 것은 아무것도 없었기 때문에 활기라고 할 만한 게 없었습니다. 그의 창조에는 생동감이 결여되어 있었지요. 거기에는 성장과 확장의 가능성이 없었습니다. 그것은 막혀 있었다고 할 수 있지요.

변화를 창조해내기 위해서, 움직임과 확장의 기회를 만들어내기 위해서 신은 만유에 편재해 있는 선과는 다른 어떤 요소를 자신의 창조 속에 도입해야만 했습니다. 이것은 신에게도 무척 어려운 일이었습니다. 그도 그런 것이, 자신이 아닌 무엇을 어떻게 창조해낸단 말입니까? 선이 어떻게 악을 창조해낼 수 있습니까? 불가능합니다. 그래서 신은 말하자면 속임수를 써야만 했습니다. 이 속임수란, '무지'라는 것입니다.

무지는 선에 반하는 요소입니다. 그것은 선의 바깥에 있는 것과 같은 착각을 만들어냅니다. '자신이 누구인지를 모르는 것'이 여러분 우주 속에서 일어나는 변화와 성장과 확장의 배후에 숨겨진 동인입니다. 무지는 두려움을 번식시킵니다. 두려움은 통제의 욕구를 번식시키고, 통제의 욕구는 권력투쟁을 번식시킵니다. 그리하여 여기, '악'이 번성할 모든 조건이 갖추어집니다. 선과 악이 싸움을 벌일 무대가 완성된 것입니다.

신은 자신의 창조가 '막혀 있지' 않게 하기 위해서 두 반대극 사이의 역학을 동원해야만 했습니다. 무지와 두려움에 의해 야기된 그 모든 고통을 눈앞에 두고 여러분이 이것을 이해하기란 무척 힘들 겁니다. 하지만 신은 이 에너지들에 큰 가치를 둡니다. 왜냐하면 이 에너지들이야말로 그/그녀로 하여금 자신을 넘어설 수 있도록 길을 제공해줬기 때문입니다.

신은 여러분, 곧 자신의 가상 창조직이고 앞서가는 용감한 부분에 속하는 이들에게 무지의 베일을 걸쳐주기를 요청했습니다. 그리하여 여러분은 반대극 사이의 역학을 최대한 속속들이 경험하기 위해 자신의 본성에 대한 망각 속으로 잠시 빠져들었습니다. 그런데 무지 속으로 뛰어드는 이 일에 여러분은 스스로 동의했었지만, 이 사실 또한 망각의 베일에 가려져 버렸습니다. 그래서 이제 여러분은 자신을 이 고역, 이 무지의 구덩이 속에 빠트린 신에게 수시로 욕을 퍼붓고 있는 것입니다. 하지만 우리는 압니다. 본질적으로 여러분은 신이고, 신은 곧 여러분이란 것을.

그 모든 고난과 슬픔에도 불구하고 여러분의 깊은 밑바닥에는 아직도 이원성 속에서 사는 것에 대한, 새로운 것을 창조하고 경험하는 것에 대한 경이와 흥분의 느낌이 존재합니다. 이것이 신을 동하게 했던 태초의 흥분입니다. 애초에 신이 여러분을 통해 자신의 여행을 시작했던 이유, 동기 말입니다.

그 여행에 나섰을 때 여러분은 악(두려움, 무지)과 맞부딪혔습니다. 선(집)에 대한 기억은 마음속에 희미하게밖에 남아 있지 않았습니다. 여러분은 집으로 돌아가기를 열망하는 한편으로 두려움과 무지와의 싸움을 시작했습니다. 그러나 과거의 상태로 돌아가고자 하는 것으로는 집으로 돌아갈 수가 없을 것입니다. 여러분의 여행으로 인해 창조계가 변해버렸기 때문입니다.

여행의 결과는 여러분이 선과 악, 빛과 어둠 따위보다 더 커져 있는 것이 될 것입니다. 여러분은 그 양쪽을 다 포용하는 제3의 에너지, 그리스도 에너지를 창조해내게 될 것입니다. 여러분은 신의 창조계를 확장시켜놓게 될 것입니다. 여러분은 신의 새로운 창조가 되어 있을 것입니다. 그리스도 의식이 지상에 온전히 태어날 때, 신은 그/그녀 자신을 능가해 있게 될 것입니다.

그리스도 의식은 '인간의 경험' 이전에는 존재하지 않았습니다.

그리스도 의식은 이원성의 온갖 층의 경험을 다 겪어내고 통달하여 그것의 '저편에' 나타난 존재의 의식입니다. 그가 새 땅, 새로운 지구의 주민이 될 것입니다. 그는 이미 이원성을 놓아 보내었을 것입니다. 그녀는 자신의 신성을 깨달아 포용하고 있을 것입니다. 그는 자신의 신성한 자아와 하나가 되어 있을 것입니다. 하지만 그의 신성한 자아는 이전과는 달라져 있을 것입니다. 그것은 그것이 태어났던 의식보다 더 깊고 풍부해져 있을 것입니다. 아니면 이렇게 말할 수도 있을 겁니다. ― 신은 이원성의 경험을 다 겪어냄으로써 그/그녀 자신을 더욱 풍성해지게 해놓았을 것이라고.

우리가 하는 모든 말이 시간과 분리라는 환영에 의해 왜곡되듯이, 이 이야기도 사실 단순화되고 왜곡된 것입니다. 이 환영幻影은 귀한 목적에 이바지했습니다. 하지만 그것도 넘어가야 할 때가 왔습니다. 우리의 말과 이야기와 비유의 배후에 있는 에너지를 느끼도록 해보세요. 이 에너지는 어떤 의미에서는 여러분 자신의 에너지입니다. 그것은 나 예수아를 통해 이야기하고 있는, 미래의, 그리스도화된, 여러분 자신의 에너지입니다. 우리는 여러분이 우리와 합류할 날을 고대하고 있습니다.

이원성을 극복하는 법 — 카르마의 순환 마치기

이원성의 게임이 더 이상 여러분을 붙잡아두지 못하게 되면 여러분의 지상 생애의 순환은 끝이 납니다. 양극 게임의 장 속에서 특정한 관점에 자신을 동화시키는 것이 이원성 게임의 필수조건입니다. 여러분은 자신이 가난하거나 아니면 부자이거나, 유명하거나 아니면 보잘것없거나, 남자이거나 아니면 여자이거나, 영웅이거나 아니면 악한이거나 어느 한 쪽에 자신을 동화시킵니다. 이중 어느 쪽 배역을 맡고 있는가는 사실 별문제가 되지 않습니다. 무대 위의 그 배역과 하나가 된 느낌을 느끼고 있는 한 이원성은 아직도 당신을 꽉 붙들고 있는 것입니다.

물론 이것이 잘못된 것은 아닙니다. 어떤 의미에서 보자면 그것은 원래 그렇게 되도록 되어 있었습니다. 여러분은 자신의 참모습을 망각하게끔 설정되어 있었습니다. 이원성의 모든 측면을 샅샅이 경험하기 위해서는 지상의 삶이라는 드라마의 특정한 배역 속으로 자신의 의식을 좁혀 들어가게끔 되어 있었습니다.

그리고 여러분은 그 배역을 잘 연기했습니다. 자신의 배역에 너무나 몰입한 나머지 애초에 이생의 쳇바퀴 속으로 들어왔던 목적과 목표를 까맣게 잊어버리긴 했지만요. 여러분은 자신을 너무나 까맣게 망각한 나머지 이원성의 게임과 드라마를 존재하는 유일한 현실로 여기게 되었습니다. 이것이 결국 여러분을 매우 외로워하며 두려움에 떨게 만들었는데, 이건 앞서 말했듯이 이원성의 게임 자체가 무지와 두려움의 바탕 위에 성립된 것이기 때문에 놀랄 일이 아니지요.

여러분의 일상생활 속에서 작용하고 있는 이원성을 이해하기 쉽도록 하기 위해서 이원성 게임의 몇 가지 특징을 열거해보겠습니다.

이원성 게임의 특징

1) 삶 속의 감정상태가 기본적으로 불안정하다.

여러분은 언제나 어떤 특정한 기분의 '고조된' 상태나 '가라앉은' 상태에 있기 때문에 감정의 중심을 잡아주는 닻이 존재하지 않습니다. 여러분은 화가 나 있거나 아니면 용서하고 있거나, 속이 좁아져 있거나 아니면 관대해져 있거나, 우울해져 있거나 아니면 들떠 있거나, 행복하거나 아니면 슬프거나, 둘 중의 한쪽입니다. 여러분의 감정은 늘 양극 사이를 요동칩니다. 이 요동을 제어할 수 있는 힘은 한정되어 있는 듯 보입니다.

2) 외부세계에 단단히 엮여 있다.

다른 사람들이 나를 어떻게 판단하는지가 여러분에게는 매우 중요합니다. 여러분의 자기평가는 외부세계(사회나 사랑하는 사람들)가 여러분이 어떤 사람이라고 거울처럼 비쳐 보여주는 이미지에 좌우됩니다. 여러분은 옳고 그름에 대한 그들의 기준을 따라 살아가려고 애씁니다. 여러분은 안간힘을 다해서 살고 있습니다.

3) 무엇이 옳고 그른지에 대한 단호한 소견을 지닌다.

심판적인 태도가 안전한 느낌을 제공해줍니다. 행동이나 생각, 혹은 사람들을 옳은 편과 그른 편으로 구분해놓으면 삶이 조직적으로 잘 굴러갑니다.

이 모든 특징들에 공통되는 점은, 여러분이 행하고 느끼는 모든 일에서, 여러분이 '정말 거기에 있지 않다'는 것입니다. 여러분의 의식은 두려움에 쫓기는 생각과 행동 습관에 지배받는, 존재의 바깥층에 머물러 있습니다.

예를 들어봅시다. 여러분이 늘 고분고분하고 친절한 태도에 젖어 있는 사람이라면 여러분은 내면의 존재로부터 우러나오는 것이 아닌 다른 행동방식을 내보이고 있는 것입니다. 여러분은 사실 내부의 자신이 보내는 신호를 덮어 누르고 있습니다. 여러분은 다른 사람의 기대에 따라 살려고 애쓰고 있습니다. 그들의 사랑과 칭찬과 관심을 잃지 않으려고 말입니다. 여러분은 두려움으로부터 나오는 반응을 보이고 있는 것입니다. 자기만의 표현에 한계를 가하면서요. 하지만 표현되지 않은 여러분의 일부분은 여러분의 존재에 대해 불만과 염증을 일으키면서 자기만의 숨겨진 삶을 살 것입니다. 여러분의 내부에는 아무도, 심지어는 여러분 자신조차 모르는 분노와 짜증이 도사리고 있을 겁니다.

이 같은 자기부정 상태에서 빠져나오는 길은 내면의 감춰지고 억눌린 부분을 직면하는 것입니다.

여러분 내면의 감춰지고 억눌린 부분과 만나는 것은, 그렇게 하려면 특별한 기술이나 지식이 필요해서 어려운 것이 아닙니다. '내면으로 들어가는 일'을 다른 사람한테서 배워야 하거나 다른 사람의 도움을 받아야만 하는 어려운 과정으로 만들지 마세요. 여러분 스스로 할 수 있고, 자기만의 길을 찾아낼 수 있습니다. 기술이나 방법보다 동기와 의도가 훨씬 더 중요합니다. 자신을 정말 알고자 하기만 하면, 내면으로 깊숙이 들어가볼 각오만 있으면, 그리고 행복하고 만족스러운 삶을 가로막고 있는 두려운 생각과 느낌을 바꿔놓고 싶은 마음만 있으면 여러분은 인연이 닿는 어떤 방법을 통해서든 그렇게 '하게 될' 것입니다.

말 나온 김에, 자기 안의 감정과 만나도록 도와줄 간단한 명상법 하나를 제시해드리겠습니다.

의자에 앉아서 어깨와 목의 근육을 이완하고 등을 펴고 발을 바닥에 대세요. 숨을 한 번 깊게 쉬세요.

탁 트인 파란 하늘 아래서 시골길을 걷고 있는 자신의 모습을 그려보세요. 자연의 소리를 들으면서, 머리카락을 만지고 지나가는 바람을 느껴보세요. 당신은 자유롭고 행복합니다. 길을 가고 있는데 문득 아이들이 당신을 향해 달려오고 있는 것이 보입니다. 그들이 점점 가까워지고 있습니다. 당신의 가슴은 이 광경에 어떻게 반응하나요?

이제 아이들이 당신 앞에 서 있습니다. 몇 명인가요? 어떤 모습인가요? 남자아이들인가요, 여자아이들인가요, 아니면 양쪽 다인가요?

당신은 아이들에게 인사를 합니다. 그들을 만나서 기쁘다고 말해줍니다. 그중에서 당신의 눈을 쳐다보고 있는 한 아이와 눈이 마주칩니다. 그 아이는 당신에게 전해줄 메시지를 가지고 있습니다. 아이의 눈 속에 그것이 쓰여 있네요. 당신도 그걸 읽을 수 있나요? 당신에게 뭐라고 말하고 싶어하나요? 그것은 바로 지금 당신에게 필요한 에너지를 가져다주고 있습니다. 이 내면의 아이가 당신에게 가져온 그 에너지에 이름을 붙이되, 그것을 심판하지는 마세요. 그저 아이에게 고맙다고 말해주고 눈앞의 이미지들을 놓아 보내세요.

잠시 발밑의 땅을 단단히 딛고 있는 느낌을 느껴보고 숨을 깊이 쉬세요. 당신은 방금 자신의 감춰진 부분을 만났습니다.

원한다면 언제든지 이 장면 속으로 돌아가서 거기에 있는 다른 아이들과도 이야기를 나눌 수 있습니다.

내면으로 들어가서 자신의 감춰지고 억눌러진 부분을 만나면 '더욱 지금 여기에 있을' 수 있게 됩니다. 여러분의 의식은 그토록 오랜 세월 당연하게 받아들여온 두려움에 쫓긴 생각과 행동의 습관 너머로 솟아오르고 있는 것입니다. 여러분의 의식은 이제 스스로 책임을 떠맡고 있습니다. 마치 부모가 아이들을 돌보듯이, 여러분의 의식은 내면의 슬픔과 분노와 상처를 돌봅니다. 이 과정에 대해서는 나중에 훨씬 더 깊이 설명하겠습니다. (빛의 일꾼 Ⅲ 참고. 편집자 주)

이원성을 놓아 보낼 때 일어나는 일

1) 느낌을 통해 말을 걸어오는 자신의 영혼에 귀를 기울이게 된다.
2) 그 말에 부응하여 영혼이 바라는 당신의 변화를 일궈낸다.
3) 홀로 있는 조용한 시간을 좋아하게 된다. 영혼의 속삭임은 침묵 속에서만 들리기 때문이다.
4) 자신의 진정한 영감과 열망을 거침없이 표현하지 못하게 가로막는 행위규범과 사고습관의 권위에 의문을 제기하게 된다.

이원성 놓아 보내기의 전환점

여러분의 의식이 중심을 잡고 온전히 제자리에 머무는 가운데 모든 이원성의 경험을 그 손바닥에 다 담을 수 있게 되면, 지상의 삶의 윤회는 이제 마무리가 되어갑니다. 이원성 중의 어느 한 쪽에만(예컨대 어둠에 반해서 빛에만, 궁핍에 반해서 부에만) 붙어 있는 한 여러분의 의식은 시소를 타고 있는 것입니다. 카르마란 단지 여러분의 의식이 타고 있는 시소가 흔들릴 수 있도록 밀어주는 자연의 조화로운 힘일 뿐입니다. 여러분의 의식이 시소의 움직임 없는 중심에다 닻을 내릴 때, 여러분은 카르마에 연결된 매듭을 풀고 있는 것입니다.

이 중심이 바로 카르마의 쳇바퀴를 벗어나는 탈출구입니다. 이 중심점을 감돌고 있는 느낌은 정적과 자비와 고요한 희열입니다. 그리스의 철학자들은 이런 상태의 존재를 감지하고 그것을 '아타락시아ataraxia', 곧 평정 상태라고 불렀지요.

여러분을 그 중심에서 벗어나게 하는 에너지들 중의 주범은 심판과 두려움입니다. 이 에너지를 풀어놓을수록 당신은 더욱 고요해지고 내면이 열립니다. 여러분은 실로 다른 세계, 의식의 다른 차원으로 들어서게 됩니다.

이 내면의 변화는 외부의 현실 속에 그 모습을 드러냅니다. 그것은 흔히, 여러분의 '참모습'을 반영하지 못하는 삶의 측면들과 작별을 고하는 변신의 시기가 될 것입니다. 인간관계와 일의 영역에서 지각변동이 일어날 수도 있습니다. 드물지 않게, 생활방식이 완전히 뒤바뀌기도 합니다. 우리의 관점에서 이것은 너무나 자연스러운 일입니다. 내면의 변화가 외부세계의 변화를 언제나 앞서가니까요. 여러분의 의식이 여러분이 살고 있는 물질적 현실을 창조해냅니다. 이것이 불변의 법칙입니다.

이원성의 손아귀를 벗어나는 데는 시간이 걸립니다. 어둠(무의식)의 모든 층을 파헤치는 것은 점진적으로 진행되는 과정입니다. 하지만 내면의 참 자아를 향해 가는 이 길에 들어서고 나면 여러분은 점차 이원성의 게임에서 발을 빼내게 됩니다. '아타락시아'가 가리키는 것을 맛봤다면 여러분은 전환점을 돈 것입니다. 그저 '자신과 함께 있는' 순간의 고요하고도 충만한 희열을 느낄 때, 여러분은 그것이 야말로 자신이 여태껏 찾아 헤매왔던 바로 그것임을 깨닫게 될 것입니다. 여러분은 이 내면의 평화를 맛보기 위해 다시금 다시금 안으로 들어갈 것입니다.

세속적인 즐거움을 외면하게 되지는 않을 겁니다. 하지만 여러분은 자기 안에서 신성의 닻을 발견했으므로 그 지복의 상태로부터 세상과 그 모든 아름다움을 경험하게 될 것입니다. 애초부터 지복은 물질적인 것에 들어 있지 않습니다. 여러분의 가슴속에 평화와 기쁨이 있으면 만나는 사물과 사람들이 여러분에게 평화와 기쁨을 줄 것입니다.

오늘날 이 시대에 이르러 카르마의 쳇바퀴를 내려올 준비를 하고 있는 특정한 그룹의 영혼들이 있습니다. 다음 장에서 이 그룹에 대해 깊이 이야기하겠습니다. 하지만 변성 주기의 끝에 다다르고 있는 것은 이런 일단의 인간 영혼들만이 아닙니다. 여러분이 살고 있는 지구 자체가 깊고 근본적인 변화를 겪고 있습니다. 지구의 한 주기도 마무리되어가고 있는 것입니다. 이 두 주기가 만나고 있기 때문에 이 시대가 아주 특별한 것입니다. 이제 이 지구 주기에 대해서 이야기해봅시다.

새로운 지구 II

지구의 주기

인간이든 지구든 존재하는 모든 것은 주기를 따라 진화해갑니다. 개인의 영혼이든 그룹의 영혼이든 간에 어떤 시점에 이르면 카르마의 쳇바퀴에서 내려오게 되는 데는 예외가 없습니다. 하지만 이 시대를 특별하게 만드는 것은, 지구 자체가 하나의 커다란 카르마의 주기를 마감하고 있다는 사실입니다. 지구는 내적 변성을 겪고 있고, 그것은 한 행성으로서의 그 존재 속에서 새로운 형태의 의식을 탄생시킬 것입니다. 각 개인의 영혼이 자신의 주기의 어느 지점에 있든지 간에, 지구의 변성 과정은 그들에게도 영향을 미치게 됩니다.

지구는 여러분의 집입니다. 여러분이 살고 있는 집을 지구라고 생각해보세요. 그 집을 지금 새로 짓고 있다고 상상해보세요. 그것은 당신의 일상생활에 큰 영향을 미칠 것입니다. 여러분의 마음 상태에 따라서 그것은 반가운 변화로 경험될 수도 있고, 아니면 혼란스럽고 짜증 나는 일로 경험될 수도 있습니다. 안 그래도 집을 새로 짓기를 계획하고 바라왔다면 이 변화는 때마침 잘 일어난 일이니 흘러가는 대로 함께 갈 수 있습니다. 지구의 변성 과정은 여러분의 개인적 변성 과정을 도와주고 촉진해줄 것입니다.

집을 다시 지을 생각이 전혀 없었다면 여러분에게는 주변에 일어나고 있는 혼란상이 짜증스럽고 불안하게 느껴질 것입니다. 지구의 내적 변화가 여러분 삶의 균형을 흩트려놓을 것입니다.

지구의 내적 변화를 반기는 이들에게 이것은 지극히 큰 힘을 얻게 되는 시기입니다. 여러분은 지금 여러분의 우주에 넘치고 있는 빛의 물결에 실려 들어올려질 것입니다.

지금 지구는 인류의 카르마의 짐에 눌려 아래에서 거의 붕괴해가고 있습니다. 이 카르마의 짐으로부터 쏟아져 나오는 부정성과 폭력성은 지구가 처리하고 중화하고 소화하기에는 너무나 버거운, 일종의 에너지 쓰레기를 만들어내고 있습니다.

지구의 중심에다 의식을 잠시 기울여보세요. 편안히 이완하면서 거기에다 초점을 맞추세요… 거기서 뭔가가 느껴지나요? 지구의 가슴이 얼마나 찢어지고 있는지 느껴지나요? 지구에 얼마나 많은 폭력이 가해지고 있는지가 느껴지나요?

지구는 무력감과 저항을 동시에 느끼고 있습니다. 그녀는 막 자신의 존재에 새로운 토대를 구축하려고 하고 있습니다. 지구는 내적, 외적 차원 모두에서 경쟁과 몸부림과 드라마의 에너지를 풀어놓으려고 하고 있습니다. 그녀 안에서 동터 오르고 있는 새로운 토대는 가슴의 에너지, 균형과 연결의 에너지, 살아 있는 그리스도의 에너지입니다.

인류와 마찬가지로 지구도 배움의 과정을 겪고 있습니다. 인류와 마찬가지로 지구의 의식도 진화하여 자신을 변신시켜가고 있습니다. 인류와 마찬가지로 지구의 여정도 자신의 존재에 대한 일종의 무지, 혹은 무의식 상태로부터 출발했습니다.

지구도 한때는 주변의 에너지를 빨아들여 삼키는 '암흑의 행성'이었습니다. 그녀는 마주치는 에너지나 존재들을 받아들이고 그것을 완전히 소화해버렸습니다. 말하자면 그녀는 그들의 고유한 성질을 제거해버려서, 어떤 의미에서는 죽인 것이지요. 이것은 확장의 욕구에서 비롯된 것입니다. 지구는 내면으로부터 어딘가 결핍되고 불충분한 느낌을 느꼈고, 그녀는 그것을 다른 에너지를 정복해서 흡수·동화시키고자 하는 욕구로 해석했습니다. 지구는 그 에너지들에게 아무것도 되돌려주지 않았기 때문에 그들 사이에는 상호작용 같은 것이 없었습니다. 그것은 생명 없는, 죽음과 같은 과정이었지요.

어느 시점에 이르자 지구는 그런 과정이 만족스럽지 않다는 것을 깨닫게 되었습니다. 그녀는 자신의 먹는 방식에 뭔가가 빠져 있는 것을 느꼈습니다. 그것으로는 불충분하다는 느낌이 해소되지 않았던 것이지요. 에너지를 죽이는 것으로는 확장의 충동이 만족되지 않았습니다.

그때 지구 의식의 내부에서 살아 있음, 곧 생명에 대한 욕구가 싹

텄습니다. 그것을 온전히 자각한 것은 아닙니다. 그저 자신이 뭔가 다른 것, 새로운 것, ─ 다른 에너지를 지구의 에너지로 흡수시켜버리는 것으로 끝나지 않는 ─ 일종의 새로운 상호작용을 갈망하고 있다는 사실을 자각한 것이지요. 지구 의식 속에 자신과 다른 무엇을 경험하기 위한 공간이 만들어진 것입니다.

에너지 차원에서 말하자면, 그것은 지상의 생명을 뜻하는 것이었습니다.

깊은 곳으로부터 느껴지는 욕구가 결국은 그것이 실현될 수단을 만들어낸다는 것은 우주의 법칙입니다. 본질적으로 생각과 느낌의 복합체인 욕구는 창조의 에너지입니다. 이것은 사람에게만이 아니라 행성에게도 적용됩니다. 행성 지구의 내부에서 하나의 갈망이 떠올랐습니다. 생명을 경험하고자 하는, 생명을 파괴하는 대신 그것을 보전하고 꽃피우고자 하는 갈망 말입니다.

그리하여 그 일은 실제로 일어났습니다.

생명이 지구로 오자 지구는 꽃봉오리를 틔워 피어나기 시작했습니다. 그녀는 경험의 새로운 차원으로 진입했고, 그것은 그녀를 경이와 만족감에 차오르게 했습니다. 그녀는 그토록 단순한 갈망, 그토록 모호하게 느껴졌던 요구가 그토록 장엄하고 우아한 모습으로 눈앞에 펼쳐진 것에 놀랐습니다.

땅 위에서 생명체들의 장대한 실험이 펼쳐졌습니다. 다양한 생명체들이 지구에 나타나서 기존의 에너지를 가지고 실험에 착수했습니다. 지구는 새로운 진기한 것들이 태어나는 부화장이 되었습니다. 거기에는 새로운 길, 새로운 가능성을 마음껏 탐사할 수 있는 자유가 있었습니다. 모든 창조물에게는 자유의지가 있었고, 지금도 있습니다.

생명의 창조와 함께 지구와 지구상의 모든 살아 있는 창조물들은 저마다의 길을 따라 내적 발달을 추구하기 시작했습니다. 이 경험의 경로는 주기와 받기 사이의 균형을 그 중심 테마로 하고 있습니다.

지구는 그 의식의 심층에서 주기와 받기 사이의 올바른 균형점을 찾기 위해 오랜 세월을 애써왔습니다. 지구는 하나의 행성으로서 생명을 주고받습니다. 에너지를 흡수하여 죽이던 지구의 '암흑기'에는 '받기'에만 중점이 가 있었습니다.

그러나 지금은 그 반대편의 극에 와 있습니다. 줄 수 있는 한계까지 주고 있지요.

지구는 인류의 폭력과 착취를 오랫동안 견뎌왔습니다. 그것이 어떤 의미에서는 카르마에 맞기 때문입니다. 지구는 힘과 억압의 반대쪽을 탐사해야만 했습니다. 그녀의 공격적인 행위가 부메랑처럼 돌아와서 피해자가 되는 반대편의 경험을 불러일으킨 것입니다. 이것이 카르마가 작용하는 방식이지요. 그건 처벌의 문제가 아닙니다. 힘의 문제를 진정으로 이해하고 졸업하려면 그것의 양면을 다 경험해야만 하는 것입니다. 당신이 안간힘을 써서 버티고 있는 상대나 힘으로 뭉개고 있는 모든 상대는 훗날에 피해자 아니면 가해자로 역할을 바꿔서 다시 마주치게 됩니다. 자신이 그 양쪽 모두임을, 신성한 에너지의 두 부분 모두임을 깨닫게 될 때까지 말입니다.

그렇다면 지구에 대한 현대문명의 무자비한 착취는 카르마의 관점에서 보면 어느 정도는 당연한 일입니다. 왜냐하면 그것이 지구에게는 주기와 받기 사이의 균형을 제대로 이해할 기회를 주니까요.

하지만 더 이상은 그처럼 무자비한 착취를 마땅한 업보로 받아들일 수 없는 한계가 눈앞에 다가오고 있습니다. 지구는 균형을 이해하고 자신의 카르마의 주기를 마무리해가고 있습니다. 그녀는 일정 수준의 사랑과 자각상태에 도달했고, 이제는 인간의 학대를 오래 참아주지 않을 것입니다. 이 같은 수준의 의식은 그녀로 하여금 존중과 조화를 북돋아주는 비슷한 마음을 가진 에너지는 끌어들이고, 파괴적인 의도를 품은 에너지는 물리치게끔 할 것입니다.

주기와 받기의 새로운 균형점을 찾을 때가 왔습니다. 새로운 땅에서는 행성 지구와 그 위에 사는 모든 것 — 인간과 동식물 — 사이에 평화와 조화가 깃들 것입니다. 모든 존재들 사이의 조화와 가슴 깊은 연결은 크나큰 기쁨과 창조성이 샘솟게 하는 원천이 될 것입니다.

옛 땅으로부터 새 땅으로 옮겨가는 과정은 그 시간이나 성질이 정해져 있지 않습니다. 많은 것이 인류가 내리는 선택에 달려 있습니다. 지금 여러분 한 사람 한 사람이 내리는 선택에 달려 있는 것입니다.

그 변혁의 때에 대해서는 많은 예언이 있었고, 지금도 많은 사람들이 예언하고 있습니다. 그런 일을 예언하는 것은 언제나 미덥지 않은 일입니다. 중요한 것은, 여러분의 물질적 현실은 내면의 집단적 의식상태가 현실화한 것이라는 사실입니다. 처음에 말했듯이, 의식은 자유롭고 창조적입니다. 여러분은 언제든지 달리 생각하고 느낌으로써 자신의 미래를 바꾸기로 결정할 수 있습니다. 여러분은 자신의 생각과 느낌을 다스릴 힘을 지니고 있습니다. 언제든지 제약적이고 파괴적인 생각과 느낌에 "아니오"라고 말할 수 있습니다. 이것은 각 개인에게도 그렇지만 더 큰 집단의 사람들에게도 마찬가지입니다.

상당한 수의 개인들이 자기증오와 파괴 대신에 자유와 사랑을 선택할 때, 그것은 물질적 현실로 화할 것입니다. 그리고 지구도 거기에 응답할 것입니다. 그녀는 사람들의 마음속에서 일어나는 일에 매우 민감합니다. 그녀는 여러분 내면의 움직임에 응답합니다.

이로써 우리는 우리 편에서조차도 새 땅이 어떻게 태어날 것인지를 정확하게 예언할 수 없다는 사실을 강조하고 싶습니다. 하지만 카르마의 주기를 마무리하고 있는 일단의 영혼들이 에너지적으로 새 땅에 밀접하게 연결되어 있는 것은 분명합니다. 새 땅이 구현할 이상과 깊은 연결감을 종종 느끼고 있는 이 사람들은 지구와 인간의 주기가 겹침으로 인해서, 거기에서 풀려나와 성장해갈 멋진 기회를 가지게 될 것입니다.

이어지는 장들에서는 이 특정한 그룹의 영혼들에 대해 이야기할 것입니다. 그들은 흔히 빛의 일꾼이라 불리고 있으니, 나도 그 이름을 사용하겠습니다. 그들이 이 전환의 시대에 태어난 것은 우연이 아닙니다. 그들은 지구의 역사와 깊숙이 연결되어 있습니다. 대부분의 빛의 일꾼들이 지니고 있는 심리적 특징을 설명할 것입니다. 그들의 내력과 그들의 은하계의 뿌리와 지구상의 사명에 대해서도 이야기할 것입니다. 카르마의 쳇바퀴에서 놓여나는 데 필요한 내적 성장의 단계에 대해서도 상세히 논할 것입니다.

빛의 일꾼 Ⅰ

빛의 일꾼의 정체

빛의 일꾼(Light Worker)들은 지상에 빛 — 지혜와 자유와 자기애 — 을 퍼뜨리고자 하는 강한 내면의 욕구를 품은 영혼들입니다. 그들은 이것을 자신의 사명으로 느낍니다. 그들은 종종 치유작업과 영성에 마음이 이끌립니다.

빛의 일꾼들은 가슴 깊이 느끼고 있는 사명감으로 인해 종종 보통 사람들과는 다른 느낌을 갖게 됩니다. 삶은 그들을 다양한 장애물에 부딪히고 경험하게 함으로써 자신만의 길을 찾아가도록 자극해줍니다. 빛의 일꾼들은 거의 대부분 경직된 사회구조에 어울리지 않는 외톨이의 개인들입니다.

'빛의 일꾼'이라는 개념에 대해

'빛의 일꾼'이라는 말은 오해를 불러올 수 있습니다. 그것은 특정 그룹의 영혼들을 나머지 영혼들로부터 따로 들어내기 때문입니다. 이 말은 특정한 그룹이 어떻게든 다른 이들, 즉 '빛을 위해 일하지 않는 이들'보다 우월함을 암시하는 뜻으로 받아들여질 수도 있습니다. 이것은 빛의 일꾼의 본성과 의도와는 완전히 어긋납니다. 그게 어떻게 틀리는지를 간단히 말해보겠습니다.

첫째, 우월성을 주장하는 것은 대개 깨닫지 못한 상태입니다. 그것은 자유와 사랑에 찬 의식으로 성장하는 것을 가로막습니다. 둘째, 빛의 일꾼은 다른 사람보다 조금도 '낮거나' '높지' 않습니다. 그들은 단지 이 그룹에 속하지 않는 사람들과는 다른 과거의 내력을 가지고 있을 뿐입니다. 아래에서 이야기할 이 특별한 과거 때문에 그들은 한 그룹으로 구분되는 특별한 심리적 성향을 지니고 있습니다. 셋째, 어떤 단계에 가서는 모든 영혼이 빛의 일꾼이 되므로 '빛의 일꾼'이라는 이름은 한정된 수의 영혼들에게만 해당하는 것이 아닙니다.

오해의 가능성이 있음에도 불구하고 우리가 '빛의 일꾼'이라는 말을 쓰는 것은 그것이 당신의 기억을 휘저어서 떠오르게 할 수 있는 단서를 담고 있기 때문입니다. 이 말은 현재 이런저런 영적 문헌들에서도 자주 쓰이고 있으므로 사용하기에 편한 이점도 있습니다.

빛의 일꾼의 역사적 뿌리

빛의 일꾼들은 다른 사람들보다 빨리 영적 깨우침을 얻는 능력을 내면에 가지고 있습니다. 그들은 영적으로 빨리 깨어나는 내부의 씨앗을 가지고 있지요. 이 점에서 그들은 대부분의 사람들보다 빠른 트랙 위를 달리고 있는 듯합니다. 스스로가 그러길 택한다면 말입니다. 다시 말하지만 이것은 빛의 일꾼이 어떤 식으로도 '낮거나' '높은' 영혼이기 때문이 아닙니다. 하지만 그들은 현재 지구에 태어나 있는 대부분의 영혼들보다 나이가 많습니다. 이 나이는 시간보다는 경험의 측면에서 이해해야 합니다.

빛의 일꾼들은 지구에 태어나서 자신의 사명에 착수하기 전에 일정한 깨달음의 단계에 도달했습니다. 그들은 '카르마의 쳇바퀴'에 갇혀서 그에 따르는 온갖 종류의 혼돈과 망상을 경험하게 되기를 의식적으로 선택했습니다.

그들은 '지구 경험'을 온전히 이해하기 위해서 그렇게 합니다. 이것이 그들의 사명을 완수할 수 있게 해줄 것입니다. 무지와 환영의 모든 단계들을 몸소 겪어 나와야만 그들은 마침내 다른 사람들도 진정한 행복과 깨달음을 이루도록 도와줄 도구를 손에 쥘 수 있게 될 것입니다.

빛의 일꾼들은 대체 무엇 때문에 혼란스럽고 무거운 지상의 삶에 갇혀서 오랜 세월 자신을 망각하게 될 위험까지 무릅쓰면서 인류를 돕겠노라는 가슴 깊은 사명을 추구하게 된 걸까요? 이 의문에 대해서는 뒤에서 자세히 논할 것입니다. 지금으로서는 그것이 은하계 수준의 카르마와 관련된다는 정도로만 말해두지요. 빛의 일꾼들은 인류가 태어나던 전야에 지상에 서 있었습니다. 그들은 인간의 창조에 일조했습니다.

그들은 인류의 공동창조자였습니다. 그 창조의 과정에서 그들은 훗날 깊이 후회하게 될 선택과 행위를 했습니다. 지금 그들은 그때의 결정을 보상하기 위해서 지금 여기에 있습니다.

그 내력을 구체적으로 이야기하기 전에, 빛의 일꾼 영혼들을 다른 사람들과 구별되게 하는 몇 가지 성향을 열거해보겠습니다. 이 같은 심리적 성향이 빛의 일꾼들에게만 속하는 것도 아니고, 모든 빛의 일꾼들이 이 모든 성향을 자기와 같다고 여기지도 않을 겁니다. 이것을 열거함으로써 우리는 단지 빛의 일꾼의 심리적 성향의 대체적인 윤곽을 제시하려는 것뿐입니다. 이 성향과 관련해서 말하자면, 외적인 행동은 내적 동기나 느껴지는 의사보다 중요하지 않습니다. 밖으로 내보이는 것보다 안에서 느껴지는 것이 더 중요합니다.

빛의 일꾼들의 심리적 성향

– 그들은 어릴 때부터 자신이 남다르다고 느낍니다. 자신이 다른 사람들로부터 동떨어져서 외롭고 이해받지 못한다고 느낄 때가 많습니다. 그들은 흔히 자기만의 삶의 방식을 찾아야 하는 개인주의자가 됩니다.

— 그들은 전통적인 직업이나 조직구조 속에서는 편안함을 느끼지 못합니다. 빛의 일꾼들은 타고난 반권위주의자여서 권력이나 위계구조에만 기댄 가치관이나 결정에는 당연히 저항합니다. 설사 그들이 소심하거나 수줍어하는 것처럼 보이더라도 반권위주의적인 성향은 고스란히 존재합니다. 그것은 지상에서의 그들의 사명의 핵심과 연결되어 있습니다.

— 빛의 일꾼들은 치유가나 교사가 되어 사람들을 돕는 일에 끌립니다. 그들은 심리치료사, 치유가, 교사, 간호사 등이 될 수도 있습니다. 직업이 사람들을 직접적으로 돕는 일이 아니라고 하더라도 인류의 더 높은 선에 기여하고자 하는 뜻만은 확고하게 품고 있습니다.

— 삶에 대한 그들의 시각은 만물의 연결성에 대한 영적 감각에 의해 채색되어 있습니다. 그들은 지구상의 것이 아닌 빛의 영역에 대한 기억을 의식적으로든 무의식적으로든 품고 있습니다. 그들은 가끔씩 그런 세계에 대한 그리움을 느끼며, 지구에서는 마치 이방인처럼 느낍니다.

— 그들은 생명을 깊이 존중하여, 그것은 흔히 동물을 좋아하거나 환경을 돌보는 성향으로 드러납니다. 인간의 행위로 인한 지상의 동식물 세계의 파괴는 그들의 내면에 깊은 상실과 비탄의 느낌을 자아냅니다.

— 그들은 상냥하고 예민하고 공감력이 있습니다. 그들은 공격적인 행동에 대처하는 데 어려움을 겪을 수도 있습니다. 나서서 자신의 목소리를 내기를 어려워할 수도 있습니다. 그들은 몽상적이고 순진

하고 매우 이상주의적이고, 현실적이지 못하여 땅에 뿌리를 제대로 못 내리고 있을 수도 있습니다. 그들은 주변 사람들의 부정적인 느낌이나 기분에 쉽게 동화되기 때문에 자주 혼자만의 시간을 보내는 것이 중요합니다. 이것이 자신만의 기분과 다른 사람들의 기분을 구별할 수 있도록 해줍니다. 그들에게는 자신과, 그리고 어머니인 땅과 접촉하기 위한 혼자만의 시간이 필요합니다.

— 그들은 영성이나 종교에 깊이 연관된 지상의 많은 생을 살았습니다. 그들은 과거에 오래된 종교 교단에서 수사와 수녀와 은자와 심령가와 마법사와 주술사와 사제와 여사제로서 무수한 생을 살았습니다. 그들은 보이는 것과 안 보이는 것, 일상적인 지상의 삶과 사후의 신비세계, 신의 세계와 선/악령의 세계 사이에 다리를 놓아주는 이들이었습니다. 이 역할을 다하기 위해 그들은 종종 배척당하고 박해받았습니다. 많은 이들이 자신이 가진 재능으로 인해 사형 언도를 받았습니다. 박해의 트라우마는 영혼의 기억 속에 깊은 흔적을 남겼습니다. 이것이 이생에서는 온전히 땅을 딛고 사는 것에 대한 두려움, 즉 지금 여기에 온전히 존재하는 것에 대한 두려움으로 나타날 수 있습니다. 자신이 그런 사람이라는 이유만으로 잔인하게 공격당했던 일을 기억하고 있기 때문이지요.

방황: 빛의 일꾼의 함정

빛의 일꾼들도 다른 사람들과 마찬가지로 무지와 망상 속에 갇힐 수 있습니다. 그들은 출발점이 다르지만, 두려움과 망상을 돌파하여 깨달음을 성취하는 그들의 능력은 여러 가지 요인에 의해 차단될 수 있습니다. (여기서 깨달음이란 자신이 본질적으로 빛임을 깨달아서 어느 때든지 빛을 선택할 수 있는 존재상태를 뜻합니다.)

빛의 일꾼이 깨달음을 향해 가는 길을 가로막는 요소 중 하나는 그들이 지고 있는 무거운 카르마의 짐으로, 그것이 그들을 상당히 오랫동안 샛길로 끌고 다닐 수 있습니다. 앞서 말했듯이, 이 카르마의 짐은 인류의 영아기에 그들이 내렸던 결정과 관련돼 있습니다. 그것은 본질적으로 생명을 경시한 결정이었습니다.(다음 장의 뒷부분에서 논함. 편집자 주) 모든 빛의 일꾼들은 이제 과거에 저지른 자신들의 실수를 일부 바로잡아 그 때문에 파괴된 것을 회복하고 소중히 기르고자 하는 소망의 화신들입니다.

빛의 일꾼들이 카르마의 짐을 청산하면, 즉, 어떤 식으로든 권력에 대한 욕구를 내려놓으면 그들은 자신이 본질적으로 빛의 존재임을 깨달을 것입니다. 이것은 그들로 하여금 다른 이들이 자신의 참 자아를 발견하도록 도와줄 수 있게 해줄 것입니다. 하지만 먼저 그들 스스로가 그 과정을 거쳐야만 합니다. 이것은 대개 내면의 엄청난 결심과 인내를 요합니다. 사회는 그들의 본성의 충동에 반하는 가치와 판단을 주입시키기 때문에 많은 빛의 일꾼들이 길을 잃고 자기의심, 자기부정, 심지어는 우울증과 절망에 빠지고 맙니다. 이것은 그들이 기존의 질서에 적응하지 못하기 때문인데, 그들은 이것을 자신이 뭔가 끔찍하게 잘못되었기 때문이라고 결론짓고 맙니다.

여기서 빛의 일꾼이 해야 할 일은 외부 ― 부모와 친구와 사회 ― 로부터 인정을 구하기를 멈추는 것입니다. 이 글을 읽고 있는 여러분도 언젠가는 진정한 힘을 얻기 위한 중대한 도약을 해야만 합니다. 그것은 곧 자신을 진정으로 신뢰하고 자기 본연의 이끌림과 내면의 지혜를 진정으로 존중하여 그에 준하여 행동함을 뜻합니다.

우리는 여러분이 그렇게 하기를 권합니다. 그리고 그 길을 가는 여러분의 걸음걸음마다 우리가 함께할 것을 약속합니다. 그리 머지 않은 미래에, 여러분이 다른 이들의 걸음에 함께하게 될 것과 마찬가지로 말입니다.

빛의 일꾼 II

빛의 일꾼들의 은하계 역사

영혼의 탄생

빛의 일꾼 영혼들은 지구와 인류가 탄생하기 아주 오래전에 태어났습니다.

영혼들은 파동 속에서 태어났습니다. 영혼에는 시작도 끝도 없이 영원한 느낌이 있습니다. 그러나 다른 면에서 영혼은 어떤 시점에 태어납니다. 그들의 의식이 개체적 자아의 의미를 띠게 되는 것은 이 시점입니다. 이 시점 이전에도 그들은 이미 하나의 가능성으로서 존재합니다. 하지만 아직 '나'와 '타자'라는 의식은 없습니다.

'나'라는 의식은 어떻게든 에너지 그룹들 사이에 경계선이 그어질 때 생겨납니다. 이것을 설명하려면 비유로 돌아가야 합니다.

잠시 대양을 생각하고, 그것을 끊임없이 섞이었다 나뉘었다 하면서 흐르는 에너지의 거대한 장으로 상상해보세요. 이 대양에 의식이 가득히 흩어져 있다고 상상해보세요. 원한다면 그것을 대양 영(ocean spirit)이라고 불러도 좋습니다. 잠시 후 대양의 어떤 곳들에 의식이 집중됩니다. 이곳의 의식은 더 집중되어 있어서 인근에 비해 밀도가 높습니다. 대양 전체에서 이 같은 '차이'가 발생하면서 대양 속에 투명한 형체들을 만들어냅니다. 집중된 의식의 점인 이 형체들은 그 환경과는 독립적으로 움직입니다. 그들은 자신을 대양(영)과 다른 것으로 경험합니다. 여기서 일어나고 있는 일이 원시적인 자아, 혹은 자아의식의 탄생입니다.

집중된 의식의 점은 왜 대양의 다른 부분이 아닌 그 특정한 부분에서 일어난 것일까요? 그것은 설명하기가 아주 어렵습니다. 하지만 이 같은 과정에 아주 자연스러운 뭔가가 있다는 것이 느껴지는가요? 밭에다 씨를 뿌리면 싹을 틔운 그 각각의 식물들은 자기만의 시간과 리듬을 따라 자라날 것입니다. 어떤 것도 다른 것과 똑같은 크기로, 혹은 똑같이 수월하게 자라지는 않습니다. 어떤 것은 전혀 자라지 않기도 할 것입니다. 밭의 이곳과 저곳에는 차이가 있습니다. 왜 그럴까요? 대양(대양 영)의 에너지는 직관적으로 그 모든 의식의 흐름, 혹은 층들 하나하나에게 가능한 최선의 표현을 찾아냅니다.

대양 속에서 각각의 의식의 점들이 형성되는 동안에 외부로부터 대양에 작용하는 어떤 힘이 있습니다. 아니면, 있는 것처럼 보입니다. 이것은 당신을 창조한 그것의 남성적 측면으로 볼 수 있는, 신의 숨결(divine inspiration)의 힘입니다. 반면에 대양은 수용하는 쪽, 여성적 측면을 상징합니다. 남성적 측면은 개체화된 의식의 덩어리로 분화하고 분리되는 과정을 촉진하는, 대양 속으로 쏟아져 내리는 광선으로 심상화할 수 있습니다. 그것은 모판을 따뜻하게 데워주는 햇볕과도 같습니다.

대양과 광선은 함께, 대천사라 일컬을 수 있는 존재를 형성시킵니다. 그것은 남성과 여성의 측면을 모두 갖춘 대천사의 에너지입니다. 그리고 그것은 여러분 앞에 자신을 나타내거나 표현하는 천사의 에너지입니다. (대천사라는 개념에 대해서는 '당신의 빛의 자아'라는 제목의 1부 마지막 장에서 더 자세히 이야기됨. 편집자 주)

의식의 개체화된 단위인 영혼은 태어난 후, 오랜 세월 집으로 삼았던 대양의 일체화된 상태를 서서히 떠나갑니다. 영혼은 갈수록 분리되어 혼자가 된 상태를 자각하게 됩니다.

이 자각과 함께 최초로, 영혼에게 모종의 상실감 혹은 결핍감이 일어납니다. 하나의 개체화된 존재로서 그 탐사의 길에 나설 때, 영혼은 전체성(온전성)에 대한 어떤 열망, 자신보다 큰 뭔가에 속하고자 하는 갈망을 품게 됩니다. 영혼의 깊은 내면에는 모든 것이 하나인, '나'와 '타자'가 없는 의식 상태에 대한 기억이 담겨 있는 것이지요. 이것이 영혼이 '집'으로 여기는 그것입니다. — 황홀한 일체 상태, 완벽한 유동성과 안전함이 있는 그곳 말입니다.

마음 뒤편에 이런 기억을 간직한 채, 영혼은 경험과 내적 탐사의 무수한 들판을 지나 현실을 가로지르는 여행에 나섭니다. 갓 태어난 영혼은 크나큰 경험욕구를 품은 채 호기심에 이리저리 이끌려 다닙니다. 이것은 일체인 대양의 상태에는 없었던 요소였습니다. 이제 영혼은 탐사하고픈 것은 뭐든 마음껏 탐사해볼 수 있게 되었습니다. 온갖 방법을 다 동원하여 마음껏 전체성을 탐색할 수 있습니다.

우주에는 탐사할 현실계가 무수히 존재합니다. 지구는 단지 그중의 하나일 뿐입니다. 우주적인 차원에서 보자면 지구는 그중에서도 상대적으로 나중에 생긴 것입니다. 현실계, 혹은 현실의 차원들은 언제나 내면의 요구나 갈망으로부터 비롯되어 생겨납니다. 여느 창조물들과 마찬가지로, 그것은 내면의 심상과 숙고가 실현된 것입니다. 지구는 서로 충돌한 온갖 현실들로부터 원소를 끌어모으고자 하는 내부의 욕망으로부터 창조되었습니다. 지구는 엄청나게 다양한 영향력들을 한데 녹일 하나의 도가니 같은 것으로서 설계되었습니다. 이에 대해서는 아래에서 더 자세히 설명하겠습니다만, 지금으로서는 지구가 우주라는 무대에는 상대적으로 늦깎이로 등장했으며, 많은 영혼들이 지구가 태어나기 오래전에 여러 생을 다른 현실계(행성, 차원계, 태양계 등)에서 탐사하고 진화해왔다는 정도로 말해둡시다.

빛의 일꾼들은 지구에 태어나기 이전에 이 같은 다른 현실계들에서 매우 많은 생을 살았던 영혼들입니다. 이것이 우리가 편의상 '토착영혼'이라 부를 영혼들로부터 그들이 구별되는 점입니다. 토착영혼들은 의식의 개체화된 단위의 비교적 초기 발달단계에 지구에 몸을 가지고 태어난 영혼들입니다. 그들은 영혼의 영아기에 지상의 생의 윤회를 시작했다고 할 수 있습니다. 그 당시에 빛의 일꾼들의 영혼은 '성인'이었습니다. 그들은 이미 많은 경험을 겪어서 그들과 토착영혼들 사이의 관계는 부모와 자식에 비유할 수 있을 것입니다.

지상에 생명과 의식이 발달하다

지구상 생명체의 진화는 토착영혼들의 내면의 발달과 밀접하게 연결되어 있었습니다. 어떤 영혼도 특정한 행성에 묶여 있는 것은 아니지만 토착영혼들은 이 행성의 원주민이라고 해도 무리가 없습니다. 왜냐하면 그들이 성장하고 퍼져나간 양상은 지상의 생명이 번성해온 양상과 대체로 일치하기 때문입니다.

의식의 개체화된 단위들이 태어날 때, 그들은 구조와 가능성의 면에서 단세포 생물과도 유사합니다. 개체 세포들이 비교적 단순한 구조를 가지고 있듯이, 갓 태어난 의식의 내적 움직임은 훤히 들여다보입니다. 아직 분화가 많이 일어나지 않은 것이지요. 그들의 발아래에는 물질적으로나 영적으로나 광활한 가능성의 세계가 펼쳐져 있습니다. 갓 태어난 의식 단위로부터, 자신을 반추할 줄 알고 환경을 관찰하고 그에 반응할 줄 아는 종류의 의식으로 발달해가는 것은 단세포 생물이 환경과 다양한 방식으로 상호작용하는 다세포 생물로 발달해가는 것과 얼추 비슷합니다.

우리는 지금 영혼의 의식의 발달과정을 생명의 생물학적 발달과정과 비교해보고 있는데, 이것은 단순한 비유가 아닙니다. 사실 지구상에서 일어난 생명의 생물학적 발달과정은 토착영혼들 쪽의 탐사

하고 경험해가고자 하는 영적 욕구의 배경에 비추어서 바라보아야
만 합니다. 이 탐사욕, 혹은 요구야말로 지구상에 풍부하고 다채로운
생명체가 탄생하게끔 불러낸 그것입니다. 말했듯이, 창조는 언제나
의식의 내적 움직임의 산물입니다. 여러분의 과학이 현재 수용하고
있는 진화론은 이 행성의 생명발달과정을 어느 정도는 올바로 설명
하고 있지만, 이 심오한 창조적 과정 배후의 '감추어진' 동기인 내적
추동력은 완전히 간과하고 있습니다. 지구상에 생명체가 번성한 것
은 영혼 차원의 내적 움직임으로부터 기인한 것이었습니다. 언제나
그렇지만, 영이 앞서 와서 물질을 창조해냅니다.

처음에, 토착영혼들은 자신의 아직도 원시적인 자아 감각에 가장
잘 어울리는 물리적 형체인 단세포 생물로 태어났습니다. 경험을 얻
고 그것을 소화하여 의식 속에 통합시키는 기간을 지나고 나자 이제
는 좀더 복잡한 물리적 표현수단이 필요해졌습니다. 더 복잡한 생명
체가 출현하게끔 재촉한 것은 바로 이것이었습니다. 그 집단의식이
지구를 지배하고 살게 된 토착영혼들의 내적 요구와 갈망에 응답하
여, 의식이 그 물리적 형체를 창조해낸 것입니다.

새로운 종들의 형성과, 토착영혼들이 그 종들 속의 한 개체로서
태어난 것은 생명과 의식이 벌인 하나의 위대한 실험을 보여줍니다.
진화는 우연이나 사고가 일으키는 것이 아니라 의식이 이끌어가지
만, 그것은 예정된 발달경로를 따라가지 않습니다. 왜냐하면 의식 자
체가 자유롭고 예측할 수 없는 것이기 때문이지요.

토착영혼들은 온갖 종류의 동물을 가지고 실험을 벌였습니다. 그

들은 동물왕국의 몇 가지 신체에 깃들었지만 모두가 동일한 발달경로를 경험하지는 않았습니다. 영혼의 발달경로는 여러분이 추측하는 것보다 훨씬 더 변덕스럽고 모험적입니다. 여러분의 밖이나 위에 다른 법칙은 존재하지 않습니다. 여러분이 여러분의 법칙인 것입니다. 그러니 예컨대, 원숭이의 입장에서 생명을 경험해보고 싶어한다면 여러분은 언젠가는 원숭이의 몸속에 살고 있는 자신을 발견하게 될 것입니다. 날 때부터든지, 아니면 일시적인 탐방자로서든지 말입니다. 영혼, 특히 젊은 영혼은 경험과 표현을 갈구합니다. 영혼의 이 같은 탐사욕이야말로 지상에 다양한 생명체가 번성하게 한 원인입니다.

이 위대한 생명의 실험 중에서도 인간이라는 생명체의 출현은 지상에서 일어난 영혼 의식의 발달과정에 하나의 중요한 단계를 출범시켰습니다. 이것을 더 자세히 설명하기 전에, 먼저 영혼의 내적 발달의 단계를 전반적으로 살펴보겠습니다.

진화해가는 의식: 영아기, 성년기, 노년기

영혼의 의식이 개체화된 단위로서 탄생한 이후 발달해가는 과정을 살펴보면 그것은 대체로 세 가지의 내적 단계를 거칩니다. 이 같은 단계는 의식이 살기로, 혹은 경험하기로 택한 현실계(행성, 차원계, 태양계)가 어떤 것이든 상관없이 존재합니다.

1) 순진무구한 단계 (낙원)

2) 에고의 단계 ('죄')

3) '제2의 순진무구' 단계 (깨달음)

이 단계들을 영아기, 성년기, 노년기로 비유할 수도 있습니다.

영혼이 의식의 개체화된 단위로 태어나면 그들은 지극히 행복하고 완벽하게 안전한 것으로 기억되는 일체성의 대양과 같은 상태를 떠납니다.

그런 다음 그들은 전혀 다른 방식으로 현실을 탐사하러 나섭니다. 그들은 서서히 자신을 알아가게 되고, 다른 동료 여행자들과 비교해서 자신이 어떻게 독특한지를 깨닫게 됩니다. 이 단계에서 그들은 마치 눈을 동그랗게 뜨고 세상을 바라보면서 천진난만한 호기심을 드러내는 어린아이들처럼, 매우 수용적이고 민감합니다.

이 단계는 낙원과 같다고 해도 될 것입니다. 갓 태어난 영혼의 기억 속에는 일체감과 안전의 느낌이 아직도 생생하게 남아 있기 때문입니다. 그들은 아직도 집 가까이에 있습니다. 그들은 아직 자신의 본성에 대한 자신의 권리를 의심하지 않습니다.

그들의 여정이 계속되면 집에 대한 기억은 온갖 종류의 경험에 물들어가면서 점점 희미해집니다. 처음에는 모든 것이 새롭고, 영아기에는 모든 것이 비판 없이 흡수됩니다. 그러다가 어린 영혼이 자신을 그 세계의 중심점으로서 경험하기 시작할 때, 새로운 단계가 시작됩니다. '나'와 '남' 같은 것이 정말로 존재한다는 것을 여실히 깨닫기 시작하는 것입니다. 영혼은 이 깨달음에 준하여 행동함으로써 그것이 환경에 어떤 영향을 미칠 수 있는지를 실험해보기 시작합니다. 자신의 의식에서 나온 어떤 것을 해본다는 생각 자체가 새로운 것입니다. 전에는 스쳐 지나가는 흐름을 다소간 수동적으로 받아들이기만 했었지만, 이제는 영혼의 내면에서 자신이 경험하는 것에 영향력을 미칠 수 있는 힘에 대한 자각이 커져가는 것입니다.

이것이 에고 단계의 시작입니다.

에고란 원래 외부세계에 영향을 미치기 위해 자신의 의지를 사용하는 능력을 말합니다. 에고 본연의 기능은 단지 영혼으로 하여금 하나의 분리된 존재로서 자신을 온전히 경험하게 해주는 것이라는 사실을 주목하세요. 이것은 영혼의 진화과정에서는 자연스럽고도 긍정적인 발달단계입니다. 에고 자체는 '나쁜' 것이 아닙니다. 하지만 에고는 자꾸 확장해가려고 하거나 공격적으로 변할 수 있는 성향을 지니고 있습니다. 갓 태어난 영혼이 환경에 영향을 미칠 수 있는 자신의 힘을 깨닫게 되면, 그것은 에고와 사랑에 빠집니다. 이제 성숙해가는 영혼의 저 깊은 밑바닥에는 아직도 고통스러운 기억이 남아 있습니다. 잃어버린 집, 잃어버린 낙원에 대한 기억 말입니다. 그런데 바로 에고에게 이 고통, 이 향수병에 대한 답이 있는 것처럼 보입니다. 에고는 영혼으로 하여금 현실을 적극적으로 장악할 수 있게 해주는 것처럼 보입니다. 에고는 아직은 어린 영혼을 권력의 환상에 취하게 만듭니다.

은총으로부터의 타락, 곧 낙원으로부터의 추방이란 것이 있기나

했다면, 이것이 바로 그것입니다. ― 어린 영혼의 의식이 에고의 가능성, 권력의 약속에 취하는 것 말입니다. 하지만 의식이 개체 영혼으로 태어난 목적 자체가 존재하는 모든 것을 ― 낙원뿐만 아니라 지옥도, 순진무구함뿐만 아니라 '죄'도 ― 탐사하고 경험해보는 것입니다. 그러니 낙원으로부터의 추방은 '잘못 빠진' 것이 아니었습니다. 당신이 스스로 그렇다고 믿지 않는 한 거기에는 아무런 죄책감도 개입돼 있지 않습니다. 아무도 당신을 탓하지 않습니다. 당신 자신을 빼고는 말입니다.

어린 영혼이 성장하면 사물을 관찰하고 경험하는 방식이 '내가 중심인' 방식으로 바뀝니다. 권력이라는 환상은 영혼들 사이에 연결 대신 분리를 부추겨놓습니다. 이로 인해 영혼들 속에는 외로움과 소외감이 자리를 잡습니다. 정말로 자각하지는 못하지만 영혼은 권력을 추구하는 투사, 전사가 됩니다. 권력이야말로 마음을 놓을 수 있게 해주는 유일한 것처럼 보입니다. ― 당분간은요.

우리는 위에서 영혼의 의식의 세 번째 발달단계를 깨달음의 단계, '제2의 순진무구', 곧 노년기로 구분했었습니다. 이 단계에 대해서는, 특히 두 번째 단계에서 세 번째 단계로 넘어가는 과정에 대해서는 이 시리즈의 뒷부분에서 할 이야기가 많을 것입니다. 지금은 토착영혼에 대한 우리의 이야기로 돌아가서, 에고 단계의 깨어남이 지상에 인류가 출현한 것과 어떻게 맞아떨어지는지를 밝히고자 합니다.

에고 단계에 진입하는 토착영혼: 인류의 지상 출현

토착영혼들이 동식물의 삶을 탐사한 단계는 내면의 차원에서는 순진무구의 단계, 곧 낙원과 일치했습니다. 지상에는 천사(angel)와 천신(deva)의 세계로부터 온 영적 존재들의 인도와 보호 하에 생명이 번성했습니다. (천신들은 에테르 차원에서 일합니다, 즉 천사들보다 물질계에 더 가깝습니다.) 동식물의 에테르체는 천사와 천신계의 보살피고 먹여주는 모성의 기운을 판단함 없이 그대로 받아들였습니다. 그들에게는 자기만의 방식으로 일을 해보겠노라고 '뛰쳐나가려는' 성향이 없었습니다. 모든 생명체들 사이에는 아직도 크나큰 일체감과 조화가 있었습니다.

그러나 유인원의 출현은 의식의 발달단계에 일대 전환점을 찍었습니다. 핵심적으로는, 뇌의 발달을 통한 직립보행에 의해 유인원 속에 깃든 의식은 자신의 환경을 더 쉽게 장악할 수 있는 힘을 획득했습니다. 유인원의 몸을 입은 의식은 주변환경에 대해 더 큰 힘을 가질 때 일어날 법한 경험을 하기 시작했습니다. 자신의 힘, 환경에 영향을 미칠 수 있는 자신의 능력을 깨닫기 시작한 것입니다. 그것은 자신의 자유의지를 탐사하기 시작했습니다.

일의 이 같은 전개는 우연히 일어난 것이 아니었습니다. 그것은 토착영혼들이 느끼고 있던 어떤 내적 요구, 이제는 좀더 깊은 수준에서 개체성을 탐사해보고자 하는 요구에 대한 응답이었습니다. 성장해가는 토착영혼들의 자아의식이 인간이라는 생물학적 존재, 곧 우리가 아는 것과 같은 인류의 출현을 위한 무대를 마련한 것입니다.

　토착영혼들이 에고의 단계에 진입할 준비를 갖추자, 인류가 창조되어 이 영혼들로 하여금 자유의지를 지닌 생명체를 경험해볼 수 있게 해주었습니다. 그것은 또한 인간의 몸을 입은 의식으로 하여금 '남'과 상반되는 '나'를 더 잘 자각할 수 있게 해주었습니다. 이로써 '나의 이익'과 '너의 이익', '나의 욕망'과 '너의 욕망' 사이의 갈등에 불을 지필 수 있는 무대가 마련되었습니다. 개인은 자명한 일체성, '주고받기'의 자연스러운 질서를 뛰쳐나가서, 다른 어떤 길이 있는지를 찾아 두리번거리고 있었습니다. 이것이 지상에 '낙원의 종말'을 고했습니다. 그러나 우리는 여러분이 이것을 하나의 비극적인 사건이 아니라 마치 사계절과 같은 하나의 자연스러운 과정으로 여기기를 당부합니다. 그것은 종국에는 이 시대, 오늘날에 이르러 당신으로 하여금 자신의 존재 안에서 신성과 개인성 사이에 균형과 조화를 이룩할 수 있게끔 하기 위하여 자연스럽게 일어난 일이었습니다.

　토착영혼의 의식이 에고 단계에 접어들어 '인간됨'을 탐사하기 시작하자, 천신과 천사 세계의 영향력은 서서히 배경으로 물러났습니다. 마주치는 모든 에너지의 자유의지를 존중해주는 것은 이러한 힘들이 천성적으로 지닌 품성이었습니다. 그들은 초대받지 않는 한 결코 자신의 영향력을 무엇에 가하려 들지 않습니다. 그리하여 에고 의식은 마음껏 부릴 수 있는 지배력을 획득했고, 토착영혼들은 권력의 모든 특권과 결점에 익숙해지게 되었습니다. 이것은 동식물의 세계에도 영향을 미쳤습니다. 새롭게 출현한 전투적 에너지의 일부가 이 비인간 세계에 흡수되어, 그것이 그들의 내부에 혼란의 느낌을 일으켰습니다. 이것은 오늘날까지도 그대로 존재하고 있습니다.

토착영혼들이 경험의 새로운 장을 갈망하자 그것은 그들로 하여금 외부의 새로운 영향력도 수용하게끔 만들었습니다. 여기서 우리는 특히, 성장해가고 있지만 아직은 어린 토착영혼들에게 큰 영향을 끼쳤던 외부은하계에서 온 영향력에 주목하고자 합니다. 우리가 빛의 일꾼이라 부른 영혼들이 무대에 등장한 것도 우리 역사의 바로 이 시점이었습니다.

인간과 지구에 끼친 은하계의 영향력

우리가 말하는 외부은하계의 영향력이란 특정 성단이나 항성들, 혹은 행성들과 관련된 집단적 에너지로부터의 영향력을 가리킵니다. 우주에는 존재의 여러 수준, 혹은 차원이 있습니다. 하나의 행성이나 항성도 물질 차원으로부터 에테르 차원에 이르기까지 다양한 차원에 존재할 수 있습니다. 토착영혼들에게 영향력을 미쳤던 은하 공동체는 대개 여러분이 지상에 거하고 있는 현실보다 밀도가 낮은, 곧 덜 물질적인 현실 속에 존재했습니다.

은하 세계들에는 토착영혼들보다 훨씬 이전에 태어나서 에고 단계의 전성기에 있는 성숙한 영혼들이 살고 있었습니다. 지구에 온갖 생명체들이, 그리고 궁극에는 인류가 살게 되자 외계의 세계들은 상황의 이 같은 전개를 아주 흥미롭게 지켜봤습니다. 다양하고 풍부한 생명체들이 그들의 주의를 끌었습니다. 그들은 여기서 뭔가 특별한 일이 일어나고 있음을 감지했습니다.

몇몇 은하공동체들 사이에서는 오랫동안 많은 다툼과 전쟁이 일어나고 있었습니다. 이것도 어떤 의미에서는 자연스러운 현상이었습니다. 거기에 개입된 영혼들의 의식은 '자기라는 중심'과 힘에 대한 모든 것을 밝혀내기 위해서 싸움을 필요로 했기 때문입니다. 그들은 에고의 작용을 탐사해가고 있었고, 그리하여 '진보해갈수록' 그들은 의식을 주무르는 데 아주 능통한 달인이 되었습니다. 그들은 교묘한 심령적 도구를 통해 다른 영혼들이나 다른 영혼의 공동체들을 종속시켜 지배하는 데는 전문가가 되어 있었습니다.

은하공동체들이 지구에 대해 품은 흥미는 주로 에고 중심적인 것이었습니다. 그들은 지구가 자신들의 영향력을 새롭고 강력한 방법으로 펼쳐볼 수 있는 좋은 장임을 깨달았습니다. 그 당시는 은하 간 전쟁이 교착상태에 빠져 있었다고 할 수 있습니다. 서로 오랫동안 싸우다 보면 얼마 후에는 일종의 균형상태에 이르러서, 말하자면 권역이 분할됩니다. 서로가 상대방을 너무나 잘 알기 때문에 일을 벌여볼 여지가 있는 곳과 없는 곳이 어딘지를 알게 되는 것입니다. 이런 식으로 상황이 막다른 골목에 이르자 적들은 지구상에서 새로운 기회를 찾아내려고 서로를 엿보고 있었습니다. 지구가 막다른 담벼락을 뛰어넘어 새로운 싸움을 벌일 수 있는 무대가 되어주리라고 생각한 것이지요.

은하공동체들이 지구에 자신의 영향력을 끼치고자 한 방법은 토착영혼들의 의식을 조종하는 것이었습니다. 에고 단계에 들어섰을 때 특히, 토착영혼들은 그들의 영향력을 잘 받아들였습니다. 그 이전에는 그들도 권력을 추구하는 외부의 힘에 영향받지 않았습니다. 왜냐하면 권세를 부리고 싶은 마음 자체가 그들에게는 없었기 때문입니다. 내면에 이런 에너지가 달라붙을 데가 없으면 여러분은 공격과 권력의 영향을 받지 않습니다. 그래서 은하계의 에너지들은 토착영혼들이 스스로 자신의 권력의 에너지를 탐사해보기로 마음먹기 전까지는 토착영혼 의식에 범접할 수가 없었습니다.

  에고 단계로의 전환은 토착영혼들을 무방비 상태로 만들었습니다. 왜냐하면 에고 의식을 탐사하고자 하는 의지와는 별도로, 그들은 아직도 매우 순진하고 때가 묻지 않았기 때문입니다. 그래서 은하계의 권력들이 그들의 에너지를 토착영혼들에게 뻗치는 것은 어려운 일이 아니었습니다. 그들이 일을 벌이는 방식은 의식 조종, 즉 마인드 컨트롤이었습니다. 그들의 기술은 매우 교묘했습니다. 그들은 최면암시를 통한 잠재의식의 세뇌와 다르지 않은 심령적 기술을 주무기로 가지고 있었습니다. 그들은 심령적 차원과 아스트랄 차원에서 작용했지만 그를 통해 물질적/육체적 차원인 인간의 신체에까지 영향력을 미쳤습니다. 그들은 인간의 두뇌 발달에 영향을 미쳐서 인류가 경험할 수 있는 지각의 범위를 축소시켰습니다. 그리고 핵심적으로는, 두려움에 관련된 사고와 감정의 습관적 패턴을 자극했습니다. 토착영혼들의 의식 속에는 어린 영혼들이라면 누구나 안고 있는 향수병과 고통의 산물인 두려움이 들어 있었습니다. 은하계의 권력들은 이 기존의 두려움을 토착영혼들의 마음과 감정 속에 들어 있는 두려움과 굴종적인 에너지를 크게 부풀려놓을 씨앗으로 삼았습니다. 이로써 그들은 인류의 의식을 통제할 수 있게 되었습니다.

그다음, 은하계의 전사들은 이 인간을 통하여 이전의 은하계 적들과 다시 싸움을 벌일 기회를 호시탐탐 노렸습니다. 인류에 대한 지배권을 놓고 벌인 투쟁은 인간을 꼭두각시로 내세운, 은하계의 해묵은 원수들 간의 싸움이었습니다.

지구 토착영혼들의 개체성과 자율성에 대한 부드러운 촉은 그 한창때에 이르러서 폭력적인 개입, 곧 인류의 가슴을 차지하려고 다투는 이 전쟁에 의해 잘려버렸습니다. 하지만 은하계의 침입자들도 그들의 자유를 정말로 앗아가지는 못했습니다. 외계의 영향력이 아무리 막강해도 각 개인의 영혼-의식의 신성한 본질은 불가침의 것으로 남아 있었습니다. 영혼의 자유롭고 신성한 본질은 오랫동안 장막에 가려 있을 수 있어도, 영혼은 파괴되지 않습니다. 이것은 권력이란 것이 따지고 보면 실재하는 것이 아니라는 사실과 연관됩니다. 권력은 언제나 두려움과 무지라는 환영을 통해 자신의 목적을 달성합니다. 그것은 무엇을 가려서 감추기밖에는 못합니다. 권력은 그 무엇도 진정으로 창조하거나 파괴하지 못합니다.

게다가 토착영혼들에 대한 이 공격이 지구에 어둠만을 가져오지는 않았습니다. 그것이 뜻밖에도 은하계 전사들의 의식에 심오한 변화 − 의식의 다음 발달단계인 깨달음, 곧 '제2의 순진무구' 상태를 향한 전환 − 를 촉발했던 것입니다.

빛의 일꾼 영혼들의 은하계 기원

이 같은 역사 속에 빛의 일꾼이라는 개념은 어떻게 연결될까요? 인간의 몸을 입고 지상에 오기 전에, 빛의 일꾼 영혼들은 몇몇 태양계에서 오랫동안 살았습니다. 의식 발달의 세 단계의 관점에서 보면 그들은 성장기의 많은 부분을 거기서 보냈습니다. 그들이 에고-의식과 그에 관련된 모든 권력의 문제를 탐사한 것은 이 단계에서입니다. 이것은 그들이 어둠을 탐사하고, 자신의 권력을 매우 그릇되게 이용하던 단계였습니다.

은하계의 이 단계에서 빛의 일꾼들은 인류 발달과정의 공동창조자들이었습니다. 다른 은하계의 힘들과 마찬가지로 그들도 인간을 꼭두각시로 이용하여 우주의 다른 부분으로 세력권을 넓히려는 의도를 품었습니다. 은하계의 권력들이 그들의 싸움에 사용한 기술은 설명하기가 힘듭니다. 여러분의 세계에는 그것과 상응하는 것이 없기 때문입니다. 최소한 그들이 완성한 경지의 것과는 말입니다. 은하간 전쟁에 쓰였던 기술은 본질적으로 에너지에 대한 비물질적 과학에서 나온 것이었습니다. 그들은 심령의 힘을 알고 있었고 의식이 물질현실을 창조한다는 사실을 알고 있었습니다. 그들의 형이상학은 당신네 현대과학자들이 수용하는 물질주의적 관점보다 더 큰 힘을 발휘했습니다. 당신네 제도권의 과학은 의식을 물질적 작용의 산물로밖에는 보지 않기 때문에 창조의 근원인 마음의 힘을 상상하지 못합니다.

크로마뇽인 시대에 와서 빛의 일꾼 영혼들은 유전자 차원에서 인간의 자연적인 발달에 개입했습니다. 이 유전적 개입은 하향식 조종 과정으로 보아야 합니다. 그들은 인간의 두뇌/의식에다 신체의 세포층에 영향을 미치는 특정한 사념체를 각인시켰습니다. 이 정신적 각인의 결과로 인간의 두뇌에는 로봇과 같은 기계적인 요소가 장착되어 인간 본연의 힘과 자신에 대한 자각력을 일부 앗아갔습니다. 인간을 외계인들의 전략적 목적에 더 적합한 도구로 만드는 인공물이 이식된 것이지요.

빛의 일꾼 영혼들은 지상의 생명 발달과정에 이렇게 개입함으로써 자연의 순리를 어겼습니다. 그들은 진화해가는 인류로서 살고 있는 토착영혼들의 본성을 존중해주지 않았습니다. 어떤 면에서 그들은 인류가 갓 얻은 자유의지를 강탈해버린 것입니다.

앞글에서 지적했듯이, 영혼의 자유의지란 앗아가는 것 자체가 불가능한 점이 있습니다. 그러나 실질상으로는 모든 면에서 외계인이 우월하기 때문에 토착영혼들은 자기결정권을 상당 부분 잃어버렸습니다. 빛의 일꾼들은 인간을 하나의 도구로, 본질적으로는 하나의 사물로 여겼습니다. 그리고 그것은 그들의 목표를 실현하는 데 도움이 됐습니다. 그 단계에서 그들은 생명을 그 자체로서 귀히 여겨줄 자세가 갖추어져 있지 않았습니다. 그들은 '타자'(그들의 적이나 노예) 안에서 자신들과 같은 살아 있는 영혼을 보지 못했던 것입니다.

여기에 심판을 가하는 것은 아무런 의미가 없습니다. 이 또한 모두가 장대하고도 심오한 의식 발달과정의 일부이기 때문입니다. 깊은 차원에는 그 어떤 죄도 책임도 없습니다. 오직 자유로운 선택만이 있을 뿐입니다. 피해자도 없고 가해자도 없습니다. 궁극적으로, 거기에는 오로지 경험만이 있을 뿐입니다.

한때 이런 어두운 박해수단을 동원했던 여러분, 빛의 일꾼들은 훗날 자신의 행위를 극심히 자책했습니다. 지금까지도 여러분은 내면에 죄책감을 품고 있어서, 자신이 무엇을 하든지 자격이 모자란다는 느낌으로서 그것을 일부 자각하고 있습니다. 하지만 이런 느낌은 오해로부터 비롯된 것입니다.

'빛의 일꾼'이란 여러분이 그것'이거나', '아니거나' 하는 그런 것이 아님을 이해하는 것이 중요합니다. 그것은 경험 — 빛과 어둠의 경험 — 의 여정을 거치는 과정에서 여러분이 '되는' 무엇입니다. 이름을 꼭 붙여야만 한다면, 우리는 여러분을 빛의 일꾼 대신 그리스도화된 영혼(Christed soul)이라 부를 것입니다.

여러분이 저지른 끔찍한 실수가 결국은 뜻밖에도 일을 긍정적으로 풀려가게 했던 적이 혹시 없었습니까? 지구와 인류에 은하계가 개입한 결과에도 이와 비슷한 일이 일어났습니다. 토착영혼들에게 그들의 에너지를 각인시키는 과정에서 은하계의 힘들은 사실상 지상에다 영향력들이 뒤섞여서 들끓는 하나의 거대한 도가니를 만들어놓았습니다. 다양한 은하계 영혼들 내면의 전투적 요소들이 한 생물 종인 인류의 마음속에 이식됨으로써, 인류로 하여금 그것을 통합시키거나 평화롭게 공존하게 할 길을 찾지 않을 수 없게 만들었다고 할 수 있는 것입니다. 이것은 토착영혼들의 여정을 심히 복잡하게 꼬이게끔 만들었지만, 그것은 결국 긍정적인 방식으로 돌파해나갈 최적의 기회, 은하계의 분쟁이 맞고 있는 교착상태를 빠져나갈 길을 만들어낼 것입니다.

명심하세요, 만사는 서로 긴밀히 연결되어 있습니다. 토착영혼들이나 은하계 영혼들이 동일한 의도에 의해 이끌려가는 어떤 차원이 있으니, 그것은 천사의 차원입니다. 가장 깊은 속에서 모든 영혼은 저마다 천사입니다. (1부 마지막 장인 '시간, 다차원성, 그리고 당신의 빛의 자아' 참고. 편집자 주) 천사계 차원에서는 은하계 전사들과 토착영혼들이 모두 위에 묘사된 우주적 드라마에 동참하기로 동의했습니다.

은하계의 개입은 지구가 애초에 의도된 대로 도가니가 되도록 '도와주었을' 뿐만 아니라 그것은 은하계 전사들의 내면에 새로운 형태의 의식이 싹트게 하는 전기가 되어주었습니다. 그것이 뜻밖의 방식으로 에고 단계를 종식하고 — 그들의 성장이 끝나고 — 뭔가 새로운 것이 시작되게 한 것입니다.

빛의 일꾼들의 에고 단계의 끝

지구가 드라마의 배경으로 등장하기 전에, 은하 간 전쟁은 교착상태에 이르러 있었습니다. 지구에서 싸움이 재개되자 전쟁은 사실상 지구로 무대를 옮겨왔습니다. 이 이동과 함께 무엇인가가 은하계 의식 속에 변화를 촉발시켰습니다. 은하계 전쟁 시대는 끝이 났습니다.

은하계 영혼들은 여전히 인류와 지구에 활발히 관여했지만 서서히 관찰자의 역할로 물러났습니다. 이 역할 속에서 그들은 자신의 존재 속에서 특이한 종류의 따분한 느낌을 자각하기 시작했습니다. 다툼과 전쟁은 이어졌지만 그것이 이전에 그랬던 것처럼 그들을 매혹시키는 않았습니다. 그들은 내 삶의 의미는 무엇인지, 나는 왜 늘 싸우고만 있는지, 권력이 정말로 나를 행복하게 해주는지 등의 철학적인 의문을 품기 시작했습니다. 이런 의문이 제기되자 싸움에 대한 싫증은 점점 더 커졌습니다.

은하계의 전사들은 에고 단계의 끝을 향해 점점 다가가고 있었습니다. 그들은 부지중에 에고와 권력의 투쟁적인 에너지를 이 에너지에 열려 있던 장소인 지구에다 옮겨놓았습니다. 그 당시 인간의 영혼은 의식의 에고 단계를 바야흐로 탐사하기 시작하고 있었지요.

은하계 전사들의 의식 속에 어떤 여유 공간이 만들어졌습니다. 의심의 여지, 반성의 여지가 말입니다. 그들은 변성의 단계에 진입했습니다. 우리는 그것을 다음과 같이 단계별로 설명할 것입니다.

1. 에고에 중심한 의식이 제공하는 것에 만족하지 않고 '뭔가 다른 것'을 갈망함. − 끝의 시작.
2. 에고에 중심한 의식에 매여 있는 자신을 자각하여 그에 수반하는 감정과 생각을 알아차리고 놓아 보냄. − 끝의 중간.
3. 내면의 에고에 중심한 묵은 에너지가 죽게 놓아두고 고치를 벗어던지고 새로운 자아가 됨. − 끝의 끝.
4. 사랑과 자유의 부추김을 받아 내면에서 가슴에 중심한 의식이

깨어남. – 다른 이들도 변신하도록 도움.

이 네 단계의 과정이 에고에 중심한 의식을 가슴에 중심한 의식으로 옮겨가게 하는 전환점입니다. 지구와 인류와 은하 세계 모두가 이 단계를 거쳐 간다는 사실을 명심하세요. 단지 동시에 가지 않을 뿐입니다.

행성 지구는 이제 3단계를 가고 있습니다. 빛의 일꾼들 중의 많은 이들도 지구의 내면적 과정과 공조하여 3단계를 겪고 있습니다. 여러분 중 어떤 이들은 2단계를 겪고 있고, 4단계에 다다라 가슴 벅찬 환희와 영감을 맛보고 있는 이들도 있습니다.

하지만 인류의 대부분은 아직도 에고에 중심한 의식을 놓아 보내려는 생각이 전혀 없습니다. 그들은 아직 전환의 1단계에 진입하지 않았습니다. 이것은 심판하여 비난하거나 슬퍼할 일이 아닙니다. 그것을 식물이 자라나는 것과 같은 자연스러운 과정으로 바라보도록 하세요. 우리는 꽃이 활짝 피지 않고 봉오리를 맺고 있다고 나무라지 않습니다. 이와 같은 시각으로 그것을 바라보세요. 에고에 중심한 의식이 당신네 세계에 끼치는 파괴적인 결과에 대해 도덕적 심판을 내리는 것은 영적 차원의 역학에 대한 통찰이 없어서 그런 것입니다. 게다가 그것은 당신 자신의 힘을 약화시킵니다. 왜냐하면 신문이나 뉴스를 보다가 수시로 느끼는 분노와 불만은 건설적인 에너지로 전환되지 않기 때문입니다. 일어나는 일들을 한 걸음 물러나서 신뢰의 태도로 바라보도록 하세요. 대중매체를 통해서는 듣거나 읽어내기 힘든 집단의식 속의 저류를 직관적으로 감지해내도록 해보세요.

아직 에고에 중심한 의식의 현실에 붙들려 있는 영혼들을 변화시키려고 애쓰는 것은 아무런 의미도 없습니다. 그들은 당신의 '도움'을 바라지 않습니다. 그들은 아직 빛의 일꾼인 당신이 나눠 쓰고 싶어하는 가슴에 중심한 에너지의 모자를 쓰고 싶은 마음이 없습니다. 당신에게는 그들이 도움을 필요로 하는 것처럼 보이더라도, 스스로 원하지 않는 한 그들에게는 그것이 필요치 않습니다. 그건 이렇게 단순한 것입니다.

빛의 일꾼들은 베풀고 돕기를 매우 좋아하지만 이런 일에서는 종종 분별력을 잃어버립니다. 이것은 에너지만 낭비되게 하여 빛의 일꾼이란 측면에 대한 자기의심과 실망을 불러옵니다. 분별력을 발휘하세요. 돕고 싶어하는 욕망은 빛의 일꾼들에게 변신의 3단계를 제대로 완수하지 못하게 가로막는 함정이 되기 때문입니다. ('돕는다'는 개념에 대해서는 2부의 '치유가가 되는 길의 함정'에서 더 깊이 설명됨. 편집자 주)

이제 우리는 에고 단계의 끝에 이른 빛의 일꾼에 대한 설명을 마칩니다. 말했듯이, 다른 은하제국들과 더불어 여러분은 현 인류가 출현할 당시에 인류의 일에 끼어들었습니다. 그러다가 점점 더 관찰자의 역할로 물러나기 시작했을 때, 여러분은 싸움에 싫증을 느꼈습니다.

여러분이 그토록 오랫동안 추구해온 권력은 일종의 독점상태를 야기하여 여러분이 독점해온 그것의 독창적이고 개별적인 성질을 절멸시켜버렸습니다. 그리하여 여러분의 현실에는 새로운 것이 발을 들여놓을 수가 없게 되었습니다. 여러분은 '타자'인 것은 모두 죽여버렸습니다. 이런 식으로 한동안 나가자 그것은 여러분의 현실을 정체시켜서 예측할 수 있는 것으로 만들어놓았습니다. 권력을 향한 몸부림 속에서 공허함을 자각하게 되었을 때, 여러분의 의식은 마침내 새로운 가능성을 향해 문을 열었습니다. '다른 뭔가'를 향한 열망이 일어난 것입니다.

여러분은 가슴에 중심한 의식을 향한 1단계 변신을 마쳤습니다. 영겁의 세월을 마음껏 지배해왔던 에고의 에너지가 이제는 차분히 가라앉아서 '다른 뭔가'를 위한 여지를 허용했습니다. 보드라운 꽃처럼, 가슴속에서 새로운 에너지가 깨어났습니다. 섬세하고 조용한 목소리가 여러분에게, 한때 알고 있었지만 여행의 와중에 찾아가는 길을 잊어버렸던 '집'에 대해 이야기하기 시작했습니다. 여러분은 깊은 속의 향수병을 감지한 것입니다.

토착영혼들과 마찬가지로 여러분도 한때는 모든 영혼이 태어난 근원인 대양과 같은 일체성의 경지를 경험했었습니다. 여러분은 이 대양으로부터 의식의 개체적 단위들로 점차 진화해왔습니다. 이 '작은 영혼들'이었던 여러분은 탐사에 큰 재미를 느끼는 동시에, 떠나와야 했던 낙원에 대한 고통스러운 기억을 내면에 품고 있었습니다.

훗날 에고 의식 단계에 들어섰을 때, 이 고통은 아직도 여러분 속에 있었습니다. 여러분이 애썼던 일은 본질적으로, 이 가슴속의 빈자리를 권력으로 채우는 것이었습니다. 싸움과 정복의 게임을 벌이는 것으로 자신을 만족시키려고 했지요.

권력은 일체성을 가장 반대하는 에너지입니다. 권력을 휘두름으로써 여러분은 자신을 '타자'로부터 고립시킵니다. 권력을 향해 몸부림치는 동안 여러분은 집 ― 일체의식 ― 으로부터 더욱더 멀어집니다. 권력이 여러분을 집에 가까워지게 하기는커녕 오히려 멀어지게 한다는 사실은 오랫동안 여러분에게 감춰져 있었습니다. 권력은 착각과 환영에 꽉 엮여 있기 때문입니다. 권력은 경험 없는 순진한 영혼 앞에서 자신의 진짜 얼굴을 쉽게 감출 수 있습니다. 권력은 풍요와 만족과 인정이라는 환영, 심지어는 사랑이라는 환영까지도 지어냅니다. 에고의 단계는 이기고, 지고, 발버둥치고, 독점하고, 조작하고, 가해자가 되고, 피해자가 되는 권력의 세계를 한정 없이 탐사해 가는 과정입니다.

내면에서는 이 단계에서 영혼이 분열됩니다. 에고 단계는 영혼의 온전한 모습에 대한 공격을 수반합니다. 우리가 말하는 온전한 모습이란, 영혼 본연의 일체성과 온전성을 가리킵니다. 에고에 중심한 의식이 들어오면 영혼은 일종의 정신분열 상태에 빠집니다. 그것은 순진무구함을 잃어버립니다. 영혼은 한 편에서는 싸우고 정복하고, 다른 한 편에서는 살아 있는 다른 존재에 해를 입히고 파괴하는 것은 잘못된 일임을 깨닫습니다. 객관적인 관점의 법칙이나 판단에 비춰보자면 그것은 그렇게 잘못된 것은 아닙니다. 그러나 영혼의 잠재의식은 자신이 스스로의 신성한 본성을 거스르는 짓을 하고 있음을 깨닫습니다. 무엇을 창조하고 거기에 생명을 주는 것이야말로 영혼의 신성한 알맹이의 본성입니다. 영혼이 개인적인 권력에 대한 욕망으로부터 행위할 때, 깊은 속에서는 죄책감이 일어납니다. 다시 말하지만, 영혼에게 죄를 선고하는 외부의 판결 같은 것은 물론 없습니다. 영혼이 스스로 자신이 순진무구함과 순수함을 잃어가고 있음을 깨닫는 것입니다. 영혼이 외부에서 권력을 추구하는 동안, 내면에서는 그 비천함에 대한 수치심이 커지면서 자신을 갉아먹습니다.

영혼의 여정에서 에고에 중심한 의식 단계는 하나의 자연스러운 단계입니다. 사실 그것은 영혼이라는 존재의 한 측면 ― 의지 ― 을 속속들이 탐사하는 과정입니다. 여러분의 의지는 내면세계와 외부세계 사이의 다리가 됩니다. 의지는 여러분의 영혼의 에너지를 물질세계 속으로 집중시켜주는 여러분의 한 부분입니다. 의지는 권력에 대한 욕망에 고취될 수도 있고 일체성에 대한 열망에 고취될 수도 있습니다. 그것은 여러분의 내적 자각상태에 좌우됩니다. 영혼이 에고 단계의 끝에 다다르면 의지는 점점 더 가슴의 일부가 됩니다. 에고, 즉 개인의 의지는 파괴되지 않고 가슴의 지혜와 영감을 따라 꽃을 피워냅니다. 여기에 이르면 에고는 가슴을 자신의 영적 안내자로 기쁘게 받아들입니다. 영혼 본연의 온전성이 회복되는 것입니다.

빛의 일꾼 영혼인 여러분이 에고에 중심한 의식으로부터 가슴에 중심한 의식으로 나아가는 2단계에 이르렀을 때, 여러분은 자신이 지구에서 저질렀던 잘못을 바로잡고자 하는 진지한 소망을 느꼈습니다. 여러분은 자신이 지상에서 살고 있는 인간들을 함부로 대하여 토착영혼들의 자유로운 자기표현과 발달을 훼방했음을 깨달았습니다. 생명을 여러분의 필요에 따라 조종하고 통제하려고 함으로써 생명의 순리를 거슬렀던 것입니다. 그래서 여러분은 인간의 삶에 깊은 어둠을 가져온 두려움과 제약의 구속으로부터 그들을 해방해주기를 원하게 되었고, 여러분 자신이 인간의 몸으로 태어나는 것이 이 일을 완수하기에 가장 좋겠다고 느꼈습니다. 그리하여 여러분은 인간의 몸으로 태어났습니다. 그리고 그 인체의 유전적 구성은 부분적으로 여러분이 창조했습니다. 여러분의 창조물을 내면으로부터 변성시키기 위해서 말입니다. 이런 임무를 띠고 지상으로 내려온 영혼들은 자신들이 조종했던 창조물들 속에 빛을 퍼뜨리기로 했습니다.

그리하여 그들은 빛의 일꾼이라 불립니다. 이 일을 하기로 — 그리하여 한바탕 지상의 생애들 속에 엮여 들기로 — 여러분이 스스로 결심한 것입니다. 새롭게 싹튼 책임감과, 여러분을 누르고 있는 이 카르마의 짐을 떠맡음으로써 과거를 온전히 놓아 보내고자 하는 가슴 깊은 요구로부터 말입니다.

빛의 일꾼 III

지상에 태어나는 빛의 일꾼들

지구에 태어났을 때, 여러분은 에고에 중심한 의식으로부터 가슴에 중심한 의식으로 막 전환을 시작하고 있었습니다. 우리는 이 전환을 네 가지 단계별로 묘사했었습니다. 이전에 여러분의 삶을 채우고 있었던 권력을 향한 몸부림이 아닌, '다른 뭔가'를 향한 갈망을 자각하게 되었을 때 여러분은 그 첫 단계에 발을 디뎠습니다.

그 몸부림은 상당한 기간 동안 여러분의 삶에 목적과 의미를 제공해주었습니다. 권력의 유혹은 여러분으로 하여금 인간들을 여러분의 은하계 전쟁에 꼭두각시로 동원하게 했습니다. 모든 은하제국들이 이 일에 가담했습니다. 하지만 전투적인 에너지를 인간에게 이식시켜놓고 나서 여러분은 관찰자 입장이 되어서 직접적인 싸움으로부터 뒤로 물러났습니다. 여러분은 지상에서 일어나는 일들을 지켜보았습니다. 여러분은 인간들이 여러분이 오래전에 다다랐던 어떤 상태로 발달해가는 모습을 목격했습니다. 여러분은 심령 차원의 세련된 조종술과 전술을 지닌 교묘한 전사가 되어 있었습니다. 여러분이 심어놓은 유전자를 지닌 인간도 그와 같이 되어갈 것이었습니다.

이 이식된 유전자는 인간의 정신을 높은 수준으로 발달해가게 했습니다. 사고기능을 선호함으로써 자연적인 본능과 감각의 기능은 다소간 억압되었습니다.

은하계의 영향력이 발달해가는 인간의 내면에 깊은 두려움을 심어놓았음은 이미 말했습니다. 사실은 바로 이 두려움이라는 요소가 사고에 대한 집착과 밀접하게 관련되어 있습니다. 안정된 상황에서는 두려움을 쉽게 극복하거나, 아니면 무엇이 옳고 적절한 일인지를 느끼는 본연의 직관적 능력을 발휘하여 두려움을 초연히 바라볼 수 있습니다. 그러나 사고기능이 우세해지면 두려움이 강화됩니다. 왜냐하면 사고는 직관이나 느낌이 끼어들지 못하는 기계적인 논리에만 의지하기 때문입니다. 마음이 두려운 감정의 에너지에 의해 작동하면 그것은 제멋대로 날뛰면서 온갖 망상을 만들어내고 모든 일과 모든 사람을 통제하려는 생각에 빠져듭니다. 독재정권은 이처럼 제멋대로 날뛰는 마음의 한 본보기입니다.

두려움에 대한 답은 생각을 내려놓는 것입니다. 생각을 적게 하고 삶의 흐름을 신뢰하는 것입니다. 천부의 권리인 은총의 상태 속으로 다시 빠져드는 것입니다. 그것은 움켜쥔 손아귀를 풀어놓는 것입니다.

94

빛의 일꾼 영혼들의 에고 지배 단계가 끝나자, 그들은 존재의 새로운 방식에 눈을 떴습니다. 여러분은 직관적으로 가슴의 에너지를 향해 손을 뻗쳐 갔습니다. 사실 여러분은 단순한 권력놀음을 넘어선, 일종의 창조적인 놀이를 찾고 있었습니다. 여러분은 권력의 추구가 파괴적이며, 어떤 새로운 것도 창조해낼 수 없다는 것을 깨달았습니다. 권력은 '다른' 모든 것을 죽이고 삼켜 소화해버렸기 때문입니다.

내 안의 것이든 바깥의 것이든 생명을 무조건 통제하고 지배하려고 애썼던 여러분은 사실상 현실을 정체되고 빤한 것으로 만들어놓으려고 기를 쓴 것입니다. 알고 보면 권력이란 참으로 재미없고 지루한 것입니다.

이것을 알게 된 여러분은 자신의 진정한 소망은 권력을 갖는 것이 아니라 진정으로 창조적인 존재가 되는 것임을 깨달았습니다. 진정으로 창조적인 존재가 된다는 것은 곧 자신의 신성을 만나는 것입니다.

여러분은 신성한 존재이므로 무엇을 하든, 하지 않든 상관없이 언제나 모종의 현실을 창조해내고 있습니다. 창조성이야말로 여러분의 본성입니다. 에고의 단계에서 여러분은 자신의 진정한 본성을 부정할 수 있는 가능성의 영역을 탐사했습니다. 어떤 면에서는 이것이야말로 정말 창조적인 행위입니다. 왜곡된 방식이기는 하지만 말이지요. 하지만 실로 창조적인 존재가 된다는 것은 죽음이 아니라 생명을 따라 창조하는 것입니다.

여러분에게 이 같은 깨달음이 떠올랐을 때, '집'에 대한 기억이 되

살아났습니다. 순수하고 지극히 행복한 합일상태에 대한 몽롱한 기억이 의식 속에 다시 떠오르자, 여러분은 어쨌든 이것이야말로 행복의 열쇠임을 알았습니다. 하지만 여러분은 대책 없는 무력감을 느꼈습니다. 거기에 어떻게 하면 갈 수 있을지를 알 길이 없었기 때문입니다. 에고는 그 답을 가지고 있지 않다는 것을 알았습니다. 하지만 여러분은 아직 가슴에 중심한 의식의 영역에 제대로 발을 들여놓지 못했습니다.

동시에 마음속에서 자신이 지상의 인간들에게 행했던 짓에 대한 후회와 죄책감이 일어나서 점점 커졌습니다.

특히 지구상에는 의식이 자신을 다양한 방식으로 마음껏 표현할 수 있는 멋진 기회가 널려 있었습니다. 지구는 온갖 다양한 에너지의 통합소 — 다양한, 심지어는 서로 대치하는 에너지들까지도 조화롭게 공존할 길을 찾을 수 있는 하나의 도가니 같은 장소 — 가 될 운명이었습니다. 지구의 에너지장은 매우 이질적인 에너지들을 포용할 수 있도록 창조되었습니다.

지구에서 사는 것과, 물질 차원이든 아스트랄 차원이든 우주의 다른 장소들에서 사는 것의 차이점은, 지상에는 엄청나게 다양한 에너지가 존재한다는 것입니다. 게다가 이 다양한 에너지들은 단지 광대한 스펙트럼의 생물 종의 형태로만 존재하는 것이 아닙니다. 사실 그것은 단일한 존재, 인간 속에도 존재합니다. 인간은 다른 어떤 존재가 담을 수 있는 것보다도 폭넓은 스펙트럼의 에너지를 담아낼 수 있습니다. 여러분은 자기 내부에 살인자와 성자의 에너지, 아이와 어른과 늙은이의 에너지, 남성과 여성의 에너지, 활동적이고 수동적인 에너지, 이성적이고 감성적인 에너지, 물과 공기와 불과 흙의 에너지 등등을 다 지니고 있습니다. 인간인 여러분에게는 이것이 사소하고 그저 당연한 것으로 보일 수 있지만, 우주의 다른 존재들에게 그것은 대단한 묘기입니다. 무슨 특별한 짓을 하지 않더라도 인간이라는 것 자체가 하나의 대단한 묘기인 것입니다.

하지만 인간의 가장 독특한 성질은 양립할 수 없는 것처럼 보였던 에너지들을 융합시키는 능력입니다. 인간은 이 모든 다양한 에너지들을 그저 담고 있기만 하는 것이 아니라 그것들 사이에 다리를 놓아주는, 중재자가 되게끔 설계되었습니다.

영, 혹은 신, 혹은 있는 모든 것(All-That-Is)이 인간이라는 개념을 떠올린 이유는, 우주가 일종의 정체상태에 다다랐었기 때문입니다. 의식은 일체성을 벗어나 생명을 탐사하는 동안 우주의 다양한 차원과 장소에서 다양한 생명 형태를 시험해보기를 좋아했습니다. 어떤 생명체를 속속들이 경험해보고 나면 영혼은 그것을 떠나 ─ 더 이상은 그것으로 화신化身하지 않는다는 의미에서 ─ 특정한 요구에 부응하는 다른 생명체로 넘어갔습니다. 특정한 생명체 속에서 사는 동안에 에너지를 변환시킬 필요는 없었습니다. 변화하고 싶을 때는 몸을 바꿨습니다. 영혼이 게으르거나 얄팍해서 그랬던 것은 아니었습니다. 밀도 면에서 육체로부터 아스트랄체에 이르기까지, 대부분의 신체는 한정된 범위의 경험만을 제공했습니다. 그래서 그 신체로 있는 동안에는 성장하거나 변성해갈 기회가 한정되어 있었습니다. 신체는 그리 다양한 에너지를 담아내지 못했습니다. 예컨대, 여러분이 물로 덮인 행성에서 수중의 존재로 태어나서 산다면 물의 속성을 온갖 방법으로 경험해볼 수 있게 됩니다. 액체가 되어 고정되지 않고 흐르면서 움직이는 '느낌'은 정말 경이롭습니다. 그러나 고정되어 움직일 수 없는 경험을 해보고 싶다면 그 신체를 떠나서 잠시 산山의 내부에서 살아야 합니다. 또한 여러분이 권력을 추구하는 은하계의 존재로서 살았을 때는 그 몸 안에서 여러분의 의식을 제대로 변화시킬 수가 없었습니다.

이처럼 특정한 신체 속에서 한정된, 혹은 특화된 범위의 경험밖에 하지 못한 결과 창조된 생물의 세계가 정체되어버린 것입니다. 그것은 자라고 확장해가지 못하고 일종의 안정상태에 갇혀버렸습니다.

인간만이 지닌 고유한 힘은, 폭넓은 범위의 에너지들을 포용하여 정체되지 않은 창조적 균형상태로 가져올 수 있는 능력입니다. 사실이 힘은 어둠을 빛으로 변성시키는 능력, 곧 영적 연금술의 힘과 맞먹습니다. 이전까지 대치하던 에너지들을 역동적 조화상태로 가져오는 것은 그리스도화된 에너지(Christed energy), 곧 이원성 속에서 일원성을 유지하는 에너지입니다. 이것은 어둠을 받아들임으로써 두려움을 환희로 변성시키는 바로 그 에너지입니다. 그리스도 에너지는 받아들임으로써 합일시키는 '제3의 에너지'입니다. 그것의 연금술적인 힘은 두려움 없이 모든 것을 포용하고 받아들이는 품성에 있습니다.

인간인 여러분은 이 같은 영적 연금술의 능력을 지닌 유일한 존재입니다. 식물도, 동물도, 천사도, '암흑의 신'들도 이런 힘을 지니고 있지 않습니다.

모든 영혼이 가벼운 것이 어떤 느낌인지, 어두운 것은 어떤 느낌인지, 우주에 사는 모든 다양한 존재가 되어보는 것은 어떤 느낌인지를 경험해볼 수 있습니다. 그러나 현재의 생명체 속에 남아 있는 한 그들도 어둠을 빛으로 변성시키는 것이 어떤 느낌인지는 경험해볼 수 없습니다. 자신을 위해 다양한 물리적, 영적 현실을 창조해내며 살아가는 식으로, 내면의 차원에서 변화해간다는 것이 대체 어떤 느낌인지를 그들은 상상하지 못합니다.

인간과 다른 형태의 생명체로 태어난 영혼들도 '자신의 현실을 창조'하고 자유의지를 행사하지만, 같은 몸속에 있으면서도 극도로 다른 상태나 심지어는 반대 상태인 의식까지 넓혀가지는 못합니다. 인간인 여러분은 가교의 건설자 혹은 영적 연금술사이고, 지구와 인간을 독특한 것으로 만들어주는 점이 바로 이것입니다.

이제 인간에게 개입했던 것에 대해 후회하고 괴로워하는 빛의 일꾼 영혼들의 이야기로 돌아가봅시다. 그들은 지구에는 완전히 다른, 희망으로 가득 찬 게임이 준비되어 있다는 것을 깨달았습니다. 그들은 자기들의 이익을 위해 그 희망을 온갖 노력으로 덮어 감춰버렸습니다. 그들은 이 때문에 고통을 느꼈습니다. 어떤 차원에서 그들은 자신의 이기적인 행위로 인해 빛과 진정한 기쁨을 향해 가는 자기 자신의 영적 여정까지도 차단해버렸다는 사실을 깨달았습니다.

또한 에고의 잠에서 깨어났을 때, 여러분은 지구가 생명으로 가득 찬 너무나 아름다운 푸른 행성이었음을 깨달았습니다. 이것은 여러분 안의 깊은 곳에 잠들어 있는 기억을 휘저어놓았습니다. 여러분은 지상에 생명이 태어나던 바로 그때 여기에 있었습니다. 그때의 지구는 때 묻지 않은 모습 그대로였습니다. 전사의 의식으로 떨어지기 전의 그 먼 옛날에는 여러분도 생명을 먹이고 돌봐주던 천사들처럼 이 지상낙원의 일원이었습니다. 여러분은 에덴동산의 천사였습니다. 나중에 은하계 전사의 어두운 본색을 드러내긴 했지만, 여러분도 그 옛날 토착영혼들을 맞이하기 위해 행성을 준비하고 있었을 때는 자신의 밝고 순수한 측면의 모습을 발휘했었습니다. 여러분도 푸른 행성이 피어나도록 힘을 보탰었고, '전사' 상태의 의식을 벗어날 때 어떤 차원에서는 여러분도 이것을 알고 있었습니다. 여러분은 자신이 그 창조물을 돕고 돌봐 가꾸었던 그것을 스스로 파괴하고 있음을 알고 있었습니다.

그 희망과 지구의 아름다움을 깨달았을 때, 여러분은 그곳으로 내려가 망쳐진 것을 회복시켜놓고 싶은 내부의 충동을 느꼈습니다. 여러분은 이기적인 가치의 지배를 받고 있는 세상에 빛을 가져오고 가슴에 중심한 가치를 창조해내고자 하는 뜻을 품고 인간의 몸속으로 들어왔습니다. 우리는 빛을 가져오고자 하는 이 동기에 대해 좀더 자세히 이야기하고자 합니다. 왜냐하면 여기에는 여러분의 마음속에 종종 혼동과 오해를 일으켜놓는 것이 있기 때문입니다.

빛의 일꾼인 여러분이 지상에 몸을 입고 왔을 때, 사실 여러분은 에고에 중심한 의식으로부터 가슴에 중심한 의식으로 완전히 옮겨가는 내적 변성의 과정을 개시했습니다. 여러분은 에고에 중심한 의식을 온전히 놓아 보내는 길을 가는 중이었는데 마침 지상의 삶이 여러분 내면에 남아 있던 에고에 중심한 에너지를 다룰 기회를 제공해 주었습니다. 제 안에서 씻어내고자 했던 그 에너지들을 여러분은 여러분이 조종했던, 그리고 이제는 여러분이 그 안에서 살고 있는 바로 그 존재 속에서 — 인간 속, 곧 여러분 자신 속에서 — 조우하게 될 것이었습니다.

여러분이 지구로 온 가장 깊은 동기는 자기 안의 어둠과 작별하기 위해서였고, 이 어둠을 인간이 된 자신 속에서 대면하기로 동의했습니다. 여러분은 흔히 자신이 다른 이들을, 어머니이신 땅을 돕기 위해서 이곳에 왔다고 생각하지만, 가장 밑바탕의 이유는 자신을 치유하기 위해서입니다. 이것이 여러분이 해야 할 진정한 빛의 일입니다. 다른 모든 일은 부차적인 것입니다.

가장 깊은 차원에서 여러분의 영혼들은 어둠을 퍼뜨렸던 자신의 책임을 떠맡고 싶었습니다. 그러나 자신의 어두운 면에 대한 책임을 지는 일이란 원래가 고독한 모험입니다. 거기에는 여러분이 돕거나 치료해줄 다른 사람이 없습니다. 거기엔 여러분밖에 없습니다. 그 과정에서 다른 이들도 돕게 되겠지만, 그것은 어디까지나 부수적인 결과일 뿐입니다. 여기서 일의 올바른 순서를 깨닫는 것이 중요합니다. 여러분도 알다시피, 여러분은 남을 돕는 일에 너무나 열성적이어서 남을 돕겠다는 그 열성이 종종 함정이 되어버립니다. 여러분의 에너지가 상대방과 엮여서 결국은 진만 빠진 채 좌절하게 만드는 경우가 드물지 않기 때문입니다. 명심하세요. — 받는 것보다 더 많이 주는 것은 고상하거나 가슴에서 나오는 행위가 아닙니다. 그것은 그저 실수일 뿐입니다. 실수는, 여러분이 다른 누군가의 상황이나 마음 상태에 대해 일부 책임이 있다고 생각하는 것입니다. 이것은 사실이 아닙니다. 모든 사람의 행불행의 책임은 자기 자신에게 있습니다. 이것은 사실 하나의 축복입니다. 왜냐하면 그것은 모든 이에게 자신의 현실을 창조하고, 따라서 변화시킬 수 있는 권능을 주는 것이기 때문입니다.

여러분은 여기에 다른 사람들이나 어머니이신 땅을 '고쳐주려고' 온 것이 아닙니다. 여러분은 자기 존재 내부의 깊은 상처를 치유하기 위해서 이곳에 온 것입니다. 이 일을 돌보세요. 그러면 나머지 모든 것은 여러분의 노력 없이도 제자리를 찾아갈 것입니다.

지구로 와서 인간의 몸속에 태어났을 때, 여러분은 자신이 극복하고자 하는 그 에너지와 맞서 싸우려는 성향을 가지고 있었습니다. 그 단계의 여러분은 모순적인 상황에 빠져 있었지요. 한편으로는 자신이 권력이 아닌 '다른 뭔가를' 원한다는 것을 알고 있었고, 이전에 잘못을 저지른 데 대해 자신을 미워하고 있었습니다. 여러분은 아직 에고의 지배에서 자유롭지 못했습니다. 지구로 왔을 때 여러분은 어둠을 보면 흥분하여 화가 났고, 어둠에 대한 여러분의 반응은 그것과 싸우는 것이었습니다. 모순은, 여러분은 에고의 에너지와 맞부딪혀 싸우려 들었는데, 그것이야말로 다름 아니라 여러분이 놓아 보내고 싶어했던 바로 그 에너지라는 사실입니다.

여러분은 아직 가슴에 중심한 의식이란 것이 정말 무엇을 의미하는지를 모르고 있었습니다. 가슴으로부터 관찰할 때는 선과 악 사이의 다툼이 없습니다. 가슴의 진실은 양극을 초월합니다. 가슴은 어둠에 대항하지 않습니다. 가슴에 중심한 의식은 모든 것 ─ 있는 모든 것 ─ 에 대한 수용을 기본으로 합니다. 그것은 무슨 일이든 맞서 싸우면 해결되리라는 생각을 놓아 보내버리는 그런 종류의 의식입니다.

여러분은 현실을 싸우지 않는 평화로운 방식으로 다룰 수 있기를 갈망했지만 그 이상을 삶 속에서 실현해본 적이 없었습니다. 여러분은 그야말로 '중간지대', 곧 의식의 새로운 영역에 진입하기 전의 무인지대에 놓여 있었습니다.

그리하여 여러분은 자신이 놓아 보내고자 했던 존재방식 속으로 도로 빠져드는 온갖 '실수'를 다 저지르기 시작했습니다. 여러분은 에고다운 행동을 보이거나 에고에 중심한 가치를 두둔하는 사람들의 마음을 바꿔놓고 싶어서 안달이 났습니다. 하지만 그들은 공격적인 반응만 보였습니다. 종종 여러분이 말하고자 하는 바는 이해하지도 못한 채 말입니다. 빛의 일꾼들은 수백 년 동안 마녀, 이교도, 아니면 정치선동가로 몰려서 박해받았습니다. 그들은 세상이 받아들일 준비가 되지 않은 이상에 떠밀려 다니는 것처럼 보였습니다. 그들은 별나고 함께 어울리려 하지 않는 사람처럼 보였습니다. 그들은 유독 저항에 많이 부딪혔습니다.

여기서 일어난 일의 실상은, 여러분이 은하세계에서 꽤 오랫동안 가해자의 역할을 한 후에 이제는 피해자로 역할을 바꾼 것입니다. 여러분의 '영적 분노'는 주변으로부터 역정 난 반응을 불러일으켰고, 여러분은 모욕과 깊은 고통과 무력감에 빠진 피해자가 되었습니다. 여러 생 동안 되풀이해서 거부당하고 쫓겨난 경험의 트라우마가 여러분의 영혼에 상처를 남겨놓았습니다. 여러분은 결국 무기력하고 환영받지 못하는 기분 속에 주저앉아버렸습니다. 여러분 중 많은 이들이 이 삶에서 지쳐서 사랑이 충만하고 살맛 나는 세상에 대한 향수에 빠져 있습니다.

피해자 역할이란 그저 그것 — 여러분이 맡아 하고 있는 그 역할 — 뿐임을 깨닫는 것이 매우 중요합니다. '피해자'란 어떤 사실에 대해 내릴 수 있는 한 가지의 해석일 뿐입니다. 하지만 그것은 편협하고 왜곡된 해석입니다. 여러분은 피해자도 가해자도 아닙니다. 여러분은 자신이 잠시 맡아 할 역할을 창조해낸 영혼의 의식입니다.

정말이지, 여러분은 물질주의적이고 이기적인 세상의 피해자가 아닙니다. 사실, 많은 생에서 여러분이 마주친 공격적이고 비협조적인 에너지들은 여러분 자신의 에고에 중심한 의식과 거기에 매인 의존성이 거울에 비치듯이 되돌아온 것일 뿐입니다. 맞서 싸우는 것으로 해결을 구한다면 여러분은 그에 대항하여 맞서 싸우는 에너지를 받게 될 것입니다. 그것은 여러분 자신의 에너지가 여러분에게로 되돌아오는 것입니다! 이것이 카르마의 유일한 의미입니다.

'악'에 맞서 싸우려는 성향은, 악은 내 밖에 있고 현실로부터 몰아내야 한다는 믿음에서 비롯된 것입니다. 자신의 어두운 측면을 인정하여 받아들이고 그것의 역할과 목적을 이해하는 것, 이것이야말로 당신네 빛의 일꾼들의 모든 생애를 통해 주어졌던 영적 권고요 숙제였습니다.

가장 뜻깊은 권고는 자신을 용서하여 자신의 천진무구함을 다시 찾으라는 것입니다. 여러분은 천진무구하며, 언제나 그랬습니다. 이것을 정말로 이해할 수 있습니까? 그렇다면 여러분은 더 이상 세상을 변화시키려 들거나 불의에 맞서려 들지 않을 것입니다. 여러분은 그저 재미있게 놀고 삶의 매 순간을 즐기며 그저 자신으로서 남아 있으면서 그것을 다른 이들과 나누고자 할 것입니다.

무엇 또는 누구와 맞서 싸워야 한다는 생각을 놓아 보낼 때, 당신네 빛의 일꾼들은 더 이상 '외부세계' ― 사회나 다른 사람들 ― 로부터 별나다고 배척받지 않게 될 것입니다. 여러분은 아무것도 바꿔놓으려 들지 않을 것이고, 그러면 저항에 부딪히지도 않을 것입니다. 여러분은 이 현실에 대한 여러분의 기여가 가치 있으며, 다른 이들도 여러분을 귀히 여기고 환영한다는 것을 알게 될 것입니다.

에고에 중심한 의식을 온전히 놓아 보내고 나면 여러분은 자신이 박해나 외부의 위협에서 자유로워졌음을 깨닫게 될 것입니다. 여러분은 희생자와 박해자의 역할을 넘어서 있게 될 것입니다. 여러분의 여정은 완전히 한 바퀴를 돌아와 있을 것입니다. 카르마의 짐을 풀어내려놓고, 원하는 것을 무엇이든 전적으로 자유롭게 창조해낼 수 있게 될 것입니다.

여러분은 새로운 의식을 태동시킬 문턱에 와 있습니다. 이것은 무엇을 통제하거나 소유하고자 하는 욕구를 온전히 내려놓은 그런 종류의 의식입니다. 그것은 두려움이 없습니다. 그것은 그리스도 의식입니다.

지상에서 살았을 때, 나 예수아는 영성이란 빛과 어둠 사이의 싸움에 관한 것이 아님을 말해주고자 했습니다. 그것은 선악을 넘어선 차원의 자각의식, 모든 것을 이해하고 받아들일 수 있는 시야를 발견하는 일에 관한 것입니다. '하나님의 왕국은 여러분 안에 있습니다.' 여러분이 필요로 하는 모든 것은 내면에 있습니다. 자신이 누구인지를 ― 육으로 화한 신성한 존재임을 ― 진실로 깨달으면 평화와 기쁨과 평온이 여러분의 것이 됩니다.

여러분이 자기 자신을 변성시키고 치유시키려 이곳에 있는 거라는 사실을 깨달을 때에만 비로소 일들이 정말 여러분에게 이롭게 변화해가기 시작하고, 그 부수적인 결과로서 주변의 다른 사람들에게도 이롭게 바뀌어갑니다. 세상은 있는 그대로의 그것이고, 세상을 위해서 여러분이 할 수 있는 가장 고귀한 일은 그것을 그저 있는 그대로 사랑하는 것입니다. 이 현실세계를 여행하고 있는 낱낱의 존재들의 아름다움을 발견하고, 사랑하세요.

여러분 중 많은 이들이 나의 에너지, 예수아 혹은 예수의 에너지에 감동을 받았습니다. 그것은 내가 여러분과 동류이기 때문입니다. 나는 단지 카르마의 짐이 없는 빛의 일꾼, 높은 수준의 자기이해를 가진 빛의 일꾼이었을 뿐입니다. 여러분은 자신이 향해 가고 있는 에너지가 바로 이것임을 알기 때문에 감동한 것입니다. 그리스도의 에너지는 미래의 여러분 자신의 에너지입니다.

에고에서 가슴으로 I

의식 변성의 네 단계

앞장에서 우리는 에고에 중심한 의식으로부터 가슴에 중심한 의식으로 향해 가는 빛의 일꾼의 여정의 역사적 배경을 이야기했습니다. 여기서는 오로지 이 변성의 심리적 성질에 대해서만 이야기할 것입니다. 우리는 이 과정을 네 단계로 나누었습니다. 명확한 이해를 돕기 위해 그것을 다시 요약하겠습니다.

1. 에고에 중심한 의식이 제공하는 것에 만족하지 않고 '뭔가 다른 것'을 갈망함. ― 끝의 시작.
2. 에고에 중심한 의식에 매여 있는 자신을 자각하여 그에 수반하는 감정과 생각을 알아차리고 놓아 보냄. ― 끝의 중간.
3. 내면의 에고에 중심한 묵은 에너지가 죽게 놓아두고 고치를 벗

어딘지고 새로운 자아가 됨. — 끝의 끝.

4. 사랑과 자유의 부추김을 받아 내면에서 가슴에 중심한 의식이 깨어남. — 다른 이들도 변신하도록 도움.

1단계: 에고에 더 이상 만족하지 않음

에고에 중심한 의식으로부터 가슴에 중심한 의식으로 옮겨가는 일은 내면의 공허를 느끼는 데서부터 시작합니다. 여러분의 주의를 온통 끌어당기던 일이나 여러분이 푹 빠져 있던 상황이 이제는 허전하기만 하고 신나지 않습니다. 어쩐지 만사가 예전의 목적이나 의미를 잃어버린 것 같습니다.

이 공허가 느껴지기 전에 의식은 두려움의 손아귀에 잡혀서 끊임없이 스스로 자신을 다짐해야만 했습니다. 의식은 저 밑바닥에 깔려 있는 배척과 고립에 대한 두려움을 직면하기가 싫어서 끊임없이 외부의 인정을 구했습니다. 이 깊은 두려움과 외부의 인정에 대한 갈구가 오랫동안 숨어 있으면서 여러분의 많은 행위의 진정한 동기로 작용했는지도 모릅니다. 스스로 자각하지 못하는 가운데 여러분의 온 생애가 그 위에 쌓아 올려졌을지도 모릅니다. 어쩌면 여러분도 내면의 영문 없는 불안과 긴장을 알아차리고 있을 것입니다. 하지만 대개는 인간관계의 파국이나 사랑하는 사람의 죽음이나 직장을 잃는 일과 같은 큰 사건이 일어나서 여러분으로 하여금 이 긴장과 불안의 실체가 과연 무엇인지를 진정으로 들여다보게끔 자극해줘야만 합니다.

108

에고가 존재의 중심이 되어 있을 때, 여러분의 의식과 정서적 삶은 옥죄어 구속된 상태에 있습니다. 여러분은 두려움으로 굽실거리고, 그런 마음은 한시도 쉬지 못하고 자신을 방어합니다. 에고의 단계에 있으면 여러분은 항상 결핍을 느끼고 더 많은 것을 요구합니다. 여러분의 생각과 느낌과 행위의 뿌리는 하나의 블랙홀, 결코 온전히 채워질 수 없는 허공입니다. 그것은 두려움의 구멍, 그늘 속에 가려진 곳입니다. 여러분이 그곳으로부터 주의를 돌려버리기 때문에 말입니다. 그 그늘 속에는 여러분이 희미하게 느끼지만 다가가고 싶어 하지 않는 허공이 있습니다.

이 단계에서 신, 혹은 있는 모든 것(All-That-Is)과 여러분의 관계는 분리감으로 특징 지워집니다. 깊은 내면에서 여러분은 버림받아 홀로 남은 느낌을 느낍니다. 여러분은 자신이 쓸데없고 의미 없이 깨진 한 조각 파편이 된 것처럼 느낍니다. 그리고 이에 대한 두려움을 감추면 여러분은 그것을 그림자로, 간접적으로만 경험하게 됩니다.

사람들은 내면의 공허를 온전히 깨어서 직면하기를 무서워합니다. 자기 내면의 어둠을 직시하여 들여다보기를 무서워합니다. 하지만 직면하지 않아도 그것은 그대로 거기에 있습니다. 삶을 견딜 만한 것으로 만들려면 여러분은 그것에 '대처할 전략'을 짜야만 할 것입니다. 에고의 전략은 언제나 문제의 핵심은 놔두고 변죽만 울리는 것입니다. 에고는 의식을 외부로 돌림으로써 문제를 무마하려 듭니다. 에고는 여러분에게 외부의 에너지를 먹임으로써 내면의 고통을 누그러뜨리려고 합니다. 에고가 특히 좋아하는 에너지는 인정, 칭찬, 권력, 관심 등의 것입니다.

이런 방법으로 에고는 일체성, 안전, 그리고 사랑에 대한 영혼의 깊은 갈망에 해결책을 만들어내는 것처럼 보입니다.

이러한 갈망은 그 자체로서 온전한 가치가 있고 진정한 것입니다. 그것은 여러분을 부르는 신의 목소리입니다. 그것은 여러분의 본성이 여러분을 외쳐 부르는 소리입니다. 여러분은 신입니다! 신은 일체성과 안전과 사랑의 에너지입니다. 모든 사람이 조건 없는 사랑을, 여러분이 신이라 부르는 에너지의 포옹을 갈망합니다. 본질적으로, 이 갈망은 여러분 자신의 신성한 자아를 온전히 자각하고자 하는 열망, 따라서 그것과 하나가 되고자 하는 열망입니다. 여러분 자신의 신성이 조건 없는 사랑으로 들어가는 여러분의 문입니다. 여러분은 그것을 에워싸고 있는 두려움과 어둠을 지나감으로써만 그것을 찾을 수 있습니다. 그리고 밖이 아니라 안으로 몸을 돌려야만 그렇게 할 수 있습니다. 자신의 의식을 그림자를 물리치는 빛으로 사용해야만 그렇게 할 수 있습니다. 의식은 빛입니다. 그러니 의식은 어둠과 싸울 필요가 없습니다. 그저 있기만 하면 어둠은 사라져버립니다. 의식을 안으로 돌리면 실로 기적이 일어날 것입니다.

그러나 에고는 정확히 그 반대 길을 갑니다. 에고는 사랑과 안전의 필요를 인식하지만, 내면의 어둠과 두려움을 대면하지 않고 그것이 해결되기를 바랍니다. 이를 위해서 에고는 한 가지 '속임수'를 부립니다. ─ 사랑이 필요한 것을 다른 사람들의 인정과 칭찬이 필요한 것으로 바꿔치기하는 것입니다. 일체성과 조화가 필요한 것을 다른 사람보다 낫고 뛰어나야 한다는 것으로 바꿔치기하는 것입니다. 사랑받는다는 것은 곧 자신의 성취를 찬양받는 것이라고 생각해버리고 나면 여러분은 더 이상 사랑을 찾아 내면으로 들어갈 필요성을 못 느끼게 됩니다. 그저 좀더 열심히만 하면 되는 것입니다! 이런 식으로 에고는 두려움이 담긴 항아리 뚜껑을 누르느라 무진 애를 쓰고 있습니다.

행복한 일체감과 사랑에 대한 여러분의 애초의 갈망은 이제 인정받고자 하는 욕망으로 왜곡되어버렸습니다. 여러분은 일시적인 안심을 제공해주는 외부의 인정을 끊임없이 구하고 있습니다. 여러분의 의식은 기본적으로 외부세계에 초점을 두고 있습니다. 다른 사람들의 판단에 휘둘려서, 사람들이 여러분을 어떻게 생각하는지에 신경을 곤두세웁니다. 이것은 여러분에게 매우 중요한 것입니다. 여러분의 자기평가가 거기에 달려 있기 때문이지요. 사실, 여러분의 자기평가는 갈수록 바닥으로 침몰해가고 있습니다. 여러분을 진정한 본모습이 아니라 외부적인 성과로만 평가하는 외부의 힘에다 여러분이 스스로 권위를 넘겨주고 있기 때문입니다.

한편 버림받은 외톨이가 된 뿌리 깊은 느낌은 해소되지 않습니다. 그건 사실 더 악화되고 있습니다. 여러분이 그것을 쳐다보길 거부하기 때문입니다. 여러분이 대면하지 않으려는 그것이 여러분의 '그늘진 면'이 됩니다. 거기에는 두려움과 분노와 부정성이 서성거리면서 여러분에게 힘을 미칩니다. 그 힘은 여러분이 안으로 들어가기를 거부할수록 강화됩니다. 에고는 특정한 의심이나 육감이나 느낌 등을 억누르는 데는 아주 완강합니다. 힘을 쉽게 풀어주려 하지 않습니다.

여러분의 세계에서 여러분이 '악'으로 여기는 그것은 언제나 여러분이 스스로 개인적 권력에 집착한 산물입니다.

깨달음으로 가는 첫걸음은 '있는 것'을 그대로 인정하는 것입니다. 깨달음이란 자기 존재의 모든 측면이 여러분 의식의 빛 속에 들어올 수 있도록 허용해주는 것을 뜻합니다. 자기 내면의 모든 것을 온전히 의식하고 있다는 것이 아니라 그 모든 측면을 기꺼이 의식적으로 대면하고자 한다는 것입니다.

깨달음은 사랑과 같습니다. 사랑은 자신을 있는 그대로 받아들이는 것을 뜻합니다.

여러분 모두가 그토록 두려워하는 내면의 어둠, 영혼의 깊은 곳에 있는 그 버려진 느낌은 잠시 지나가는 것입니다. 이 에고의 단계는 의식이 발달하고 꽃을 피워가는 전체 과정 중의 단지 한 계단일 뿐입니다. 이 단계에서 첫 번째 도약은 개체화된 신성의식을 향해서 일어납니다.

개체의식의 탄생, '분리된 영혼'인 여러분의 탄생은 홀로 남겨진 경험, 부모로부터 떨어진 경험을 수반합니다. 그것은 여러분이 물질세계에 태어났을 때의 트라우마와도 비슷합니다. 자궁 속에서 아기는 어머니와의 대양과 같은 일체감을 경험합니다. 하지만 태어나면 아기는 그 자신이 하나의 개체가 됩니다.

이 탄생의 트라우마 ― 영혼 탄생의 트라우마 ― 때문에 영혼은 외따로 떨어진 느낌을 품게 됩니다. 영혼은 당연한 것으로 여겼던 모든 것을 떠나와야만 했지요.

갓 태어난 영혼은 자신이 떠나온, 그리고 자신의 집으로 여겨지는 그곳의 희미한 일체의식 상태로 돌아가기를 갈망합니다. 이것이 불가능하므로 영혼은 크나큰 두려움과 외로움과 의심을 경험합니다. 이 내면의 고통과 외로움은 에고의 권력욕을 키워주는 부화장으로 서서히 변해갑니다. 영혼은 두려움과 고통을 다뤄야만 하는데, 에고가 거기에 해결책을 주겠다고 약속합니다. 에고는 영혼의 의식에게 권력과 통제력을 흔들어 보여줍니다. 무기력감에 빠져 있던 영혼은 거기에 넘어가서 에고에게 운전석을 내줍니다.

에고는 물질과 외부세계를 좇는 영혼의 한 부분입니다. 본질적으로, 에고란 영혼을 시공간 속에 육체적 존재로 나타나게 해주는 하나의 도구입니다. 에고는 의식에 초점을 제공합니다. 그것은 대양과 같던 의식을 특정한 의식으로 만들어줍니다. '편만한' 의식을 '지금 여기'에 있는 의식으로 말입니다. 에고는 내부의 충동을 구체적인 물질적 형체로 옮겨놓습니다. 여러분의 비육체적인 영적 부분과 육체적인 부분 사이의 간극에 다리를 놓아주는 것이 여러분의 이 부분입니다.

비육체적인 영적 존재인 영혼에게는 시공간 속에 고정된다는 것이 매우 부자연스럽습니다. 영혼은 본질적으로 어떤 물질적 형태에도 매이지 않습니다. 공중을 날아다니는 꿈을 꿀 때, 여러분은 자신의 이 독립적이고 자유로운 부분을 접하고 있는 것입니다. 반대로 에고는 붙들고, 고정됩니다. 그것이 여러분으로 하여금 물리적 현실 속에서 기능할 수 있게 해줍니다. 그런 식으로 에고는 '선악'과는 전혀 무관한, 아주 가치 있는 역할을 해주고 있습니다. 균형 잡힌 상황에서 기능할 때, 에고는 육신으로서 지상에 사는 영혼에게는 없어서는 안 될, 가치중립적인 도구입니다.

그러나 에고가 영혼의 도구로서 기능하지 않고 영혼의 의식을 지배하기 시작하면 영혼은 균형을 잃어버립니다. 에고가 영혼을 부리게 되면 ─ 이것이 에고에 중심한 의식의 성질인바 ─ 에고는 단순히 내부의 충동을 물질적 형태로 그대로 옮겨놓지 않고 그 충동을 선택적으로 억누르고 통제하려 듭니다. 그러면 에고는 여러분에게 현실의 왜곡된 상을 보여주게 되지요. 균형을 잃은 에고는 언제나 통제와 권력을 추구하고, 그에 준해서 모든 사실을 긍정적이거나 부정적으로 해석합니다.

자신의 일상 속에서 권력과 통제에 바탕한 동기를 찾아내보는 것은 매우 많은 깨달음을 주는 공부입니다. 아무리 고상한 명분을 위해서라 하더라도, 자신이 일이나 사람들을 자신의 뜻에 맞도록 얼마나 몰아가고 싶어하는지를 알아차리도록 해보세요. 일이 나의 방식대로 굴러가지 않는다고 짜증을 내는 일이 얼마나 많은가요? 통제욕의 이면에는 항상 통제력 상실에 대한 두려움이 깔려 있음을 깨닫는 것이 중요합니다. 그러니 자신에게 물어보세요. ─ 통제를 내려놓으면, 예측의 가능성을 포기하면 어떤 위험이 있는가? 가장 깊은 두려움을 느끼게 하는 것은 무엇인가?

일을 자신의 '통제하에' 두는 대가로 여러분이 지금 지불하고 있는 것은 삶에 대한 태도가 긴장되고, 거기에 구속되는 것입니다. 과감하게 내면의 영감을 따라 살고, 기쁨을 가져다주는 일만 하고 살면 그것이 여러분의 삶에 자연스럽고 참된 질서를 창조해낼 것입니다. 더 이상 흐르는 삶을 틀 속에 집어넣으려 들지 않고 평안과 행복을 느끼며 살게 될 것입니다. 이것이 두려움 없이 사는 것입니다. ― 삶이 가져다주는 것을 전적으로 신뢰하면서 사는 것 말입니다. 할 수 있겠습니까?

어린 영혼에게는 에고에 중심한 의식의 함정을 피하기가 거의 불가능합니다. 에고는 두려움과 버림받은 느낌을 벗어나는 한 가지 길을 제시합니다. 그것은 여러분의 주의를 '내면에 있는 그것'으로부터 '외부세계에서 얻을 수 있는 것'으로 돌려놓습니다. 이것은 문제에 대한 진정한 답이 아니라 숨 돌릴 틈만 잠깐 주는 것입니다. 주변에 통제력을 행사하는 것은 일시적인 만족감이나 '짜릿함'을 선사합니다. 사랑받고 존경받고 흠모받는 기분이 잠시 듭니다. 그것은 여러분의 고통을 잠시 누그러뜨립니다. 그러나 그것은 오래가지 않는 것이어서, 여러분은 더욱 눈에 띄도록, 더욱더 나아지도록, 멋져지도록, 도움되도록 자신을 계속 채찍질해야만 합니다.

에고의 기치 아래서 여러분은 상냥할 수도 심술궂을 수도 있고, 줄 수도 받을 수도 있고, 지배할 수도 복종할 수도 있다는 사실을 알아야 합니다. 사심 없이 주는 것처럼 보이는 것의 대부분은 그것을 받는 사람으로부터 관심과 사랑과 인정을 받고자 하는 무의식적인 욕구입니다. 항상 남을 돌보고 베푼다면 여러분은 단지 자신으로부터 숨고 있는 것입니다. 그러니 에고의 지배가 무엇을 의미하는지 알려면 굳이 히틀러나 사담 후세인 같은 잔인한 폭군을 떠올릴 필요가지도 없습니다. 에고의 지배가 있는지 없는지는, 일을 통제하려는 욕구가 있는지 없는지로 알 수 있습니다. 그 한 보기로서 여러분이 지금, 어떤 사람들이 특정한 방식으로 행동하기를 바란다고 해봅시다. 그렇게 하려면 여러분 자신이 특정한 방식의 행동을 보여야만 합니다. 예컨대 여러분은 상냥하고 고분고분합니다. 그리고 누구의 기분이든 절대로 건드리지 않으려고 애씁니다. 이런 행동 뒤에는 통제욕이 있습니다. '너희가 날 사랑해주길 바라니까 난 너희를 거스르지 않을게.' 이런 식의 생각 밑에는 두려움이 깔려 있습니다. 그것은 홀로 서기에 대한 두려움, 거부당하거나 버림받는 데 대한 두려움입니다. 상냥하고 멋있는 것처럼 보이는 것이 사실은 자기부정의 한 형태인 것입니다. 이것은 에고의 작용입니다.

에고가 여러분의 영혼을 지배하고 있는 한, 좋은 기분을 느끼기 위해서는 다른 이들의 에너지를 먹고 살아야만 합니다. 여러분은 다른 이들, 외부의 어떤 권위자의 인정을 받을 자격을 갖춰야만 하는 것처럼 보입니다. 하지만 여러분을 둘러싼 세계는 고정되거나 안정되어 있지 않습니다. 배우자든 상관이든 부모든 간에, 여러분이 의존하는 것에 영원히 붙어 있을 수 있으리라고는 결코 장담할 수가 없습니다. 그 때문에 여러분은 늘 '일해야' 합니다. 자신에게 돌아오는 '한 조각의 인정'을 줍기 위해 두리번거리면서요. 에고 단계에 갇힌 사람들이 하염없이 들어앉아 있는 긴장되고 불안한 마음 상태는 바로 이 때문입니다.

에고는 여러분에게 진정한 사랑과 긍지를 가져다주지 못합니다. 버림받은 트라우마에 대해 에고가 제시하는 해결책이란 것은 사실 바닥 없는 구덩이입니다. 어린 영혼의 의식에게 주어진 진정한 임무는, 잃어버렸던 부모가 '되는' 것입니다.

힘없는 아기로부터 출발하여 어엿한 어른으로 성장해가는 과정으로 짜여진 지상의 삶은 여러분이 바로 이 임무를 다할 수 있게끔 수시로 손짓해 불러들이고 있다는 사실을 깨달으세요. 여러분 삶의 진정한 행복의 열쇠가 바로 여기에 숨겨져 있다는 사실을 아시나요? 여러분 자신이 스스로의 아버지가 되고 어머니가 되어서 타인에게서 갈구하던 사랑과 이해를 자신에게 주는 것 말입니다. 우리가 이제껏 이야기해온 좀더 넓고 형이상학적인 수준에서 보자면 이것은, 자신이 하나님의 길 잃은 어린 양이 아니라 내가 바로 하나님임을 이해하게 되는 것입니다. 이것이 여러분을 집으로 데려다줄 깨달음입니다. 이것이 사랑과 신성한 권능인 여러분의 본성 그 한가운데로 여러분을 데려다줄 깨달음입니다.

자신이 똑같은 생각과 행위의 쳇바퀴를 돌고 또 돌고 있었음을 영혼이 깨달을 때, 에고 단계의 끝이 눈앞으로 다가옵니다. 영혼이 손아귀를 빠져가고 있는 보물을 붙잡으려고 늘 발버둥치기에 지쳐 싫증을 내면, 에고도 그 지배력을 상실하게 됩니다. 그러면 영혼은 자신이 벌이고 있는 게임의 약속이 거짓임을, 그리고 쟁취해야 할 것은 아무것도 없음을 깨닫기 시작합니다. 언제나 정상을 지켜야 하는 일에 싫증이 나면, 영혼은 통제하던 손아귀를 조금씩 늦춥니다.

생각과 행동을 통제하는 데 에너지가 적게 빠져나가면 다른 새로운 경험을 받아들일 에너지의 여유공간이 열립니다. 이런 단계에 들어서면 처음에는 그저 내면이 매우 공허하고 지친 느낌이 들 수 있습니다. 이전에는 중요하게 여겼던 일들이 이제는 아무런 의미도 없는 것처럼 보일 수도 있습니다. 분명하거나 직접적인 이유가 없는 두려움이 올라올 수도 있습니다. 그것은 죽을 것 같은, 혹은 사랑하는 사람을 잃게 될 것 같은 막연한 두려움일 수도 있습니다. 자신의 일이나 결혼관계에 대한 분노가 올라올 수도 있습니다. 자명하게 느껴지던 모든 것이 이제는 의심스럽게 느껴집니다. 에고에 중심한 의식이 막아보려고 애쓰던 일이 마침내 일어나고 있는 것입니다.

항아리의 뚜껑이 서서히 열리고, 온갖 걷잡을 수 없는 감정과 두려움이 튀어나와 의식을 어지럽히며 삶 속에 의심과 혼란의 씨를 뿌립니다. 여태까지 여러분은 거의 자동기계처럼 기능해왔습니다. 많은 생각과 기분의 패턴이 자동으로 일어났습니다. 여러분은 그것을 의심 없이 지나보냈습니다. 그것이 여러분의 의식에 통일성과 안정감을 주었습니다. 하지만 의식이 성장하고 확장되면 여러분의 인격은 둘로 나뉩니다. 여러분의 한 쪽은 옛날 방식을 붙들고 있기를 바라고 다른 쪽은 그 방식에 의문을 제기하면서 노여움, 두려움, 의심과 같은 불편한 심기를 드러냅니다.

그래서 에고 단계의 끝에서 일어나는 의식의 확장은 종종 흥 깨는 일, 함부로 끼어들어서 게임을 망쳐놓는 일로 경험됩니다. 이런 새로운 자각은 이전에는 너무나 명백해 보였던 모든 일을 흩트려놓아서, 어떻게 해야 할지를 모르는 무력감에 빠지게 합니다. 에고에 중심한 사고와 행동 습관에 의문을 제기하기 시작하면 여러분의 완전히 새로운 측면이 의식 속으로 들어섭니다. 그것은 권력 대신 진실을 사랑하는 여러분의 일부분입니다.

에고의 명령에 따라 사는 것은 매우 억압적인 삶입니다. 여러분은 주변 환경뿐만 아니라 특히 여러분 자신에 대한 통제력과 권력을 쥐려고 하는 두려움 가득한 어린 독재자를 받들어 모시고 있습니다. 절로 일어나는 느낌과 직관의 흐름은 이 독재자에 의해 억압됩니다. 에고는 자발적인 것을 그리 좋아하지 않습니다. 에고는 여러분이 자신의 느낌을 마음대로 표현하지 못하도록 가로막습니다. 느낌과 감정은 통제와 예측이 불가능해서 에고에게는 위험하기 때문이지요. 에고는 가면을 쓴 채 작용합니다.

에고가 여러분에게 "사람들의 공감을 얻으려면 상냥하게 배려하라"고 시키면 여러분은 마음속의 분노와 불쾌한 심기를 조직적으로 억누르게 됩니다. 여러분이 이 지시가 쓸 만한 것인지를 의심하기 시작하면 당장 이 억압된 감정들이 올라옵니다. 느낌은 억누른다고 제거되는 것이 아니지요. 그것은 계속 버티고 살면서, 오래 억누를수록 더 큰 힘을 얻습니다.

에고 단계 말기의 뚜렷한 특징인 공허와 의심을 경험하고 나면 영혼은 이전까지 어둠 속에 감춰져 있던 모든 느낌과 감정을 만나 직면할 수 있게 됩니다. 이 갇혀 있는 감정과 느낌이야말로 여러분의 더 큰 자아로 들어서는 문입니다. '느껴야 할' 것이 아니라 '실제로 느끼는' 그것을 탐사함으로써, 여러분은 자발성과 성실성을 회복하게 됩니다. 그것은 '내면의 아이'로도 불리는 여러분의 일부입니다. 자신의 진실한 느낌과 감정을 만나면 여러분은 해방의 길로 인도됩니다. 그러면 가슴에 중심한 의식으로의 전환이 시작된 것입니다.

에고에서 가슴으로 II

내면의 상처 탐사하기

우리는 에고에 중심한 의식에서 가슴에 중심한 의식으로 변화해 가는 과정을 네 단계로 나눴었습니다.

1. 에고에 중심한 의식이 제공하는 것에 만족하지 않고 '뭔가 다른 것'을 갈망함. ― 끝의 시작.
2. 에고에 중심한 의식에 매여 있는 자신을 자각하여 그에 수반하는 감정과 생각을 알아차리고 놓아 보냄. ― 끝의 중간.
3. 내면의 에고에 중심한 묵은 에너지가 죽게 놓아두고 고치를 벗어던지고 새로운 자아가 됨. ― 끝의 끝.
4. 사랑과 자유의 부추김을 받아 내면에서 가슴에 중심한 의식이 깨어남. ― 다른 이들도 변신하도록 도움.

이 장에서 우리는 2단계를 논할 것입니다.

자신을 에고와 동일시하기를 그만두면 여러분은 먼저 자신이 누구인지에 대한 혼돈 상태에 접어들게 됩니다. 이 혼돈은 매우 깊고 철학적인 성질의 것이 될 수 있습니다. 여러분은 삶의 의미에 대해, 좋은 것과 나쁜 것에 대해, 다른 사람들이 느끼고 생각하도록 가르쳤던 것에 반하여 진실로 느끼고 생각하는 것 등등에 대해 의문을 던지게 됩니다. 이런 의문들이 갑자기 생생하게 다가오면서 여러분이 내리는 삶의 선택에 직접적인 영향을 미칩니다. 여러분은 자신을 바라보며 이렇게 생각합니다. - 이게 나일까? 이게 내가 원하는 걸까? 더 이상은 어떤 것도 자명하지 않아서 선택을 내리기가 힘듭니다.

사실 여러분은 이제 한 걸음 뒤로, 한 걸음 깊이, 한 걸음 안으로 발을 디디고 있습니다. 여러분은 교육과 사회를 통해 덜 조건 지워진 자신의 부분, 자신의 더 깊은 부분을 자각하게 됩니다. 자신이 진정 누구인지, 자신의 고유성과 개별성을 힐끗힐끗 들여다보게 됩니다. 주변의 어떤 것에도 - 부모, 직장, 대인관계, 심지어는 몸에조차도 - 의존하지 않는 부분이 자신에게 있었다는 사실을 기억해냅니다. 이때 여러분은 - 희미하게 - 자신의 신성을 감지합니다. 전혀 묶인 데 없고 영원한 여러분의 그 부분 말입니다.

사실 여러분은 모두가 다차원적 존재입니다. 여러분은 몇 가지 다른 현실 속에 자신을 나타낼 수 있고, 또 그렇게 하고 있습니다. 여러분은 직선적인 시간의 틀에 매여 있지 않습니다. 여러분의 현재 인격은 다차원적 존재인 여러분의 한 측면일 뿐입니다. 육신을 지닌 인간으로 나타난 현재의 자신은 단지 여러분의 한 측면일 뿐임을 깨달을 때마다 여러분은 그것을 넘어서서 자신의 더 큰 자아를 접할 수 있게 됩니다.

하지만 거기에 도달하려면 먼저 자기 내면의 상처받은 부분들을 치유해야만 합니다.

에고의 지시와 요구에 맞춰서 살아온 것이 여러분의 내면에 심리적 상처를 입혔습니다. 에고에 중심한 의식을 놓아 보내면 처음에는 혼돈과 의심과 방향감 상실이 일어납니다. 이 첫 번째 단계를 지나면 여러분은 새로운 단계에 들어섭니다. 그것은 관찰의 단계, 내면의 상처를 이해하고 치유하는 단계입니다. 이제 우리는 이 단계에 대해 이야기할 것입니다.

에고가 대장이었던 오랜 세월 동안, 여러분의 행동과 생각은 두려움으로부터 나왔습니다. 어떤 의미에서, 여러분은 권력과 인정과 통제의 욕망을 가차 없이 추구해왔습니다. 이로써 여러분은 자신의 본성을 속였습니다. 여러분의 행동은 자신의 진정한 요구가 아니라 외부의 기준으로부터 나왔습니다. 또한 여러분은 다른 사람을 진정으로 사랑할 수가 없었습니다. 사랑은 통제하고 지배하려는 욕구와는 완전히 상반되는 것이기 때문이지요. 이런 모든 의식 상태가 여러분 영혼의 온전성에 해를 입혔습니다. 에고의 지배 아래서 영혼은 고통에 시달렸습니다.

에고의 손아귀에서 자신을 벗어나게 하면 이 내면의 고통은 한층 더 가시화되어 여러분의 눈앞에 드러납니다. 그것은 가면을 벗고 있는 그대로의 발가벗은 모습으로 여러분 앞에 드러납니다. 하지만 여러분은 아직도 혼란과 방향상실 상태에 있기 때문에 이 고통을 어떻게 다뤄야 할지를 모릅니다. 여러분은 흔히 자기 내면의 상처를 저주하는 과정을 거칩니다. 그것이 여러분을 중독, 우울증, 변덕, 소통장애, 이성관계의 어려움 등 부정적인 행동 패턴으로 끌고 가는 것처럼 보이기 때문입니다.

자신이 대한 이런 심판은 이제 막 빛을 향하기 시작한 영혼에 더 깊은 상처를 입힙니다. 영혼은 통제와 권력에 대한 욕구를 내려놓고 있고, 점점 더 예민해져 가고 있습니다… 그러다가 자기심판에 걸려듭니다.

에고와 가슴 사이의 무인지대에서 많은 사람들이 헤매고 있습니다. 그들은 좀더 사랑 깊은 현실을 찾고 있지만, 아직은 에고의 채찍이 닿는 거리에 있습니다.

사실, 여러분이 자기 내부의 '부정적인 특성'이라고 여기는 것에 속아 넘어가서 제물이 되게 만드는 것은 여러분 내부의 상처가 아닙니다. 부정성을 만들어내는 것은 상처에 대한 여러분 자신의 심판입니다. 자신을 받아들이는 태도로 바라보면 중독자나 우울증 환자나 실패자의 모습은 보이지 않습니다. 그저 최대한 상냥하고 친절한 보살핌을 받아야만 할 내면의 고통이 보일 뿐입니다.

에고로부터 가슴으로 옮겨가는 이 2단계에서 가장 중요한 것은 자기 내면의 고통을 기꺼이 이해해주려는 태도입니다. 그것을 받아들이고, 그것의 근원을 이해하고 그저 거기에 있도록 허용해주세요.

에고를 중심 삼은 의식의 모든 표현들의 가장 깊은 속에 도사리고 있는 두려움을 볼 수 있게 되었다면 여러분은 가슴에 중심한 의식의 세계로 발을 들여놓은 것입니다. 어떤 사람의 행동이 아무리 괘씸하더라도 그 밑에 숨겨져 있는 고통과 외로움과 자기보호 본능을 알아차리면 여러분은 부정적인 행동을 하는 영혼과 살을 맞대고 만나게 됩니다. 두려움에 떠는 영혼의 모습을 보는 순간, 여러분은 그를 용서할 수 있게 됩니다. 이것은 무엇보다도 여러분 자신에게 제일 먼저 적용되는 일입니다.

여러분 자신에 대해서 정말로 혐오하는 것 — 생각만 해도 정말 짜증이 나서 오래전에 없애버렸어야 하는 건데, 하고 생각하는 것 — 을 한 가지 떠올려보세요. 그것은 불안감, 게으름, 참을성 없음, 아니면 중독일 수도 있습니다. 있어서는 안 된다고 느껴지는 어떤 것이든지 말입니다. 이제 이런 성질이나 경향성 배후의 진정한 동기를 이해하려고 애써보세요. 무엇이 여러분으로 하여금 이런 것을 다시금 다시금 느끼거나 하게끔 밀어붙이는가요? 여러분의 동기 속에서 두려움이라는 요소를 찾아낼 수 있습니까?

거기에 두려움이 있는 것을 깨닫는 순간 마음이 누그러지면서 이렇게 느끼는 자신을 알아차릴 수 있습니까? — "아이쿠, 네가 그렇게 겁을 먹은 줄은 몰랐어! 도와줄게." 이제 여러분의 태도에는 참을성이 들어 있습니다. 사랑과 용서가 있습니다.

여러분이 공격성이나 중독이나 비굴함이나 공허함 등의 두려움에서 나오는 행동을 '나쁘거나' '죄 많거나' '멍청한' 것으로 판단하는 한 여러분은 자신을 심판하고 있는 것입니다. 하지만 심판하는 것 자체가 두려움에서 비롯된 행동입니다. 무엇을 심판할 때 자신의 마음이 가혹해지는 것을 알아차린 적이 있습니까? 입술이 단단히 닫히고 눈빛이 차가워지는 등, 뭔가가 팽팽하고 엄해집니다. 우리는 왜 무엇을 심판해야 합니까? 매사를 옳고 그른 것의 틀 속에 구겨 넣으려 드는 이 충동의 정체는 무엇입니까? 심판하고 싶어하는 충동 뒤의 두려움의 정체는 무엇입니까? 그것은 자기 내면의 어둠을 직면하는 것에 대한 두려움입니다. 그것은 본질적으로, 삶에 대한 두려움입니다.

에고에 중심한 의식을 놓아 보내기 위해서 여러분은 매사를 바라보는 완전히 새로운 시각을 키우고 싶어질 것입니다. 이런 시각을 가장 잘 묘사하자면 중립적인 시각이라고 할 수 있을 것입니다. 그것은 있는 그것을 그저 알아차리되 그것이 '어때야 한다'는 생각에는 관심을 두지 않는 것을 뜻합니다. 에고에서 비롯된 행동의 원인과 결과를 그저 지켜보고 그 속의 두려움의 알맹이를 인식하여 에고가 여러분의 눈앞에 실로 투명하게 드러나게 하는 것입니다. 여러분에게 투명하게 보이는 것은 원하기만 하면 다 놓아 보낼 수 있게 됩니다.

모든 인간은 두려움을 압니다. 모든 사람이 두려움에 사로잡혔을 때 느끼는 어둠과 외로움을 알고 있습니다. 아이들의 표정에 두려움이 있는 그대로 나타나면 대부분의 사람들은 즉각 반응하여 도움의 손길을 내밉니다. 그러나 두려움이 폭력이나 무자비의 가면을 쓰고 간접적으로 드러나면 그것은 용서할 수 없는 것으로 여겨집니다. 행동이 파괴적이고 잔인할수록 그 뒤에 숨어 있는 두려움과 고립감은 눈에 띄기가 더 어려워집니다.

하지만 그래도 여러분은 그것을 알아차릴 수 있습니다.

여러분 자신의 깊은 두려움과 고립감을 통해, 여러분은 살인자와 강간자와 범죄자의 영혼 속의 깊은 두려움에 공감할 수 있습니다. 그들의 행동을 이해하는 것이 가능합니다. 그리고 두려움에 대한 자신의 내밀한 경험을 통해 그렇게 이해할 때, 여러분은 그들의 행동을 놓아 보내줄 수 있습니다. 그 어떤 것도 심판하려 들지 않고 그것을 있는 그대로 놓아둘 수 있습니다. 두려움을 하나의 힘으로서 진정 이해하면, 그리고 여러분 자신의 살아 있는 경험을 통해서 여러분도 그것을 너무나 잘 알고 있음을 이해하고 나면 여러분은 심판하려는 마음을 놓아 보낼 수 있습니다. 두려움은 좋은 것도 나쁜 것도 아닙니다. 두려움은 '있고', 자신이 맡은 역할을 하고 있는 것일 뿐입니다.

인간의 관념으로는 설명하기가 매우 힘들지만, 두려움은 고문인 동시에 하나의 축복입니다. 어느 쪽이든 여러분의 현실에 두려움이 존재하도록 허용하는 선택은 다른 누가 내린 것이 아닙니다. 말하자면 여러분은 두려움이 여러분의 현실 속에서 하나의 구성성분으로서 역할을 담당하도록 스스로 허용한 신입니다. 자신을 고문하게 하기 위해서가 아니라 창조를 위해서, 오로지 사랑으로만 이루어진 세계보다 더 다채롭고 더 '충만한' 현실을 창조하기 위해서 그렇게 한 것입니다. 이것은 믿을 수 없는 말처럼 들릴 테지만, 어쩌면 여러분도 내가 여기서 말하고자 하는 뜻을 직관적으로는 이해할 수 있을지도 모릅니다.

두려움은 창조계의 살아 있는 한 부분입니다. 두려움이 있는 곳에는 사랑이 없습니다. 사랑이 없는 곳에서 사랑은 새롭고 예측 불가능한 방식을 통해 발견될 수 있습니다. 모든 스펙트럼의 감정, 심지어는 사랑의 부재에 의해 생겨난 감정조차도 탐사가 가능합니다. 사랑의 부재는 다양한 방식으로 느껴질 수 있습니다. 사랑의 존재는 오로지 두려움이라는 배경 위에서만 느껴집니다. 그렇지 않으면 사랑은 편만하게 될 것이고, 그러면 여러분은 그것이 편만하다는 사실 자체를 알아차리지 못할 것입니다.

그래서 여러분은 두려움을 창조하여 자신을 에워싸고 있는 사랑의 대양 밖으로 자신을 내보냄으로써 비로소 사랑을 경험하도록 허용했습니다.

이해하겠습니까?

여러분은 사랑을 창조하지는 않았지만 사랑의 경험을 창조해냈습니다. 그렇게 하기 위해서 여러분은 사랑이 아닌 것, 그 반대극이 필요했고, 두려움을 그 도구로 사용한 것입니다. 베일의 반대편에 있는 우리는 두려움이 여러분의 현실 속에서 맡고 있는 영적 역할을 확연히 알 수 있습니다. 그러니 다시금 다시금 호소하건대, 부디 심판하지 마세요. 여러분 안의 것이든 다른 존재 안의 것이든 두려움과, 그것이 가져오는 어둠을 부디 심판하지 마세요. 여러분은 모두가 사랑으로부터 창조되었으니, 사랑으로 돌아갈 것입니다.

에고로부터 가슴으로 옮겨가는 두 번째 변성 과정에 들어서면 여러분은 내면의 상처와 두려움을 대면하게 됩니다. 그리고 그것을 이해와 수용으로써 바라보기를 권장받게 됩니다. 내면의 상처와 두려움을 자각하게 되고 나면 처음에 여러분은 자기심판의 기간을 거치면서 파괴적인 행동을 보이게 될 수도 있습니다. 그것은 앞으로 나아가는 것이 아니라 퇴보하는 것처럼 보일 수도 있습니다. 여러분은 위험지대, 에고와 가슴 사이의 무인지대에 처해 있는 것입니다. 자신이 낡은 것을 없애버리고 싶어한다는 것을 알고 있지만, 아직 새로운 것을 진정으로 포용하지는 못합니다. 그래서 자기의심과 자기심판에 빠져 있는 것입니다. 전환점은 자신을 심판하기를 그치는 때입니다. 최소한 잠시만이라도 말입니다.

오로지 자신을 열린 마음으로 흥미롭게 바라볼 준비가 되었을 때만 여러분은 가슴에 중심한 의식의 현실로 들어서게 됩니다. 그전까지 여러분은 그저 인위적인 기준이나 이상 ─ 대부분 여러분이 미치지 못하는 ─ 에다 자신을 비교하고 있을 뿐입니다. 여러분은 거기에 다가가려고 자신을 다그치고, 머릿속에 스스로 만들어놓은 틀 속으로 자신을 구겨 넣기 위해 다시 안간힘을 씁니다.

이런 식의 완벽주의는, 강조하건대, 살인적인 무기입니다. 그것은 사랑과는 사뭇 반대의 것입니다. 사랑은 실로 비교하지 않습니다. 그보다 더 중요한 것은, 사랑은 여러분을 어떤 틀 속에도 쑤셔 넣으려 하지 않고 어떤 식으로도 변화시키려 들지 않습니다. 사랑에는 어떻게 되어야 한다는 시각이 아예 없습니다. 가슴의 의식에는 '~야 된다'는 개념 자체가 존재하지 않습니다. 가슴의 관점에서 보면 규범은 현실을 해석하는, 혹은 '나눠놓는' 방식에 지나지 않습니다. 그것은 여러분의 머릿속에 든 관념이며, 여러분도 알다시피 관념은 그것이 든 머리마다 제각기 사뭇 다릅니다. 기준을 정하고 '선善'을 정의하고자 하는 욕구야말로 인간의 갈등과 싸움의 선봉입니다. 공격과 갈등을 일으키는 것은 관념이라기보다는 그 밑바닥에 깔려 있는, 통제하고 붙들어놓고자 하는 욕구입니다.

정치적, 개인적, 혹은 영적 이상, 건강과 아름다움과 온전한 정신의 기준… 이 모든 것이 여러분에게 매사가 어때야 하고 여러분은 어떻게 행동해야 한다는 기준을 제시합니다. 그 모두가 무엇이 '선'인지를 정의하여 붙들어 매놓습니다.

그러나 사랑은 '선'을 정의하는 데에 관심이 없습니다. 사랑은 관념에는 관심이 없고 현실에 관심이 있습니다. 사랑은 현실인 것을 지향합니다.

가슴은 있는 모든 것, 파괴적이든 건설적이든 여러분의 모든 실질적인 표현에 관심 있습니다. 여러분이 허용하기만 한다면 가슴은 그 존재로써 여러분을 에워싼 채 그저 거기에 있으면서 지켜보기만 합니다.

사랑의 현실에, 가슴의 현실에 마음을 열면 여러분은 심판을 내려놓게 됩니다. 지금 이 순간의 자신을 있는 그대로 받아들입니다. 이제부터 조사하고 탐사해갈 여러 가지 이유로 해서, 여러분은 자신이 있는 그대로의 자신임을 깨닫습니다.

이 순간에 이르면 그것은 영혼에게는 크나큰 축복입니다. 이제 여러분은 자신을 치유할 수 있습니다. 가끔씩 다시금 자기심판에 빠지기도 할 테지만, 이제 여러분은 사랑의 느낌이 어떤지에 대한 깨어 있는 기억을 지니고 있습니다. 그리고 그 기억을 지니자마자 여러분은 그것을 찾으러 돌아갈 것입니다. 본향 집의 감미로운 향기를 다시 맛보았으니까요.

에고로부터 가슴으로 옮아가는 2단계에서 여러분은 자신을 한층 더 가까이 만나게 됩니다. 자신의 과거의 보따리를 더 자세히 들여다 보게 되는 것입니다. 여러분은 고통스러운 기억들을 다시금 떠올려 재생시킵니다. 이생의 기억, 어쩌면 전생의 기억들까지요. 그 모든 생애들로부터 현재까지 짊어지고 다니는 심리적 보따리들이 여러분 의 현재의 자아상을 이루고 있습니다. 이 보따리를 옷가지가 가득 든 가방처럼 바라볼 수도 있습니다. 과거에 여러분은 다양한 역할을 맡 아서 마치 무대의상처럼 다양한 자아상을 취하여 껴입었습니다. 여 러분은 그중의 어떤 역할을 너무나 확고하게 믿은 바람에 그것을 자 신의 자아상의 일부로 여기게 되었습니다. 여러분은 그런 역할, 혹은 '무대의상'을 보고 이렇게 생각합니다. ─ '이게 나야.'

그러나 이런 역할들이 자신에게 어떤 의미가 있는지를 진정으로 들여다보면 여러분은 그것은 자신이 아니라는 것을 깨닫게 될 것입 니다. 여러분은 자신이 택한 심리적 역할, 혹은 자아상이 아닙니다. 여러분은 무대의상이 아닙니다. 여러분은 경험을 열망하는 영혼의 요구를 들어주기 위해 이런 배역들을 이용한 것일 뿐입니다.

영혼은 모든 경험에서 기쁨을 얻습니다. 그 경험들은 영혼이 스스 로 투신하기로 했던 학습과정의 일부이기 때문입니다. 이 관점에서는 모든 경험이 이롭고 가치 있습니다.

자신의 역할, 곧 자아상을 자세히 들여다보면 여러분은 곧 거기에는 아직도 여러분에게 '달라붙어' 있는 과거의 고통스러운, 심지어는 트라우마가 된 경험들이 들어 있음을 알아차리게 될 것입니다. 여러분은 자신이 그것을 놓아 보낼 수 없을 것처럼 느낍니다. 그것은 의상이 아니라 마치 제2의 피부가 되어버린 것 같습니다.

그것은 여러분이 지금의 삶을 진정으로 살고 즐기지 못하도록 가로막는 과거의 조각들, 힘들었던 요소들입니다. 여러분은 이 부분들과 너무나 동화된 나머지 그것이 곧 자신이라고 생각합니다. 이 때문에 여러분은 자신이 피해자라고 느끼고, 이로부터 삶에 대해 부정적인 결론을 내립니다. 그러나 이런 결론은 있는 그대로의 삶에는 해당하지 않습니다. 그것은 단지 여러분의 잠재의식 속 상처 입은 부분에만 해당할 뿐입니다.

지금 치유가 필요한 것은 이런 부분들입니다. 여러분은 그 과거로 다시 들어감으로써 그것을 치유합니다. 하지만 이번엔 그 어느 때보다 사랑과 지혜가 넘치는 의식을 가지고 들어갑니다. 에고로부터 가슴으로 옮겨가는 2단계에서 여러분은 현재의 의식으로써 과거의 에피소드들을 감싸 안음으로써 그것을 치유합니다. 지금 여기서, 가슴에 중심을 둔 주의로써 그것을 재경험하여 여러분은 과거의 상처 입은 부분들을 놓아 보내게 될 것입니다.

트라우마는 큰 상실이나 고통이나 악을 경험했는데 그것이 왜 일어났는지를 이해하지 못할 때 생겨납니다. 여러분은 모두가 무수한 생애에서 트라우마를 경험했습니다. 사실 에고 단계에서 영혼의 의식은 출발 시초부터 트라우마를 입었습니다. 기억나지만 이해할 수는 없는 경험이, 일체감 혹은 집을 잃은 경험이 있는 것입니다.

상상을 통해 트라우마를 가져온 시초의 사건으로 되돌아가서 가슴의 의식으로 그것을 감싸 안을 때, 여러분은 그 사건에 대한 애초의 반응을 바꿔놓고 있는 것입니다. 공포와 경악의 반응으로부터 그저 일어나는 일을 지켜보는 반응으로 말입니다. 과거로 퇴행하여 들어가면 여러분은 일어난 일을 그저 있는 그대로 알아차립니다. 그러면 바로 이것이 이해를 위한 여유 공간을 만들어냅니다. 그때 실제로 어떤 일이 일어났는지를 영적인 관점에서 이해할 수 있는 여지를 말입니다. 이런 여지가 생기면 여러분은 다시 자기 현실의 주인이 됩니다. 이제 여러분은 그 모든 일들을 받아들일 수 있게 됩니다. 일어나는 모든 일에는 의미와 목적이 있음을 가슴으로 이해하기 때문이지요. 일어나는 모든 일에는 자유선택의 요소가 존재함을 가슴으로 느낄 수 있게 되어서, 여러분은 사건에 대한 자신의 책임을 받아들일 수 있을 만큼 성장해갑니다. 자신의 책임을 받아들이면 마음껏 계속 나아갈 수 있는 자유를 얻게 됩니다.

자신의 과거의 자아상을 마치 배우가 자신의 배역을 대하듯이 대할 수 있게 될 때, 그때만 비로소 여러분은 어디든지 갈 수 있는 자유를 얻습니다. 그러면 가슴에 중심한 의식으로 진입할 수 있게 됩니다. 여러분은 과거의 모습의 어떤 측면도 — 피해자도 가해자도, 남자도 여자도, 흑인도 백인도, 부자도 가난뱅이도 — 더 이상 붙들고 있지 않습니다. 이원성의 양면을 그저 창조의 기쁨을 누리는 데에만 써 먹으면서 놀 수 있게 된다면 여러분은 마침내 지상의 삶의 의미를 깨 달은 것입니다. 여러분은 마치 집에 돌아온 것처럼 크나큰 행복을 누 릴 것입니다. 자신의 온갖 역할과 자아상의 배후에 존재하는 의식에 접속되기 때문입니다. 여러분은 자신의 신성한 의식 — 모든 것이 하 나라는 깨달음, 간단히 말해서 사랑의 현실 — 에 다시 접속한 것입 니다.

일체성의 흐름, 여러분의 모든 경험의 밑바닥에 흐르고 있는 신성 한 의식의 저류에 접속하도록 도와줄 두 가지 명상법을 제시하는 것 으로 이 장을 마치겠습니다.

명상 1

• 당신의 빼놓을 수 없는 일부로 여겨지는 어떤 심리적 성격이 당 신의 삶에 가장 많은 문제를 일으키는가? 그런 성격 두 가지를 말해 보라.

• 그 성격들의 반대극 — '참을성 없음'이나 '불안'을 골랐다면 이 제 그 반대편인 '참을성'과 '자신감' — 에 집중해보라. 이런 성격들의 에너지를 잠시 느껴보라.

• 내면으로 들어가서 당신 안에서 이 에너지를 찾아보라. 당신의 삶에서 이런 긍정적 성격을 내보였던 예를 세 가지 열거해보라.

• 이 긍정적 성격과 접속했으면 그 에너지가 당신을 관통해 흐르

134

게 하고 그것이 당신의 균형을 잡아주는 것을 느끼라.

명상 2

- 편안히 이완한 채 상상력을 발휘하여 아주 행복했던 순간으로 돌아가라. 맨 처음 마음에 떠오르는 것을 붙잡으라. 그 행복감을 다시 느껴보라.
- 이번에는 지극히 불행했던 순간으로 가라. 그때 느꼈던 기분의 속알맹이를 느끼라.
- 양쪽 경험에 공통적으로 있는 것을 포착하라. 양쪽 순간에 동일하게 있는 것이 무엇인지를 느껴보라.

이 두 명상법은 여러분이 배후의 의식 − 여러분의 모든 경험 속에 항상 존재하는 '나'의 느낌 − 을 자각하게끔 만들기 위한 것입니다. 여러분의 경험을 담아주면서 이 '늘 거기에 존재하는' 의식의 그릇이야말로 신성한 본성의 여러분입니다. 이것이 이원성 너머의 현실 − 가슴의 현실 − 로의 들어섬입니다.

에고에서 가슴으로 Ⅲ

낡은 자신을 놓아 보내라

에고에 중심한 의식으로부터 가슴에 중심한 의식으로의 전환은 몇 가지 단계를 거쳐 갑니다.

1. 에고에 중심한 의식이 제공하는 것에 만족하지 않고 '뭔가 다른 것'을 갈망함. ― 끝의 시작.
2. 에고에 중심한 의식에 매여 있는 자신을 자각하여 그에 수반하는 감정과 생각을 알아차리고 놓아 보냄. ― 끝의 중간.
3. 내면의 에고에 중심한 묵은 에너지가 죽게 놓아두고 고치를 벗어던지고 새로운 자아가 됨. ― 끝의 끝.
4. 사랑과 자유의 부추김을 받아 내면에서 가슴에 중심한 의식이 깨어남. ― 다른 이들도 변신하도록 도움.

이제 우리는 3단계에 대해 이야기할 것입니다. 하지만 그 전에 전환의 과정은 똑바로 뻗은 단선적單線的인 경로를 따라 일어나는 것이 아니라는 점을 지적하고자 합니다. 이미 떠났던 단계로 다시 떨어지는 순간들도 있습니다. 그러나 그런 퇴보가 나중에는 2보 전진을 가져다줄 수도 있습니다. 그러니 돌아가는 길이 결국은 지름길로 판명될 수도 있는 것입니다. 또, 모든 영혼의 영적 경로는 저마다 고유하고 개인적인 것입니다. 그러니 우리가 제시하고 있는 이 네 단계의 도식은 단지 이 과정 중의 일부 전환점들을 명시해 보여주기 위한 하나의 방식으로 이해해야 합니다. 도식과 범주는 단지 여러분의 정신적 부분인 마음이 포착하지 못하는 현실을 가시화해서 보여주는 도구일 뿐입니다.

앞장에서 설명한 것처럼 내면의 상처를 받아들이고, 트라우마 입은 의식의 부분들을 치유하고 나면 여러분의 에너지는 전환됩니다. 여러분은 낡은 자신을 놓아 보내고 있는 것입니다. 존재하고 경험하는 완전히 다른 방식이 들어설 여지를 마련하고 있는 것입니다. 이 장에서는 에고 중심의 의식을 풀어놓을 때 에너지 측면에서는 어떤 일이 일어나는지를 설명하고자 합니다. 에고의 지배로부터 가슴에 중심한 의식으로 옮겨갈 때 에너지 측면에서 일어나는 일은, 가슴 차크라가 의지, 곧 제3차크라보다 우위를 점하게 되는 것입니다.

차크라는 척추를 따라 자리 잡고 있는 소용돌이치는 에너지의 바퀴들입니다. 이 에너지 중추들은 저마다 삶의 특정한 주제와 연관되어 있습니다. 예컨대, '영성'(정수리 차크라), '소통'(목 차크라), '감정'(배꼽 차크라) 등으로 말입니다. 차크라는 신체의 특정한 부위와 연관되어 있으므로 어느 정도 물질현실의 일부라고 할 수 있습니다. 하지만 육안에는 보이지 않으므로 영과 물질 사이에 머물고 있다고 할 수도 있습니다. 그것이 그 둘 사이의 간극을 이어줍니다. 차크라는 영(여러분의 영혼 의식)의 진입 지점을 형성하여, 영으로 하여금 물리적 형체를 취하여 삶에서 일어나는 일들을 창조해낼 수 있게 해줍니다.

가슴 한가운데에 위치한 가슴 차크라는 다름 아닌 사랑과 일체성 에너지의 자리입니다. 가슴은 조화시켜 합일시키는 에너지를 담고 있습니다. 이 중추에다 잠시 주의를 모으고 있으면 따뜻한 느낌이나, 뭔가 열리는 듯한 느낌을 느낄 수 있습니다. 아무것도 느껴지지 않는다면 그저 내버려두고 나중에 다시 해보세요.

가슴 아래에 있는 차크라는 '태양신경총'이라 불립니다. 그것은 위 근처에 자리 잡고 있는 의지의 자리입니다. 그것은 여러분의 에너지를 물리적 현실로 집중시켜주는 중추입니다. 그러므로 이 차크라는 창조성, 활기, 야망, 개인적 능력 등의 문제와 관련됩니다.

에고와 의지는 서로 밀접한 연관이 있습니다. 의지의 기능은 여러분으로 하여금 내부의 것이든 외부의 것이든 간에 어떤 것에 집중할 수 있게 해줍니다. 여러분 자신과 다른 사람들의 현실에 대한 여러분의 지각은 여러분이 원하는 것, 여러분의 욕망에 크게 영향을 받습니다. 욕망은 흔히 두려움과 함께 엮여 있습니다. 우리는 흔히 필요를 느끼기 때문에 무엇을 원하게 됩니다. 결핍이나 갈망이 그 밑바닥에 깔려 있는 것입니다. 우리의 많은 욕망 속에 존재하는 이 두려움 때문에, 태양신경총은 종종 에고의 에너지에 끌려다닙니다. 에고는 특히 태양신경총을 통해 자신을 표현합니다.

에고는 의지의 기능을 통해 현실에 문자 그대로 압박을 가합니다. 현실은 에고가 여러분이 믿기를 바라는 것 속으로 구겨져 박혀야 합니다. 에고는 현실은 이렇게 작동한다고 하는 일련의 기본전제 ─ 순전히 두려움에서 비롯된 ─ 를 바탕으로 작용합니다. 에고는 현실의 엄밀히 선정된 그림만을 여러분에게 보여줍니다. 에고의 시각은 자신의 필요와 두려움 쪽으로 편향되어 있기 때문입니다. 또한 에고는 눈에 띄는 모든 것에다 심판과 분별의 딱지를 붙여놓아야만 합니다. 사물을 그저 있는 그대로 바라볼 여유가 없습니다. 모든 것을 범주화해서 나누고, 옳은지 그른지 딱지를 붙입니다.

가슴으로 살면 사실을 해석하거나 가치를 매기는 고정된 믿음체계가 존재하지 않습니다. 여러분은 더 이상 어떤 것에 대해 강력한 확신을 품지 않습니다. 그보다는 하나의 관찰자가 되어 있습니다. 어떤 문제에 대해서든 도덕적인 판단을 유보합니다. 그 상황에 대해서 이해해야 할 것을 다 이해하지 못했을 수 있다고 느끼기 때문입니다. 심판은 무엇에든 언제나 정확한 정의를 내립니다. 하지만 가슴은 정의에 관심이 없습니다. 가슴은 언제나 명확하고 정의된 것 너머로 가려고 합니다. 가슴은 열려 있고 탐사하며, 늘 다시 살펴보아 용서할 준비가 되어 있습니다.

에고 중심의 의지력을 사용할 때는 태양신경총 차크라에서 뭔가가 당기는 듯한 느낌을 감지할 수 있습니다. 이런 식으로 의지를 발휘하는 것은 원하기만 하면 의식적으로 자각할 수 있는 에너지 현상입니다. 일을 내 방식으로 하고자 하는 강력한 욕구를 수반한, 이런 당기는 듯한 느낌을 느낄 때, 여러분은 현실을 여러분이 원하는 대로 주무르려고 애쓰고 있는 것입니다. 현실에다 여러분의 신념을 주입하려고 애쓰고 있는 것이지요.

가슴으로부터 우러나와서 행동할 때, 여러분은 일이 펼쳐지는 대로 그 흐름과 함께 갑니다. 여러분은 밀어붙이거나 강요하지 않습니다.

어떤 일을 이루려고 정말 열심히 애를 쓰는데 번번이 목표를 이루기에 실패한다면 그것을 어느 차크라, 어느 에너지 중심으로부터 하고 있는지를 스스로 자문해보세요. 또 자신의 가슴에 귀를 기울이면서 이 일이 왜 잘 되지 않는지, 혹은 그 일에 여러분이 왜 에너지를 그토록 많이 쏟아 부어야 하는지를 물어볼 수 있습니다.

여러분은 흔히, 진정으로 내면으로 들어가서 가슴에다 대고 그것이 지혜와 창조성을 향해 가는 내면의 길에 정말 이로운 일인지를 물어볼 생각은 않고, 목표만을 이루려고 발버둥칩니다. 또한 여러분의 목표가 실제로 가슴 깊은 열망을 대변하는 것이라고 할지라도 일이 일어날 시간 틀에 대해서는 비현실적인 기대를 하고 있을 수도 있습니다. 가슴의 시간선상이 아니라 개인적 의지의 시간선상에서 일을 도모하고 있는 것일 수도 있는 것입니다.

매사에는 자연스러운 리듬이 있습니다. 그리고 그 리듬이 반드시 여러분이 바람직하게 여기는 보폭을 가지고 있는 것은 아닙니다. 목표가 실현되려면 에너지가 옮겨져야 합니다. 에너지가 옮겨지는 데는 흔히 여러분이 기대하거나 소망하는 것보다 더 많은 시간이 걸립니다. 사실 에너지가 옮겨진다는 것은 다름 아니라 바로 여러분 자신의 변화를 뜻합니다.

목표에 도달할 때 여러분은 더 이상 여러분이 아니게 될 것입니다. 여러분은 더 많은 지혜와 사랑과 내적 권능으로 충만해진, 현재의 자신의 확장판이 되어 있을 것입니다. 목표를 이루는 데 걸리는 시간이란, 원하는 현실이 실제 현실 속으로 발을 들여놓을 수 있게끔 여러분의 의식이 바뀌는 데에 걸리는 시간입니다. 그러니 일의 진척을 앞당기고 싶다면 현실보다는 자기 자신에게 집중하세요.

종종, 무엇을 받아들이기 위한 문을 활짝 열기 위해서는 자신의 목표를 놓아 보내버려야 할 수도 있습니다. 이것은 모순처럼 들립니다. 하지만 사실 우리는 여러분이 새로운 현실 속으로 발을 내밀기 전에 지금의 현실을 온전히 받아들여야 한다고 말하고 있는 것일 뿐입니다. 지금의 현실을 받아들이지 않는다면 여러분은 잔뜩 긴장한 채 목표를 붙들고 있을 뿐, 앞으로 나아가지 못하고 있는 것입니다.

그것을 사랑해주지 않으면 아무것도 여러분의 현실에서 떠나려 들지 않을 것입니다. 사랑한다는 것은 그것을 '놔주는 것'과 같은 것입니다.

지금의 현실을 여러분의 창조물로서 진정으로 안아 들여 받아주지 않으면 그것은 여러분을 떠날 수가 없습니다. 여러분이 자신의 일부를 부인하고 있기 때문입니다. 여러분은 자신을 위해 이 현실을 창조한 자신의 그 부분에게 "안 돼"라고 말하고 있는 것입니다. 이 원치 않는 부분을 여러분으로부터 잘라내버리고 앞으로 나가고 싶어 하는 것입니다.

그러나 자기혐오로써는 더 사랑 깊은 현실을 창조할 수가 없습니다. 원치 않는 부분을 한쪽으로 밀쳐두는 것으로는 새로운 현실 속으로 '자신을 욱여넣을' 수가 없습니다. 이 대목에서는 의지력이 여러분을 받들어주지 않습니다.

필요한 것은 자신의 가슴과 연결하는 것입니다. 이해와 받아들임의 에너지만이 새롭고 더 충만한 현실을 지어 올려줄 진정한 벽돌입니다. 가슴으로부터 현실과 교감할 때, 여러분은 현실을 있는 그대로 놔두게 됩니다. 그것을 변화시키려 들지 않고 다만 있는 그대로를 세심하게 알아차립니다.

가슴이 여러분 존재의 청지기가 되면 의지의 중추(태양신경총)도 그와 보조를 맞출 것입니다. 의지의 동료인 에고는 쫓겨나지 않을 것입니다. 에고는 당연히 에너지를 의식의 차원에서 물리적 현실의 차원으로 옮겨주는 역할을 맡아 돌보게 될 것이기 때문입니다. 이 옮김 혹은 실현이 가슴의 안내를 받을 때, 의지의 에너지가 힘들이지 않고 흘러들어 현실을 창조해낼 것입니다. 밀어붙이거나 강요하는 일은 없어집니다. 이때 동시성 현상이 일어납니다. 일들이 놀랍도록 공교롭게 꼬리를 물고 일어나서 목표의 실현을 크게 도와주게 되는 현상 말입니다. 일들이 그런 식으로 맞물려서 공조되면 그것은 여러분에게 마치 기적처럼 느껴집니다. 하지만 사실 이것은 여러분이 가슴으로부터 무엇을 창조하려고 할 때면 늘 벌어지곤 하는 현상입니다. 애쓰지 않게 되는 것이 가슴의 창조를 증명해주는 특징입니다.

가슴으로 현실을 창조하라

진정한 창조성은 결단과 강한 의지에서 비롯되는 것이 아니라 열린 가슴에서 나옵니다. 미지의 새로운 것에 마음을 열고 받아들이는 태도는 진정한 창조자에게 필수적인 요소입니다.

그렇다면 창조성의 진정한 열쇠 중 하나는 아무것도 하지 않을 수 있는 능력입니다. 무엇이든 하려 들고, 붙들어 고정시켜두려고 하고, 집중해서 대들고 싶은 충동을 억누르는 능력 말입니다. 이것은 자신의 의식을 완전히 수용적이되, 깨어 있는 상태로 가져다놓는 능력입니다.

오로지 알려고 하지 않고 가능성이 열려 있게 둠으로써만 새로운 뭔가가 여러분의 현실로 들어올 여지를 만들어낼 수 있습니다.

이것은 '현실 창조'를 논하는 많은 뉴에이지 서적들이 말하는 것과는 반대입니다. 여러분이 매 순간 자신의 현실을 창조하고 있는 것은 사실입니다. 여러분이 자각하고 있건 말건 간에 여러분의 의식은 창조자입니다. 그러나 많은 책과 요법들이 가르치고 있듯이 자신의 현실을 의식적으로 창조하고자 한다면, 가장 강력한 형태의 창조는 의지(적극적인 태도)에서 나오는 것이 아니라 자신에 대한 앎(수용적인 태도)에서 나온다는 사실을 반드시 이해해야 합니다.

물질세계의 모든 변화, 예컨대 일이나 인간관계나 물질적 환경의 변화는 내적 차원의 변화가 반영된 것입니다. 오직 내적 변성의 과정이 마무리되어야만 물질적 현실이 그것을 반영하여 여러분 삶의 환경을 변화시키는 것으로 여러분에게 응답해줄 수 있습니다.

예컨대 목표에 집중하거나 그것을 늘 심상화하는 등, 의지로써만 무엇을 창조해내려고 애쓴다면 여러분은 변화의 진정한 선행조건인 내적 변성 과정을 무시하고 있는 것입니다. 여러분은 인위적인 방법으로 창조하고 있고, 그러면 반드시 실망을 겪게 되어 있습니다. 영혼 깊은 곳으로부터 창조하고 있지 않기 때문입니다.

영혼은 침묵의 순간에 여러분에게 말을 걸어옵니다. 더 이상 아무것도 모를 때, 여러분은 그 목소리에 진정으로 귀를 기울입니다. 영혼은 흔히 포기하고 수건을 던질 때에야 또렷하게 말해옵니다. 좌절하여 포기할 때 일어나는 일은, 새로운 것에 마음을 열게 되는 것입니다. 모든 기대를 내려놓고 있는 그대로를 진정으로 받아들일 태도가 되지요.

좌절은 나의 삶에는 어떤 일이 일어나야만 한다고 하는 여러분의 강한 믿음 때문에 생겼습니다. 이 믿음에 현실이 응답해주지 못하면 여러분은 실망하고, 어떤 경우에는 자포자기에 빠지기까지 합니다.

그러나 무엇을 강하게 기대하기를 포기하고 새로운 것에 과감히 마음을 열면 영혼과 다시 교감하기 전에 좌절에까지 이르지 않아도 됩니다. 여러분은 영혼이 말해주는 것에 실망부터 하지 않고 고요히 마음을 열고 받아들일 수 있게 됩니다.

'나는 내가 무엇을 원하는지를 정확히 안다'고 하는 한, 흔히 여러분은 에너지 차원에서 자신에게 열려 있는 가능성을 한정시키고 있는 것입니다. 새로운 일자리든, 인간관계든, 건강이든 간에 여러분이 찾고 있는 이 새로운 현실은 여러분이 모르는 많은 요소를 담고 있습니다. 여러분은 종종 자신이 원하는 그것이 자신이 알고 있는 것(좋은 일자리, 사랑스런 애인 등)이라고 생각합니다. 하지만 그것은 그렇지 않습니다. 새로운 현실을 창조할 때 여러분이 정말로 하고 있는 일은, 자신의 심리적 울타리 밖으로 나가는 것입니다. 그리고 지금 여러분은 그 울타리 너머에 무엇이 놓여 있는지를 알 수 없습니다.

거기에 뭔가 아주 괜찮은 것이 있다는 것은 선명하게 감지할 수 있습니다. 하지만 그것을 심상화하거나 거기에 집중하여 그것이 품고 있는 가능성을 좁혀놓을 필요는 없습니다. 그저 호기심과 열린 마음으로 그것을 기다리고 있기만 해도 됩니다.

실제로 자신에게 가장 바람직한 현실을 창조하기 위해서는 생각과 의지를 집중하는 것보다 자신을 받아들이는 태도가 훨씬 더 중요합니다. 자신이 아닌 어떤 것을 창조할 수는 없습니다. 만트라를 수천 번 되뇌면서 마음속에 긍정적인 이미지를 얼마든지 만들어낼 수도 있지만, 자신이 진정으로 느끼는 것(예컨대 분노, 우울, 조바심 등)과 어긋나는 이미지로는 혼란과 의심밖에는 창조해내지 못합니다. — '이렇게 열심히 하는데도 아무 일도 안 일어나네…'

자신을 받아들이는 것은 사랑의 한 형태입니다. 사랑은 여러분의 삶에 긍정적인 변화를 끌어오는 가장 강력한 자석입니다. 자신을 있는 그대로 받아들이고 사랑한다면 여러분은 여러분 자신의 그 사랑을 반영해주는 환경과 사람들을 끌어들이게 될 것입니다. 그것은 이 토록 단순한 일입니다.

여러분 자신의 에너지, 자신의 모든 기분을 느끼세요. 지금 이 순간 여러분이 그 모든 고투와 슬픔 속에서도 얼마나 아름답고 진실한 지를 느껴보세요. 여러분은 그 모든 '불완전성'과 '잘못'에도 불구하고 아름답습니다. 그리고 이것이야말로 실속 있는 유일한 깨달음입니다.

자신을 있는 그대로 안아 들이세요. 자신에 대해 편안해지세요. 유머감각을 가지고 자신의 '온갖 흠'을 바라봐도 좋습니다. 완벽은 선택할 수 있는 사양이 아닙니다. 그것은 환영일 뿐입니다.

가슴으로 현실을 창조한다는 것은 지금 이 자리에서 자신의 빛을 인식하는 것입니다. 그것을 인식함으로써, 그것을 알아차림으로써 여러분은 물리적 차원에서 자라나 모습을 갖추게 될 하나의 씨앗을 뿌리고 있는 것입니다.

신이 여러분을 하나의 개체 영혼으로 창조했을 때, 그녀는 자신의 의지력을 발휘한 것이 아닙니다. 그녀는 그저 자신으로 있었습니다. 그런데 어느 시점에서 그녀는 '저 밖에' 뭔가 탐사해볼 만한 것이 있음을 감지했습니다. 그게 정확히 뭔지는 모르겠지만 그것은 그녀로 하여금 사랑에 빠진 것과도 약간 비슷한 기분이 되게 했습니다. 그래서 그녀는 별 고민하지 않고, 오라고 손짓하는 듯한 이 새로운 현실을 경험해볼 만한 것으로 받아들였습니다. 또한 그녀는 자신과 살짝 사랑에 빠져 있었습니다!

그리하여 여러분은 개체 영혼의 형상을 취했고, 신은 여러분을 통해 삶을 경험하기 시작했습니다. 신은 이 모든 일이 어떻게 일어나게 됐는지 — 창조의 시시콜콜한 과정 — 에 대해서는 별로 신경 쓰지 않았습니다. 그녀는 그저 자신을 사랑했고, 변화를 받아들일 준비가 되어 있었습니다. 이것이야말로 여러분이 자신만의 완벽한 현실을 창조하는 데 필요한 유일한 요소입니다. 자기애, 그리고 새로운 것을 속속들이 탐험해 들어갈 각오 말입니다.

가슴으로 살기 위한 조율

가슴으로 창조하는 것은 에고로 창조하는 것보다 더 강력하고 노력이 덜 듭니다. 시시콜콜한 일에는 신경 쓰지 않아도 됩니다. 그저 안에든 밖에든 있는 모든 것에 마음을 열고만 있으면 되지요.

이 열린 상태로부터 여러분은 수시로 어떤 끌어당김을 감지합니다. 어떤 것에 마음이 끌리는 것을 느낄 수도 있습니다. 이 당김은 사실 여러분 가슴의 조용한 속삭임입니다. 그것은 여러분의 직관입니다. 직관을 통해 행동하면 밀어붙이는 대신 이끌립니다. 어떤 일을 하는 것이 적절하다는 느낌을 내면에서 감지하기 전에는 행동을 하지 않게 됩니다.

여러분은 밀어붙이기에, 즉 의지로써 창조하기에 너무나 익숙해 있어서, 에고로부터 가슴으로 에너지를 옮긴다는 것이 여러분에겐 상당히 힘든 일입니다. 에너지를 옮기는 데는 엄청난 '지체'가 요구됨니다. 직관의 흐름에 정말로 맞닿으려면 '하지 않기' 위한, 모든 것을 있는 그대로 놔두게 하기 위한 노력을 의식적으로 해야만 합니다. 이것은 여러분이 배우거나 익숙해 있는 많은 것들과는 반대입니다. 여러분은 생각과 의지력으로써 행동하는 습관에 매우 깊이 빠져 있습니다. 여러분은 생각을 통해 목표를 정하고, 그것을 실현하기 위해 의지력을 동원합니다. 이것은 가슴 중심의 창조와는 사뭇 반대입니다.

가슴으로 살면 여러분은 가슴에 귀를 기울이고 그에 따라 행동합니다. 생각은 하지 않고 가슴이 말해주는 것에 깨어 있는 의식과 열린 마음으로 귀를 기울입니다. 가슴은 마음을 통해서가 아니라 느낌을 통해서 말합니다. 가슴의 목소리는 고요하고 편안하고 안정된 기분으로 있을 때 가장 잘 들립니다.

가슴은 지금 당장 가장 사랑 깊고 환희로운 현실로 가는 길을 보여줍니다. 가슴의 속삭임과 제안은 합리적인 사고에서 나오는 것이 아닙니다. 가슴의 목소리는 그 가벼운 느낌과 기뻐하는 음조로 알아차릴 수 있습니다. 가슴은 강요하지 않으므로 느낌이 가볍습니다. 가슴의 제안에는 줄이 달려 있지 않습니다. 여러분의 '가슴 자아'는 여러분의 결정에 붙들리지 않고, 여러분이 뭘 하든 상관없이 여러분을 사랑합니다.

가슴으로 산다는 것은 수동적이거나 무기력해지는 것을 뜻하는 게 아닙니다. 매사에 옳고 그름의 딱지를 붙이지 않고, '저리 말고 이리로' 하고 밀어붙이지 않고 놔두려면 상당한 내공이 필요합니다. 그것은 온전히 현존하면서 모든 것을 있는 그대로 마주하여 그저 바라볼 수 있는 힘입니다. 공허감이나 우울감이나 불안감을 느끼게 될 수도 있지만 그것을 몰아내려고 애쓰지도 않습니다. 그저 그것을 자신의 의식으로써 감쌀 뿐입니다.

여러분은 의식의 진정한 힘을 알지 못하고 있습니다. 의식은 빛으로 이뤄져 있습니다. 그 때문에 의식 속에 뭔가를 품고 있으면 그것은 변화합니다. 의식은 치유력입니다. 생각으로써, 그리고 여러분이 중독되어 있는 '행위'로써 그것을 묶어놓지만 않는다면 말입니다.

여러분의 삶은 마음과 의지, 생각과 행위의 폭정으로 점철되어 있습니다.

마음과 의지는 모두가 일반적인 규칙에 의거해서 작동한다는 사실을 유념하세요. 논리적 사고에는 일반적인 규칙 ― 논리의 규칙 ― 이 있습니다. 생각을 일에 적용하는 데도 일반적인 전략 ― '사업 운영' 규칙 ― 이 있습니다.

하지만 이것은 모두 일반적인 집단신념입니다. 일반적 지침과 규칙에는 언제나 기계적인 요소가 있습니다. 그것은 모든, 혹은 대부분의 경우에 적용됩니다. 그렇지 않다면 그건 쓸모가 없을 테니까 말입니다.

그런데 직관은 이와는 사뭇 다른 식으로 작용합니다. 직관은 맞춤옷처럼 언제나 특정한 한 순간의 한 사람에게 맞춰져 있습니다. 그것은 매우 개별적입니다. 그러니 그것은 합리적인 분석이나 일반적인 규칙 속에 욱여넣을 수가 없습니다.

그러므로 직관에 따라 살고 행동하려면 높은 수준의 신뢰가 요구

됩니다. 여러분의 선택은 다른 사람들의 규칙이 옳다고 일러주는 것이 아니라 오로지 여러분 자신이 옳다고 느끼는 것에 근거하게 될 테니까요.

그러므로 가슴으로 산다는 것은 단지 마음과 의지력을 남용하는 습관을 내려놓는 것뿐만 아니라 자신을 진정으로 신뢰할 것을 요구합니다.

가슴에 귀 기울이고 그 메시지를 신뢰하고 그에 따라 행동하기를 배우는 데는 시간이 필요할 것입니다. 하지만 그렇게 하면 할수록 내면의 평화를 찾는 방법은 오로지 의심과 근심을 내려놓고 가슴의 지혜에 자신을 내맡기는 수밖에 없음을 더욱더 깊이 깨닫게 될 것입니다.

이 길을 따라 나아가서 에고로부터 가슴으로 가는 변성의 3단계에 진입하면 여러분은 생전 처음으로 내면의 평화를 발견하게 됩니다. 여러분을 불안하고 쉬지 못하게 만드는 것은 다름 아니라 생각과 의지로써 현실을 통제하려는 충동임을 깨닫게 될 것입니다.

그 통제의 손아귀를 풀어놓으면 여러분은 삶이 그 마법을 펼치도록 허용하게 됩니다. 여러분이 해야 할 일은 귀를 기울이는 것뿐입니다. 삶에서 일어나는 일들, 다른 사람들에 대해 일어나는 느낌들, 여러분이 꿈꾸고 소망하는 것들에 깨어 있으세요. 내면에서 일어나는 일들을 깨어서 주시하면 현실이 여러분에게 적절한 행동을 취하는 데 필요한 모든 정보를 제공해줄 것입니다.

예컨대 여러분은 자신이 상대방과 진실하게 소통하는 애정관계를 가슴 깊이 소망하고 있음을 자각하게 될 수도 있습니다. 이 열망을 그저 알아차리고 받아들이되 뭔가를 해보려고 애쓰지 않고 있으면 여러분은 우주가 거기에 어떻게 반응하는지를 발견하고 놀라게 될 것입니다. 어떤 결론도 내리지 않고 그저 의식의 빛 속에 그 열망을 품고만 있으면 여러분의 요청은 들리고 응답받게 될 것입니다.

어떤 열망이 충족되려면 에너지 전환이 일어나야 하므로 기대보다 오랜 시간이 걸릴 수도 있습니다. 하지만 여러분은 자신의 에너지적 현실의 창조자입니다. 여러분이 그것을 두려움으로써 창조하면 현실도 그에 따라 응답할 것입니다. 그것을 신뢰와 내맡김으로써 창조하면 여러분은 원하는 모든 것 위에 더 많은 것을 받을 것입니다.

에고로부터 가슴까지 IV

영을 맞이하라

우리는 에고에 중심한 의식에서 가슴에 중심한 의식으로 변성해 가는 과정을 네 단계로 구분했었습니다.

1. 에고에 중심한 의식이 제공하는 것에 만족하지 않고 '뭔가 다른 것'을 갈망함. — 끝의 시작.
2. 에고에 중심한 의식에 매여 있는 자신을 자각하여 그에 수반하는 감정과 생각을 알아차리고 놓아 보냄. — 끝의 중간.
3. 내면의 에고에 중심한 묵은 에너지가 죽게 놓아두고 고치를 벗어던지고 새로운 자아가 됨 — 끝의 끝.
4. 사랑과 자유의 부추김을 받아 내면에서 가슴에 중심한 의식이 깨어남. — 다른 이들도 변신하도록 도움.

이제 마지막으로 4단계에 대해 이야기하겠습니다.

4단계에 들어설 때 여러분은 이미 내면에서 평화와 고요의 자리를 찾아 있습니다. 여러분은 가슴속의 침묵을 자주 접하고 있고, 그것이 영원한 것임을 압니다. 여러분이 경험하는 모든 것은 만물을 포용하는 이 한정 없는 존재에 비하면 덧없는 것입니다.

이 내면의 평화와 고요의 자리는 영(Spirit)이라고도 불리어왔습니다.

당신네 비전秘傳 전통에서는 영과 영혼(soul)과 몸을 구별합니다.

몸은 영혼이 일정 시간 동안 머무는 물리적인 거소입니다.

영혼은 경험의 비물리적, 심리적 닻입니다. 그것은 여러 생애의 경험을 담고 있습니다. 영혼은 세월에 걸쳐 발달해가며 서서히 성장하여, 아름다운 빛을 반사하는 다면의 보석이 됩니다. 그 낱낱의 단면은 다양한 경험과 그로부터 나오는 지혜의 광채를 발합니다.

영은 시간을 따라 변하거나 성장하지 않습니다.

영은 시간과 공간 밖에 있습니다. 여러분 내면의 영은 영원하며, 여러분을 창조한 신과 하나인, 여러분의 영속적인 부분입니다. 영은 시공간 속에서 표현되는 여러분 존재의 밑바탕, 곧 신성의식입니다. 여러분은 순수의식의 세계로부터 태어났고, 물질적 형체로 화했던 모든 생에 걸쳐 그 순수한 의식의 일부를 내면에 담아 지녀왔습니다.

영혼은 이원성을 지니고 있습니다. 영혼은 이원적 세계 속 자신의 경험에 영향받고 변화해갑니다. 영은 이원성 밖에 있습니다. 영은 그 위에서 만물이 발달하고 진화해가게 하는 배경입니다. 영은 알파요 오메가입니다. 그것을 그저 있음, 혹은 근원이라고 불러도 됩니다.

외부의, 그리고 특히 내부의 고요는 가장 깊은 중심의 여러분인 이 항존하는 에너지를 경험하기에 가장 좋은 입구입니다. 고요 속에서 여러분은 존재하는 것 중 가장 기적적이고 자명한 것 — 영, 신, 근원, 있음 — 과 교감할 수 있습니다.

영혼은 무수한 생애의 기억을 지니고 있습니다. 영혼은 지상의 인격보다 훨씬 더 많은 것을 알고 이해합니다. 영혼은 아스트랄 차원의 여러분 전생의 인격들이나 인도령이나 지인들의 영혼과 같은 초감각적 지식의 원천들과 연결되어 있습니다. 이런 연결에도 불구하고 영혼은 자신의 진정한 본성을 모르는 채 혼돈상태에 빠져 있을 수도 있습니다. 어떤 경험에 트라우마를 입고 한동안 어두운 곳에 갇혀 있을 수도 있습니다. 영혼은 끊임없이 진화해가면서 지상의 삶의 본성인 이원성에 대한 이해를 얻고 있습니다.

영은 이 발달과정 속의 부동의 지점입니다. 영혼은 암흑 속에 있을 수도, 깨달음의 상태에 있을 수도 있습니다. 그러나 영은 그렇지 않습니다. 영은 순수한 있음, 순수한 의식입니다. 그것은 암흑 속에도 있고, 빛 속에도 있습니다. 그것은 모든 이원성의 배후에 있는 일체성입니다. 에고로부터 가슴으로 옮겨가는 변성의 4단계에 이르면 여러분은 영과 연결됩니다. 자신의 신성과 연결되는 것입니다.

자기 내면의 신과 연결된다는 것은 땅에 뿌리박고 온전히 존재하면서 동시에 이원성으로부터 꺼내어지는 것과도 같습니다. 이 상태에서 의식은 깊고도 고요한 황홀경 — 평화와 환희의 혼합 — 으로 가득 찹니다.

여러분은 자신이 외부의 어떤 것에도 종속되어 있지 않음을 깨닫습니다. 여러분은 자유롭습니다. 진정 세상 속에 있지만 그에 속해 있지는 않습니다.

내면의 영과 연결되는 것은 단번에 일어나는 일이 아닙니다. 그것은 연결되었다가 끊겼다가 다시 연결되고… 하는 느리고 점진적인 과정입니다. 의식의 초점이 이원성으로부터 일체성으로 서서히 움직여갑니다. 결국은 생각과 감정보다는 침묵 쪽으로 이끌려가는 자신을 깨달으면서, 의식은 자신의 방향을 재조정합니다. 여기서 침묵이란, 분별없는 자각의식의 상태 속에 온전히 중심을 잡고 현존하는 것을 말합니다.

거기에 이르는 데는 정해진 방법이나 수단이 없습니다. 영과 연결되는 열쇠는 특정한 수행법(명상이나 단식 등)을 따르는 것이 아니라, 여러분을 집으로 데려다주는 것은 생각이나 감정이 아니라 침묵과 고요임을 진정으로 이해하는 것입니다.

이러한 이해는 여러분이 생각과 감정의 작동 메커니즘을 더 확연히 깨달아가는 동안 서서히 깊어집니다. 그리하여 여러분은 낡은 습관을 버리고 가슴에 중심한 의식의 새로운 현실에 마음을 엽니다. 에고에 중심한 의식은 서서히 시들어 죽습니다.

죽음은 여러분이 '하는' 어떤 것이 아닙니다. 그것은 여러분이 '일어나도록 허락하는' 어떤 것입니다. 여러분은 자신을 죽음의 과정에 내맡깁니다. 죽음은 변화, 변성의 또 다른 이름입니다. 이것은 만고의 진실입니다. 무릇 죽음이란, 낡은 것을 내려놓고 새로운 것에 문

156

을 여는 일입니다. 이 과정 속에는 여러분이 '없는', 즉 당신네 정의대로 '죽어' 있는 때는 한순간도 없습니다. 여러분이 정의하는 것과 같은 죽음은 망상입니다. 죽음을 두려워하게 만드는 것은 변화에 대한 여러분 자신의 두려움뿐입니다.

여러분은 육신이 죽는 것을 두려워할 뿐만 아니라 살아 있는 중에 정신적, 정서적으로 죽는 것도 두려워합니다. 그러나 죽음이 없다면 모든 것이 고정되어 경직되어버릴 것입니다. 여러분은 낡은 형틀 — 늙은 육신, 구시대의 생각 패턴, 제약적인 감정반응 — 속에 갇힌 포로가 되어버릴 것입니다. 숨이 막힙니다. 그렇지 않나요? 죽음은 해방자입니다. 죽음은 뽀얗게 먼지 쌓인 문을 박차고 열어젖혀 새로운 경험의 세계로 여러분을 실어다주는 시원한 폭포물입니다.

죽음을 두려워하지 마세요. 죽음은 없습니다. 변화만이 있을 뿐입니다.

에고에 중심한 의식으로부터 가슴 중심의 삶으로 가는 통로는 여러모로 죽음의 경험과도 같습니다. 자신을 영과, 내면의 신과 동일시할수록 평소에 걱정하던 혹은 많은 에너지를 쏟던 일들을 더욱 내려놓게 됩니다. 여러분은 그저 있는 것 외에는 정말 할 일이 없다는 것을 더욱더 깊은 차원에서 깨닫게 됩니다. 여러분을 스쳐가는 생각과 감정의 부유물들 말고 여러분의 '있음'에 자신을 동일시하면 삶은 즉시 변화합니다. 영은 추상적인 것이 아닙니다. 그것은 삶 속으로 정말로 데리고 내려올 수 있는 하나의 현실입니다. 이 가장 순수한 근원과의 교감은 결국 여러분 삶의 모든 것을 바꿔놓을 것입니다. 신,

혹은 근원, 혹은 영은 그 본성이 창조적입니다. 하지만, 그 신비한 방식을 여러분이 헤아리기는 거의 불가능합니다.

영은 고요하고 영속적이고도 창조적입니다. 마음은 신의 현실을 제대로 이해할 수 없습니다. 그것은 오직 느낄 수만 있습니다. 그것을 삶 속으로 맞아들여 가슴의 속삭임으로 알아들으면 모든 일이 서서히 제자리로 돌아가기 시작합니다. 자신의 모든 경험의 배후에 있는 고요한 자각의식인 영의 현실에 조율되면 여러분은 더 이상 현실에 자신의 의지를 가하여 억지로 밀어붙이지 않게 됩니다. 여러분은 매사가 저만의 자연스러운 상태로 돌아가도록 놔줍니다. 여러분은 자신의 자연스럽고 참된 자아가 됩니다. 이 모든 일이 조화롭고 의미심장한 방식으로 일어납니다. 여러분은 매사가 자연스러운 리듬과 자연스러운 흐름을 지니고 일어나는 것을 경험합니다. 여러분이 할 일이란 오직 이 신성한 리듬을 타고 가만히 머물러 있으면서 여러분으로 하여금 끼어들게 만드는 두려움과 오해를 놓아 보내는 것뿐입니다.

영의 차원에서 타인을 돕기

에고에 중심한 의식으로부터 가슴에 중심한 의식으로 전환을 이루고 나면 여러분은 내면의 신성한 흐름과 다소간 지속적으로 교감하게 됩니다. 존재의 이 상태에서는 다른 사람을 돕고자 하는 필요성이나 욕구가 일어나지 않지만 일이 그저 자연스럽게 여러분에게로

옵니다. 여러분은 그런 일들을 자신에게 끌어당기지만 의지로써 그러는 것이 아닙니다. 에너지 차원에서 여러분은 이제 특정한 진동을 발합니다. 여러분의 에너지장에는 사람들을 끌어오는 뭔가가 있습니다. 그것은 '여러분이 하는' 무엇이 아니라 '여러분인' 무엇입니다. 여러분의 에너지에는 그들로 하여금 그들 자신의 신성한 자아와 교감하도록 늘 도와주는 진동이 있습니다.

여러분은 그들에게 거울이 되어줄 수 있어서 그들은 어려운 문제나 상황이 실제로 해소되면서 해결의 에너지로 변하는 것을 볼 수 있게 됩니다. 그들은 여러분 존재 속의 신성한 자아를 접할 때마다 생겨나는 해결의 에너지를 감지할 수 있습니다.

여러분은 그들에게 뭔가를 깨우쳐줄 수 있고, 그 깨우침은 여러분이 자기 자신으로 있음으로 해서 일어납니다. 그것은 어떤 지혜를 전해주거나, 어떤 방편을 써서 가르치거나 치유해줌으로써 일어나는, 여러분에 의해 일어나는 일이 아닙니다. 여러분의 존재가 실로 도움이 되는 것은, 여러분 자신을 그저 자신으로서 있을 수 있게 허락함으로 인해서, 그리고 스스로 가장 기쁜 방식으로 자신을 표현함으로 인해서입니다. 그것은 여러분이 자신을 다른 이들에게 내놓아 그들이 발을 들여놓을지 말지를 스스로 택할 수 있는 치유의 공간을 열어놓음으로 인해서입니다. 선택은 그들에게 달려 있습니다.

치유가로서의 여러분은 정말이지 오로지 내면의 신성한 흐름, 영인 고요한 자각의식(awareness)과 교감하기만 하면 됩니다. 사람들을 움직여 의식의 더 높고 자유로운 상태로 들어 올려주는 것은 실로 이 연결 상태입니다. 그들에게 실제로 그런 일이 일어난다면 그것은 그들 고유의 리듬과 흐름을 타고 일어날 것입니다.

다른 이들을 위해서 이런 식으로 있어줄 때, 거기에는 사뭇 중립적인 느낌의 울림이 있습니다. 그것은 남을 변화시키거나 '치유해주고자' 하는 개인적인 욕망을 내려놓은 초연한 상태를 상징합니다. 특정 단계에 이를 때 모든 빛의 일꾼들이 내비치곤 하는 이 같은 욕망은 자기만의 진실을 찾아서 가고자 하는 각자의 내면의 길을 진정으로 이해하지 못한 데서 비롯된 것입니다. 대부분의 사람들은 어떤 문제를 진정으로 내려놓을 태세가 되려면 문제의 밑바닥까지 내려가야만 합니다. 그리고 실제로 그렇게 하면 그들은 그 문제의 해답을 정말로 '가지게' 되고, 이것은 그들에게 깊은 만족감을 줍니다. 어쩌면 여러분도 자신의 삶과 자신이 씨름하는 문제들 속에서 이것을 알아차렸을 겁니다. 이것을 깨달았다면, 사람들이 '바닥을 치지' 않도록 막아주려고 애쓰지 마세요. 거기까지 갈 각오가 되어 있다면 그들은 여러분이 무엇을 하든, 뭐라 말하든 거기까지 가고 말 것입니다.

여러분이 돕는 사람들과 감정적으로 연루되지 않는 것이 좋습니다. 감정적으로 연루되면 그들을 치유하거나 변화시키고자 하는 여러분의 개인적 의지가 끼어들게 됩니다. 이런 개인적 욕망은 그들을 도와주지 못합니다. 그것은 실제로 그들의 치유과정을 훼방할 수 있습니다. 사람들이 변화하기를 바란다면 이미 여러분은 사랑과 허용의 공간을 벗어나 있는 것입니다. 그들도 이것을 감지합니다. 여러분은 자신이 그들을 관찰하고 읽고 있다고 생각할지 모르지만 그들 또

160

한 여러분을 예리하게 읽고 있습니다!

에고로부터 가슴으로 옮아가는 4단계는 영혼의 수준을 초월하여 영의 수준으로 오르는 과정입니다. 우리는 영혼이 어떤 식으로든 영보다 '열등하다'고 말하려는 것이 아닙니다. 요점은, 여러분은 자신의 영혼보다 더 크고 더 넓다는 것입니다. 영혼은 경험을 위한 도구입니다. 내면의 영, 여러분의 신성한 자아와 동화되면 여러분이 무수한 생에서 경험한 모든 것은 제자리를 찾아갑니다. 자신을 그중 어느 것과도 동일시하지 않음으로써, 여러분은 경험 너머로 올라갑니다. 이것이 영혼에 치유의 효과를 가져다줍니다.

시간, 다차원성, 그리고 당신의 빛의 자아

빛의 일꾼에 관한 앞의 장들에서 우리는 빛의 일꾼 영혼의 역사와 내적 발달과정을 시간적 순서를 따라 이야기했습니다. 이 이야기는 여러분에게 자신이 A지점에서 B지점으로, 어둠에서 빛으로, 무지에서 지혜로 향해 발달해간다는 인상을 줄 수 있습니다.

그리고 어떤 의미에서는 그렇습니다.

그러나 이 마지막 장에서 우리는 여러분의 주의를 다른 시각으로 ― 자신을 바라보는 다른 시야, 여러분을 시간 밖으로, 이 특정한 역사 밖으로 들어 올리는 시야로 ― 데려가고자 합니다. 그리하여 시간을 초월한 여러분의 존재, 달리 말해 여러분의 다차원성에 익숙해지게 하고자 합니다.

여러분에게는 시간과 공간으로부터 완전히 독립적인 부분이 있습니다. 이 부분은 원한다면 어느 순간이든 그 어떤 차원이나 경험세계로도 마음대로 들어갈 수 있습니다. 그것은 언제든지 빛과 어둠을 마음대로 택할 수 있습니다.

지상의 관점에서 보면 여러분은 A지점에서 B지점으로 직선적으로 여행합니다. 예컨대 여러분은 우리가 논한 내적 발달의 네 단계를 한 단계 한 단계씩 거쳐 여행합니다.

그러나 시간을 초월한 관점, 다차원적인 관점에서 보면 진정한 여러분은 시간을 따라 발달해가는 것이 아닙니다. 진정한 여러분은 발달이라는 과정을 경험하는 자입니다. 진정한 여러분은 발달할 필요가 없습니다. 진정한 여러분은 자신의 자유로운 선택으로써 이 경험을 허용합니다. 이 선택의 동기는 이원세계의 경험이 얼마나 큰 가치를 지니고 있는지를 깊이 이해한 데서 비롯됐습니다.

시간을 초월한 영적 자아의 관점에서 보면 여러분은 A에서 B를 지나 Z 너머까지 이어지는 선상의 어떤 지점이든지 언제든 마음대로 경험할 수 있습니다. 내적 발달의 특정 단계에 갇혀 있다는 생각은 궁극적으로 환상에 지나지 않기 때문에, 여러분은 언제든지 자신을 위해 그 어떤 의식의 현실이든 불러낼 수 있습니다. 여러분의 주의를 이런 관점으로 데려가려고 하는 이유는 이것이 여러분 내부의 장애물을 돌파하도록 도와줄 수 있기 때문입니다. 이것은 여러분으로 하여금 환영의 장막을 꿰뚫고 빛인 자신, 여러분의 본성인 천사의 에너지와 직접 교감하도록 도와줄 수 있습니다.

이것을 여러분 자신을 바라보는 참된 시각으로 가지게 하기 위해서는 시간이라는 개념을 좀 설명할 필요가 있습니다.

시간

일체성의 가장 높은 차원에는 시간이 존재하지 않습니다. 이것은 영, 신, 순수한 있음의 차원입니다. 이 차원에서는 발달도, '됨'도 없고 오직 '~임(being)'만이 있습니다.

분리가 가장 강하게 경험되는 일체성의 가장 낮은 차원에서는 알맹이 없는 선형적 개념의 시간이 동원됩니다. '알맹이 없다'고 하는 것은 과학의 추상적 시간 개념에는 주관적으로 느껴지는 내용물이 전혀 없기 때문입니다. 이 같은 개념의 시간이란 여러분 외부의 객관적 구조물입니다. 시간은 여러분의 경험 위에 씌워진 외부의 틀입니다.

예컨대 직장을 구할 때 쓰는 '이력서'에는 흔히 사실들의 그런 객관적 연표가 포함되어 있습니다. 몇 년도에는 무엇을 했고 몇 년도에는 어떤 학교를 졸업했다는 등으로 말입니다. 여러분은 가시적이고 외면적인 일들을 강조합니다. 사건의 내부적 측면 ― 동기, 의미, 주관성 등 ― 은 생략되지요.

일체성과 분리 사이에 있는 에너지 차원에서는, 시간이란 여러분의 경험과 함께 '요동하는' 하나의 현실입니다. 시간이란 경험을 각인하는 하나의 방식, 하나의 경험적 개념입니다. 이 차원에도 시간이 존재하지만 그것은 여러분의 경험 밖의, 별개의 어떤 것이 아닙니다.

예컨대 꿈속에서, 혹은 사후에 여행하는 아스트랄계에는 '시계상의 시간'이 존재하지 않습니다. 시계상의 시간은 시간을 주관성으로부터, 즉 여러분과 여러분의 경험으로부터 풀어서 떼놓으려는 극단적인 시도입니다. 그것은 거대한 환영이지요. 아스트랄계에서는 시간이란 경험의 리듬입니다. 때로는 휴식하고, 이제는 누구를 만나고, 그다음에는 혼자서 공부하는 식으로 하나의 단계가 끝나고 다음 단계가 시작되는 시점은 시계상의 시간 - 외부의 것 - 에 의해 정해지지 않고 여러분에게 자연스럽게 느껴지는 것 - 내적 느낌의 흐름 - 에 의해 정해집니다.

시간, 혹은 리듬에 대한 이런 자연스러운 느낌은 지상의 삶에도 적용될 수 있습니다. 시간의 주관성, 곧 시간이 다양한 상황에 따라 달리 경험될 수 있다는 사실은 여러분에게도 이미 친숙합니다. 재미있게 놀 때는 시간이 '쏜살같이' 지나가고, 치과 대기실이나 수퍼마켓 계산대에 줄을 서 있을 때는 마치 시간이 정지해 있는 것만 같습니다.

이제 여러분 내부의 회의론자는 이렇게 말할 것입니다. - "시간이란 상황이 부정적으로 경험될 때는 천천히 흐르는 것처럼 인식되고 상황이 긍정적일 때는 빨리 흐르는 것처럼 보이는 법이다. 하지만 시간 자체는 우리가 어떤 일을 경험하든 간에 한결같이 틀에 박힌 방식으로 째깍거리며 똑같은 속도로 흘러간다."

이것은 시간 개념의 '객관적 틀'입니다. 이것을 선형적인 시간관념이라고도 합니다. 이것은 시간에 대한 합리주의적이고 과학적인 접근방식에서 나온 것입니다.

하지만 시계가 없고 밤낮도 없고 시간을 잴 태양과 달과 조수 같은 자연의 영향력도 없다고 상상해보세요. 그러면 여러분은 자신의 주관적 시간감각에 의지할 수밖에 없습니다.

시간의 객관적인 측정도구인 시계는 사실 외부의 무엇에서 비롯된 것이 아닙니다. 그것은 무엇이든 나누고 분류하고 싶어하는 인간의 마음의 산물입니다. 인간의 마음은 지구상의 자연현상으로부터 사물의 특정한 순서를 관념화했습니다. 그러나 인간적인 요소와 별개인 '시간 자체'는 존재하지 않습니다. 그것은 분리에 대한 믿음에 사로잡힌 의식의 산물, 하나의 환영입니다.

시간은 본질적으로 주관적인 것입니다. 시간이란 여러분에게 의미 있도록 경험을 각인하기 위한 하나의 방식입니다. 예컨대 여러분이 누군가를 보고 이렇게 말합니다. "그는 오래된 영혼이야." 그가 오래됐다고 말할 때, 여러분은 정말로 그가 산 햇수나 생애의 수를 가리킵니까, 아니면 시간의 양보다는 그가 지닌 지혜나 균형감각이나 초연함과 같은 특정한 품격을 두고 하는 말입니까? '오래된 영혼'이란 말 속의 시간은 사실 경험을 가리키고 있습니다.

시간이란 말의 온전한 뜻은 내적 차원의, '되어가는 변화상'입니다. 여러분으로 하여금 자연의 리듬이나 일의 흐름을 분명히 파악하도록 도와주는 한에서는 시간이 유용한 개념이 될 수 있습니다. 하지만 그것이 여러분의 상위에 있는 객관적인 무엇으로 이해된다면 그것은 여러분을 제약하고 미혹하게 되기 쉽습니다. 여러분은 특정 시간선상에 한정되어 있지 않습니다. 여러분은 직선상을 움직이는 존재가 아닙니다. 여러분이 현재 경험하고 있는 그런 시간 틀 밖에 있는 여러분의 존재 차원들이 있습니다. 우리가 지금 여러분의 주의를 돌려놓고자 하는 곳은 여러분 자신의 이 측면, 곧 여러분의 다차원성입니다.

다차원성

직선적인 시간 개념에 따르면 여러분은 동시에 여러 장소에 존재할 수 없습니다. 직선적 개념의 여러분은 여러분의 몸, 두뇌, 그리고 어떻게든 그 몸/두뇌에 묶여 있는 여러분의 의식을 가리킵니다. (과학은 아직 몸과 의식이 정확히 어떻게 '엮여' 있는지를 설명하지 못하지만, 의식은 육신 없이는 존재할 수 없다고 주장합니다.)

'완전히' 주관적인 시간 개념에 따르면 여러분은 여러분의 의식이 있는 곳에는 어디든 존재합니다. 시공간 속에서 여러분이 어디에 있는지는 몸이 있는 곳이 아니라 의식의 초점이 가 있는 곳에 의해 정해집니다.

예컨대 당신은 역에서 기차가 도착하기를 기다리고 있습니다. 아직 시간이 멀어서 당신은 의자에 앉아 멍하니 있다가 부지불식간에 변성의식 상태로 살짝 빠져들었습니다. 이제 당신은 어제 이야기를 나눴던 사람을 생각하고 있습니다. 당신은 그 대화내용을 쉽게 떠올리고 그것이 당신에게 어떤 영향을 미쳤는지를 생생하게 기억해냅니다. 당신은 그 대화의 한 측면을 재생시켜서 그것을 과거로부터 지금 이 순간 속으로 가져옵니다. 여기서 당신이 실제로 하고 있는 일은, 과거로 여행하여 그 순간의 에너지를 다시 방문하고 있는 것입니다. 당신의 현재의 에너지가 과거의 에너지와 상호작용을 하고 있습니다. 그리하여 아마도 그 순간의 경험에 변화를 만들어내어 과거를 바꿔놓고 있는 것일 수도 있습니다.

과거를 바꿔놓는다는 말은 물리적인 사실을 바꿔놓는다는 뜻이 아닙니다. 단지 거기에다가 다른 해석과 관점을 입힌다는 것입니다. 하지만 특정한 과거의 사건에 대해 느껴지는 내용을 바꾼다는 것은 어떤 의미에서는 여러분의 그 사건을 바꿔놓는 것입니다.

다음 예를 한번 생각해보세요.

당신이 누군가와 대화를 하고 있는데 전혀 비판적인 의도가 없는 당신의 말에 상대방이 몹시 화가 났습니다. 그는 당신을 꾸짖고는 자리를 떠나버렸습니다. 이제는 당신이 화가 났습니다. 오해받은 데에 화나고, 마음에 충격까지 받았습니다. 집에 와서도 몇 시간 동안 마음이 뒤숭숭했지만 그러다가 감정을 놓아 보내고는 잠을 잘 잤습니다. 다음 날 아침 역에서 기차를 기다리던 중에 문득, 이상하게 꼬여서 당신을 놀라게 만들었던 전날의 대화가 머리에 떠올랐습니다. 이제 당신은 그것을 다른 관점에서 바라보다가 문득 그가 왜 당신의 말에 그토록 화를 냈는지를 깨달았습니다. 대화를 할 때는 까맣게 잊고 있었던 그의 과거에 관련된 어떤 사실이 생각난 것입니다. 이제 당신은 그의 감정적인 반응을 완전히 다른 각도에서 볼 수 있게 되었습니다. 특히나 그것은 당신과는 아무런 상관이 없는 일이었습니다. 그에게 상처를 준 것은 당신이 아니었습니다. 당신은 단지 그의 내부의 해묵은 상처를 건드린 것일 뿐입니다. 이 새로운 관점은 당신의 내면에 새로운 감정적 반응을 일으킵니다. 새로운 통찰과 함께 안도감이 느껴지고… 예, 용서의 마음이 일어납니다. '아, 그래 이제 이해가 되네. 불쌍한 친구…'

이 순간 여러분은 과거를 재창조하고 있습니다. 여러분은 거기에다 사실에 대한 다른 해석을 입히고 있는 것입니다. 그리하여 그것이 여러분의 애초의 반응을 대치합니다. 분명히 말하지만, 이것은 애초의 반응이 일어나지 않았다는 뜻이 아닙니다. 대신 분노와 충격과 오해의 에너지가 이해와 용서의 에너지로 바뀐 것입니다. 과거와 현재 사이의 상호작용에 의해 일종의 '영적 연금술'이 일어난 것입니다.

물리적인 사실은 실로 중요하지 않습니다. 실제로 여러분의 삶과 현실의 꼴을 빚어내는 것은 상황에 대해 느껴지는 내용물, 곧 상황에 대한 여러분의 에너지 반응입니다. 그러니 우리는 아직도 해결을 기다리고 있는 과거의 에너지로 시간여행을 하여 과거를 바꿔놓을 수 있다고 분명히 말할 수 있습니다.

시간여행을 하면서 역에 앉아 있는 동안에도 여러분의 몸과 함께하고 있는 의식의 어떤 층이 존재합니다. 여러분은 '마음의 뒤안'에서 손이 차가워지고 있다든가 여러분 뒤의 젊은 아이들이 시끄럽게 이야기하고 있다든가 하는 느낌을 느낄 수 있습니다.

의식은 자신을 나눠놓을 수 있습니다. 동시에 여러 다른 장소들에 있을 수 있습니다. 즉, 의식은 동시에 다양한 에너지 현실 속에 거할 수 있습니다.

이것이 다차원성의 의미입니다. 여러분의 의식은 시공간 속에 한정되어 있지 않습니다. 지상의 한 생애 동안 의식의 어떤 부분은 늘 지상의 몸과 연결되어 있다는 사실에 기본적으로는 동의한다고 하더라도, 그 때문에 여러분의 의식이 특정한 시점에 한정되지는 않습니다. 과거와 미래는 고정되어 있지 않으므로 여러분은 과거나 미래에 의해 한정되지 않습니다. 과거와 미래는 경험의 유동적 장입니다. 여러분은 현재로부터 과거와 미래와 교감할 수 있고, 그리하여 그것은 변화될 수 있습니다.

자신이 육신 속에 갇혀 있다고 생각하고 있더라도, 여러분의 의식은 다차원적입니다. "걘 과거 속에 갇혀 있어" 하는 말을 들어봤나요? 어떤 사람은 과거를 놓아 보내지 못하여, 그의 의식은 과거의 경험과, 후회나 원한이나 아니면 그저 슬픔과 같은 감정으로 꽉 차 있습니다. 그는 말 그대로 과거 속에 있는 것입니다. 앞서 들었던 예처럼 그는 현재로부터 과거와 교감하고 있지만 그것은 연금술적인, 해방시키는 방식의 교감이 아닙니다. 그의 몸은 지금 여기에 있지만 그는 과거에 갇혀 있습니다. 시계는 째깍거리며 일주일이 지나가고 한 달이 지나감을 알려주고 있지만 그에게는 시간이 꼼짝 않고 멈춰 있습니다. 이것은 그가 경험적 차원에서 움직이지 않고 있기 때문입니다.

그는 삶과 경험의 자연스러운 과정과 함께 흘러가지 않고 있습니다. 이 또한 다차원성의 한 예입니다. 자신을 의식의 그처럼 협소한 초점에다 한정시켜놓더라도 그와 상관없이 여러분은 다차원적으로 존재하고 있는 것입니다. 다시 말해서 다차원성이란 되어가는 무엇이 아니라 여러분 자신인 무엇입니다. 그것은 여러분의 본성, 여러분 존재 본연의 상태입니다.

진짜 의문은 이것입니다. ― 어떻게 하면 자신을 해방하고 변성시키는, 그런 다차원적 존재가 될 수 있을까요? 어떻게 하면 여러분의 다차원성을 부려서 차원계들을 마음대로 다니면서도 자신의 신성한 영과 교감을 잃지 않을 수 있을까요? 지혜와 자각의 자리로부터 다차원적 존재를 누리는 것 ― 이것이 여러분의 영적 숙명입니다. 온전히 깨어 있는 다차원적 창조자가 되는 것은 여러분의 숙명입니다.

다차원성 속에서 깨어 있다는 것은 직선적 시간이라는 환영에서 깨어난다는 뜻이고, 그것은 또한 여러분이 육신 이상의 아무것도 아니라는 생각에서 깨어난다는 뜻입니다. 다차원성 속에서 깨어 있다는 것은 곧, 그 어떤 경험세계 ― 곧 차원계 ― 든 얼마든지 맘대로 골라서 드나들 수 있는 여러분 내면의 영(신)과 자신을 동일시하는 것입니다.

다차원성 속에서 깨어 있는 것이야말로 새로운 지구의 현실의 핵심입니다.

여러분이 다차원성이라는 개념을 붙잡고 씨름을 하고 있는 이유는 '동시에 두 곳에 존재한다'는 것을 물리적인 방식으로 이해하려 들기 때문입니다. 육신은 동시에 두 곳에 있을 수가 없습니다. 하지만 차원계란 물리적인 장소가 아닙니다. 말하자면 '물질 덩어리'가 아닌 것입니다. 차원계란 특정한 에너지 법칙을 따르는 의식의 세계, 의식의 권역입니다.

여러분의 의식은 동시에 여러 다른 차원계에 있을 수 있습니다. 이것은 '지금' 일어납니다. 과거와 미래의 현실이 있고, 아스트랄계와 전생의 현실이 있고, 지금 여기서 여러분의 내면에서 스치고 만나고 있는 여러분 내면의 천사의 현실과 그 이상의 현실이 있습니다. 여러분은 지금도 다차원적 존재입니다. 하지만 자신이 다차원적 존재라는 사실을 여러분은 자각하고 있습니까? 여러분은 그 차원계들이 자신에게로 흘러 들어왔다 나갔다 하도록 허용하고 있습니까? 그 차원계들이 가져다주는 에너지를 받아들이고, 그것이 여러분의 것임을 알아차릴 수 있습니까?

여러분은 자신이 늘 그 일부로 있는 다른 차원계들과 교감합니다. 하지만 깨어 있는 의식으로, 받아들이는 태도로써 그렇게 한다면 여러분은 사실 그 차원계의 현실들을 변성시키고 있는 것입니다. 그 차원계들로부터 온 가두어진 에너지를 안아 들여 여러분의 의식의 빛을 받게 하면 여러분은 자신의 일부를 해방하여 통합함으로써 현재를 바꿔놓게 됩니다.

여러분의 내면에서 의식의 여러 영역들이 교차합니다. 그리고 본질적으로 여러분이야말로 그중 어떤 경험을 할지를 선택하는 주인공입니다. 여러분은 그중 멀든 가깝든 어떤 세계든지, 천천히든 빠르게든 마음대로 여행할 수 있습니다. 내부의 영과 자신을 동일시하는 한 여러분은 자신이 자유로운 존재라는 자각을 잃지 않을 것입니다.

그러나 제약하는 생각에 사로잡혀서 '이건 불가능해', '그건 금지야', '이건 잘못된 거야' 하는 식의 믿음을 품고 있으면 여러분은 분리의 환영 속으로 가라앉습니다. 여러분은 직선적 시간이라는 착각, 자신이 몸이라는 착각, 신으로부터 떨어져 있다는 착각에 사로잡힙니다. 이런 식으로 영혼은 일시적으로 경험의 특정 영역에 '묶이게' 됩니다. 영혼은 자신의 진정한 기원과 자신의 신성과 자유에 대해서는 까맣게 잊어버립니다.

이렇게 사로잡히거나 '묶이는' 것을 카르마라고도 부릅니다.

'풀려나서' 빠져나오는 것은 흔히 '내적 성장'이라 불리는 몇 단계의 과정을 거칩니다. 인간의 단선적인 관점에서 본다면 여러분은 '카르마를 풀어놓고' 있으며, 이 빛의 일꾼 시리즈에서 묘사된 내적 발달과정의 네 단계를 따라 서서히 자신을 변성시켜가고 있습니다. 그러나 영의 관점에서 본다면 여러분은 그저 자신의 본래 상태인 신성한 자각의식으로 돌아가고 있는 것일 뿐입니다. 이 관점에서는 카르마를 풀어놓는다는 것은 자신의 신성을 기억해내는 것 외의 아무것도 아닙니다.

당신의 빛의 자아

여러분 안에서 수많은 차원계, 수많은 의식세계가 모입니다. 그리고 여러분은 실로 그 모든 차원계들의 장을 지어내는 창조자이자 주인입니다. 여러분은 무수한 광선을 지닌 별, 무수한 형체를 지닌 영혼의 의식입니다. 여러분은 어떤 현실이든 맘대로 골라서 실현할 수 있습니다.

직선적 시간과 순서라는 관념을 벗어던지면 여러분은 과거나 미래가 여러분을 결정하지 못한다는 믿음을 자신에게 허용할 수 있게 됩니다. 그러면 여러분은 자신이 차원계들의 진동하는 장의 한가운데에 있음을 감지할 수 있게 됩니다. 그 차원계들은 모두가 신성하고 시간을 초월한 하나의 근원 – 여러분 – 으로부터 펼쳐져 나옵니다.

이 모든 현실들, 이 모든 가능성들의 한가운데에 있는 자신을 상상해보세요. 그리고 여러분에게 가장 많은 빛을 가져다주는 현실을 택하세요.

장 속에서 가장 밝고 가장 사랑스러운 광선을 택하세요. 그리고 이제 잠시 동안 그 안으로 들어가서 그 광선'으로서' 존재하는 느낌이 어떤지를 느껴보세요.

이것이 여러분의 빛의 자아입니다. 이것이 신과 가장 흡사한 여러분의 부분입니다.

전통적으로는 신과 가장 가까운 존재를 대천사라 부릅니다. 그리고 지금 이 차원계에서 그것은 바로 여러분입니다. 여러분은 실로 대천사입니다.

대천사는 영이나 신과 매우 가까운 존재지만 그것과 완전히 하나는 아닙니다. 대천사는 절대의식, 곧 분화나 개체화, 혹은 무엇으로 화함이 없는 순수한 존재로부터는 한 발짝 떨어져 있습니다.

대천사는 일종의 개체성입니다. 그들은 저마다 독특합니다. 각각의 대천사는 특정한 성격을 지니고 있다고 말할 수 있습니다. 이런 성격을 신이나 영의 성격이라고는 할 수 없습니다. 신은 모든 것이자 아무것도 아닙니다. 이 때문에 대천사는 '분리의 세계', '나'와 '남'이 대립한 세계에 발을 디뎠습니다. 그들은 아무리 살짝만이라고 하더라도 이원성의 일부인 것은 틀림없습니다.

대천사란 특정한 존재로서, 특정한 형체로서 자신을 드러낸 신의 모습, 신의 한 측면입니다. 그리스 철학자 플라톤은 이것을 이데아라고 불렀습니다. 말하자면 이것은 물리적 세계 너머에 있는 근본적인 혹은 '원형적인' 에너지 현실입니다. 그런 뜻에서 대천사는 플라톤의 이데아입니다. 사랑의 대천사(이데아), 진실의 대천사, 선의 대천사 등등이 존재합니다. 이들은 저마다 신의 특정한 한 측면의 에너지를 화현하고 있습니다. 대천사는 사람이라기보다는 저마다 독특한 특색을 지닌 에너지장이지요.

영, 혹은 신은 왜 자신의 각 측면들을 이런 식으로 외부에 표현했을까요?

그가 그렇게 한 것은 창조의 기쁨 때문이었습니다.

대천사 에너지는 신의 끝없는 창조적 희열의 한 표출입니다.

대천사는 신의 밖에 있지 않습니다. 그 어떤 것도 신의 밖에 있지 않습니다. 신은 만물 속에 있습니다. 신은 창조된 모든 에너지 속에 '영의 측면'으로서 존재합니다. 이 모든 에너지들을 하나로 만드는 것은 바로 이 영의 측면입니다.

어떤 존재를 다른 존재로부터 분리시키는 것은, 그것을 다르고 독특한 것으로 만드는 것은 '영혼의 측면'입니다. 이 영혼의 측면이 한

176

존재의 개체성을 떠맡습니다.

개체성을 지니도록 창조된 모든 존재는 실로 영과 영혼의, 의식(영)과 경험(영혼)의 화합체입니다. 창조는 영과 영혼의 춤사위입니다.

말하자면 대천사는 신이 맨 처음 낳은 자녀들입니다. 직선적인 의미의 '처음'이 아니라 신과 아주 가깝다는 의미의 처음 말입니다. 대천사는 자신의 신성 속에 '영의 측면'에 대한 깊은 자각의식을 품고 있습니다. 인간은 대천사를 밝고 순수한 빛으로 인식합니다.

대천사는 다양합니다. 모든 대천사는 태양 광선과 같은 에너지를 방사합니다. 대천사는 이 방사선을 멀리멀리 방사함으로써 미지의 공간, 새로운 경험의 세계와 교감합니다. 대천사의 에너지는 밖으로 퍼져 나가고, 이 같은 자발적이고 창조적인 움직임을 통해 자신이 아닌 것, 빛이 아닌 어둠과 마주칩니다. 여기서 어둠이란 그저 일체성/영으로부터 더 멀어진, 개체성의 세계로 더 끌려 들어간 상태를 뜻합니다.

신, 혹은 영은 어둠도 빛도 아닙니다. 신은 그저 있습니다. 대천사는 빛의 존재입니다. 신은 빛을 창조함으로써 어둠도 창조했습니다. 이것은 단지 대천사는 일체성을 벗어난 이원성의 차원에 있기 때문입니다. 그들은 개체성의 느낌을 가지고 있습니다. 빛의 자아(천사)의 창조는 그와 함께 어둠의 자아 ─ 빛이 없는 자아의 부분 ─ 의 창조도 가져왔습니다. 이 양극성이 아름다운 것은, 바로 이것이 창조의 역학의 토대이기 때문입니다.

신, 순수한 존재, 그리고 의식은 경험을 열망했습니다. 창조된 우주의 밝고 어두운 측면들 속에 있음으로써 우주를 통해 그녀가 얻는 이 경험을 말입니다.

대천사들이 이원성의 세계에 발을 들여놓은 후에 무엇을 경험하게 될지는 신도 몰랐습니다. 그것은 그녀가 간절히 원했던 것입니다. 모든 것을 다 알아버리지 않은 채로 새로운 무엇을 경험하는 것 말입니다.

일체성을 벗어난 대천사들은 텅 빈 허공, 잠재된 힘의 공간, 끝없는 가능성의 공간 속으로 들어왔습니다.

대천사들은 자신이 많은 형체들을 창조해내어 그 속에서 살 수 있다는 사실을 발견했습니다. 여러분이 의식적인 존재로서 그 안에 살고 있는 모든 형체는 어떤 특정한 각도, 혹은 관점을 지니고 있습니다. 그것은 '형체 없는 의식'으로 하여금 사물을 특정 방식으로 경험할 수 있게 해줍니다.

대천사들이 경험을 찾아 나서는 전 과정은 반짝이는 빛의 거대한 폭포로 묘사할 수 있습니다. 대천사들의 에너지는 마치 모든 방향으로 흐르는 반짝이는 밝은 물줄기의 거대한 흐름처럼 신/근원으로부터 쏟아져 나왔습니다. 이 거대한 물줄기 속에서 작은 물줄기가 떨어져 나왔고, 거기서 그보다도 훨씬 작은 물줄기가 떨어져 나오고, 마침내는 액체 같은 빛의 작은 방울이 되었습니다. 이 방울들은 저마다 자기만의 일련의 경험들을 간직한 의식의 개체적 단위에 비유할 수 있습니다.

이제 영과 영혼의 춤사위가 정말 시작된 것입니다!

우리가 영혼이라 부르는 의식의 개체적 단위들은 자신의 여정을 나아갔습니다. 그들은 내면 깊은 곳에 영 혹은 근원의 에너지를 간직하고 있었고, 그들이 파생해 나온 곳인 대천사의 에너지도 간직하고 있었습니다. 하지만 멀리 여행할수록 그들은 자신의 본원을, 자신의 신성을 망각하고 어둠과 환영 속에서 헤맬 수 있다는 것을 경험하게 되었습니다. 이 빛과 어둠의 양극성은 지상에 사는 인간이 가장 잘 경험할 수 있습니다.

대천사가 근원으로부터 방사되어 마침내 인간이 되는 과정을 묘사할 때, 우리는 직선적인 시간을 따라 펼쳐지는 이야기를 하고 있는 것처럼 보이지만 사실은 그렇지 않습니다. 신으로부터 나오는 에너지의 폭포는 바로 지금 흐르고 있습니다. 이 이야기는 먼 옛날에 여러분이었던 그것에 관한 것이 아니라 '지금' 여러분이 될 수 있는 자아상에 관한 것입니다. 바로 이 순간에도 여러분 안에는 순수한 대천사 에너지의 층, 순수한 빛의 층이 있습니다. 여러분 내면에는 또한 혼란과 두려움의 층도 있습니다. 하지만 여러분은 어느 순간에든 빛의 자아, 여러분 자신인 천사가 되기로 마음먹을 수 있습니다. 이것은 계발해야 하는 어떤 것이 아니라 그저 여러분 본성의 일부입니다.

여러분은 영적 스승이나 안내자나 천사를 찾을 필요가 없음을 깨닫는 것이 중요합니다. 여러분 위에는 그 어떤 권위도 없습니다. 여러분 자신이 신의 왕좌 옆에 앉아 있는 '처음에 태어난' 존재들 중의 하나입니다. 여러분 자신이 신이고 천사입니다.

빛의 자아와 교감하는 가장 쉬운 방법은 여러분 내면의 순수의식,

순수한 영의 층과 연결하는 것입니다. 내면과 외면의 차원 모두에서 침묵하여 고요해지면 그렇게 됩니다. 여러분이 경험하는 이 고요는 사실 여러분 속에 늘 존재합니다. 단지 그것을 자각할 필요가 있을 뿐입니다.

이 고요, 곧 여러분 내면의 영원한 차원에 연결되면 여러분은 '경험'을 하고 싶어하는 영의 열망을 느낄 수 있게 됩니다. 이 열망으로부터 여러분의 빛의 자아가 태어난 것입니다.

영혼은 영과 경험 사이, 신성과 인간성 사이의 상호작용 속에서 가장 큰 희열을 경험합니다. 이것이 우주의 비밀입니다.

여러분이 순수한 영일 때, 여러분의 현실은 정적인 것이 됩니다. 아무것도 변화하지 않습니다. 경험과 움직임은 여러분/영 외부의 뭔가와 어떤 관계가 존재할 때만 일어납니다. 여러분이 자신이 아닌 뭔가를 감지하면 그것은 곧 느끼고 탐사하고 발견해내라는 하나의 초대입니다. 그러나 여러분이 아닌 무엇을 경험하려면 자신을 절대적 일체성, 신/영 밖으로 데리고 나와야만 합니다. 그렇게 하면 여러분은 개체 영혼이 되는 것입니다.

여러분은 하나의 고유한 영혼입니다. ― 한 발은 절대계에, 한 발은 상대계(곧 이원성)에 담그고 있는.

상대성(이원성)을 탐사하다가 집으로부터 너무 멀리 나가버리면 내면의 영적 요소와의 접점을 잃어버릴 수 있습니다. 그러면 여러분의 영혼은 두려움과 분리라는 환영 속에서 길을 잃어버립니다.

경험할 수 있는 가장 큰 희열은 영과, 집과 연결되어 있는 채로 경험의 세계에 몸을 담을 때입니다. 영과 영혼 사이의 균형 잡힌 상호작용은 가장 위대한 창조성과 사랑이 솟아나오는 원천입니다.

이러한 관점에서 본다면 여러분은 모두가 절대적 일체성과 개체영혼이 되는 것 사이의 올바른 균형점을 찾는 길에 나서 있는 것입니다. 빛의 일꾼인 여러분들 중 그런 사람들은 지금도 자신과 영의 일체성을 더욱 깨어서 자각하기 위해 부단히 수행하고 있습니다. 그들은 이원성 속으로 오랫동안 먼 길을 여행했습니다. 그리고 그들, 즉 사랑하는 독자인 여러분은 집에 돌아갈 준비가 되어 있습니다. 다만 순수한 일체성의 변함없는 집으로가 아니라 신성하고 다차원적인 인간의 역동적이고 창조적인 현실로 말입니다. 그러면 그의 경험은 환희와 빛으로 충만해질 것입니다.

이 글을 읽는 여러분들 모두의 내면에는 집을 그리는 강렬한 열망이 있고, 자신이 진정 누구인지를 알고자 하는 굳은 결심이 있습니다. 자신의 그 열망과 결심을 계속 살려내고 그것을 신뢰하세요. 그것이 여러분을 집으로 데려다줄 테니까요.

2부

공개 채널링 2003-2006년

의식의 힘

　사랑하는 친구들, 오늘은 여러분 모두와 이야기하러 왔습니다. 나는 여러분을 너무나 잘 알고 있습니다! 여러분은 내가 여러분을 얼마나 잘 알고 있는지 모릅니다. 나의 가슴은 여러분과 연결되어 있기 때문에, 나는 종종 여러분과 함께 있습니다. 나는 여러분의 고통을 압니다. 나는 여러분의 기쁨과 걱정과 고난을 압니다. 그래서 여러분 내면에 깃들어 있는 권능에 대해 말해주고 싶은 마음이 너무나 간절합니다. 여러분의 의식이 지닌 권능, 여러분의 존재 자체의 권능, 여러분 영혼의 권능 말입니다.

　여러분은 너무나 종종 아직도 무엇을 찾아 헤매고 있습니다. 여러분은 자신의 외부에서 해결책을 찾아 하염없이 헤맵니다. 하지만 그런 해결책을 자신 속으로 가져오는 순간 그것은 이미 녹아 없어지기 시작합니다. 자신이 자기 존재의 중심, 여러분 우주의 태양임을 깨달으세요. 여러분의 의식이 지향하는 방향과 그것이 동조된 대상이 여러분의 느낌과 생각하는 방식과 행동하는 방식을 결정할 것입니다. 태양이 광선을 밖으로 보내듯이 여러분은 자신의 깊은 곳으로부터 이런 것들을 보냅니다. 여러분이 만일 이 태양이 빛을 비춰주지 말아야 할 여러분의 어떤 측면이 있다고, 태양이 빛을 비추지 말아야 할 어떤 곳이 있다고, 태양 볕이 온기를 주지 말아야 할 어떤 것이 있다고 믿는다면, 여러분이 주변에서 만나는 모든 사람과 사물들이 모두 이 믿음을 확인시켜줄 것입니다.

마찬가지로, 다른 누군가의 도움이나 충고는 여러분이 도움을 필요로 하는 측면에 여러분의 태양빛이 비치도록 스스로 허용할 때만 받아들여질 수 있습니다. 문을 열어 그 측면을 빛 속에다 갖다놓는 것은 언제나 여러분 자신의 결정입니다. 여러분이 그렇게 하도록 강요할 수 있는 다른 사람은 아무도 없습니다. 여러분이 스스로 도움을 받기를 허락하지 않으면 아무도 여러분을 도울 수 없는 것은 이 때문입니다.(이것은 지상의 도움뿐만 아니라 우리의 도움에도 마찬가지입니다.)

여러분으로 하여금 자신의 길을 스스로 찾아낼, 자신의 소명을 다시금 느낄 힘이 없다고 생각하게 만드는 확신은 여러분 안에 살아 있습니다. 이 확신은 여러분이 자신을 오랜 시간 동안 잃어버렸던 과거와 연결되어 있습니다. 나는 특히 이 지상의 어떤 과거, 여러분이 많은 어둠을 경험했던 지상의 많은 삶의 과거에 대해서 이야기하고 있습니다.

이러한 과거는 의미 없는 것이 아니었습니다. 그것은 여러분이 많은 두려움에 부딪히고, 그 두려움이 여러분 내면의 태양을 가렸던 과거입니다. 하지만 이제 여러분은 모두가 서서히 깨어나고 있습니다. 여러분의 일부분은 이미 다시 빛 속으로 들어왔지만, 아직도 어둠 속에서 자신에 관한 두려움과 불안에 싸여 있는 많은 측면들이 있습니다.

이 내면의 어둠을 길 잃은 어린아이에 비유할 수 있습니다. 여러분 영혼의 일부분은 길 잃은 어린아이입니다. 그것은 고통스러웠던 한 과거에 길을 잃어버렸습니다. 하지만 과거는 정체된 것이 아닙니다. 시간은 다소간에 하나의 환영입니다. 어떤 것도 시간 속에서 돌이킬 수 없이 상실되지는 않습니다. 꽉 잠긴 문은 존재하지 않습니다. 과거에 파편이 되어 떨어졌던 여러분 내면의 길 잃은 아이를 찾아서 상처를 치유해줄 수 있습니다. 여러분은 그 아이를 귀여워하도록, 그리고 그 아이를 따뜻이 안아서 삶으로 다시 데려오게끔 되어 있는 부모입니다.

여기서 삶이란 진실로 사는 것을 말합니다. 여러분은 사는 법을 잊어버렸습니다. 살아남는 일에야 여러분도 아주 능하지만, 진실로 사는 것은 그보다 훨씬 더 생기로 반짝이고 영감 넘치고 행복합니다.

진실로 살 줄을 가장 잘 알고 있는 여러분의 부분은 바로 잃어버렸던 내면의 아이입니다. 그 아이는 과거의 그늘 속에서, 여러분의 의식에 트라우마를 남긴 누적된 사건들 속에서 길을 잃어버렸습니다. 이 지상에 태어난 모든 생을 통해 여러분의 영혼은 성장해왔습니다. 아이들이 어른으로 성장하듯이 말입니다. 그런 의미에서 여러분은 아이로서 지구에 왔습니다. 많은 경험을 자신의 것으로 만들고,

제대로 이해하지 못한 경험도 많이 겪었지요. 이제 우리는 여러분의 역사, 여러분이 발달해온 어떤 주기의 어떤 단계의 끝에 다다르고 있습니다. 그리고 이제는 그 이해하지 못했던 경험들 위로 부상해 오를 — 부모로 성장할 — 때입니다. 이제 여러분의 아이의 아버지와 어머니가 될 때인 것입니다. 그리고 그것이 내가 여러분 의식의 권능에 대한 이 이야기를 하면서 강조하고 있는 점입니다. 상처받은 내면의 아이 위로 오를 수 있는 여러분 내면의 권능 말입니다.

여러분 내면의 아이는 이해되지 못한 많은 경험들의 피해자입니다. 여러분 내면 가장 깊은 곳의 상처는 버림받은 아이의 감정적 상태에 가장 근사하게 비유될 수 있습니다. 그 아이는 어찌해서든 안전하고 사랑 넘치는 가정의 품 안에서 떨어져 나오게 됐지만 왜, 무엇을 위해서 그렇게 됐는지 영문을 모르는 아이입니다. 여러분의 내면에는 버림받고 두려움에 떨면서도 그 상황을 이해할 수 있는 근거를 갖고 있지 못한 아이가 있습니다. 이 고통은 시간 속 아주 먼 시점으로 거슬러 올라갑니다. 여러분이 신과도 같은 일체성의 상태에서 떨어져 나와 하나의 개체 영혼으로서 여행을 시작했던 그때 말입니다. (이것은 다음 채널링 '우주적 탄생의 고통'에서 자세히 설명됨. 편집자 주.)

때가 되면 여러분도 이 여행이 자신의 선택이었고 실로 신성한 창조의 행위였음을 이해하게 될 것입니다. 홀로 여행을 — 경험의 여행을 — 떠났을 때 여러분이 느꼈던 그 깊은 고통은 동시에 위대한 창조의 행위였습니다. 왜냐하면 큰 전체로부터, 아버지-어머니-신으로부터 하나의 영혼으로서 자신을 떼어냄으로써 여러분은 자신으로 하여금 엄청난 것을 발견하도록, 많은 것을 경험하고 느끼도록 허용했기 때문입니다. 아직도 많은 내면의 고통이 남아 있는 현재의 여정에서는 집으로 돌아가는 그 긴 여행의 궁극적인 의미가 무엇인지를 이해하기가 힘듭니다.

하지만 나는 여러분이 창조자에 대한 크나큰 신뢰와 크나큰 용기를 지닌 놀랍도록 멋진 빛의 존재임을 확언해드리고 싶습니다. 그렇지 않았다면 여러분은 애초에 이 여행을 떠나지도 않았을 겁니다. 내가 여러분에게 상기시켜드리고 싶은 것은, 여러분 내면에서 불꽃을 번쩍이고 있는 그 용기와 창조성과 빛입니다. 가슴속에서 그 불꽃을 다시 한 번 느껴보고, 그것과 다시 연결을 맺으세요. 여러분은 내면의 아이가 다시 살아나 노래하고 놀게끔 해줄 수 있는 힘과 능력을 가지고 있음을 깨달으세요. 나는 여러분 내면의 어둠을 길 잃은 아이의 외침으로 바라보는 시각, 진정 여러분 자신인 부모로서 여러분 자신을 아끼고 사랑하도록 부추겨주는 시각을 제시하고 있는 것입니다.

영혼으로서 여행을 시작했을 때, 여러분에게는 길 잃고 어둠 속에 홀로 남아 버려진 아이가 맡겨졌습니다. 자신의 이런 정서적 부분을 다루는 것은 여러분에게 맡겨진 과제였습니다. 이 부분의 여러분은 가장 '날것으로' 살아 있는 여러분의 측면, 삶 자체의 한 판 찌르기를 상징합니다. 그 여행의 끝, 이 삶의 쳇바퀴 그 끝에서 여러분은 내면의 아이의 손을 잡고, 그 아이가 크나큰 기쁨과 즐거움과 영감 가득한 의식의 광채를 발하는 모습을 보게 될 것입니다. 아이는 드디어 안전한 분위기를 다시금 느끼고는 자신의 진정한 보물을 보여줄 것입니다. 강렬히 느끼며 온전하고 충만하게 삶을 살 수 있는 능력 말입니다. 아이가 거기까지 가기 위해 필요한 것은 아이의 손을 잡고 귀여워하면서 신뢰로써 영감과 용기를 부추겨줄 어른입니다. 그리고 바로 이것이 여러분의 임무입니다. 내면의 아이의 수호자가 되는 것 말입니다. 이 아이가 여러분에게 고통을 가져다줬습니다. 이 아이야말로 여러분의 감정적 트라우마가 담겨 있는 단지입니다. 하지만 동시에 이 아이는 크나큰 희망의 약속입니다. 사랑과 환희와 창조성이 솟아 나오는 여러분의 가장 깊은 원천이 되는 것 말입니다.

때가 왔습니다. 여러분이 걸어온 역사의 이 시점에서, 여러분의 잃어버린 부분들을 끌어모아 통합시킬 때가 온 것입니다. 여러분 자신인 중심 태양이 될 때가 왔습니다. 여러분 자신의 의식의 권능을 되찾는 이 일은 단순히 '여행을 떠나기 전의 상태'로 돌아가는 것이 아닙니다. 여러분은 완전히 새로운 현실, 혹은 의식의 경지를 창조해내고 있는 것입니다. 자신의 신성을 깨닫는 것은 마치 집으로 돌아오는 것과도 같은 느낌입니다. 그것은 여러분 안에서 한때 친숙했던 지극히 행복한 일체감과 조화의 오랜 기억을 일깨워줍니다. 하지만 이제 여러분은 난생처음으로 물질적 현실 속에 있으면서도 순전히 여러분 자신의 의식으로부터 일체성의 느낌을 탄생시킬 것입니다. 여러분은 지상에 온 신의 몸이 될 것입니다. 여러분은 개체성과 물리적 형체를 포기하지 않은 채 자신의 신성한 본성으로 돌아오고 있습니다. 이것이 이 새로운 시대의 기적입니다. 하나가 되는 것, 그리고 하

190

나로서, 독특하고 개체적인 의식이면서도 동시에 전체와 하나로 연결되어 있는 것 말입니다.

우주적 탄생의 고통

사랑하는 친구들, 여러분을 보니 너무나 행복합니다. 어떤 분들은 아주 멀리서 오셨군요! 나는 여러분이 누구인지 알고, 나에겐 여러분이 너무나 애틋하고 소중합니다. 나의 여정은 곧 여러분의 여정입니다. 그리고 나는 여러분의 슬픔과 고통을 속속들이 압니다. 여러분이 영혼으로서 떠나온 이 오랜 여행에 나의 통찰을 약간 나눠드리고 싶은 것은 그 때문입니다.

여러분을 이 여행의 출발점으로 데려가고 싶습니다. 미지의 새로운 현실 속에서 영혼으로 태어났을 때인 바로 그 출발점까지 말입니다. 여러분이 시공간을 지나가는, 물질적 현실을 지나가는 이 여행을 처음 나섰던 바로 그 순간으로 데려가고 싶습니다. 이 일은 정말 먼 옛날에 일어났지만 그에 수반된 감정, 곧 집을 떠나온 고통은 여러분 모두의 내면에 아직도 고스란히 간직되어 있습니다. 내가 우주적 출산의 고통이라 부르는 이것이 여러분 중 많은 이들의 일상적 기분과 행동의 배후에 깔려 있습니다.

여러분 중 많은 이들이 내면의 불안과 불편감, '뭔가를 찾아야만 한다'는 끊임없는 강박과 번민에 시달리고 있습니다. 자신을 정말로 편안하게 대할 수 없는 데서 오는 어떤 내적인 긴장상태가 있습니다. 여러분은 자신의 존재, 자신의 속알맹이를 대면하기가 마치 내 집에 온 것처럼 편안하지가 않은 겁니다.

이 밑바닥의 긴장상태로부터 타인의 인정이나 물질적 소유의 형태를 띤 외부적 증거나, 아니면 자신이 사랑과 관심을 받고 있다고 느끼게끔 만들어주는 것을 무엇이든 찾아 헤매는 성벽이 생겨납니다. 여러분은 끊임없이 외부로부터 뭔가를 필요로 합니다. "네가 옳아" 하면서 긴장에서 구출해줄 뭔가를, 여러분을 안심시켜줄 뭔가를 말입니다. 자신이 이런 안심거리를 얼마나 오매불망 찾아 헤매고 있는지를 직시하세요. 그러면 자신이 정말로 얼마나 긴장되어 있는지, 내면에 얼마나 많은 고통이 쌓여 있는지를 깨닫게 될 겁니다.

나는 이 고통과 외부의 확인을 구하는 중독증의 근원에 대해 이야기하고자 합니다. 그 진정한 원인은 마치 여러 겹의 껍질로 둘러싸인 양파의 속과도 같습니다. 바깥 껍질은 여러분으로 하여금 자기 안에서조차 편안하지 않아서 아프고 불안해하게끔 만들었던 삶 속의 어떤 사건들에 의해 형성되었습니다. 속알맹이에 좀더 가까운 껍질 속에는 다른 생애들로부터 경험되며 감정적 상처를 남긴 사건들이 있습니다. 하지만 지금 내가 이야기하고 있는 관점에서 보면 이것도 단지 촉발점일 뿐입니다. 모든 껍질을 벗겨내고 속으로 들어가면 여러분은 여행을 막 떠나던 출발점과 연결된 원초적인 고통, 향수병의 속 알맹이를 발견할 것입니다.

여러분 자신을 걱정근심으로부터 완전히 자유롭고 안전한, 사랑의 대양의 일부로 상상해보세요. 온 데 스며 있는 이 사랑 넘치는 의식의 품에 안겨서 그 밖의 것에 대해서는 아무것도 모르는 자신을 상상해보세요. 이것이 집의 에너지, 여러분을 태어나게 한 에너지입니다. 이 오래된 상태의 느낌이 어떤지를 알려면 잠속으로 빠져들 때의 의식 상태를 생각해보세요. 마음은 통제를 풀고 매우 수용적으로 바뀝니다. 여러분은 또 자신이 엄마의 자궁 속에서 태아로 있을 때의 느낌으로부터 이 상태를 알고 있습니다. 의식이 이렇게 부드럽고 행복한 선잠과 같은 상태에 빠져 있을 때는 안과 밖의 선명한 경계도, 너를 상대하는 나의 느낌도 존재하지 않습니다. 그 꿈꾸는 태아와도 같은 의식 상태에는 일체성과 안전의 경계 없는 느낌이 있습니다.

그 옛날에 영혼인 여러분은 거대한 우주적 자궁 속에서 안전하고 경계 없는 느낌을 느꼈습니다. 하지만 어떤 시점에서, 뭔가가 변했습니다. 여러분은 찢겨 나가는 것과 같은 경험을 했습니다. 그것은 여러분을 선잠에서 깨운, 여러분의 의식의 대양에 번진, 분만을 위한 수축의 물결과도 같았습니다. 그것이 여러분이 개체 영혼으로 탄생한 출발점이었습니다. 여러분이 최초로 자신을 자신으로 경험한 것은 이 항존하는 대양과 같은 의식으로부터 떨어져 나왔을 때입니다. 바로 그 순간에 원초적인 '나'의 느낌이 촉발되었습니다.

찢겨 나온, 우주의 자궁으로부터 떨어져 나온 경험은 여러분을 당황스럽고 어지럽게 만들어놓았습니다. 이 일이 일어났을 때 여러분은 상황을 파악하는 의식 상태가 아니었습니다. 여러분은 순전히 경험 상태에 있었습니다. 익숙해 있던 안전한 상태로 돌아가려는 발버둥으로, 뭐든 붙잡을 만한 것을 맹목적으로 찾아 헤매기 시작했습니다. 길을 잃어버린 느낌이었습니다. 밖에 있는데 문이 닫혀버린 느낌이었습니다. 어둠의 순간이었지요.

그럼에도 원초적 근원으로부터 떨어져 나와 자신을 해방하고 집을 떠난 그 순간은 동시에 엄청난 창조의 순간이기도 했습니다. 그것은 경험의 일대 여행, 삶의 여행의 출발이었습니다. 여러분 앞에 펼쳐져 있는 어둡고 텅 빈 공간, 낯설고 광활하고 이름 없는 그 공간을 상상해보세요. 여러분은 하나의 작은 묘목과도 같은 상태로 이 공간 속에 발을 디뎠습니다. 그것은 잠재력으로 가득 찬 공간, 아직 알려지지 않은 경험의 가능성으로 꽉 찬 공간이었습니다. 그곳은 어두웠지만 또한 뭔가 새로운 것이 들어설 여지가 있는 공간이었습니다.

이 우주적 여행의 출발점에서 여러분이 마주쳐야 했던 많은 감정들은 앞서 말했던 길 잃은 아이의 감정과도 비슷했습니다. 그것은 예전의 반쯤 잠든 선잠 상태와는 완전히 다른, 기이하고 낯선 현실에 익숙해져야만 하게 된 갓난아이의 느낌입니다. 당황하며 울고 있는 길 잃은 아이의 이미지는 여러분이 여행에 나섰을 때 입었던 내면의 상처를 생생히 떠올리게 만듭니다.

이 여행을 하는 동안 여러분은 많은 경험을 했습니다. 다양한 몸을 입고 다양한 형체를 취했습니다. 그리고 결국은 여기, 이 행성 지구에 도착했습니다. 지구는 엄청난 창조성과 가능성이 펼쳐진 곳입니다. 하지만 자기 앞에 펼쳐져 있는 온갖 다양한 가능성과 경험의 깊이에도 불구하고 여러분은 계속 집 없는 아이와 같은 기분을 느끼고 있습니다. 내면 깊은 곳에서 뭔가가 빠진 듯한 결핍감을 느끼지만 여러분은 그것의 정체를 모릅니다. 그래도 여러분에게는 좋은 기분을 느끼는 것이 꼭 필요합니다. 결핍된 것은, 한때 우주의 자궁 속에서 느꼈던 아주 원초적인 사랑의 느낌과 정서적 안정감입니다. 여러분의 행복과 자기표현과 자긍심을 위해서는 이 조건 없는 소속감과 안정감이 필수적입니다. 그리고 여러분은 집을 떠난 그때부터 늘 그것을 찾고 있었습니다. 우주적 산통의 트라우마를 치유하려고 그 오래고 오랜 세월을 애써온 것입니다.

이제 여러분에게 묻고 싶은 것은, 집을 떠났을 때 생겨난 그 원초적 상처가 내면 깊은 곳에서 느껴지는가 하는 것입니다. 본연의 전체성으로부터 갈라져 나온 이 느낌을 여러분의 내면에서 찾아낼 수 있나요? 그 본연의 전체성이란, 마음으로는 설명할 수 없지만 가슴은 자신이 그 일부였음을 기억하는 어떤 온전한 상태, 일체인 상태입니다.

이 원초적 탄생의 고통으로 주의를 돌림으로써, 그것이 여러분 내면에 일으켜놓은 뿌리 깊은 느낌, 지금 이 순간까지 시달려온 외로움과 집에 대한 그리움을 자각하게 됨으로써, 여러분은 이제 그 치유를 위한 과정을 시작할 수 있습니다. 가장 깊은 곳으로부터 자신을 치유하기 시작할 수 있습니다. 여러분의 고통의 속알맹이로 다가갈 수 있는 것은 여기서부터입니다.

이 자리에 있는 여러분, 혹은 이 글을 읽는 이들은 모두가 의식의 새로운 차원을 향해 성장해가고 있습니다. 여러분은 자신을 위한 무조건적 사랑과 안전의 내적 토대를 마련하고 싶어합니다. 여러분은 우주의 자궁 속의 그 느낌을 스스로, 자신을 위해 재창조하고 있습니다. 이것이 여러분의 사명, 여러분의 영적 목표입니다. 그 집이 자신의 내면에 있다는 것을 깨닫는 순간, 그 신성한 안정감과 일체감의 한 조각이 바로 자신의 깊숙한 곳에 간직되어 있음을 깨닫는 순간, 여러분은 자신의 모습 앞에서 정말로 평화롭고 편안해질 수 있습니다. 더 이상 외부의 증거가 필요하지 않습니다. 다른 이들이 여러분의 존재에 감사하고 관심을 가져주는 것은 기분 좋은 일이지만, 여러분은 더 이상 거기에 의존하지 않습니다.

새로운 시대의 도래는 자신의 고통의 속알맹이를 알아차리고, 마음을 열어 기꺼이 그것을 직면하고자 하는 개인들에게 달려 있습니다. 여러분의 발달 단계에서 이제는 현생과 어쩌면 전생의 삶 속에서 일어난 고통과 상처뿐만 아니라 그 모든 것을 넘어서 태초의 상처까지 보살펴야 할 때가 됐습니다. 이 고통을 가슴으로 기억해내고 깨어서 알아차리는 순간 여러분은 그것을 보살필 준비가 된 겁니다. 도움을 구하며 아직도 울고 있는 우주의 갓난아이를 품에 안아 들일 준비가 된 것입니다. 그 아이는 여러분 자신의 두려움, 분노, 절망 등 부정적 감정들을 통해 여러분을 소리쳐 부르고 있습니다.

우주적 탄생의 고통을 여러분이 어떻게 대하고 있는지를 알아내는 한 방법은, 여러분 삶 속의 인간관계 영역을 살펴보는 것입니다. 사람들은 종종 자신의 가장 깊은 외로움과 두려움의 감정을 남녀관계 속에서 위로받으려고 합니다. 그들이 추구하는 것은 다른 사람의 에너지로 내면의 빈자리를 채우려는 것이지요. 다른 사람들의 인정과 관심과 애정은 그들의 고통을 쓰다듬어줍니다. 어떤 의미에서 그들은 자신의 상처받은 아이를 동반자에게 넘겨주고 있는 것입니다. 이것은 매우 위험한 게임입니다. 늦든 빠르든 두 사람은 서로 상대방에게 감정적으로 의존하게 됩니다. 그들이 처음에 느꼈던 사랑과 연결된 느낌은 미묘한 ― 아니면 아예 노골적인 ― 파워게임으로 변질됩니다. 안전하고 사랑받는 느낌을 다른 사람을 통해 얻고자 할 때마다 여러분은 상대방의 에너지를 자신의 것이라고 주장하고 있는 것이고, 그것은 언제나 갈등과 씨름으로 결말이 납니다. 그리하여 이전보다 더 외로워지고 말지요. (이 문제에 대한 더 깊은 이야기는 '새로운 시대의 인간관계' 참고. 편집자 주.)

여러분은 흔히 외로움이 친구나 삶의 동반자가 없어서 그런 것이니 해결책은 새로운 친구나 애정관계를 찾는 것이라고 생각합니다. 그러나 이 같은 사고방식은 고통의 원인과 그 해결책이 여러분 자신의 외부에 있다고 가정합니다. 인간관계를 맺는 이유가 거기서 비롯된 것이라면 여러분은 결국 상대방이 여러분 내면의 상처에 책임이 있고 자신은 피해자라고 여기게 됩니다. 자기 내면의 빈자리를 채우기 위해 다른 사람을 필요로 하는 것은 자신의 힘을 그 싹부터 잘라버리는 짓입니다.

애정관계는 여러분으로 하여금 자기 내면에 움츠려 있는 우주적 탄생의 고통을 아주 잘 자각하게끔 만들어줄 수 있습니다. 자신이 얼마나 자주 삶 속에 다른 사람의 존재가 필요하다고 느끼는지를 살펴보세요. 이것은 사실 주의를 안으로 돌려 길 잃은 아이를 찾아야 한다고 내면의 존재가 보내주는 신호입니다. 외로움을 해결하는 방법은, 이처럼 주의를 안으로 돌려서 여태까지 여러분을 대신하여 그 무거운 감정의 짐을 지고 온 내면의 귀한 아이를 조심스럽게 안아주는 것입니다. 그 아이에 대한 책임을 인정하여 아이와 연결을 맺고 자애로운 부모가 되어서 이끌어줄 때, 여러분은 자신의 인간관계로부터 해방됩니다. 이제 여러분은 다른 인간 존재들과 자유롭고 독자적인 방식으로 관계를 맺을 수 있게 됩니다.

치유가가 되는 길의 함정

사랑하는 친구들, 여러분의 오랜 친구인 나의 말을 듣기 위해 이 자리에 모인 여러분을 만나는 것은 너무나 즐겁고 행복한 일입니다. 나는 예수아입니다. 나는 지상의 삶에서 예수라는 이름으로 여러분 사이에 있었습니다. 나는 인간이었고, 여러분이 인간으로서 지상의 육신 속에서 지상의 삶을 살아가며 겪는 모든 일을 잘 압니다. 그래서 나는 여러분이 자신의 본성을 깨닫도록 도와주기 위해 여기에 왔습니다.

여기에 있는 여러분 모두와, 나중에 이 글을 읽게 될 많은 이들은 빛의 일꾼들입니다. 여러분은 자신이 진정 누구인지를 잊어버린 천사들입니다. 여러분은 모두가 지상의 여정에서 여러 생에 걸쳐서 많은 시험을 겪었습니다. 그리고 나는 이 시험들을 속속들이 알고 있습니다.

이제 여러분은 영혼의 역사에서 생의 쳇바퀴 돌기를 다 마쳐가는 시점에 이르렀습니다. 이 시점의 여러분은 실로 자신인 대아大我, 시공간에 묶이지 않은 자아와 더욱더 연결해가고 있습니다. 여러분은 더 크고 비물질적인 자아를 지상의 몸속으로, 일상적 삶 속으로 맞아들이는 과정에 있습니다.

여러분은 더 큰, 혹은 더 높은 자아와의 연결을 꾸준히 유지해가는 것이 아직도 어렵다는 것을 깨닫습니다. 다름 아닌 자신이 정말로 이 위대한 빛의 근원임을 망각해버렸기 때문이지요. 그럼에도 불구하고 여러분은 모두가 내면의 여행을 떠났고, 그 여정에서 내적 성장과 깨달음을 향해 가는 다른 이들의 길을 돕고 싶은 욕구를, 심지어는 요청을 느낍니다. 특히나 빛의 일꾼들로서는 자신의 통찰과 경험을 다른 이들과 나누고 싶어하는 것이 자연스러운 일입니다. 여러분은 모두 타고난 스승이요 치유가입니다.

스승이나 치유가로서 다른 이들을 이끄는 역할을 자임하는 순간부터 여러분은 온갖 함정에 빠져들기 쉽습니다. 이 함정들은 누군가를 영적으로 이끌어준다는 것이 의미하는 것에 대한 특정한 오해의 결과입니다. 함정은 치유의 본질과 그 과정 속 여러분의 역할에 대한 오해를 따라다닙니다. 오늘 이야기하고 싶은 것은 이 함정들에 관한 것입니다.

치유란 무엇인가?

치유의 본질은 무엇일까요? 심리적으로든 감정적으로든 육체적으로든 간에, 어떤 사람이 '좋아질' 때 실제로 일어나는 일은 무엇일까요? 그것은, 이 사람이 자신의 내면의 빛, 자신의 더 큰 자아와 다시 연결을 맺을 수 있게 되는 것입니다. 이 연결이 자아의 모든 층에 — 감정적, 육체적 정신적 차원에 — 치유의 효과를 가져다줍니다.

치유가나 스승에게서 모든 사람이 찾고 있는 것은 자기 내면의 빛, 모든 것을 밝히 알고 이해하는 자신의 부분과 연결될 수 있게 해줄 에너지 공간입니다. 스승이나 치유가는 스스로 이미 이 내면의 연결을 이뤘기 때문에 그런 공간을 제공해줄 수 있습니다. 치유가는 자신이 부릴 수 있는 주파수, 환자의 문제에 답이 되어줄 에너지 진동을 지니고 있습니다. 치유가나 스승이 된다는 것은 자신의 에너지장 속에 다른 이에게 제공할 수 있는 '해결의 에너지' 주파수를 지니게 된다는 뜻입니다. 이것이 치유의 본질입니다. 다른 것은 없습니다.

그것은 본질적으로, 말이나 행동 없이 일어날 수 있는 과정입니다. 치유력을 가진 것은 스승이나 치유가가 지니고 있는 에너지 자체입니다. 그것은 상대방으로 하여금 자기 내면의 빛, 자신의 직관과 연결되게 하는, 그들이 이미 알고 있는 길을 '기억'해낼 기회를 열어주는, 여러분의 깨달은(불이 밝혀진enlightened, 역자 주) 에너지입니다. 치유가 일어나게 하는 것은 이 기억, 이 연결입니다. 사실 모든 치유는 자가치유입니다.

실제로 누구를 치유하거나 가르치는 능력은 책이나 공부로 배울 수 있는 특별한 기술이나 지식과는 무관합니다. 치유의 힘은 외부의 무엇에 의해 얻어지지 않습니다. 그것은 여러분 자신이 내적으로 성장하여 의식이 명징해진 결과로 형성된 여러분의 에너지장 속에 담겨 있는 '해결 주파수'에 관련된 문제입니다. 종종 치유가나 스승의 역할을 하게 되는 여러분은 모두가 아직도 개인적으로 성장해가는 과정에 있습니다. 그럼에도 여러분 에너지장의 어떤 부분은 아주 맑고 순수해져서 다른 이들을 치유해주는 힘을 지니게 될 수도 있습니다.

이런 힘은 열심히 노력해서 얻어야 하는 그런 것이 아님을 알아야 합니다. 여러분이 제공하는 에너지를 받아들여서 동화시킬지 말지를 결정하는 것은 상대방입니다. 그것은 도움받는 사람의 선택입니다. 여러분은 자신으로 있음으로써, '거기에 있음으로써' 상대방에게 그것을 제공합니다. 치유의 힘은 다른 누군가에게서 배운 기술이나 지식에서 나오는 것이 아닙니다. 그것은 순전히 있는 그대로의 여러분, 여러분이 걸어온 내면의 길로부터 나오는 것입니다. 여러분이 누구를 진정으로 도와줄 수 있는 영역은 특히 여러분이 몸소 그 감정을 속속들이 경험해본 문제 영역입니다. 이 영역에서는 여러분의 빛이 마치 횃불처럼 밝아서 아직 그 문제에 걸려 있는 사람들이 부드럽게 벗어날 수 있도록 빛을 밝혀줍니다.

뿌리 깊은 아픔과 상처를 스스로 치유한 영역에서 여러분은 진정한 스승, 즉 내면의 앎과 진짜 경험에 근거한 지혜를 갖춘 사람이 되어 있습니다. 내면의 상처에 대한 책임을 스스로 지고 그것을 자신의 의식의 빛으로 감싸는 자가치유야말로 스승과 치유가가 되는 열쇠입니다. 빛의 일꾼을 만들어주는 것은 자신을 치유하는 능력입니다. 이것이 여러분의 존재 속에 '해결의 에너지'를 만들어내고, 그것이 상대방으로 하여금 자신의 자가치유 능력을 발견하도록 문을 열어주는 것입니다.

주변 사람들이나 의뢰자를 도와주려고 할 때, 여러분은 종종 그들의 에너지를 '읽습니다'. 그들의 이야기를 듣고 조언을 하거나 에너지 치유법으로 치료할 때, 여러분은 그들과 직관적으로 동조하여 그들의 내면으로 들어갑니다. 하지만 의뢰자나 여러분이 대하고 있는 사람은 또 그 사람대로 여러분만큼이나 바쁘게 여러분을 '읽고' 있습니다. 여러분이 그들의 에너지에 동조하고 있는 것과 마찬가지로 그들도 의식적으로든 무의식적으로든 간에 여러분의 에너지를 흡수하고 있습니다. 그들은 여러분의 언행이 여러분의 모든 것과 부합하는지, 그것이 여러분이 방사하고 있는 에너지 진동수와 맞는지 어떤지를 직관적으로 느낍니다. 그들은 여러분의 말이나 행동과는 상관없이 여러분을 있는 그대로 느낍니다.

진정한 돌파는 상대방이 여러분을 읽는 데서부터 일어납니다. 상대방이 여러분과 함께 있는 것이 자유롭고 안전하다고 느낄 때, 자기 내면의 앎을 신뢰하도록 부추겨주는 그런 의식에 둘러싸여 있다고 상대방이 느낄 때, 비로소 여러분의 모든 언행이 치유적 성질을 띠게 되는 것입니다. 여러분의 있는 그대로의 모습이 여러분의 언행을 뒷받침해줄 때, 여러분의 언행은 빛과 사랑의 전달자가 되어 상대방을 그들 자신의 빛과 사랑 한가운데로 데려다줄 수 있게 됩니다.

어떤 사람이 여러분에게 정직하게 도움을 요청할 때, 그는 여러분의 가장 맑고 순수한 부분이 자신을 건드릴 수 있게끔 여러분의 에너지에 마음을 열고 있는 것입니다. 여러분의 이런 부분은 여러분이 읽은 책이나 배운 기술에서 생겨 나오는 것이 아닙니다. 그것은 개인적 연금술, 곧 여러분만의 독특한 특징을 담고 있는 개인적 의식 변성의 산물입니다. 이 점을 특히 강조하고 싶은데, 그것은 빛의 일꾼들(천성적으로 다른 이들을 돕고자 하는 강렬한 욕구를 느끼는 사람들) 사이에는 더나은 스승, 더 나은 치유가가 되게 해줄 새로운 책, 새로운 방법, 새로운 능력을 끊임없이 찾아 헤매는 성향이 있어 보이기 때문입니다. 진정한 치유란 이토록 단순한 것입니다.

지상에 살았을 때, 나는 눈을 통해 특별한 에너지를 전했습니다. 나의 눈에서는 마음이 열린 사람들에게는 즉석의 치유효과를 발휘하는 무엇이 흘러나왔습니다. 이것은 무슨 마법 같은 것도 아니고 나만의 독특한 기술도 아니었습니다. 나는 내 안의 진실의 근원과 맞닿아 있었습니다. 나는 내가 — 여러분과 똑같이 — 물려받은 신성한 빛과 사랑을 자연스럽게 방사하고 있었고, 그것으로 다른 생명 있는 존재들을 건드렸습니다. 여러분도 마찬가지입니다. 여러분도 나와 전혀다르지 않습니다. 여러분도 내가 지상에 살았을 때 걸은 길과 동일한 내면의 길을 걸으면서 동일한 시련과 슬픔을 겪고, 결국은 내가 도달했던 것과 같은 지점에 도달합니다. 여러분은 모두 의식이 깨어나고있습니다. 그리스도화된 존재(Christed being)가 되어가고 있습니다.

그리스도 에너지가 여러분의 영적 운명이고, 여러분은 이 에너지를 나날의 존재 속으로 서서히 동화시켜가고 있습니다. 그리고 여러분 내면의 그리스도, 그 에너지가 그저 자연스럽게 치유하고, 가르치게 되는 것입니다. 여러분은 아직도 너무나 흔히 자신을 스승의 발밑에 앉아서 열심히 귀 기울이고 질문하고 답을 찾는 학생이나 도제로 동일시합니다. 그러나 내가 여러분께 말하노니, 학생으로 있을 때는 지났습니다. 여러분이 스승으로 나설 때입니다. 내면의 그리스도를 신뢰하여 그 에너지를 가져다 자신의 일상적 현실 속에서 드러나게 해야 할 때입니다.

내면의 그리스도와 하나가 되어서 그 에너지로부터 가르치고 치유하려면 그 전에 몇 가지를 놓아 보내야만 합니다. 이것은 치유가/스승이 되는 길에 놓인 함정을 말합니다. 이런 함정이 놓여 있는 곳을 세 가지 영역으로 나눠서 이야기하겠습니다.

머리의 함정

첫 번째 함정은 머리, 곧 마음의 영역에 놓여 있습니다. 여러분은 무엇을 분석하고 특정한 틀에 준거하여 분류하는 데는 그야말로 달인입니다. 이것이 때로는 편리할 수도 있지만, 여러분의 정신적인, 사고하는 부분은 이원세계의 중요한 일부입니다. '이원세계'란 사물을 선과 악, 명과 암, 건강과 병, 남과 여, 아군과 적군 등등으로 나누는 그런 종류의 의식을 말합니다. 모든 것을 갈가리 분리해놓고 꼬리

표 달아주기만을 좋아할 뿐, 뭇 현상 배후의 일체성은 알아차리지 못하는 그런 종류의 의식 말입니다. 그것은 일반적 원리를 파헤친 다음 각각의 경우에 그것을 합리적이고 객관적으로 적용하길 좋아하는 그런 종류의 의식입니다. 그것은 현실에 훨씬 더 직접적으로 다가갈 수 있는 다른 가능성 — 직관적 앎 혹은 '감으로 알기' — 에 대해서는 진지하게 고려해보려 들지 않습니다.

그리스도 에너지는 이원성 바깥에 있습니다. 그리스도 에너지는 모든 양극성의 배후에서 존재의 저류를 형성합니다. 하지만 마음은 일체성이라는 이 신비한 층의 존재 자체를 알아차리지 못합니다. 마음은 이 존재의 대양을 정의할 수 있는 부분들로 잘라서 이성적으로 이해할 수 있도록 분류해놓기를 좋아합니다. 마음은 현실을 — 직접 경험을 — 대치할 수 있는 이론과 구조를 고안해내기를 좋아합니다. 물론 이것도 때로는 유용하고 이롭습니다. 특히 실질적인 문제에서는요. 그러나 진정한 치유와 가르침, 즉 가슴으로부터 나오는 치유와 가르침의 문제로 오면 그렇지 못합니다.

치유하고자 하는 상대방에게 이론적 틀로 접근해갈 때, 여러분은 그들의 각 증상들을 전체 분류틀 속의 어떤 자리에다 집어넣고 그런 종류의 문제에 대한 이론과 해법을 찾아내려고 애씁니다. 이것이 심리학자나 사회사업가나 직업적 상담가가 되기 위한 훈련을 할 때 여러분이 배우는 일입니다. 이 모든 것이 잘못됐다는 말은 아닙니다. 내가 여러분께 부탁하고 싶은 것은 이것입니다. — 직업상으로든 개인생활에서든 누군가와 함께 일할 때는, 여러분의 모든 생각과 합리적 사고방식, 상대방의 문제에 대한 모든 추측을 내려놓고 그저 가슴으로 상대방에게 귀를 기울이도록 노력해보세요. 내면의 고요한 자리로부터 상대방의 에너지에 동조해 들어가보세요. 그저 그들의 내면세계에 들어가 있는 것이 어떤 느낌인지를, 상대방이 서 있는 곳을, 가슴으로 느끼고 직관하도록 노력해보세요. (이를 위한 명상법이 이 장의 마지막 부분에 나옴. 편집자 주.)

여러분은 흔히, 다른 사람이 그 자신의 문제를 해결하려면 무엇이 필요할지에 대해 온갖 궁리를 다 해봅니다. 그들의 문제를 분석하고 그에 대한 대책을 생각해냅니다. 그리고 그 생각이 대체로 옳은 것일 수도 있습니다. 그러나 요점은 이것입니다. ― 여러분의 생각은 상대방의 지금 이 순간의 에너지에 동조되어 있지 않기 십상입니다. 그들이 내면에서 실제로 느끼고 있는 것을 완전히 헛짚을 수도 있습니다. 여러분의 도움은 여러분이 돕는 그 사람의 에너지 현실에 동조되어 있을 때만 결과를 맺을 수 있습니다. 여러분이 이성적인 마음으로 지어내는 것과는 전혀 다른 접근법이 필요할 수 있습니다.

오로지 내면의 고요하고 직관적인 자리로부터 상대방을 보고 느끼기를 권합니다. 이원성을 초월하여 내면의 그리스도의 자애로 충만해지도록 자신을 허용하세요. 가르침과 치유를 베풀 때, 진정으로 상대방의 존재로부터 영감을 받아보기를 권합니다.

그렇다면 해결책은 종종 아주 단순해집니다. 여러분에게 필요한 것은 지식이 아니라 지혜입니다. 여러분에게 요구되는 것은 판단이 아니라 이해와 공감입니다. 여러분은 해결책을 제시하기 위해서, 권위를 내세우기 위해서 거기에 있는 것이 아닙니다. 여러분은 사랑의 얼굴이 되기 위해 거기에 있는 것입니다.

이것을 설명해줄 예를 하나 들어봅시다. 자녀가 부딪혀 있는 문제에 도움을 주고 싶어하는 부모가 있다고 합시다. 부모들은 대개 인생 경험을 통해, 특정한 행동이 어떤 결과를 가져올지를 자녀보다 더 잘 내다볼 수 있습니다. 이 지식을 근거로 부모들은 종종 자녀들에게 경고를 주어 해로운 일을 당하지 않게끔 구해주려고 합니다. 그래서 그들의 생각에 어떻게 하는 것이 옳은지를 충고하곤 하지요. 마음의 관점에서 보면 이것은 자녀를 도와주는 좋은 방법처럼 보입니다. 그리고 어떤 경우에는 그렇게 하는 것이 매우 합리적입니다.

그러나 내면의 고요하고 직관적인 자리로부터 아이의 마음속으로 동조해 들어가 보면, 아이가 부모에게서 얻고 싶어하는 것은 완전히 다른 무엇이라는 사실을 아주 자주 깨닫게 될 겁니다. 아이가 가장 필요로 하는 것은 종종 부모의 안심과 신뢰입니다. "날 믿어주세요. 내가 나로 있도록 놔두세요. 실수를 하고 넘어지게 내버려두세요. 그냥 날 계속 믿어주세요." 신뢰의 자리로부터 아이와 연결되어 있으면, 실제로 여러분은 아이가 스스로 자신의 직관을 신뢰하도록 부추겨주고 있는 것입니다. 이것은 그들로 하여금 자신이 느끼기에도 좋고, 부모의 관점에서도 이해할 수 있는 결정을 내릴 수 있게끔 도와줍니다. 하지만 '내가 더 잘 안다'는 생각에서 아이가 어떤 것을 하게 만들려고 애쓴다면 여러분의 아이는 여러분의 태도에서 불신을 감지하고 더욱 저항하게 될 것입니다.

여러분이 도움의 손을 내밀 때 아이는 여러분을 '읽습니다'. 여러분의 말 뒤에 숨어 있는 감정을 예민하게 알아차리는 것이 아이들의 본성입니다. 그들은 여러분이 깔고 앉아 있는 두려움이나 분별을 감지해낼 수 있습니다. 그들은 종종 여러분의 '말'이 아니라 이 '감정'에 반응합니다. 그리고 그들이 반감을 품는다면 그것은 여러분의 말이 완전히 말도 안 돼 보인다는 뜻입니다. 그런데 부모가 '너무나 말이 되게' 행동해서 자신이 깔고 앉아 있는 감정을 알아차리지 못하여 진솔하고 열린 방식으로 아이와 연결하려고 하지 않을 수도 있습니다. 아이와 연결하려면 부모는 자신의 고정관념을 내려놓고 아이의 감정적 현실을 향해 정말로 가슴을 열어야 합니다. 아이가 관심을 두고 염려하는 것에 정말로 귀를 기울이면 소통의 다리가 놓입니다.

이 예를 든 것은 이것이 너무나 흔히 벌어지는 일이라서 연관시키기가 쉬워서이고, 아이를 열린 가슴과 신뢰로써 지지해준다는 것이 얼마나 힘든 일인지도 누구나 다 알고 있기 때문입니다. 그것은 모두가 여러분의 소망과 욕망, '이래야 한다'는 생각을 놓아 보내고 진정으로 상대방을 있는 그대로 내버려두어 주기 위한 것입니다. 다른 누군가를 가슴으로 느끼는 진정한 이해와 열린 공간으로 감싸주는 것은 곧 그에게 진정한 치유력을 제공하는 일입니다. 상대방에게 진정한 도움을 주는 것은 종종 있는 그대로를 전적으로 받아들이는 여러분의 태도입니다. 누군가와 진정으로 연결을 맺고 그들에 대한 사랑과 공감의 문을 열게 하는 것은 여러분이 마음의 수준에서 무엇을 바꿔놓으려 들지 않을 때입니다.

가슴의 함정

스승이나 치유가가 되고자 할 때 여러분이 부딪히게 되는 두 번째 함정은 가슴의 영역에 있습니다. 가슴은 다양한 에너지가 만나는 지점입니다. 가슴 중추(가슴 차크라)는 하늘과 땅 사이, 높은 차크라와 낮은 차크라 사이의 다리 역할을 합니다. 가슴은 다양한 근원의 에너지를 '모으고', 그 배후의 일체성을 인식할 수 있습니다. 가슴은 여러분으로 하여금 이원성을 초월하여 사랑과 공감으로써 다른 이들에게 다가갈 수 있게 해줍니다.

가슴은 다른 사람의 에너지에 동조해 들어가서 그 사람이 되는 것이 어떤 느낌인지를 느낄 수 있는 여러분의 능력이 자리 잡고 있는 곳입니다. 그렇다면 분명히 가슴은 어떤 형태의 가르침이나 치유에서도 중요한 역할을 합니다. 여러분 중 많은 사람들이 타고난 공감자입니다. 여러분은 다른 사람들의 기분과 에너지를 감지하는 천성을 지니고 있습니다. 사람들과 작업할 때 이 능력은 큰 도움이 됩니다.

하지만 이 능력과 관련된 중요한 함정도 있습니다. 다른 사람들의 에너지에 대한 여러분의 감수성이 너무나 강해서 자신의 감정과 다른 사람의 감정을 구분하기가 어렵게 될 수 있는 것입니다. 어떤 때는 상대방의 에너지를 너무나 강력히 흡수하여 자아의 감각을 잃어버리기도 합니다. 특히 다른 사람이 어떤 느낌인지를 알 때는 그를 너무나 돕고 싶어하는 나머지 여러분의 에너지 속에 상대방의 에너지가 섞여들어서 자신의 것이 아닌 짐을 지고 다니게 되기까지 합니다.

212

이렇게 되면 불균형이 일어납니다. 여러분은 너무 많이 퍼줍니다. 다른 사람의 고난에 휩쓸려서 그들을 도우려고 자신의 길을 벗어남으로써, 여러분은 자신의 울타리를 넘어 떠내려가 버립니다. 여러분이 '지나치게' 준 에너지는 여러분에게 등을 돌릴 것입니다. 이 여분의 에너지는 상대방에게로 가지만 그들의 문제를 해결하는 데 기여하지 못합니다. 상대방은 이 에너지를 받아들이거나 소화하지 못하고 그것에 겁을 먹거나, 아니면 그저 에너지 자체도 알아차리지 못할 수 있습니다. 여러분은 결국 지치든가 짜증이 나든가 불만에 빠지게 됩니다.

여러분이 너무 많이 퍼주고 있을 때는 몸이나 감정이 여러분에게 보내는 신호를 통해 그것을 알아차릴 수 있습니다. 환자를 보거나 다른 보통 사람들을 도우려고 했을 때 공허감이나 짜증이나 무거운 느낌이 든다면 이것은 여러분이 지나치게 애를 썼다는 표시입니다.

균형 잡힌 중심 자리로부터 가르침과 치유를 베풀면 여러분은 자유롭고 살아 있고 영감 넘치는 느낌을 느낍니다. 어떤 사람과의 만남을 마치고 나면 여러분은 쉽게 자신의 에너지를 회수하여 자신으로 돌아옵니다. 상대방을 놓아 보냈기 때문에 둘의 에너지장 사이에 얽힌 끈이 없습니다.

상대방이 건강해지거나 행복해지기를 너무나 간절히 바라는 나머지 상대방과의 에너지 연결이 남아 있으면 그 연결이 여러분의 에너지에 파괴적인 영향을 미칩니다. 상대방에게 마음을 빼앗긴 채로 있으면 여러분은 그들의 감정적 에너지를 너무 강하게 흡수해버리게 됩니다. 여러분은 그들의 짐을 덜어주기 위해 자신을 내어주는데, 바로 이때 둘 사이에 서로에 대한 감정적 의존이 일어납니다. 상대방은 여러분에게 기대기 시작하고, 여러분의 행복은 그들의 행복에 의존합니다. 에너지가 이렇게 엮이는 것은 상대방에게 도움이 되지 않고, 여러분을 소모시킵니다.

사람들을 도우려고 나설 때 왜 이런 일이 벌어지기 쉬운 것일까요? 특히 빛의 일꾼들은 왜 이 함정을 피해 가기가 어려운 것일까요? 치유하여 건강해지고 세상을 더 나은 곳으로 만들려고 나설 때마다 대체 어디서 이런 고통스럽도록 강한 욕구가 튀어나오는 것일까요? 여러분 내면의 이 자연스러운 욕구에 대해서는 빛의 일꾼과 관련된 영혼의 역사를 이야기한 1부에서 부분적으로 설명했습니다. 여러분은 이 세상에 가르침과 치유를 가져오는 내면의 사명을 지니고 있습니다. 하지만 여러분이 온전히 자각하지 못하는 여러분 내면의 고통으로부터 지나치게 퍼주고 싶어하는 성향이 싹터 나옵니다. 이 고통이 여러분으로 하여금 퍼주는 일에 '지나치게 열성을 내게끔' 만듭니다.

여러분의 가슴속에는 새로운 존재방식, 살아 있는 만물 본연의 신성에 잘 조율된 의식층에 이르고 싶어하게끔 만드는 고통과 슬픔이 존재합니다. 여러분은 좀더 평화롭고 사랑 깊은 지상의 현실을 간절히 그리워합니다. 여러분은 에고의 길을 탐사하기 위해서 현생에 태어난 것이 아닙니다. 그것은 이미 질리도록 경험했습니다. 여러분은 여러분 영혼의 오래 묵은 노래에 답하기 위해서 왔습니다. 여러분은 지상에 평화와 기쁨과 존중과 연결이 회복되도록 돕기 위해서 왔습니다.

여러분의 감정체는 여러 생에 걸쳐 여러분의 영혼의 빛을 땅 위로 가져오고자 애쓰다가 저항과 배척에 맞닥뜨리면서 입었던 상처로 뒤덮여 있습니다. 여러분은 매우 망설이다가 이곳에 왔지만, 내면의 오랜 열정의 꽃은 시들지 않았습니다. 여러분은 다시 이곳에 왔습니다! 하지만 이제 여러분은 내면에 품고 있는 고통으로 인해 섬세하고 예민한 꽃과 같아져서, 그것이 자라서 피어나려면 강력한 힘을 가진 땅을 필요로 합니다. 여러분 모두가 필요로 하는 그 토대는, 땅에 뿌리박아 자신의 중심을 찾은 존재의 확고한 느낌입니다.

지상의 현실이 어떻게 작동하는지, 육신 속에서 사는 동안 어떤 원소들을 다뤄야 하는지를 알려면 땅속으로 뿌리를 내려야 합니다. 여러분은 때로 영적인 것에 너무 매혹된 나머지 자신과 몸을 제대로 돌보기를 잊어버립니다. 그래서 여러분은 '멍때리고' 있거나, 아니면 너무 이상적이고 비현실적인 사람이 됩니다. 여러분은 종종 지상의 현실을 초월하고 싶어하지만 여러분 영혼의 에너지가 여기서 꽃을 피울 수 있으려면 땅의 원소와 그 느낌에 친숙해져서 마치 집에 온 것처럼 편안해져야만 합니다.

자신의 중심을 찾는다는 것은 자신의 느낌, 자신에게 맞는 것이 무엇인지에 대한 자신의 느낌에 진실해지는 것을 뜻합니다. 한 인간으로서 여러분은 에고, 즉 자신을 타인으로부터 분리해내는 개인적 인격을 지니고 있습니다. 에고는 가치 있는 기능을 합니다. 그것은 여러분의 특정한 영혼 에너지가 물질적 현실 속으로 투입될 수 있게 해줍니다. 여러분은 그 어떤 '더 큰 선'을 위해서도 자신의 개체성을 포기하고 싶어하지 않습니다! 여러분은 에고를 제거하기 위해서 여기에 온 것이 아닙니다. 여러분은 자신의 에고를 통해 영혼이 빛을 발하게 하기 위해서 여기에 있는 것입니다. 여러분의 에너지를 밖으로 표출하기 위해서는 에고가 필요합니다.

여러분의 영혼이 속에 품고 있는 고통, 낡은 것에 대한 싫증, 새로운 지구라는 약속된 땅에 이르고자 하는 소망으로 인하여 여러분은 땅에 뿌리박지 못하고 자신의 중심을 잃어버릴 수 있습니다. 여러분은 무르익지 않은 상황에서 일을 밀어붙이는 경향이 있고, 사람들을 스스로 감당하기 힘들 정도로 너무 빨리 일깨우고 싶어서 애를 씁니다. 여러분은 주는 일에 지나치게 열성을 냅니다. 이 열성은 대의를 위한 일에 깊이 관여하거나 타인의 행복을 열심히 돌보는 형태를 띠기도 합니다. 하지만 그 한가운데에는 참을성 없이 안절부절못하는 태도가 있습니다. 한때 영감에 차서 열정적으로 참여하다가 어떤 시점에 이르러서는 실망을 느끼고 기운이 빠져서 화만 냅니다. 여러분의 에너지원이 고갈되어버렸기 때문입니다.

가슴의 함정, 지나치게 퍼주는 함정은 현실을 있는 그대로 받아들이지 않는 데서 비롯된 것입니다. 여러분 속의 참을성 없이 안절부절못하는 마음이 놓아 보내는 것을 어렵게 만듭니다. 그것이 돕고자 하는 사람들이나 여러분이 헌신하는 대의로부터 적당한 감정적 거리를 두는 것을 어렵게 만듭니다.

여러분은 스승이요 치유가입니다. 여러분은 정말로 지상의 사명을 지니고 있습니다. 그러나 그것을 온전히 성취하려면 ― 역설적이게도 ― 무엇을 바꿔놓고자 하는 그 급박한 욕구를 놓아 보내야만 합니다. 왜냐하면 바꿔놓고자 하는 그 열성에는 고통의 날이 서 있기 때문입니다. 지금 있는 그대로의 지구에서는 편해지지 못하는 고통 말입니다. 진정한 영적 변화는 언제나 받아들임의 토대로부터 출발합니다. 진정으로 여러분이 되고자 하는 그런 스승과 치유자가 되려면 자신의 고통을 품어 안아 그것을 치유해야만 합니다. 자신의 가장 깊은 두려움과 분노의 감정과 화해하여 평화를 찾아야만 합니다. 그렇게 하면 여러분은 타인에게 주고자 하는, 혹은 '대의'를 위해 일하고자 하는 간절한 욕구가 평화와 받아들임의 아주 고요한 느낌이 깃들 자리를 스스로 만들어내는 것을 발견하게 될 것입니다. 이때가 여러분의 광채가 진정으로 치유의 성질을 띠게 되는 때입니다.

　타인의 고통과 시련을 놓아 보내어 그들로 하여금 자신의 과정을 스스로 겪어가도록 시간과 공간을 온전히 허용하는 일이 여러분의 내면에 고통을 가져다줄 수 있습니다. 그것은 여러분을 이 지상의 현실 속에서 길 잃고 외롭게 헤매는 여러분만의 느낌 속으로 곧장 데려다놓기 때문입니다. 이 각박하고 불완전한 세상과, 그보다 훨씬 더 순수하고 아름다운 여러분이 꿈꾸는 현실 사이의 차이가 여러분의 깊은 내면을 아프게 합니다. 이 아픔으로부터 도망가지 않고 그것이 여러분의 자각의식 속으로 온전히 들어오게 하여 여러분의 천사 날개를 펼쳐 그것을 감싸주는 것이 여러분의 과제입니다.

　대의명분을 위해 돕거나 싸우고자 하는 자신의 열성을 알아차리고, 그 속에 감춰져 있던 고통 ─ 현실을 있는 그대로 받아들이지 않는 부분 ─ 을 자각하고 나면 여러분은 그것을 놓아 보내기 시작할 수 있습니다. 자신의 열성과 참을성 없음이 내면의 고통과 슬픔으로부터 나온다는 것을 깨닫는 순간부터 여러분은 지나치게 퍼주기를 그만둘 수 있습니다. 자신에게로 주의를 돌려 있는 그대로의 자신과 정말 평화롭게 지낼 방법을 찾아냅니다. 자신에게 주기를 정말로 시작할 수 있게 되는 것입니다.

땅에 온전히 뿌리박고 중심을 잡아서 자신과 타인을 받아들이는 빛의 일꾼이 되는 것은 바로 이때입니다. 빛의 일꾼으로서 해야 할 유일한 일은 여러분의 에너지를 다른 이들을 위해 제공할 수 있도록 준비하는 것입니다. 여러분은 자신의 에너지장 속에 있는 '해결의 에너지'를 방사함으로써 가르치고 치유합니다. 여러분은 종종 자신이 겪었던 것과 정확히 같은 종류의 문제를 가진 사람들을 끌어들이게 됩니다. 여러분은 이런 문제를 밑바닥까지 겪어보았고, 그래서 이 방면에는 일가견을 이루어 여러분 존재의 일부가 된 순수한 결정체를 지니고 있습니다. 이것이 여러분의 깨달은 부분입니다. 그것은 신성하고 불가침한 것이어서 상실되지 않습니다. 그것은 잊어버릴 수 있는, 학습된 지식에서 나온 것이 아닙니다. 여러분이 다른 이들에게 베푸는 것은 어떤 도구나 이론이 아닙니다. 그것은 삶에 의해 변성된 여러분 자신입니다. 내면의 상처를 직면할 수 있게 된 용기와 관록입니다.

이런 측면에서 여러분이 해야 할 '빛의 일'은 애쓰지 않아도 찾아

올 것입니다. 그것은 여러분에게 매우 자연스럽게 느껴지는 어떤 것입니다. 여러분의 사명, 이 삶에서 '하게끔 되어 있는' 일을 찾으려면 자신이 진정으로 열망하는 것이 무엇인지를 자각하고, 영감을 느끼게 만드는 일을 하기만 하면 됩니다. 그렇게 하면 여러분은 자신의 에너지를 세상 속으로 내놓게 되고, 다른 이들은 그것에 감동하고 영감을 얻게 될 것입니다. 때로는 여러분이 상상도 못한 방식으로 말입니다. 이 이상은 정말이지, 할 일이 없습니다. 이것이 여러분이 하러 온 빛의 일입니다.

주기와 받기 사이의 균형점을 아는 빛의 일꾼들은 자신의 삶에서 더 깊은 평화와 즐거움을 누릴 것이고, 따라서 자신의 에너지장에서 훨씬 더 풍부한 '해결의 주파수'를 방사하게 될 것입니다. 그들은 감수성과 공감력을 지니고 있지만 자신의 개인적 울타리에 대한 분명한 감각도 지니고 있습니다. 그들은 주는 것만큼이나 편안하게 받기를 스스로 허용하고, 그를 통해 그들의 삶 속에는 주기와 받기의 활기찬 흐름이 형성됩니다.

의지의 함정

이제 치유가/스승이 되는 길 위에 놓인 함정을 하나 더 이야기하고자 합니다. 나는 머리의 영역에 놓인 함정과 가슴의 영역에 놓인 함정에 대해 이야기했고, 이제 의지의 함정에 대한 이야기로 끝을 맺고자 합니다.

의지는 위장 부근의 에너지 중추인 태양신경총에 자리 잡고 있습니다. 이 중추 혹은 차크라는 행동하는 능력, 내면의 에너지를 지구의 물리적 차원에다 펼쳐내는 능력을 조절합니다. 의지가 이원성을 초월한 여러분의 고요한 부분인 직관과 연결되면 삶 속의 일들이 애쓰지 않아도 수월하게 흘러갑니다. 여러분은 신뢰와 앎이라는 내면의 감각으로써 행동하게 됩니다. (에고의 중추이기도 한) 태양신경총이 가슴의 인도를 받으면 여러분은 대체로 좋아하는 일을 하고, 대부분의 시간 동안 기쁘고 영감에 찬 기분을 느낍니다. 그러면 의지(곧 에고)는 내면의 그리스도의 확장판이 됩니다.

하지만 다른 이들을 돕거나 인도하려고 애쓸 때 여러분은 종종 이 흐름과의 교감을 잃어버립니다. 여러분에게는 너무 하려고 나서는 부분이 있습니다. 그것은 직관이 놓아 보내거나 물러서라고 말하는데도 일을 자꾸 밀어붙여서 결과를 얻어내고 싶어합니다. 여기서 가시적인 결과를 얻어내려고 애쓰는 그것은 종종 여러분의 개인적 에고입니다. 이것은 남을 돕는 것과는 아무런 상관이 없습니다! 그것은 여러분의 바람보다는 종종 느리고 예측할 수 없는 자연스러운 치유의 흐름과 교감하지 못하게 만드는 불안, 외부의 인정과 확인을 얻고 싶어하는 여러분의 불안과 관계된 것입니다.

열심히 하는데도 여러분의 노력을 다른 사람들이 온전히 받아들이고 인정해주지 않는 것 같은 느낌이 들면 여러분은 도를 지나친 것입니다. 그리고 일의 자연스러운 흐름에서 벗어져 나오면 여러분은 종종 외부의 판단에 마음이 휘둘려서 혼란해집니다. 여러분은 다른 사람들의 생각과 기대에 의존하게 되고, 그들의 눈앞에서 실패할까봐 두려워합니다. 자신의 힘을 회복하는 열쇠는, 아무것도 하지 않고 내면에서 정말 고요해지는 것입니다. 다시 가슴과 연결되어야만 고요하고 중립적인 공간으로부터 그 상황 속으로 동조해 들어갈 수 있게 됩니다. 그러면 두려움과 불안이 배경 속으로 사라지고, 여러분은 의뢰자가 여러분으로부터 얻고자 하는 것에 정말로 초점을 맞출 수 있게 됩니다.

여러분은 종종 상대방을 위해 크게 해야 할 일이 없게 됩니다. 그저 그들과 함께 있으면서 단순하고 직접적인 방식으로 '해결의 에너지'를 제공하기만 하면 되는 것입니다. 여러분은 자신의 임재의 힘을 신뢰해야 합니다. 아무 일도, 말도 하지 않을 때조차도 말입니다. 누군가와 함께 있을 때, 그 침묵의 공간 속에 과감히 머무르세요. 자신을 신뢰하면 그 순간 속에서 해야 할 적절한 말이나 행위가 무엇인지를 알게 될 것입니다. 누구를 인도해주는 일에서는 종종 적게 할수록 많이 하는 것이 된다는 사실을 명심하세요.

놓아 보내는 것이 사랑이다

위에서 설명한 함정을 극복하는 데는 언제나 모종의 놓아 보내기가 필요합니다. 그것은 지나친 생각을 놓아 보내는 것이고, 감정에 너무 동화되지 않고 놓아 보내는 것이며, 의지를 남용하지 않고 놓아 보내는 것입니다. 하지만 이 모든 것을 놓아 보내고 여러분의 가장 지혜롭고 자비로운 부분에 모든 것을 내맡기면 여러분은 스승과 치유가로서의 여러분의 '일'에서 깊은 희열과 충만감을 발견하게 될 것입니다. 빛의 일꾼인 여러분은 자기실현과 해방의 깊은 느낌을 경험하게 될 것입니다. 어떤 방식의 표현을 통해서든 간에 '스승'과 '치유가'가 되어가는 과정에서, 여러분은 전체 ─ 존재하는 만물의 배후에 놓인 일체 ─ 와 연결된 느낌을 느낍니다. 자신을 이 '영의 직조물'의 일부로 느끼면서 그 속에서 본연의 역할을 다하는 것은 자신의 소명을 진정으로 완수하고 있다는 느낌이 들게 합니다.

명상

이것은 채널링에서 언급된 문제를 좀더 직접적이고 감정적인 방식으로 접근하도록 도와줄 연습입니다.

편안한 자세로 앉거나 누우라. 주의를 어깨와 목 근육으로 보내어 그 부위의 뭉침이나 긴장을 풀라. 복부와 사지의 근육도 같은 방법으로 풀라. 다음에는 의식을 발로 보내어 땅과의 연결감을 느껴보라. 땅이 어떻게 당신의 존재를 안전하게 받쳐주는지를 느껴보라. 아랫배로 몇 번 편안하게 호흡하라.

이제 상상력을 동원하여 매우 침울하고 불행했던 과거의 한 순간으로 돌아가라. 무엇이든 맨 먼저 떠오르는 상황을 택하라. 과거의 그때를 다시 생각하면서 당시의 내면의 느낌을 느껴보라.

그런 다음 '해결의 에너지'로 가라. '내가 여기서 어떻게 빠져나왔지?' 하고 자신에게 물어보라. 가장 도움이 된 건 무엇이었을까? 가장 도움이 되었던 에너지는 당신 자신에게서, 아니면 다른 누군가에게서 나왔을 수도 있다. 어쨌든 상관없다. 그저 당신을 밑바닥에서 끌어올려준 에너지의 종류를 생각해보라.

이번에는 과거를 놓아 보내고 지금 당신이 아끼고 염려하고 있는 사람을 생각하라. 그것은 동반자일 수도 있고 자녀일 수도, 아니면 동료나 친구일 수도 있다. 상상 속에서 그 사람이 당신 앞에 나타나게 하고 그의 존재를 진정으로 맞아들이라. 그리고 물어보라. ― '어떻게 하면 당신을 도와줄 수 있나요? 당신을 위해서 내가 할 수 있는 가장 가치 있는 일은 뭘까요?' 가슴으로 귀를 기울여보라. 상대방이 무엇을 보여주거나 말해주는가? 응답을 느껴보라. 그저 응답이 당신에게로 오도록 놔두라.

이제 다시 발과 호흡으로 주의를 보내고 현재로 돌아오라.

이 연습의 목표는 감정적 위기상황이나 고통스러운 상황에서 진정으로 도움되는 것이 무엇인지를 자각하게 하는 것입니다.

혈육의 가족 놓아 보내기

사랑하는 친구들, 여러분과 다시 함께하는 것은 내게 크나큰 즐거움을 줍니다. 여러분은 모두가 용감한 전사들입니다. 오늘날 지상에 육신을 입고 내려온 여러분의 존재는 그 자체가 안팎의 어둠을 직면하고 거기에 여러분의 빛, 여러분의 의식의 빛을 비추고자 하는 각오와 용기를 말해줍니다. 여러분은 영적인 의미에서 전사이며, 여러분의 무기는 자비와 분별력입니다. 사랑과 자비심만으로는 여러분 현실의 환영과 두려움을 극복할 수 없습니다. 이 본질적이고 여성적인 품성은 남성적 품성인 명징한 분별력으로 보완되어야 합니다. 공감과 자비는 그 어떤 이원성의 표현물 속에서도 그 속알맹이의 빛을 알아볼 수 있게, 예컨대 부정성으로 꽉 찬 인격에서조차도 영혼의 빛을 알아볼 수 있게 해줍니다. 분별력은 그러한 모든 표현물 속에 존재하는 두려움과 권력지향적 에너지를 알아차리게 하고, 그것과 거리를 유지함으로써 여러분의 에너지장으로부터 놓아 보낼 수 있게 해줍니다.

자신을 알려면 자신이 아닌 것을 놓아 보내야만 합니다. 분별력이 자신이 아닌 것을 놓아 보내도록 도와줍니다. 분별력은 '검(sword)의 에너지', 자신의 울타리를 쳐서 나만의 길을 찾아가도록 도와주는 에너지입니다. 나는 그것을 남성 에너지라 부르는데, 그것은 이해와 용서의 여성적 품성을 보완하기 위해 필요합니다. 그것은 오늘의 논의와 매우 관련 깊은 주제이므로 나는 이 채널링에서 '분별의 검'의 중요성을 강조하고자 합니다.

오늘 나는 여러분의 부모나 친족들과의 관계에 대해 이야기하려고 합니다. 여러분이 영적 성장의 길에 들어서서 어떤 시점에 이르면 이 문제가 눈앞에 대두될 것입니다.

죄나 죄책감의 개념을 떼놓는다면, 육신으로 탄생하는 것은 어둠 속으로 떨어지는 것으로 바라볼 수도 있을 겁니다. 탄생의 과정은 사실 영혼의 어떤 부분이 의식적으로 결정하여 일어나게 된, 깊은 나락 속으로의 추락입니다. 여러분은 영혼의 가장 깊은 중심에서 현생에 태어나기를 결정했고, '사명을 완수하는' 데 필요한 인내심과 믿음을 느꼈습니다. 하지만 '뛰어들던' 순간, 여러분은 무지의 상태, 일시적으로 인식하지 못하는 상태에 빠져버렸습니다. 지상의 물리적 현실 속으로 들어오는 순간, 여러분의 의식은 지상의 대부분의 사람들에게 깊이 각인된 습관에 지나지 않는 어떤 환영에 의해 눈이 가려지거나 최면에 빠져버렸습니다. 이것은 여러분 위에 던져진 그물입니다.

지상의 삶으로 들어올 때는 '다른 편'의 삶에 대한 기억이 아직도 생생히 살아 있습니다. 그러나 여러분은 그것을 묘사할 말, 그 진실을 전할 방법이 없습니다. 가는 데마다 여러분을 감싸고 있는 무조건적인 사랑과 안전감 같은 단순한 것을 말입니다. 물고기에게 물의 느낌이 그런 것처럼 여러분에게는 집의 에너지가 아직도 자명하게 느껴집니다. 그런데 그다음 여러분은 물리적 세계와 여러분의 부모의 심리적 현실 속으로 발을 들여놓게 됩니다. 여러분은 그들에게 다가가고 싶어하고 집의 느낌이 살아 있도록 하고 싶지만, 마치 자신의 '물고기 부분'이 그물에 갇혀 있는 것과 같은 단절감을 느낍니다. 이것이 깊은 영적 측면뿐만 아니라 물리적 측면도 지니고 있는 탄생의 트라우마입니다.

여러분이 떨어질 때 여러분을 사로잡는 그물은 주로 부모의 존재방식, 그들의 인생관, 자아관, 여러분에 대한 희망과 욕망으로 짜여 있습니다. 여러분이 태어났을 때 지상의 집단의식은 에고에 중심한 의식 상태에 – 물론 지금도 그러하지만 – 있었습니다. 세월은 원래 변해가는 것이지만, 일에는 근본적이고 진정한 변화가 실제로 일어날 탄력을 얻을 시간으로서 필요한, 일종의 초기 단계가 있습니다. 현재 여러분은 아직도 이 초기 단계에 있기 때문에 이런 측면에서 보면 여러분이 하고 있는 내면의 작업은 매우 중요합니다. 그리하여 지상에 발을 디뎠을 때 여러분은 에고에 중심한 의식이 지배하는 현실 속으로 들어왔고, 부모의 에너지를 통해 그것에 친숙해졌습니다.

여러분의 부모로 상징되는 '에고에 중심한 의식'의 현실 속으로 들어오면 여러분은 만연해 있는 몇 가지 환영을 다루어야만 하는데,

나는 그중 중요한 세 가지를 열거하고자 합니다.

1. 지배력 상실

첫 번째 환영은 지배력 상실이라는 환영입니다. 여러분이 자라서 성인이 되어가는 동안 이 환영은 여러분 자신이 삶 속에서 일어나는 모든 일의 창조자라는 사실을 망각하게 만듭니다. 대부분의 사람들은 삶에서 일어나는 일들을 자신의 창조로 인식하지 못합니다. 그들은 종종 자신을 그들의 삶을 주무르고 있는 '큰 힘'의 제물로 느낍니다. 이것이 지배력의 상실입니다.

2. 일체감 상실

여러분의 부모가 극적으로 표현해주고 있는 인간의 집단의식 속으로 뛰어들 때, 여러분은 살아 있는 만물과의 일체감도 상실해버립니다. '만물의 일체성'에 대한 근본적인 깨달음은 여러분의 의식에서 서서히 걸러져버립니다. 각자는 자신의 에고를 구축하도록 부추겨집니다. 에고에 중심한 의식에 의하면 우리는 모두가 본질적으로 자신의 존재, 생존, 먹이, 인정을 얻기 위해 발버둥치는 분리된 존재들입니다. 우리는 '타인'들과는 진정으로 열린 그 어떤 연결감도 느끼지 못하는 각자의 심리적 현실 속, 그리고 육신 속에 갇혀 있는 것처럼 보입니다. 이것이 분리의 환영이요, 그에 수반하는 비극적인 고립감입니다.

3. 사랑 상실

그다음에는 사랑의 상실이 있습니다. 마치 천부권과 같아서 여러분 가슴의 일부로 존재하는 조건 없는 환희와 안전감 말입니다. 사랑의 에너지가 스스로 빛을 발하지 못하는 지상계에 발을 들여놓는 동안, 여러분은 점차 칭찬, 부, 혹은 감정적 의존과 같은 사랑이 아닌 온갖 종류의 에너지를 사랑으로 혼동하게 됩니다. 사랑의 개념에 대한 이 같은 혼란은 여러분의 인간관계를 물들여서 무조건적인 사랑의 느낌을 되찾고자 끊임없이 바깥세상에서 뭔가를 찾아 헤매게 만듭니다. 사실 그것은 여러분 내면의 깊숙한 곳에 있는데 말입니다.

이 같은 상실의 환영들이 여러분에게 어떤 영향을 미치는지는 부모의 가정과 가족환경이 띤 고유한 에너지에 따라 달라집니다. 일반적으로 부모의 의식은 에고와 가슴, 두려움과 빛의 혼합물입니다. 부모가 위에서 말한 환영에 사로잡혀 있거나 깊이 집착하게 되기 쉬운 특정한 영역들이 있습니다. 하지만 다른 때는 그들도 꽤 깨어나 있을 수 있습니다. 예컨대 어떤 영역의 시련을 통해 가슴이 열리는 내적 성장을 경험함으로써 말입니다. 에고에 중심한 의식의 환영에 어떤 식으로 사로잡히는지는 부모나 가족에 따라 저마다 다릅니다.

가족을 형성하는 이 특정한 구성의 에너지 속으로 들어설 때 여러분의 의식은 아직 개인적 울타리의 느낌이 형성되지 않은 채로 활짝 열려 있습니다. 갓난아기 때는 부모의 에너지를 깊숙이 받아들입니다. 그것은 훗날 삶을 경험하는 방식에 깊은 영향을 미칠 밑틀과도 같습니다. 아직은 필터가 없습니다. 여러분에게 무엇이 좋고 자연스럽고 무엇이 그렇지 않은지를 느끼고 그런 에너지를 걸러내는 데 필요한 의식을 성장시키게 되는 것은 훨씬 나중에, 대개는 자신을 자신으로 자각하게 되는 사춘기 때입니다.

처음에는 부모의 패러다임에 매우 강하게 집착합니다. 그러다가 나이가 들어 자아의식이 자라면 자기만의 자아 감각을 찾아가면서 세상에 대한 부모의 관점에 의문을 제기하기 시작합니다. 이 같은 심리적 성장과정은 에고에 중심한 의식에서 가슴에 중심한 의식으로 옮겨가는 과정과도 매우 흡사합니다. 생물학적, 심리학적 주기와 계절과 같은 지상의 삶의 자연스러운 단계들은 영적 성장의 자연스러운 단계와 상응합니다. 에고에 중심한 의식으로부터 가슴에 중심한 의식으로 옮겨가는 과정은 종종 여러분의 가족을 지배해온 제약적이고 두려움에 찬 에너지를 극복해가는 과정과 나란히 일어납니다.

탄생 시에 한 개체 영혼으로서 경험하는 우주적 탄생 트라우마(앞의 '우주적 탄생의 고통' 참고. 편집자 주)는 여러분이 새로운 지상의 삶을 시작할 때마다 어느 정도까지는 반복됩니다. 여러분이 태어날 때 여러분의 부모는 지구 에너지에 속해 있습니다. 그들은 이 차원계에, 이곳에서 적용되는 법칙에 이미 적응해 있습니다. 이 법칙이란 종종 아이에게는 전혀 자명하지 않은, 제약적인 법칙들입니다. 그래서 아이에게 부모는 에고에 중심한 의식, 세 가지 환영의 에너지를 대변합니다. 아이는 부모의 가정에서 이 에너지들을 만납니다. 그리고 그 에너지가 부모의 내면에서 형성된 방식이 아이의 나머지 삶에 강한 영향을 미치게 됩니다.

특히 첫 석 달 동안에 아이는 주변상황을 매우 깊이 받아들입니다. 부모의 에너지는 이성적인 생각이나 방어기제의 검문을 받지 않고 아이의 의식 속으로 침투해 들어갑니다. 그 한편으로, 아이의 기억 속에는 아직도 '천국의 조각'이 들어 있습니다. 아이의 의식 중 환영에 물들어 있지 않고 존재 본연의 상태로서 사랑과 일체성과 주재자主宰者인 느낌을 아는 한 부분 말입니다. 이 같은 자각의식은 그것을 에워싸고 있는 에고에 중심한 에너지와 충돌을 일으키는데, 이것은 매우 고통스러운 갈등입니다. 그것은 아이로 하여금 출발부터 삶에 심하게 저항하게 하여 그만 돌아서서 '집으로' 돌아가고만 싶게 만듭니다.

아이는 에너지의 이 같은 충돌, 혹은 갈등에 어떻게 대처할까요? 가장 흔하게는 자신의 일부를 닫아버립니다. 아이의 의식의 일부가 숨어 있게 되는 것이지요. 아이는 부모의 에너지에 순응하여 거기에 적응하는 경향이 있습니다. 아이는 처음부터 부모에게 온전히 의지해야만 하기 때문입니다. 아이는 육체적으로는 거의 무방비 상태로 오로지 부모의 사랑과 양육을 받고자 하는 깊은 욕구만 가지고 있습니다. 일체성과 사랑과 주재자인 본연의 상태에 대한 아이의 기억은 사실 아이가 부모에게 가져다주는 선물입니다. 그러나 종종 환영의 에너지에 가려버린 부모는 이 선물을 받지 못합니다. 그래서 아이를 진정으로 받아들이지 못하게 됩니다.

물론 부모들도 한때는 아이로서 같은 과정을 겪었습니다. 부모가 아이에게 자신의 두려움과 망상을 일부러 강요하는 것은 아닙니다. 하지만 어른이 된 그들은 부지불식간에 에고에 중심한 온갖 에너지를 다 흡수해 있습니다.

아이가 태어나는 순간에 부모들은 종종 일시적으로 의식이 깨어납니다. 이 순진무구한 작은 생명체가 자궁에서 나와 무방비 상태로 자신을 열고 세상에다 자신을 내맡기는 모습은 거의 모든 사람의 가슴에 깊은 경외감을 자아냅니다. 이 신성한 순간은 부모의 의식 속에 집으로 통하는 문을 활짝 열어놓습니다. 그리고 그들은 — 부지불식간에 — 조건 없는 사랑과 일체성을 아는 그들 속의 신성한 속알맹이에 다다릅니다. 그들은 잠시 신성한 공간에 들어서서, 환영 너머 자신의 본성을 감지합니다. 하지만 이것은 대개 일시적인 행복일 뿐입니다. 그 순간이 지나면 사태는 진정되어 '일상으로 돌아가게' 되기 때문이지요. 그들의 느끼고 생각하는 방식은 익숙해 있던 패턴으로 되돌아가고 맙니다. 그리하여 가슴에 중심한 의식을 향해 열렸던 문은 다시 닫혀버립니다.

그럼 자라는 아이에게는 어떤 일이 일어날까요? 대부분의 아이들은 부모의 준거 틀에 너무나 잘 적응해서, 탄생 초기에는 아직도 너무나 잘 알고 있었던 영혼의 원기와의 교감을 잃어버립니다. 생애의 이 초기 단계(사춘기까지)에 그들은 자신을 이 세상 속에 가져다놓고

232

부모로부터 관심과 사랑을 얻는 데에 골몰하느라 자신이 누구인지를 잊어버립니다.

이것은 아이에게 어떤 영향을 미칠까요? 아이는 사랑과 안전에 대한 끝없는 갈구를 지니고 있고, 부모의 에너지 중 두려워하고 차단하고 있는 부분에 부딪히면 혼란에 빠지게 됩니다. 아이는 고통과 버림받은 느낌을 경험합니다. 하지만 아이는 그 감정을 자신에게서 숨깁니다. 그토록 무방비로 열린 상태에서는 그것을 온전히 받아들이기가 너무나 고통스럽기 때문입니다.

아이는 스스로 눈을 가리고는 환영 속에서 사랑의 이미지를 만들어냅니다. 아이는 감정적으로 생존하기 위해서 부모의 거짓된 이미지 속에서 혼란스러워하는 자신을 내버려둡니다. 왜냐하면 조건 없는 사랑을 얻지 못한다면 조건부의 사랑이라도 얻는 게 아무것도 없는 것보다는 낫기 때문입니다. 아이는 대개 집의 기억 속에 살아 있고 지금 필요한 것인 사랑과 안전을 얻고 싶어서 자꾸만 뒤를 돌아봅니다. 그러다가 엉뚱한 에너지를 사랑으로 오인하게 됩니다. 예컨대 아이는 어떤 성취에 대한 부모의 긍지나 아이를 필요로 하는 부모의 감정을 사랑으로 혼동하게 됩니다.

부모가 자랑스러워할 어떤 일을 성취하여 칭찬을 받을 때마다 아이는 귀염받고 인정받는 기쁨에 가슴이 열리는 것을 느낄 수도 있습니다. 그러나 부모가 자랑스러워하는 것이 아이에 대한 진정한 이해로부터 나온 것이 아니라면, 아이 자신의 열망이 아니라 사회가 아이에게 기대하는 것에 근거한 것이라면, 그 자랑은 사실 일종의 독입니다. 아이는 외부의 기준에 맞춰서 산 것으로 상을 받지만, 사랑이란 아이의 내면의 기준 ─ 이생에서 스스로 이루고 싶은 것 ─ 과 교감하는 것을 뜻합니다. 외부적인 성취에만 주의가 자동적으로 돌아가게끔 세뇌되면 아이는 그 성취를 곧 사랑으로 믿게끔 속아 넘어가고, 외부의 기준이 시키는 '옳은 일'을 하고 있지 않을 때는 죄의식을 느끼고 그것을 더욱 키워가게 될 것입니다. 어른이 되면 그들은 자신의 경계를 넘어서도 알아차리지 못하거나 너무 힘들게 애쓰는 사람이 될지도 모릅니다. 그들은, 자신이 뭔가를 해내고자 하는 충동에 끊임없이 시달리지만, 그것이 왜 중독이 되어버렸는지는 알지 못한다는 사실을 깨닫게 될 것입니다.

사랑의 진정한 에너지에 대한 또 다른 왜곡은 아이가 감정적 의존을 사랑으로 혼동할 때 일어납니다. 많은 아이들이 부모가 자신을 필요로 한다고 느낄 때 사랑받는 것처럼 느낍니다. 하지만 사실 아이들은 부모의 가슴에 난 구멍을 메꾸고 있는 것입니다. 그것은 부모가 스스로 돌보지 않았던 구멍으로서, 아이가 거기에 발을 들여놓으면 그 구멍이 부모 행세를 하고 나섭니다. 그것은 부모가 내면에서 상실하고 그리워하는 사랑과 지지를 제공해주겠노라고 나섭니다. 이런 식으로 아이는 부모를 기쁘게 해주고 자신이 그토록 필요로 하는 사랑을 얻고 싶어합니다. 그러나 물론 이런 식의 봉사는 사랑이 아닙니다. 그것은 훗날 부모와 아이 사이의 관계나 아이가 성인이 되어서 맺게 될 애정관계에 많은 어려움을 불러올, 위험한 에너지 엮임입니다.

많은 부모들이 자신의 유년기에 무조건적인 사랑을 받지 못했습니다. 그들은 자신들의 부모에게 진정으로 받아들여지지도 못했습니다. 이것은 그들의 존재 속에 뿌리 깊은 고통과 버림받은 느낌을 남겨놓았습니다. 그들이 자녀를 갖게 되면 그들은 복합적인 신호로써 아이를 안아 들입니다. 그들 내부의 한 편에는 진정한 사랑이 있지만 다른 한 편에는 '상실을 메꾸고자 하는' 잠재의식의 욕구가 있습니다. 부모는 종종 자녀와의 관계를 통해 자신의 감정적 상처를 치유하려고 애씁니다. 그것을 무의식적으로 할 경우, 그들은 자녀를 자신의 부모 노릇을 하게끔 만들어놓게 됩니다. 자녀는 부모가 어릴 때 그토록 몹시도 그리워했던 사랑을 그들에게 줘야만 합니다.

그런 일이 일어나면 아이에게는 '사랑해'라는 메시지와 '네가 필요해'라는 메시지가 완전히 혼동되어버립니다. 아이의 에너지는 더 이상 자신의 것이 아니게 됩니다. 왜냐하면 아이는 부모의 필요에 에너지가 빨려가는 느낌을 느끼고, 이 빨리는 느낌이 아이에게는 실제로 좋게 느껴집니다! 그것은 거짓된 안전감을 제공해주어서, 아이가 어른이 되었을 때는 자신의 에너지가 누군가에 의해 소모되어 그 사람이 그 에너지를 가질 때 자신이 깊이 사랑받는 듯한 느낌을 느끼게끔 만들 것입니다. 그는 최대한 많이 주기 위해서 자신의 한계를 더듬을 때야 사랑받고 인정받는 느낌을 느낄 것입니다. 그는 심지어 질투나 소유욕과 같은 감정적 의존조차도 일종의 사랑으로 해석할 것입니다. 사랑과는 정반대인 에너지를 말입니다. 자아 상실의 비극은 사랑이 필요와 한데 엮이는 데서부터 일어납니다.

지금까지 나는 여러분이 아이로서 지상에 올 때 '망각의 대양', 즉 처음에는 여러분을 철저히 묶어놓는 것처럼 보이는 환영의 그물 속으로 빠져든다는 점을 강조했습니다. 그러나 영혼의 차원에서 보면 여러분은 일부러 자신이 길을 잃도록 놔두는 것입니다. 환영에서 빠져나갈 길을 찾아서 '해결의 에너지', 사랑과 명징함의 에너지를 다른 이들이 쓸 수 있도록 세상에 내놓는 것이 여러분의 사명입니다.

인생의 어떤 때가 되면 여러분의 이 사명을 다할 기회와 가능성이 생길 것입니다. 여러분은 자라는 동안 자신의 본성을 깨닫도록 부추기고 도전하는 어떤 사람이나 상황들을 만나게 될 것입니다. 여러분은 '매듭을 풀도록' 부드럽게 등을 밀리거나, 완강한 사람이라면 삶으로부터 맹렬한 도발을 받게 될 것입니다. 여러분이 받은 교육의 일부였던, 부모의 에너지의 일부였던 그릇된 이미지의 사랑을 놓아 보내야만 합니다. 이것은 이 책의 첫 부분에서 에고로부터 가슴으로 옮겨가는 첫 번째 단계로 설명했던 것과 비슷한 정체성의 위기를 촉발시킬 수도 있습니다. 아무것도 더 이상 확실하지 않고 여러분이 믿어왔던 모든 것이 의심스러워지는 것처럼 보일 수도 있습니다. 실제로 여러분의 영혼은 여러분을 집으로 데려가려고 온갖 수단을 다 쓸 것입니다. 여러분이 문을 열고 자신을 해방할 때까지 영혼은 여러분의 문을 끊임없이 두드릴 것입니다.

삶 속의 중요한 사건들은 언제나 여러분이 성장하여 자신의 본성을 되찾을 기회를 제공하게끔 의도됩니다. 그러나 이 탐사의 밑바닥까지 도달하여 사랑과 일체성과 주재자 자리의 상실이라는 환영에 물들지 않은 갓난아이의 에너지를 되찾으려면 용기와 각오가 필요합니다. 한동안 자신이 영혼의 에너지와 대치하고 있다고 느끼게 될 수도 있습니다. 왜냐하면 영혼은 여러분을 정상적이고 여러분에게 알맞은 것으로 여겨지는 것으로부터 벗어나 길을 헤매게 만들 수도 있기 때문입니다. 여러분에게는 영혼이 고집 센 손님처럼 보일 수도 있습니다. 여러분은 세상의 길, 부모와 가족의 길에 익숙해져 있기 때문입니다.

자신을 에고에 중심한 의식에서 풀려나게 하려면 자아의식과 분별력이라는 남성 에너지와 사랑과 이해라는 여성 에너지가 양쪽 다 필요합니다. 부모와 관련해서 분별력이란, 부모가 여러분에게 주입시켜온 두려움에 찬 제약적인 에너지로부터 자신을 떼어놓는 것을 뜻합니다. 시작 부분에서 내가 언급했던 '검의 에너지'의 중요성을 상기하세요. 영적인 의미에서 친가족을 놓아 보내기 위해서는 그들의 에너지와 여러분의 에너지를 분별할 수 있어야 하고, 여러분을 제약하고 질식시키는 '줄을 끊어낼' 수 있어야만 합니다.

이것은 부모에 대한 분노와 불만족을 표현하거나 그들이 여러분에게 무엇을 잘못했는지를 이야기해주려는 것이 아닙니다. 때로는 부모에게 여러분의 관점이나 그들에 대한 여러분의 느낌을 분명히 알려주려고 애쓰는 것도 좋은 일일 수 있습니다. 하지만 많은 경우에 그들은 여러분이 하려는 말을 못 알아들을 것입니다. 그들은 자신의 인생관과 '다르거나' 이상한 여러분의 부분과 공명하지 않을 겁니다. 부모의 에너지와 묶인 끈을 푼다는 것은 무엇보다도 먼저 여러분 자신의 마음과 감정에서 에너지를 풀어놓는 것을 뜻합니다. 그것은 내면을 살펴서 여러분이 은연중에 얼마만큼이나 부모가 설정해놓은 환영, 그들이 두려움과 심판으로써 하라거나 하지 말라고 설정해놓은 테두리 속에서 살아가고 있는지를 밝혀내는 것입니다.

이것을 명확히 밝히고 그것을 놓아 보내도록 자신을 허용하면 여러분은 부모님을 용서하고 정말로 홀가분하게 '부모님의 집을 떠날' 수 있게 됩니다. 부모님을 그들 자신으로서 있도록 내버려두는 것은 오로지 내면의 차원에서 줄을 끊어내고 자신의 삶에 책임을 떠맡은 다음에만 가능한 일입니다. 여러분은 그들의 두려움과 망상에 대해 (분별의 검을 휘둘러) "아니오"라고 분명히 말했을 겁니다. 하지만 동시에 여러분은 부모님이 곧 그들의 두려움이나 환영과 동일한 존재는 아님을 알 것입니다. 그들도 신의 자녀로서 그저 자신의 영혼의 사명을 다하려고 애쓰고 있을 뿐입니다. 이것을 느낀다면 여러분도 그들의 죄 없음을 느끼고 용서할 수 있습니다.

어떤 의미에서 여러분은 부모님의 희생양이었습니다. 여러분의 유아기에 에고에 중심한 의식을 대변했던 여러분의 부모 말입니다. 여러분은 일시적으로, 부분적으로 그들의 환영을 좇아서 살았습니다. 어떤 면에서는 그들의 자녀인 여러분에게는 선택의 여지가 없었습니다. 그러나 희생양이 된 여러분의 느낌을 초월하게 해주는, 여러분 삶의 가장 강력한 돌파구가 있습니다. 유아기에 새겨진 깊은 에너지의 각인을 인식하고, 그중 어떤 것은 유익하고 어떤 것은 놓아 보내는 것이 나을지를 의식적으로 판단할 수 있게 되면 여러분은 자유인이 됩니다.

그러면 여러분은 더 이상 자신의 것이 아닌 부모의 소원이나 열망을 무의식적으로 받아들이지 않게 됩니다. 동시에 그들에게 더 이상 반항하지도 않게 됩니다. 그들이 여러분에게 덮어씌운 그릇된 이미지가 여러분의 것이 아니라는 사실을 단순히 직시할 수 있게 됩니다. 그런 식으로 여러분에게 짐을 지운 것에 대해 부모님을 심판할 필요도 없습니다. 여러분은 분별을 하면서도 동시에 사랑할 수 있습니다.

여러분은 부모를 통해서 에고에 중심한 의식을 접하게 될 뿐만 아니라, 또한 그들을 통해 에고에 중심한 의식을 초월하게 되는 것이라고 말할 수도 있습니다. 사랑과 용서로써 그들을 놓아 보내고 독자적 존재요 주재자인 자신을 깨달음으로써 말입니다.

빛의 일꾼과 그 부모

여기서 특별히 빛의 일꾼 영혼과 그 친가족과의 관계에 대해 말하고자 합니다. 빛의 일꾼들은 종종 부모나 친가족에 대한 특별한 임무를 지니고 있습니다. 지구로 올 때 빛의 일꾼들은 자신을 일깨우고 에고에 중심한 의식에서 해방되어 지상에 그리스도 의식의 씨앗을 뿌리리라는 특별한 의도를 지니고 옵니다. 다른 이들보다 유독, 빛의 일꾼들은 다른 이들을 치유하고 가르쳐서 가슴에 중심한 의식으로 성장하도록 돕고자 합니다.

이런 이유로 많은 빛의 일꾼 영혼들이 에고에 중심한 의식의 현실 속에 깊이 갇힌 부모나 친가족에게 태어납니다. 폐쇄되고 경직된 에너지 패턴을 깨어서 열어젖히는 것이 그들의 의도이므로, 빛의 일꾼들은 마치 자석처럼 막다른 골목같이 에너지가 정체되어 있는 '문제상황'에 끌려듭니다. 빛의 일꾼들은 그들을 가족의 기대나 야망에는 맞지 않는 '별난' 존재로 만드는 모종의 영적 감각, 모종의 자각의식을 지니고 옵니다. 빛의 일꾼인 아이는 어떻게든 자신이 진실이라고 표현하거나 방사하는 것으로써 가족이 갖고 있는 삶에 대한 기본전제에 도전합니다. 아이는 에너지가 다시금 움직여 흐르게끔 하기 위해서라면 무슨 일이든 거의 본능적으로 할 것입니다.

그러므로 빛의 일꾼 영혼은 오로지 부모와 가족에게 봉사하고자 할 뿐이지만 그들은 그를 별종이나 심지어는 골칫덩어리로 여기게 될 수도 있습니다. 빛의 일꾼 아이의 내면적 아름다움과 순수함이 있는 그대로 받아들여지지 않을 때 그는 종종 일시적인 고독감과 심지어는 우울증에 빠져들게 됩니다.

빛의 일꾼들은 환생을 시작할 때 친가족의 제약적인 에너지를 극복하여 빠져나올 길을 찾을 수 있으리라는 깊은 곳의 확신을 가지고 있습니다. 하지만 실제로 지상에 태어나서 자랄 때는 그들도 여느 아이들과 똑같이 난국과 혼란에 맞닥뜨립니다. 어떤 의미에서 그들은 이 혼란을 더 깊고 강렬하게 경험합니다. 그들은 종종 부모보다 지혜롭고 오래된, 영적으로 깨어난 영혼들이므로 주변 환경의 에너지 속에서 '옳지 않은 것'을 훨씬 더 잘 자각합니다. 마음속에서 그들은 부모의 사고방식이나 행동방식을 이해하지 못하거나 거기에 공명하지 못해서 부모의 에너지와 정면으로 충돌합니다. 그들은 감수성이 섬세하고 온유하지만 이 충돌은 그들의 내부에 큰 괴로움을 일으킵니다. 그들은 부모를 너무나 사랑하면서도 그들과는 너무나 다르다는 사실 앞에서 정서적으로 살아남을 길을 찾아야만 합니다. 이것은 빛의 일꾼의 내면에 외로움과 불안으로부터 두려움, 중독, 우울증, 자기파괴에 이르기까지 많은 심리적 문제를 일으킵니다.

그러니 지구로, 그리고 에너지가 적대적이고 갇혀 있는 어둠의 장소들로 온 여러분의 여행은 위험이 없지 않습니다. 이것은 위험한 임무입니다. 내가 여러분을 용감한 전사라고 부르는 이유를 잊지 마세요! 여러분이 미지의 낯선 세계로 모험해 들어가는 선발대와 같다고 하는 것은 이 때문입니다. 간판도 표지도 없습니다. 여러분이 여행을 시작하는 곳은 친절한 환경이 아니어서 집처럼 느껴지지 않습니다. 오로지 자신의 느낌과 직관을 나침반 삼아 여러분이 스스로 집의 에너지를 만들어내야 합니다. 빛의 일꾼인 여러분은 케케묵고 숨 막힐 것 같은 사고패턴의 장벽을 깨고 그 속에 갇혀 있는 에너지를 풀어내고자 하는 선발대입니다. 여러분은 언제나 그 환경 속에서 그렇게 하는 거의 최초의 사람입니다. 소울메이트는 나중에 만나게 될 것입니다. 여러분을 진정한 전사로 특징 지우는 것은 여러분의 그 외로운 싸움입니다. 여러분은 나아갈 길을 혼자서 찾아내야 하고, 그렇게 하고 나면 비로소 여러분의 삶 속으로 비슷한 마음을 지닌 영혼들을 끌어들이게 될 것입니다. 여러분의 깨어난 존재상태를 반영해주는 사람들 말입니다.

여러분의 빛을 발견하기 위해 겪어야 할 외로운 싸움은 여러분에게 가장 무거운 짐입니다. 영혼의 차원에서 여러분은 이 길을 의식적으로 선택했습니다. 그러나 육신 속에 갇힌 아이로서 그것을 살아내는 것은 깊은 상처를 주는 고통스러운 일입니다. 나는 여러분이 내면의 이 고통을 느끼고 알아차리기를 촉구합니다. 왜냐하면 오로지 그것과 연결됨으로써만 그것을 변성시키고 해방할 수 있기 때문입니다. 그 연약한 어깨에 소외의 십자가를 진 내면의 상처받은 아이를 알고 나면 여러분은 자신의 짐의 핵심에 가닿게 됩니다. 핵심에 가닿으면 해결책은 바로 그 부근에 있습니다. 여러분은 그 아이의 고통을 순수하고 깊은 자각의식으로써 포용해주기만 하면 됩니다. 이 자각의식으로부터 자비의 에너지와 깊은 존중이 아이에게 가닿을 것입니다. 여러분은 그저 자신과 함께하여 '별난' 자신의 부분을 진정으로 사랑하고 아낌으로써 그 십자가를 들어 올릴 것입니다. 이것이 아이를 집으로 데려와서 선발대인 여러분의 임무를 완수하는 방법입니다.

가족 카르마 해소하기

친가족에 대한 빛의 일꾼의 숙제는 그저 자신이 되는 것입니다. 그렇게 하는 동안 그들은 자신의 사명을 완수하게 됩니다. 가족을 바꾸는 것은 그들의 임무가 아닙니다. 어떤 것이든 외부의 것을 바꾸는 것은 여러분의 일이 아닙니다. 여러분은 세상을 더 나은 곳으로 만들려고 여기에 있는 것이 아닙니다. 여러분은 스스로 깨어나기 위해 여기에 있습니다. 그리고 그렇게 할 때 과연, 세상도 더 나은 곳으로 변할 것입니다. 왜냐하면 여러분의 빛이 그 위에 비치어 다른 이들에게도 기쁨과 깨달음을 줄 것이기 때문입니다. 여러분의 가족이든 발을 들여놓게 된 다른 관계든 간에, 세상의 것에다 초점을 맞추지 마세요.

진짜 일은 아이 적에 깊숙이 받아들였던 에고에 중심한 두려움과 망상을 낱낱이 놓아 보내는 것입니다. 여러분의 인격의 일부를 형성한 이 각인된 에너지를 알고 여러분의 것이 아닌 그 부분들을 놓아 보내는 것은 강렬하고 힘든 과정입니다. 그것은 양파의 껍질을 모두 벗겨내는 것과 같은 일이고, 다시 태어나는 것과 같은 일입니다.

내가 거듭남이라는 이 내면의 과정의 심오한 뜻을 강조하는 것은 여러분의 용기를 꺾으려는 것이 아닙니다. 오히려 나는 여러분이 자신에 대해 깊은 존중심을 갖기를 바랍니다. 여러분은 내가 아는 중 가장 용감한 전사들입니다. 여러분은 어둠과 적의로 찬 곳에서 자신의 촛불을 밝혀 지상에 새로운 의식이 내려올 길을 닦는 선구자들입니다.

다른 누군가의 가슴에 촛불을 밝히는 것은 여러분의 일이 아닙니다. 그렇게 하는 것은 그들에게 달린 일입니다. 여러분은 불씨를 제공할 수도 있고 본보기가 될 수도 있지만 어떤 식으로도 다른 사람을 깨울 책임은 없습니다. 특히나 가족과 관련해서는 이것을 강조해둬야겠습니다. 여러분은 종종 어릴 적에는 본능적으로, 어른이 되어서는 좀더 의식적으로 부모님을 그들의 두려움과 망상에서 구해드려야 한다고 느낍니다. 게다가 여러분은 종종 자신이 이 숙제를 제대로 못 해내고 있다고 생각합니다. 여러분이 계획했던 방식으로 부모님을 제대로 도와주지 못했다고 느끼는 거지요.

이런 식의 생각은 누구를 돕는다는 것이 정말 어떤 의미인지, 그리고 부모님과 관련된 여러분의 숙제가 무엇인지에 대한 여러분의 오해에서 비롯된 것입니다. 상황의 실상은 이렇습니다. 여러분은 태어난 이래로 부모님의 에너지를 마치 그것이 여러분 자신의 것인 양 매우 강력히 흡수하기 시작했습니다. 더 이상은 그들이 어디서 끝나고 여러분은 어디서 시작되는지조차 쉬 구별하지 못합니다. 그들의 두려움과 망상도 함께 흡수했기 때문에 여러분은 그들의 감정적 짐과도 밀접히 교감하고 있습니다. 이 짐은 친가와 외가로부터 여러 세대에 걸쳐 그들에게로 전해져왔을 겁니다. 거기에는 카르마의 측면이 있을 수 있습니다. '주문이 풀릴' 때까지 동일한 문제가 거듭거듭 반복되는 것 말입니다. 이것을 가족 카르마라고 불러도 됩니다. 불균형한 남성 혹은 여성 에너지나 오랜 노예 전통에서 비롯된 에너지에 관련된 문제, 또는 특정한 질병과 관련된 문제 등이 있을 수 있습니다. 이런 종류의 카르마의 짐은 그 안에 갇혀 있는 에너지가 풀려나서 다음 세대로 전해지지 않을 때 해결됩니다. 가족 카르마는 가족 중에서 최소한 한 사람이 유아기에 흡수하여 어쩌면 유전자에까지 각인되어 있는 감정적 짐에서 자신을 해방함으로써 그 연결고리를 끊을 때 비로소 해소됩니다.

가족 중에서 '주문을 깨는' 사람은 무엇보다도 먼저 자신을 도움으로써 그렇게 합니다. 그것은 자신의 내적 성장과 확장에 초점을 맞추는 일입니다. 이 성장과 확장은 '가족의 에너지'에 영향을 미칩니다. 그것은 그 가족의 구성원들 또한 거기서 벗어날 길을 찾을 수 있는 가능성을 열어줍니다. 감정의 막다른 골목에서 자신을 해방한 빛의 일꾼은 다른 가족을 위해 에너지의 발자국을 남겨놓습니다. 그는 이것을 다른 사람이 변화하여 앞으로 나아가도록 밀어주려고까지 애를 써서가 아니라 자신의 내면적 작업과, 그로 인해 자신이 방사하는 그것을 통해 해냅니다. 그가 가족에게 에너지 차원에서 제공하는 것은 변화의 가능성입니다. 그의 에너지는 그들에게 변화의 가능성을 보여주는데, 그것이 그가 해야 할 일의 전부입니다.

가족 구성원들이 그 발자취를 따를 것인지 말 것인지는 전적으로 그들에게 달린 일입니다. 여러분은 거기에 아무런 책임도 없고, 여러분의 영적 사명도 변화할 것인지 말 것인지에 대한 다른 이들의 결정에 달려 있지 않습니다. 가족이 지워준 카르마의 짐에서 자신을 해방한 여러분은 그로 인해 심지어는 가족으로부터 놀림감이 되거나 배척당할 수도 있지만 그렇더라도 여러분의 사명은 전적으로 성공한 것입니다. 여러분은 가계를 지배해온 카르마 패턴의 주술적인 힘을 부순 것이고, 자녀가 있다면 그 감정적 짐은 더 이상 그들에게 전해지지 않을 것입니다. 이것이 여러분 영혼의 사명의 전부입니다.

여러분이 매우 황폐하고 메마른 계곡에서 살고 있다고 상상해보세요. 마을 사람들은 모두가 이 계곡을 벗어날 수가 없다고 말합니다. 이곳이 세상의 전부라는 겁니다. 이보다 훨씬 더 풍성하고 비옥한 땅이 있다는 것을 기억하는 사람은 여러분이 유일한 것 같습니다. 그래서 많이 고민한 끝에 여러분은 행운을 믿어보기로 하고 계곡을 기어 올라 나옵니다. 계곡에서 올라 나오는 데는 엄청난 기력이 소모되었습니다. 길이 너무나 가파를 뿐만 아니라 표지도, 의지할 지형물도 없었습니다. 올라가는 동안 여러분은 뒤에다 지나온 자취를 남깁니다. 어느 지점에 이르러 여러분은 그 계곡을 벗어나고, 눈앞에 펼쳐진 광경은 여러분을 희열과 희미한 기억의 느낌으로 압도합니다. 여러분은 태어난 땅보다 훨씬 더 집처럼 편안하게 느껴지는 어딘가가 있다는 것을 알고 있었습니다. 여러분은 열심히 아래를 내려다보며 가족을 찾습니다. 그들도 여러분과 함께 이 장관에 놀랐으면 하고 바랍니다. 여러분의 승리를 그들과 나누고 싶습니다. 하지만 저 아래에는 아무도 보이지 않고, 아주 멀리 있는 몇몇 사람들이 당신의 모습을 발견하지만 그들은 여러분의 여행에 전혀 흥미가 없어 보입니다.

이것이 빛의 일꾼 영혼들에게 흔히 일어나는 일입니다. 나는 여러분이 이 때문에 가족을 잃었다고 슬퍼하지는 말기를 바랍니다. 여러분은 계곡을 걸어 나옴으로써 길을 틔우고 흔적을 남긴 것만으로도 그들에게 크나큰 기여를 한 것입니다. 이 길은 그대로 남아 있을 것이고 언젠가는 그 계곡을 벗어나고 싶어하는 누군가가 사용할 것입니다. 그 길이란 그들이 사용할 수 있도록 여러분이 만들어준 에너지 공간입니다.

여러분이 이 부모와 이 가족에게 태어날 때 정했던 여러분의 목적은 바로 이 길을 틔우는 일이었습니다. 가족을 끌고 함께 올라오거나 그들을 업고 나오는 것은 여러분의 목표가 아닙니다! 그것은 여러분의 일이 아닙니다. 마음으로라도 그 가파른 오르막길을 부모나 가족을 끌고 올라오려고 애쓸 때마다 여러분은 자신의 성장을 방해하고 있는 것이고 결국은 환상이 깨져서 좌절하게 될 것입니다. 그것은 영적 성장과 연금술의 길이 아닙니다. 여러분이 사랑하여 빛을 나눠주고 싶어하는 사람들은 백 년, 아니 그보다 더 오래오래 계곡에서 살려고 할지도 모릅니다. 그것은 그들의 선택에 달린 겁니다. 하지만 어느 날 그들만의 때가 오면 그들도 계곡을 올라가는 작은 길을 발견하고, 이렇게 생각할 겁니다. '어, 이거 흥미로운걸, 한 번 올라가보자. 이곳은 이젠 별 재미가 없어.' 그러고는 올라갑니다. 그들은 그들만의 내적 성장의 여행을 떠납니다. 빛 속으로 오르는 그들만의 등정을 말입니다. 그리고 그 길에서 그들이 의지할 만한 흔적, 길을 발견하게 되는 것은 너무나 멋지고 너무나 귀한 일 아닙니까? 그들은 그들 나름으로 분투해야 할 테지만 그들에게는 그들의 여정을 비춰줄 횃불이 있습니다. 개척자인 여러분은 거친 미지의 영역을 뚫고 길을 만들어내었고, 여러분이 닦은 그 길은 감사하고 영광스러워하는 마음이 사용할 것입니다.

독자적인 영적 존재로서 진정 자유로운 주재자의 자격을 회복하려면 가족을 놓아 보내야만 합니다. 그들의 자녀로서만이 아니라 그들의 부모로서도 가족을 놓아 보내야만 합니다. 이 이중의 속박에 대해 설명하겠습니다. 여러분 내면의 아이는 부모가 무조건적인 사랑과 안전을 제공해줄 것이라는 기대를 놓아 보내야 합니다. 아이는 사랑과 안전을 찾아 여러분을 향해야 합니다. 그리고 여러분은 부모에게서 버림받고 분노와 슬픔과 실망을 느끼는 아이의 그 부분을 놓아 보내도록, 그 아이를 도와줘야만 합니다. 이것이 자녀의 부분입니다. 하지만 여러분은 부모님의 부모가 되고 싶어하는 여러분의 부분 또한 놓아 보내야 합니다. 성장한 어느 시점에 이르면 자기 부모의 부모가 된 것처럼 느끼기 시작하는 것이 전형적인 빛의 일꾼 영혼입니다. 가르치고 치유하고자 하는 그들의 타고난 욕구와 발달된 영적 자각의식으로 인해서, 그들은 종종 부모의 두려움과 망상을 보고 그들을 치유해주고 싶어합니다. 이것은 부모와의 사이에서 많은 갈등에 휘말리게 할 수도 있습니다. 그들을 돕고 싶어하는 여러분의 욕구는 종종 자신의 본모습을 인정받고 싶어하는 여러분의 무의식적인 욕구와 뒤얽혀 있기 때문입니다. 달리 말해서 상처받은 아이는 부모를 도와주고 싶어하는 여러분을 통해서 자신의 말을 합니다. 그리고 그 상처받은 부분이 나서서 남을 돕고자 할 때, 그것은 재앙의 처방이 됩니다. 결국 여러분은 더 상처받고, 부모님은 화를 내거나 혼란에 빠져들기가 십상입니다.

부모를 놓아 보낸다는 것은 그들을 변화시키고자 하는 욕구를 놓아 보내는 것을 뜻합니다. 어디든 간에 그들을 이끌고 가는 것은 여러분의 일이 아니라는 것을 알아야 합니다. 여러분의 사명은 여러분 자신의 길을 가는 것입니다. 그것이 전부입니다. 부모와 진정으로 작별한 다음, 이중의 속박을 놓아 보내고 나면 여러분은 부모님과의 사이에 훨씬 더 자유롭고 광활한 새로운 공간이 열리는 것을 발견하게 될 것입니다. 부모님이 아직 살아 계시다면 그들과의 관계는 긴장이 풀릴 것입니다. 비난과 죄책감의 에너지가 떠나가 버렸기 때문입니다. 다른 한편으로는 그들을 더 이상 전처럼 자주 뵈러 가고 싶지 않아질지도 모릅니다. 단순히 공통의 관심사가 없을 수도 있습니다. 어느 쪽이든 간에 여러분은 이 관계에서 더 자유로워진 것을 느낄 겁니다. 그들의 인정을 받을 필요가 없이, 그들이 동의하지 않더라도 화나거나 짜증을 부리는 일 없이 오로지 자신의 인생길을 스스로 헤쳐 나가면서 말입니다.

이제 여러분의 삶에서 여러분은 자신의 '영적 가족'에 속하는 사람들을 만나게 됩니다. 여러분의 영적 가족은 생물학, 유전자, 혹은 유산과는 아무런 관계도 없습니다. 그것은 비슷한 영혼들의 가족입니다. 여러분은 그들을 전생부터 알고 있었던 경우가 많습니다. 우정이나 사랑이나 어떤 사명을 함께한 동료로서 맺어진 관계지요. 그들과 함께 지내는 것은 매우 편안합니다. 여러분들은 내면의 공통점을 지니고 있기 때문입니다. 여러분들은 한 가족에 속합니다. 여러분이 경험하는 것은 일종의 귀향입니다. 처음엔 다른 사람들 사이에서 별나고 외롭게 느끼게 만들었던 그것이 이제는 연결과 상호인정의 바탕이 됩니다. 영적 가족과의 결합은 지상의 삶에 기쁨의 진정한 원천이 됩니다. 그것을 여러분의 삶 속으로 허용하여 받아들이는 열쇠는 '계곡을 빠져나가는' 여러분만의 길을 찾아내어 내면의 빛을 발견하는 것입니다. 여러분의 빛을 여러분에게로 반사하지 않는 환경 속에서 자신의 빛을 발견해낼 수 있게 되면, 여러분은 독립적이고 자유로운 존재가 됩니다. 여러분의 과거 내력의 카르마적 측면, 여러분을 끌어내리던 두려움과 망상의 짐으로부터 자유로워진 여러분은 사랑과 존중을 바탕으로 한 인간관계, 여러분의 깨어난 신성을 비춰주는 인간관계를 삶 속으로 끌어들이게 될 것입니다.

남성 에너지와 여성 에너지

사랑하는 친구들, 여러분과 다시 함께하게 됨은 큰 기쁨입니다. 함께해서 너무나 반갑습니다. 여러분은 나와 같은 존재를 스승으로서 우러러보는 경향이 있지만 우리는 그런 식으로 보지 않습니다. 우리는 힘든 시기, 많은 것이 변화하고 있는 시기에 지상의 길을 걸어가고 있는 여러분을 봅니다. 그리고 자신의 주재자로 성장해가고 있는 여러분을 봅니다. 우리는 여러분이 아직도 때로는 우러러보는, 그런 스승이 되어가고 있는 것을 봅니다. 맞습니다. 이것이 전부입니다. 자신의 주재자가 되는 힘을 찾는 것 말입니다! 전통이 여러분 앞에 가져다놓는 스승이나 책이나 다른 누군가가 말해주는 것을 따르지 마세요. 자신의 주재자가 되는 힘을 찾아내세요. 그것이 전부입니다.

오늘은 여러분 역사의 먼 옛날로 거슬러가는 주제를 이야기하려고 합니다. 남성 에너지와 여성 에너지 말입니다. 이것은 오래된 에너지이고 바로 지금도 그와 관련해서 많은 일들이 일어나고 있습니다.

우선 남성과 여성의 본질에 대해서 말해보겠습니다. 이 에너지는 하나(the One)의 두 측면입니다. 그러므로 그들은 사실 반대극이거나 이원적인 것이 아닙니다. 그들은 하나입니다. 그들은 한 에너지의 두 얼굴입니다.

남성 에너지는 초점이 외부를 향해 있는 측면입니다. 그것은 외부로의 현현을 구동하는, 영이 물질화하여 형상을 취하게 하는 신 혹은 영의 부분입니다. 그러므로 남성 에너지는 강력한 창조력을 알고 있습니다. 남성 에너지에게는 극도로 집중하여 목표를 겨누는 것이 자연스러운 일입니다. 이를 통해 남성 에너지는 개체를 창조합니다. 남성 에너지는 여러분을 하나로부터 ─ 전체로부터 ─ 분리해내서 하나의 독특한 개인으로 홀로 설 수 있게 합니다.

여성 에너지는 집의 에너지입니다. 그것은 본원, 흐르는 빛, 순수한 있음(Being)의 에너지입니다. 그것은 아직 현현하지 않은 에너지, 사물의 내적 측면입니다. 여성 에너지는 모든 것을 포용하는 대양과 같습니다. 그것은 분화하거나 개체화하지 않습니다.

이제 여성 에너지가 자신의 내부에서 어떤 움직임을 자각하게 되는 것을 상상해보세요. 약간 들뜬 느낌, 자신의 울타리 밖으로 뻗어나가려는 욕구… 경험을 얻기 위해 자신의 밖으로 움직이려는… 뭔가 새로운 것, 모험을 향한 열망이 있습니다! 그러자 그 열망에 응답하는 어떤 에너지가 그녀를 찾아옵니다. 그것은 그녀가 물질 속에, 형상 속에 나타나도록 모셔 돕고자 하는 남성 에너지입니다. 남성 에너지는 여성 에너지를 정의하고 모양 짓습니다. 그리고 그들의 협동에 의해 그 에너지의 총합은 완전히 다른 방향을 취합니다. 끊임없이 변전變轉해가는 형상들로 이루어진 현상계 속에서 모든 것을 탐사하고 경험할 수 있는, 하나의 새로운 현실이 창조될 수 있습니다.

사람들이 이르기를, 인간의 본성에 대한 궁극의 깨달음에 이르면 중요한 유일의 진실은 '나이다(I AM)'라고 합니다. 그리고 바로 이 신비한 만트라 속에서 이 두 측면이 융합됩니다. '나(I)' 속에 남성 에너지가 있고 '이다(AM)' 속에 여성 에너지가 있습니다. '나'는 수축하고 분화하고 있습니다. 그것은 초점과 방향을 제공하며 다른 누구가 아닌 바로 '나'를 개체화합니다. 그리고 '이다'가 있습니다. '이다'는 대양과 같이 모든 것을 품습니다. 그것은 대양과 같은 집(ocean of Home), 여성 에너지, 끝을 모르고 분화를 모르는 다함 없는 근원을 반영합니다. 흐르고 합치는 측면이 여성 에너지의 핵심입니다. 남성과 여성은 '나이다' 속에서 만나 지복한 가운데 에너지가 합일됩니다.

그런데 인류의 역사 속에서, 그리고 인류가 존재하기 이전부터도, 이 남성과 여성 사이에 갈등이 일어났습니다. 이 갈등의 기원을 지금 이야기하지는 않겠습니다. 하지만 여러분의 역사 속에서도 남성 에너지와 여성 에너지가 뿔뿔이 표류하면서 서로 반대하는 힘처럼 작용합니다. 태극을 상징하는 그림이 실제 상황을 잘 보여줍니다. 검은 색 속에 흰 점이 있고 흰색 속에는 검은 점이 있듯이, 남성 속에는 언제나 여성의 핵이 있고 여성 속에는 남성의 핵이 있습니다. 그러나 역사의 흐름 속에서는 남성과 여성의 이 신비로운 일체성이 망각되어 두 에너지는 늘 흑백으로 나뉘어 맞서왔습니다. 배후의 일체성은 더 이상 인식되지 않았습니다.

이제 여러분은 남성 에너지가 여러 세기에 걸쳐서 가해자 역할을 해온 이 갈등의 역사의 마지막 단계에 있습니다. 남성 에너지는 오랜 세월 동안 여성 에너지를 억압하고 수족을 묶고 파괴하는 역할을 해왔습니다. 늘 그랬던 것은 아닙니다. 여성 에너지가 우세해서 남성 에너지를 멋대로 조종하고 지배한 때도 있었습니다. 그러나 그런 시대는 지났습니다. 어떤 시점에서 갈등은 방향을 바꾸어 가해자와 피해자의 역할이 뒤집어졌습니다. 이제 남성 에너지가 오랫동안 권력을 되찾아 힘을 마구 휘둘러서 여성 에너지는 약해지고 더 이상 자기 존재의 온전한 모습을 깨닫지 못하는 지경에 이르렀습니다. 남성과 여성이 서로 갈등을 일으키면 불가피하게 양쪽 모두가 와해됩니다. 여성이 많은 피해를 입고 자기부정 속으로 빠져들수록 남성 에너지도 과거의 온갖 전쟁에서 본 것처럼 무자비한 폭력과 공격성 속에서 자신을 상실해갑니다.

남성과 여성은 서로가 서로에게 의지합니다. 그들이 서로 싸우면 결과는 재앙입니다. 하지만 시대는 바뀌고 있습니다. 19, 20세기부터 여성 에너지는 힘을 되찾아서 피해자 역할로부터 깨어서 일어나고 있습니다. 이 부활은 여성 에너지의 깊은 내부로부터 일어납니다. 그녀는 마침내 자기부정의 한계에 도달했습니다. 그때 그녀는 자신의 얼굴을 들여다보고 말했습니다. ─ '올 만큼 왔어.'

아무튼 가해자와 피해자 사이의 역학은 언제나 이런 식으로 작용합니다. 변화는 피해자가 그것을 더 이상 감내하기를 거부할 때부터 시작됩니다. 가해자로서는 그것을 그만둘 이유가 적기 때문에 자신의 역할에 더 매달려 있기 십상입니다. 피해자가 더 이상 받아들이기를 거부하고 마침내 자신의 힘을 되찾으면 그때부터 혁명이 시작됩니다. 모든 억압의 상황에서, 예컨대 가족이나 사회에서 억눌리던 여성이 ― 혹은 한 사람 속의 여성 에너지가 ― 스스로 '난 이걸 더 이상 받아들이지 않겠어' 하고 결심하는 순간이 진정한 변화의 순간입니다. 이것이 정말로 변화가 일어나기 시작하는 때입니다. 이 순간이 자신을 드러내기 전까지는 외부적인 수단은 소용이 없습니다.

여성 에너지가 깨어나서 그 별이 뜨고 있습니다. 사실 이 시기와 시대에 가장 시급한 일은 남성 에너지의 변신입니다! 이제 남성 에너지를 새롭게 정의할 때가 왔습니다. 이번 채널링을 '남성 에너지의 거듭남'이라고 이름 붙일 수도 얼마든지 있었습니다. 여성 에너지가 다시 꽃을 피울 수 있는 것은 오로지 성숙하고 균형 잡힌 남성 에너지와 재합일할 때뿐임을 강조하고 싶기 때문입니다.

여성 에너지는 지난 세기에, 그리고 그 이전부터 그 권능과 힘을 회복했습니다. 그것은 새롭고 더욱 균형 잡힌 방식으로 꽃을 피우기 시작했습니다. 아직도 여러분 사회에 존재하는 성적 차별에도 불구하고 여성 에너지의 부흥은 막을 수가 없습니다. 그러나 여성 에너지는 남성 에너지의 협조가 없이는 그 생기와 힘을 온전히 얻을 수가 없습니다. 이것은 개인적 차원에서만이 아니라 집단적 차원에서도 그렇습니다. 여성 에너지는 남성 에너지와 연결되고 그 지지를 얻지 않으면 그 최종관문을 돌파할 수 없습니다. 이것은 여성 에너지가 원

래 약해서 그런 것이 아닙니다. 그것은 남녀 에너지의 핵심적인 본성
― 두 에너지가 서로 얽혀 있고, 서로가 협동할 때만 가장 밝은 잠재
력을 실현할 수 있다는 사실 ― 때문입니다. 그러므로 남성 에너지가
자신을 변모시켜서 새로운 존재로의 모험을 감행해야 하는 것은 시
대의 명령입니다!

집단적 차원에서 남성과 여성 사이에서 일어나고 있는 상호작용
을 살펴보면, 여성 에너지는 지금 대기 상태에 있습니다. 그녀는 기
다리고 있습니다. 현재 집단적 남성 에너지 속에서는 노소간의 씨름
이 벌어지고 있습니다. 집단적 남성 에너지 속에서 여성 에너지를 모
시고 존중하는 새로운 에너지의 물결이 일어나고 있습니다. 남성 에
너지의 이 새로운 물결은 여성 에너지와 합쳐서 함께 뉴 에이지New
Age, 새로운 시대로 진입하려고 합니다. 그러나 동시에 남성 에너지
의 옛 물결이 아직도 살아 있어서 안간힘으로 버티고 있습니다. 이
에너지는 전 세계에서 꼬리를 물고 일어나고 있는 테러공격 속에서
확연히 작용하고 있습니다. 인정사정 돌보지 않고 공격하는 남성 에
너지의 해묵은 역할이 거기서 자신의 적나라한 모습을 드러내고 있
지요. 이런 끔찍한 공격을 자행하는 이들의 내면에는 공격, 분노, 그
리고 동시에 무력감과 절망 등의 아주 어두운 감정들이 도사리고 있
습니다. 그들로 하여금 비인간적이고 파괴적이기 그지없는 힘의 행
사에 의지하게끔 만드는 것은 이 철저한 무력감입니다. 우리가 언급
하고 있는 이 남성 에너지는 죽음의 고뇌에 싸여 있습니다. 집단 속
에 중요한 변화가 일어나고 있고, 인류는 새로운 시대의 문턱에 서

있음을 남성 에너지는 감지하고 있습니다.

남녀 간의 좀더 균형 잡힌 협동을 향해 성숙해가고 있는 동안 여러분이 직면해 있는 문제 중의 하나는, 이런 식의 무자비한 에너지를 어떻게 다룰 것이냐 하는 것입니다. 몰락해가는 와중에서 최대한의 약탈과 파괴를 자행하려고 발버둥치고 있는 이 늙은 남성 에너지를 어떻게 할 것이냐는 말입니다. 말하지만, 그것의 몰락은 기정사실입니다. 늙은 남성 에너지는 싸움에서 졌습니다. 하지만 그것은 쉽게 굴복하지 않고 최후의 일각까지 권세를 되찾으려고 무자비한 공격을 가하며 저항할 것입니다.

이 공격자들을 대하는 대중의 내면의 태도에 많은 것이 달려 있습니다. 여러분은 이 폭력적인 행위에 대한 반응으로서 자신의 에너지장 속에 분노와 무력감이 자리 잡는 것을 허용하시겠습니까? 그러면 여러분은 공격자들의 에너지장에 문을 열어주게 됩니다. 그들에 대한 분노와 원한의 감정에 압도되는 그 순간, 그들은 목표물을 손에 넣게 됩니다. 그러면 여러분은 그들의 에너지 진동 속으로 빨려 들어가고, 여러분도 그들과 똑같이 무고한 사람을 죽인 살인자들을 기꺼이 죽이게 될 것입니다. 이쯤은 너무나 이해할 만합니다. 그러나 여기서 어떤 일이 일어나고 있는지를 깨닫는 것이 매우 중요합니다. 강렬한 감정이 일어나는 순간, 그것을 멈추고 침묵 속에 머무는 지혜가 필요합니다. 고요하고 모든 것을 아는 여러분의 그 부분으로 돌아가서 물어보십시오. 지금 실제로 무슨 일이 일어나고 있지? 지금 문제는 오로지 여러분의 지혜와 분별력입니다. 상황을 꿰뚫어보고 정말로 시급한 일이 무엇인지를 감지하는 능력입니다. 세상이 테러리스트의 힘에 정복되지는 않을 겁니다. 늙은 남성 에너지는 이제 수명을 다해서 죽음의 순간을 앞두고 있습니다.

테러리즘, 이 공격적인 늙은 남성 에너지의 분출에 대한 나의 가장 중요한 메시지는, 깨어 있으라는 겁니다! 무력감에 중심을 잃도록, 즉 피해자가 되도록 자신을 내버려두지 마세요. 공격적인 에너지를 자신의 에너지장 속으로 받아들이지 않는 이상 아무도 거기에 영향받지 않는다는 사실을 아세요. 거기에 분노와 증오로 반응하지 않는 한 여러분은 그것을 끌어당기지 않습니다. 여러분은 자신의 빛에 의해 안전하게 보호받습니다.

이번엔 좀더 세속적인 개인적 차원, 여러분이 자기 안에 있는 남성과 여성 에너지를 대하는 차원으로 주의를 돌려보겠습니다. 개인적인 차원에서도 남성과 여성 에너지 사이의 씨름은 늘 있어왔기 때문입니다. 집단의 차원에서 일어난 모든 일은 개인적 차원에서 일어나는 과정의 반영입니다.

개인적 차원에서 남성과 여성 사이의 균형이 얼마나 중요한지를 보여주기 위해, 모든 인간이 지니고 있는 에너지 중추, 차크라라고도 불리는 것에 대해 이야기하겠습니다. 현재 여러분에게 알려져 있는 일곱 개의 중추는 꼬리뼈로부터 정수리에 이르는 척추를 따라 자리잡고 있습니다. 그것들이 모두 남성적 에너지나 여성적 에너지 중 유력한 것에 의해 성질이 정해짐을 보여주기 위해서 이 차크라들에 대해 간략히 설명하겠습니다.

꼬리뼈(기저) 차크라는 여러분을 땅과 연결해주는 에너지 중추입니다. 이 차크라의 에너지는 땅까지 닿아서 조밀한 물질 차원의 현실 속에서 여러분 영혼의 에너지가 육신의 모습으로 나타날 수 있게 해줍니다. 꼬리뼈 차크라의, 뻗쳐 나가서 현실화시키는 종류의 에너지를 감안한다면 그것은 주로 남성적인 차크라라고 할 수 있습니다. 어떤 차크라도 완전히 남성적이거나 여성적일 수는 없지만 여기서는 남성 에너지가 주도적이라고 할 수 있습니다.

두 번째 차크라는 배꼽 차크라라 불리는데, 이것은 감정의 중추입니다. 이 중추는 감정과 기분의 변덕, 간단히 말해서 감정적 삶의 바닥부터 천장까지를 경험할 수 있게 해줍니다. 이것은 수용적인 중추입니다. 이것을 여성적 중추, 여성 에너지의 흐름이 지배적인 차크라라고 하는 것은 이 때문입니다.

태양신경총 차크라라 부르는 세 번째 차크라는 행위와 창조의 중추입니다. 이것은 뻗쳐 나가서 에너지가 물리적 현실로 나타나게 하는 중추입니다.

그것을 태양 — 황금색 햇빛(세 번째 차크라의 색은 노랑임)의 힘과 뿜어 나오는 광선 — 에 비유해도 됩니다. 태양신경총에서 여러분의 생각과 아이디어와 욕망은 외부세계의 현실로 변환됩니다. 이것은 행위와 외적 표출의 차크라입니다. 이것은 또한 부정적 함의가 없는 에고, 즉 지상의 인격의 자리입니다. 주도적인 에너지는 남성입니다.

가슴 차크라는 배꼽 차크라처럼 수용적이어서 다양한 에너지 흐름에 연결될 수 있는 특별한 능력을 지니고 있습니다. 이것은 하부의 세 차크라(지상의 현실)와 상부의 세 차크라(우주적 현실)의 에너지를 연결해주는 중추입니다. 가슴은 마음(머리)과 감정(배) 사이의 가교입니다. 여러분은 가슴으로부터 타인과 연결되어 자신을 초월할 수도 있습니다. 가슴은 에고의 경계를 초월하여 외부의 어떤 것과도, 심지어는 만유와 하나임을 느낄 수 있게 해줍니다. 가슴 차크라는 집의 에너지에 이르는 입구입니다. 물론 이것은 연결의 중추이므로 여성성이 주도하는 차크라입니다.

목 차크라는 남성적입니다. 이 차크라로부터 내부에서 올라오는 발상이나 감정 등이 말, 울음, 웃음, 노래, 외침 등을 통해 물리적인 형상을 얻게 됩니다. 내면의 삶이 여기서 목소리와 언어를 통해 밖으로 표출되어 소통됩니다. 이 중추는 여러분 내면의 삶을 물리적 신호인 말, 소리, 개념 등의 수단을 통해 다른 이들에게 알릴 수 있게끔 해줍니다. 이것은 여러분의 에너지를 외부의 물질계 속으로 집중시킬 수 있게 해주는 현실화의 중추입니다. 이것은 창조의 중추이기도 합니다.

미간에 자리 잡은, '제3의 눈'이라고도 불리는 여섯 번째 차크라는 여성적입니다. 이것은 초감각적이고 직관적인 인상을 수신하고, 물리적 경계(몸의 오감)를 초월합니다. 이것은 투시, 텔레파시 등의 자리입니다. 이 중추를 통해서 다른 이의 에너지 ─ 감정, 고통, 기쁨 등 ─ 를 자신의 것처럼 느낄 수 있습니다. 이 능력을 통해 여러분은 에고의 경계를 초월하여 '내가 아닌 것'과 연결됩니다.

마지막으로 머리 꼭대기의 정수리 차크라가 있습니다. 이 차크라는 남성적이지도, 여성적이지도 않습니다. 양쪽 다라고 할 수도 있지요. 이 차크라에서 여러분은 남녀라는 이원성 위로 솟아오릅니다. 정수리 차크라는 양쪽 에너지의 흥미로운 조합입니다. 이 차크라가 균형이 잡히면 거기에 있는 의식은 뻗어 나가는 만큼 받아들이는 상태가 됩니다. 자아(Self)의 깊은 층으로, 혹은 다른 차원계로 '솟아' 뻗어 나가는 측면이 있습니다. 거기서 의식은 영적 의미나 도움을 찾아냅니다. 그리고 동시에 고요하고 평정한 가운데 받아들이면서, 적시에 답이 올 것임을 아는 측면이 있습니다. 이것은 고도로 집중된, 동시에 다른 한 편에서는 고도로 수용적인 그런 의식입니다. 이 같은 '마음 상태'에서 여러분은 남성 에너지와 여성 에너지 배후의 일체성 ― 영, 혹은 신의 에너지 ― 에 매우 가까워집니다.

나는 방금 인간의 에너지체를 관통하여 흐르는 남성 에너지와 여성 에너지의 움직임을 아주 대략적으로 묘사했습니다. 이제부터는 특히 하부의 세 차크라에 대해서 이야기하고자 합니다. 이것은 지상계의 존재에 가장 깊이 관여하는, 땅과 가장 깊이 연결된 차크라들입니다. 하부의 세 차크라 부위는 깊은 트라우마와 감정적 상흔이 새겨진 곳이어서 치유로 가는 여러분의 길에서 매우 중요한 곳입니다.

여러분은 대개 자신을 영의 세계를 향해 열려 있는 지상의 존재로 느낍니다. 하지만 우리는 그것을 반대로 바라봅니다. 여러분은 지상을 향해 열려 있는 영적 존재입니다. 지구는 정말 멋진 목적지입니다. 아직 그 진정한 아름다움이 드러나지 않은, 숨겨진 다이아몬드지요. 지구는 약속의 땅입니다!

천국은 여러분이 태어난 고향입니다. 그러나 여러분은 '집' 혹은 '천국'으로 기억하는 그 의식 상태, 순수한 영적 존재의 상태로 돌아가지 않을 겁니다. 창조의 모험은 여러분을 새로운 목적지로 데려갑니다. 여러분은 완전히 새로운 종류의 의식을 향해 늘 확장해 나아가고 있습니다. (이에 대해서는 빛의 일꾼에 관한 장들에서 이야기했음. 편집자주) 지구는 이 여행의 핵심적인 부분입니다.

하지만 지상에 몸을 나타내고 거기서 자신을 표현하려는 과정에서 여러분은 많은 고통에 시달렸습니다. 여러분은 거의 모두가 배척과 폭력과 버림의 경험으로부터 하부의 세 차크라에 깊은 감정적 상처를 입었습니다. 이것은 이생에서만이 아니라 전생에도 일어났을 수 있습니다. 상부 차크라의 거의 모든 에너지 막힘이 하부의 세 차크라의 감정적 상처와 연관됩니다.

우선 꼬리뼈 차크라에 대해 잠깐 이야기하겠습니다. 특히 빛의 일꾼으로서 여러분의 지구와의 연결에는 감정적 짐이 지워지게 됐습니다. 많은 생애에 걸쳐 여러분은 심한 저항에 부딪혀왔기 때문에 땅에 진정으로 뿌리를 내리는 문제에 이르면 여러분은 많은 두려움과 망설임을 느낍니다. 땅에 자신의 뿌리를 내린다는 것은 지상의 육신 속에 온전히 임재하여 여러분의 가장 내밀한 영감을 물질현실 속에 표현하는 것을 뜻합니다. 땅에 온전히 뿌리박는 데 대한 저항에 관해서는 앞서 (빛의 일꾼에 관한 장들에서) 논했습니다. 그것은 주로 여러분이 '별난' 존재라서 그 때문에 배척당한 일과 관련됩니다.

감정의 중추인 두 번째 차크라에서도 여러분은 위협받거나 버림받고(문자 그대로, 혹은 감정적으로) 자기표현을 심히 제한받은 경험을 통해 깊숙이 영향을 받았습니다.

하부의 두 차크라에 지워진 이 트라우마의 짐으로 인해 태양신경총(세 번째 차크라)도 깊은 영향을 입었습니다. 태양신경총은 생명력, 창조력과 힘과 관련됩니다. 여러분은 진정한 힘이 어떤 것인지에 대해서는 본보기를 본 적이 거의 없습니다. 공격적이고 파괴적이지 않은 힘 말입니다. 태양신경총 차크라에서 여러분은 사람들이 자신을 공격적이고 통제적인 방식으로 드러내거나, 아니면 고분고분하고 지나치게 얌전한 방식으로 나타내는 것을 종종 봅니다. 두 방식이 모두 상처 난 첫 번째와 두 번째 차크라로부터 비롯된 배후의 무력감의 소산입니다. 세 번째 차크라에서는 힘과 통제욕구를 다루는 균형 잡힌 방식을 찾아내는 것이 관건입니다. 균형 잡힌 에고에 관한 문제인 것입니다.

에고에는 문제가 없습니다! 에고는 나름의 역할을 가지고 있습니다. 그것은 여러분의 의식에 초점을 제공하여, 여러분이 자신을 하나의 분리된 개인으로 창조하여 현상화할 수 있게 해줍니다. 예, 물론 여러분은 더 큰 전체의 일부이지만 또한 다른 누구와도 같지 않은, 분리된 '나'이기도 합니다. 에고는 '나'를 초월해 있는 여러분의 영적인 부분이 필요로 하는 보완물입니다. 여러분은 마땅히 에고의 에너지를 여러분이 살고 있는 에너지 현실 속으로 온전히 맞아들여야 합니다. 진정한 힘은 에고와 영의 환희로운 조율에 있습니다.

하부의 세 차크라 부위는 자가치유와 내적 성장에 가장 중요한 부위입니다. 지금 여러분에게 가장 큰 영적 과제는 자기 안의 이 상처 난 부위를 돌보는 것입니다. 지금 여러분의 주된 목표는 물리적 현실을 초월해서 가물가물한 우주적 차원에 가닿는 것이 아닙니다. 여러분의 목표는 상처받은 내면의 아이에게 가장 따스한 이해와 사랑을 주어서 그 아름다움과 장난기를 회복하게 하는 것입니다. 이것이 여러분의 영적 여정입니다. 여기에 가장 큰 보물이 묻혀 있습니다. 여러분의 인간적인 면, 아이인 여러분의 그 부분을 존중하여 기쁘게 누리는 것이야말로 신성한 자비와 깨달음으로 가는 여러분의 길입니다.

이 에너지 부위의 세 차크라 중에서 두 차크라가 남성적 차크라라는 사실에 주목하기를 바랍니다. 이것은 특히 여러분 내면의 남성 에너지에 많은 치유작업이 행해져야 함을 보여줍니다. 그러니 내가 지금 여러분께 전하고 싶은 메시지는 이것입니다. ― 내면의 남성 에너지를 치유하라! 여성 에너지는 자신을 아름답게, 온전히 표현하는 데 필요한 힘을 여러 방식으로 회복하여 얻고 있습니다. 직관과 감수성과 연결감과 같은 여성적 품성은 개인과 집단의 차원 모두에서 점점 더 그 가치를 인정받고 있습니다. 하지만 균형 잡힌 남성 에너지가 정말 어떤 모습인지는 그리 선명하지 않습니다. 어째서인가 남성 에너지는 '남자인 것'이 의미하는, 언제나 공격적인 힘으로 귀결되고 마는 틀에 박힌 그릇된 이미지 속에서 정체를 잃어버렸습니다. 이제 여성은 자신의 역할을 온전히 되찾기 위해서 균형 잡힌 남성 에너지를 필요로 합니다. 여성 에너지는 집단적 차원에서만이 아니라 개인적 차원에서도 그것을 기다리고 있습니다. 여성 에너지는 피해자 역할을 벗어나서 자긍심을 회복해가고 있습니다. 그래서 이제는 남성과의 재합일을 통해 환희롭고 강력하게 자신을 드러내고 싶어하고 있습니다.

그렇다면 균형 잡힌 남성 에너지란 어떤 것일까요? 이것은 남성과 여성 내부의 남성 에너지 양쪽 모두에 해당하는 말입니다.

첫 번째 차크라에서 치유되어 균형 잡힌 남성 에너지는 자아의식을 일깨웁니다. 남성 에너지는 존재를 위해서 더 이상 씨름하고 싸우지 않아도 됩니다. 그것은 자아의식을 통해 존재합니다. 임재, 즉 '온 영혼으로써 오롯이 그 자리에 있는 것'이 첫 번째 차크라의 핵심적인 특성입니다. 자아의식으로써 그 자리에 존재한다는 것은 늘 자신을 의식하여 중심을 지킴으로써 다른 사람의 견해나 기대나 요구에 휩쓸려 자신을 잃지 않는 것을 뜻합니다. 그것은 타인과의 연결과 자신에 대한 진실함 사이에서 균형을 잡는 일에 관한 것입니다. 꼬리뼈 차크라의 균형 잡힌 남성 에너지는 여러분으로 하여금 타인들, 그리고 외부세계와 상호작용하는 동안에도 자신을 의식하면서 중심을 유지할 수 있게 해줍니다.

자아의식의 이런 속성을 배양하는 것은 매우 요긴한 일입니다. 그것이 여러분의 여성 에너지를 보호하고 인도해주지요. 여성 에너지는 천성적으로 타자(다른 살아 있는 존재들)와 연결을 맺고 아껴주고 먹이면서 함께하기를 좋아합니다. 남성 에너지는 경계를 그어서 주기와 받기 사이의 균형점을 찾도록 도와줍니다. 흐르고 연결하는 여성 에너지의 역할을 보완하여 기저부 차크라의 남성 에너지는 닻과 지주의 역할을 해줍니다. 이 차크라는 집인 자기 자신에게로 귀향하는 지점, 연결돼 있던 다른 에너지들과의 매듭을 푸는 지점입니다.

세 번째 차크라인 태양신경총은 같은 역할을 다른 방식으로 해줍니다. 이 차크라는 앞서 말했듯이 에고의 에너지 중추입니다. 여러분은 아직도 이 에고라는 개념과 사이가 좋지 않습니다. 특히나 빛의 일꾼 영혼들은 인간에 있어서 자아를 초월하여 '주는' 에너지를 '높은' 것으로 간주하는 경향이 있습니다. 하지만 그건 그렇지 않습니다. 여러분은 두 에너지가 어울려 놀면서 창조계의 벽돌을 찍어내는 그런 세계에서 살고 있습니다. 하나는 연결하여 하나가 되기를 추구하고, 다른 하나는 분리하여 개체를 만들어냅니다. 후자도 전자만큼이나 쓸모 있고 귀한 것입니다.

남성 에너지와 평화롭게 공존하는 것 — 여러분의 개체성, 여러분의 독특함, 여러분의 '나'라는 느낌과 사이좋게 잘 지내는 것 — 이 중요합니다. '독자성(홀로서기)'은 삶에 필수적인 요소인데, 그것은 외로움과는 전혀 상관없고 '나', 곧 하나의 독특한 개인으로서 존재하는 것과 직결됩니다. 이 독자성을 받아들인다고 해서 그것이 타인과의 깊은 연결감을 경험하는 것을 방해하지는 않습니다. 자신의 개체성을 진정으로 받아들이면 여러분은 자신의 에너지를 다른 누구와도, 다른 어떤 사물과도 깊이 나눌 수 있는 독립적이고 창조적이고 힘 있는 개인이 됩니다. 왜냐하면 그 와중에 자신을 잃어버리거나 개체적 존재를 포기하게 될까봐 두려워하지 않게 되기 때문입니다.

태양신경총의 남성 에너지는 여러분이 진정으로 창조적이고 힘 있는 존재가 되도록 도와줍니다. 여러분 내면의 여성 에너지가 기다리고 있는 것은 바로 이것입니다. 여러분이 가슴으로 느끼고 있는 영감은 자신이 물질 차원에 알려지기를 바라고 있습니다. 그것은 아주 세속적인 방식으로 자신을 드러내어 지상에 사랑과 조화의 소식을 전하고 싶어합니다. 여성 에너지는 새 시대를 불러오는 에너지이지만, 물질현실 속에 뿌리를 내려 자신을 온전히 드러내기 위해서는 균형 잡힌 남성 에너지를 필요로 합니다. 첫 번째와 세 번째 차크라의 에너지를 치유하는 것이 그토록 중요한 것은 바로 이 때문입니다.

건강한 에고의 에너지, 곧 치유된 태양신경총은 자기확신입니다. 첫 번째 차크라에서는 그것이 자아의식이고, 세 번째 차크라에서 그것은 자기확신인 것입니다. 이것은 부풀어 오른 에고가 보여주는 오만과 같은 것이 아닙니다. 이것은 단순히 자신에 대한 신뢰의 문제입니다. ─ '할 수 있겠는걸!' 그것은 자신의 가장 깊은 영감, 자신의 창조적 능력을 자각하고 그에 따라 행동하는 것입니다. 여러분의 에너지가 여러분에게서 흘러나가게 하세요. 자신의 천부적인 재능을, 있는 그대로의 자신을 신뢰하고 세상에 내보이세요! 특히나 내면에 너무나 많은 지식과 지혜를 담고 있는 빛의 일꾼인 여러분에게는 이제 더 이상 숨어 있지 말고 자신을 내보일 때가 왔습니다. 지금이 그때입니다. 이것이 여러분의 운명이고, 여기서 여러분은 가장 큰 성취를 발견할 것입니다.

내면의 남성 에너지와 화약을 맺으세요. 자신을 위해 일어서서 풍요를 받아들이고 자신을 잘 돌보기를 주저하지 마세요. 순수하고 중립적인 의미로, 이기적인 존재가 되세요. 여러분은 에고이고 한 개인입니다. 여러분이라고 해서 언제나 용서해주고 이해해주기만 할 수는 없고, 그럴 필요도 없습니다. 언제나 무엇이나 감내하고 관용하는 것이 영적인 것은 아닙니다. 스스로 양보하여 물러나지 않고 "아니오"라고 하거나 심지어는 "안녕"이라고 말해야 할 순간도 분명히 있습니다. 죄책감이나 두려움 없이 그렇게 하세요. 그리고 남성 에너지의 자아의식과 자기확신이 여러분에게 힘을 불어넣어 여러분의 여성 에너지로 하여금 그 섬세한 꽃을 눈부시게 피워내게 하는 것을 느껴보세요.

이 모두가 두 에너지 사이의 공조 문제입니다. 남성과 여성의 에너지는 오래도록 함께 저 밑바닥에서 고통스러운 씨름의 과정을 겪어왔습니다. 또한 그들은 함께 솟아오를 것입니다. 어느 쪽도 상대방 없이는 균형을 이룰 수가 없기 때문입니다. 이제 여성 에너지는 억압과 굴욕의 잿더미로부터 솟아오를 준비를 갖추고 있습니다. 남성 에너지의 거듭남이 시급히 요구되는 때입니다. 이 남성의 거듭남은 결국 집단적 차원에서도 가시화될 것이지만 우선은 여러분 남녀 각자의 안에서 먼저 일어날 것입니다. 여러분은 모두가 이 오래된 에너지를 내면에 품고 있는 보유자이며, 그 두 에너지가 동등하고 환희롭게 만나게 하는 것이야말로 여러분의 타고난 권리입니다.

감정 다루기

사랑하는 친구들, 다시 여러분과 함께 이렇게 소통하게 되어서 기쁩니다. 이것은 나에게 많은 의미를 가지고 있다는 점을 말해야겠습니다. 이 모임을 통해서는, 내가 머무는 현실계로부터 다가가는 것보다 더 가까이 여러분께 다가갈 수 있기 때문에 나는 이 만남을 소중히 여기고 있습니다.

그럼에도 나는 언제나 여러분의 가슴속에 있으면서 여러분이 나의 에너지에 민감하게 공명하게 될 순간이 오기를 기다리고 있습니다. 이 시대에 다시 태어나고 있는 나의 에너지, 그리스도의 에너지는 단지 나만의 에너지가 아닙니다. 그것은 단순히 한때 이 지상에 살았던 어떤 남자의 에너지가 아닙니다. 그것은 여러분도 ― 스스로 깨닫고 있는 것보다 훨씬 더 심오한 방식으로 ― 참여하고 있는 하나의 집단적 에너지장입니다.

여러분은 모두가 한때 언약을 했습니다. 여러분 모두가 이 에너지를 지상의 현실 속으로 가져오자는, 이 에너지가 지구에 닻을 내리게 하자는 뜻을 세웠습니다. 수많은 생과 여러 세기에 걸쳐 이 사명을 위해 일해왔습니다. 여러분은 모두가 내면에서 그리스도의 씨앗을 싹 틔워가는 과정에 있고, 나는 여러분을 돕고 있습니다. 나는 한 사람의 시주자試走者였지만, 그리스도의 씨앗을 뿌리는 것은 집단적인 작업이었습니다. 내가 지구로 오는 것조차도 오로지 여러분이 엮어낸, 지금 여기에 존재하는 에너지장 덕분에 가능했습니다. 우리는 함께 일합니다. 우리는 하나의 단일체입니다. 그렇기 때문에 내가 여러분 모두에게 다가갈 수 있는 것입니다. 나는 어떤 한 사람을 위해서만 있는 것이 아닙니다. 나는 여러분 모두를 위해서 존재합니다.

오늘은 여러분의 일상생활 속에서 자주, 깊은 곳을 건드리는 문제에 대해 이야기하려고 합니다. 감정을 다루는 일에 대해서 말입니다.

지난번에는 여러분의 에너지장과 차크라를 흘러 지나가는 남성과 여성 에너지에 대해서 이야기했습니다. 자신으로서 온전해지는 과정의 일부로서 하부의 세 차크라에 대한 치유의 중요성을 강조했지요. 여러분 가운데 일부 영성을 갈망하는 이들이 생각과 느낌 양면에서 자신을 높은 차크라 쪽으로 철수시켜버리는 경향이 있기 때문에, 나는 이것을 강조하는 것이 중요하다고 생각했습니다.

가슴과 미간과 정수리의 차크라는 여러분에겐 너무나 자연스러운 고차원계로 여러분을 연결해주기 때문에 매력적입니다. 그러나 이제는 하부에서, 땅에 더 가까운 하부 차크라 영역에서 진정한 내면의 돌파가 일어나야만 합니다.

270

감정의 영역은 여러분이 자유와 온전함을 향해 성장해가는 과정에 매우 요긴한 영역입니다. 여러분은 영적 존재입니다. 여러분은 지상의 현실과 같은 조악함과 높은 밀도를 모르는 세계로부터 왔습니다. 여기에 대처해나가는 것은 힘든 일이었습니다.

여러분은 여러 생애에 걸쳐서 이 지상에서 여러분의 우주적 에너지를 표현해보려고 애써왔습니다. 그리고 이렇게 표현하는 과정에서 ― 여러분의 에너지를 지구로 채널링하는 과정에서 ― 깊은 상처가 많이 쌓이게 되었습니다. 여러분이 모두 지니고 있는 감정체는 상처와 트라우마로 뒤덮여 있습니다. 나는 오늘 이것에 대해 이야기하려고 합니다.

내적 성장의 길을 가는 이라면 모두 감정의 중요성을 알고 있습니다. 그것을 억눌러서는 안 되고, 어떻게든 그것과 일을 마무리 지어야 하며, 결국은 놓아 보내야만 한다는 것을 말입니다. 그러나 그 모든 것이 실제로 어떻게 작용하는지가 늘 분명하지만은 않습니다.

감정과 느낌의 다른 점부터 구별해봅시다. 내가 여기서 무슨 특별한 용어나 호칭 같은 것에 관심을 두고 있는 것은 아닙니다. 그것은 얼마든지 다른 이름으로 불러도 됩니다. 하지만 나는 본질적으로 오해를 표현하는 에너지인 '감정'과, 높은 이해를 표현하는 에너지인 '느낌'을 구별하고 싶습니다.

느낌은 스승인 반면 감정은 여러분의 아이입니다.

감정은 육신 속에서 선명히 표현되어 드러나는 에너지입니다. 감정은 여러분이 진정으로 이해하지 못하는 일에 대한 반응입니다. 여러분이 분노에 휩싸일 때 어떤 일이 일어나는지 생각해봅시다. 예컨대 누가 갑자기 여러분의 심기를 건드려서, 화가 나기 시작하는 것을 느낍니다. 이것은 몸에서 선명하게 느껴집니다. 몸의 어떤 곳에서 에너지가 긴장되는 것을 느낍니다. 에너지 충격에 잇따르는 이 육체적 긴장이나 경직은 여러분이 뭔가 이해하지 못하는 것이 있음을 보여줍니다. 여러분이 마땅찮게 느끼는 어떤 에너지가 여러분을 향해 오고 있는 것입니다. 부당한 대접을 받는 느낌, 간단히 말해서 불이해가 감정을 통해 배출됩니다. 감정은 불이해의 표현입니다. 그것은 에너지의 폭발과 해방입니다.

이런 일이 일어날 때, 여러분은 다음과 같은 선택의 기로에 놓입니다. ─ 이 감정을 어떻게 할까? 이걸 근거로 실제 행동을 취할까? 이걸 다른 사람들에 대한 나의 반응의 연료로 쓸까, 아니면 이 감정을 다른 일에 대한 내 행동의 바탕이 되게 할까?

이 질문에 답하기 전에, 느낌의 본질을 설명하고 싶습니다.

감정은 본질적으로 몸에서 선명히 지각되는, 오해의 폭발입니다. 반면에 느낌은 본질적으로 다르고 또한 다른 방식으로 지각됩니다. 느낌은 감정보다 더 차분합니다. 그것은 부드럽게 옆구리를 찔러 여러분에게 와닿는 영혼의 속삭임입니다. 그것은 시간이 지나면 매우 현명했음이 드러나는 내적 앎, 혹은 갑작스런 직관적 행동입니다.

감정은 언제나 매우 강렬하고 극적인 뭔가를 지니고 있습니다. 불안증, 두려움, 분노나 깊은 슬픔 등을 생각해보세요. 감정은 여러분을 완전히 지배하여 여러분을 영적 중심으로부터 당기고 끌어냅니다. 감정이 치솟는 순간 여러분은 자신을 중심, 내면의 명료한 상태로부터 끌어내는 일종의 에너지로 꽉 차게 됩니다. 이런 의미에서 감정은 해를 가리고 떠 있는 구름과도 같습니다.

감정에 대해서 부정적인 이야기를 하려는 것은 아닙니다. 감정은 억압되어서는 안 됩니다. 그것은 자신을 더 속속들이 알아가는 수단으로는 매우 소중한 것입니다. 하지만 감정적 에너지의 본질에 대해서는 분명히 말해두고 싶습니다. 그것은 오해의 폭발입니다. 감정은 본질적으로 여러분을 중심으로부터 끌어냅니다.

반대로 느낌은 여러분을 자신 속으로 더 깊이, 여러분의 중심으로 데려다줍니다. 느낌은 직관이라 불리는 것과 밀접히 관련됩니다. 느낌은 높은 이해, 감정과 마음을 모두 초월하는 모종의 이해를 표현해줍니다.

느낌은 비물리적인 영역, 몸 밖의 영역에서 나옵니다. 느낌이 몸의 어떤 한 곳에서 분명히 감지되지 않는 이유는 이 때문입니다. 뭔가를, 어떤 기분이나 분위기, 혹은 어떤 상황에 대한 예감을 느낄 때 어떤 일이 벌어지는지를 살펴봅시다. 그럴 때 속에서 모종의 앎이 떠오르는데, 그것은 외부의 어떤 것에 대한 반응으로서 여러분에게서 나오는 것이 아니라 외부로부터 오는 것처럼 보입니다. 그것은 '난데없이' 옵니다. 그런 순간에는 가슴 차크라에서 뭔가가 열리는 것을 느끼게 될 수도 있습니다.

이런 내적 앎이 찾아오는 그런 순간들이 많습니다. 예를 들면 여러분은 어떤 사람과 별말을 나누지도 않고 그에 대한 뭔가를 '알게'

될 수도 있습니다. 훗날 둘 사이의 관계에 중요한 역할을 하게 될, 두 사람에 관한 뭔가를 감지하게 될 수도 있습니다. 이런 일은 말로 포착하기가 쉽지 않고 ― '그저 어떤 느낌'이기에 ― 마음으로 이해하기는 더더욱 쉽지 않습니다. (이럴 때 마음은 회의적으로 변해서 여러분이 무엇을 지어내고 있거나 미쳐가고 있다고 말합니다.)

감정적이라기보다는 '느낌'의 성격이 강한 또 다른 에너지를 언급해보겠습니다. 그것은 기쁨입니다. 기쁨은 감정을 초월하는 어떤 현상일 수 있습니다. 때로 여러분은 특별한 이유도 없이 여러분을 고양시켜주는 모종의 희열을 느끼게 될 수 있습니다. 여러분은 내면의 신성을, 존재하는 모든 것과 친밀하게 연결된 느낌을 느낍니다. 그런 느낌은 전혀 기대하지 않던 순간에 올 수도 있습니다. 뭔가 큰 무엇이 여러분을 건드렸거나, 여러분이 뭔가 더 큰 현실을 건드린 것만 같습니다. 느낌은 쉽사리 불러낼 수 있는 것이 아니라 '난데없이' 찾아오는 것입니다. 감정은 거의 언제나 직접적이고 분명한 원인을 가지고 있습니다. '여러분의 단추를 눌러주는' 외부세계의 방아쇠 말입니다.

느낌은 여러분의 더 높은, 혹은 더 큰 자아의 차원계로부터 나옵니다. 가슴속의 그 속삭임을 들으려면 내면이 고요해져야만 합니다. 감정은 이 내면의 고요와 평화를 흔들어놓을 수 있습니다. 그러니 감정적으로 평온해지고, 억눌린 감정을 치유하고 해방하는 것이야말로 매우 중요한 일입니다. 균형 잡힌 결정은 오직 여러분을 영혼과 연결해주는 느낌으로부터만 내릴 수 있습니다.

274

고요하고 평온해지면 여러분은 어떤 주어진 순간에 자신에게 옳은 것이 무엇인지를 온 존재로 느낄 수 있게 됩니다. 감정을 바탕으로 결정을 내리는 것은 중심에서 벗어난 곳에서 결정을 내리는 것입니다. 먼저 감정을 풀어내고 명료함이 있는 내면의 중심에 연결되어야만 합니다.

　이제 어떻게 하면 감정을 가장 잘 다뤄낼 수 있는가 하는 문제로 들어가겠습니다. 나는 '느낌은 여러분의 스승이고 감정은 여러분의 아이'라고 했습니다. '감정적으로 구는 것'과 '아이처럼 구는 것'은 놀랍도록 유사합니다. 자신의 감정을 다루는 방법과 아이들을 다루는 방법 사이에도 실제로 놀라운 유사성이 있습니다.

　아이들은 감정이 솔직하고 자발적이어서 어른이 종용하기 전에는 그것을 억누르거나 감추지 않습니다. 하지만 아이들이 감정을 자발적으로 표현한다는 사실이 곧 그들이 자신의 감정을 균형 잡힌 방식으로 경험한다는 뜻은 아닙니다. 아이들이 자신의 감정(분노, 두려움, 슬픔 등)에 휩쓸려서 그것을 멈추지 못하게 되기 쉽다는 것은 누구나 알고 있습니다. 그런 상황에서 아이들은 거의 감정의 물속에 빠져버리고, 그러면 그들은 균형, 곧 중심을 벗어나게 됩니다.

　이처럼 감정이 억제되지 않는 이유 중의 하나는 아이들은 경계가 거의 없는 세계를 떠난 지가 불과 얼마 되지 않았기 때문입니다. 에테르나 아스트랄 차원의 세계에는 물질계의 육신 속에서 겪는 것과 같은 한계나 제약이 없었습니다. 아이들의 감정은 대개 이 물질현실에 대한 '그릇된 이해에 의한 반응'입니다. 그러므로 아이들이 자라갈 때는 자신의 감정을 다룰 수 있게 해줄 도움이나 지원이 필요합니다. 이것이 '균형 있게 지상에 화현하는' 과정의 한 부분입니다.

여러분은 자기 안의, 혹은 내면의 아이의 감정을 어떻게 다루고 있습니까?

감정은 심판하거나 억누르면 안 됩니다. 감정은 인간인 여러분의 지극히 중요한 부분이므로 그에 합당한 존중과 수용이 필요합니다. 여러분의 감정을 주의와 존중과 인도가 필요한 여러분의 아이로 바라볼 수 있습니다.

치유받기 위해서 여러분에게 찾아오는 하나의 에너지로서 감정을 바라보는 것이 가장 좋습니다. 그러므로 감정에 완전히 휩쓸리지 않고 중립적인 입장에 머물면서 그것을 바라볼 수 있게 되는 것이 중요합니다. 깨어 있는 채로 머물러 있는 것이 중요합니다. 이렇게 말할 수 있겠지요. ― 감정을 억눌러서는 안 되지만 거기에 완전히 빠져들어도 안 된다. 그 속에 빠져들면 ― 그것에 완전히 동화되어버리면 ― 내면의 아이는 여러분을 타락의 길로 끌고 가는 폭군이 되어버립니다.

어떤 감정에 대해 할 수 있는 가장 중요한 일은, 그것을 받아들이고 그 모든 측면들을 느끼되 깨어 있는 의식을 잃지 않는 것입니다. 예컨대 분노를 예로 들어봅시다. 분노가 완전히 자리를 잡도록 맞아들여서 몸속의 몇 군데서 경험하는 한편 동시에 그것을 중립적으로 지켜보는 것입니다. 이런 상태의 의식은 치유를 가져옵니다. 이런 경우 실제로 여러분은 본질적으로 일종의 오해인 감정을 이해로써 따뜻이 안아주고 있는 것입니다. 이것이 영적 연금술입니다.

본보기를 들어서 설명해봅시다. 당신의 아이가 테이블에 무릎을 부딪혀서 매우 아픕니다. 아이는 고통에 흥분하여 비명을 지르고 화를 내며 테이블을 발로 걷어찹니다. 아이는 테이블이 그 고통의 근원이라고 생각합니다.

이런 순간에 감정을 인도하는 방법은 먼저 부모가 아이를 도와 그 경험에 이름을 붙이게 하는 것입니다. "너 화났구나, 그렇지? 아프지, 그렇지?" 거기에 이름을 붙이는 것은 매우 중요한 일입니다. 여러분은 문제의 뿌리를 테이블로부터 아이 자신에게로 옮겨주고 있는 것입니다. "테이블에 문제가 있는 게 아니야. 아픈 건 너잖아. 화난 것도 너고. 그래, 너의 기분을 이해해."

부모는 아이의 감정을 이해로써, 사랑으로써 감싸 안습니다. 자신의 아픔이 인정받고 이해받았다고 느끼면 아이의 분노는 차차 사라져갑니다. 몸의 고통은 아직도 있을 수 있지만 고통이나 그를 둘러싼 분노에 대한 아이의 저항은 해소될 수 있습니다. 아이는 여러분의 눈빛에서 동정과 이해를 읽고, 그것은 아이의 감정을 쓰다듬고 풀어줍니다. 그 감정의 원흉이었던 테이블은 더 이상 아무런 관계가 없습니다.

동정과 이해로써 감정을 감싸 안을 때, 여러분은 아이의 주의를 외부로부터 내부로 전환시키고 아이로 하여금 자신의 감정에 대한 책임을 지도록 가르쳐주게 됩니다. 여러분은 외부의 방아쇠에 대한 아이의 반응은 주어진 것이 아니라 선택의 문제임을 보여주고 있는 것입니다. 여러분은 오해하든지 이해하든지, 양자택일을 할 수 있습니다. 맞서 싸우든지 받아들이든지 여러분이 선택할 수 있습니다. 여러분은 선택을 내릴 수 있습니다.

이것은 여러분 자신의 감정, 여러분 내면의 아이와의 관계에서도 똑같이 적용됩니다. 자신의 감정을 안으로 맞아들이고, 거기에 이름을 붙이고, 그것을 이해하려고 애쓰는 것은 여러분이 내면의 아이를 진정으로 존중하고 아낀다는 뜻입니다. 감정에 대해 책임을 지고 주의를 '외부'에서 '내면'으로 돌리는 것은 다른 사람에게 상처 입히기를 원치 않는, 자신을 피해자로 느끼지 않는 내면의 아이를 만들어내도록 도와줍니다. 분노든 슬픔이든 두려움이든 간에 강렬한 감정은 언제나 무력감, 곧 여러분이 외부의 어떤 것의 피해자라는 느낌을 하나의 요소로서 동반합니다. 주의의 초점을 외부의 상황에 두지 않고 자신의 반응과 고통으로 돌릴 때 여러분이 실제로 하는 일은, 외부세계를 여러분의 감정을 일으킨 원흉이라는 혐의에서 '풀어주는' 것입니다. 여러분은 이제 무엇이 그 감정이 일어나게 했는지에는 별 신경을 쓰지 않습니다. 대신 주의를 완전히 안으로 돌리고 자신에게 이렇게 말합니다. ─ '좋아, 이건 나의 반응이었고 왜 그랬는지를 이해해. 내가 왜 그렇게 느꼈는지를 이해하고, 그런 나 자신을 지지해줄 거야.'

이처럼 사랑의 태도로 주의를 돌려 자신의 감정을 대하면 여러분은 해방됩니다. 사실 이것은 일종의 자기단련을 요구합니다. 외부세계를 '악의 원흉'의 혐의에서 풀어주고 스스로 책임을 온전히 떠맡는

278

다는 것은 '반응의 방식은 내가 결정하는 것'임을 인정한다는 뜻입니다. 여러분은 누가 옳고 누가 그른지, 누가 무엇에 대한 비난을 받아야 할지에 대해 왈가왈부하기를 그치고 그저 여러분의 손아귀 밖에서 벌어진 일련의 모든 사건들의 범죄혐의를 풀어줍니다. ─ '이제 나는 그것이 내가 선택하는 것임을 완전히 자각하는 가운데 이 감정을 경험한다.' 이것이 바로 책임을 떠맡는 것입니다. 이것이 바로 용기입니다!

여기서 자기단련이란, 시시비비 따지기와 무력한 희생양이 된 느낌에 빠져들기를 그치는 것입니다. 여러분은 분노와 이해받지 못한 느낌과, 때로는 상당히 근사한 느낌이 될 수 있는 피해의식의 온갖 표현들을 느끼고 있기를 그만둡니다. (정말이지 여러분은 자신을 가장 괴롭히는 감정을 애지중지합니다.) 책임을 진다는 것은 겸손의 행위입니다. 그것은 가장 취약해진 순간에도 자신에 대해 정직해지는 것을 뜻합니다.

이것이 여러분에게 요구되는 자기단련입니다. 동시에, 이처럼 주의를 안으로 돌리는 것은 가장 높은 형태의 공감과 연민을 요구합니다. 감정을 자신의 창조로서 정직하게 대면하기로 하면 여러분은 그것을 부드러운 이해의 눈으로 바라볼 수 있게 됩니다. '이번엔 분노를 택했군, 그렇지?' 공감과 연민은 여러분에게 이렇게 말합니다. '그래, 왜 그랬는지 알겠어. 용서해줄게. 나의 사랑과 지지를 좀더 확실하게 느끼면 아마도 다음번엔 그런 반응을 택하고 싶은 느낌이 들지 않게 될 거야.'

이것이 자가치유에서 의식이 맡아야 하는 진정한 역할입니다. 이것이 영적 연금술의 의미입니다. 의식은 그 무엇도 맞서 싸우거나 배척하지 않습니다. 그것은 어둠을 자각의식으로써 감쌉니다. 그것은 오해의 에너지를 이해로써 감싸서 평범한 쇠붙이를 황금으로 변성시킵니다. 의식과 사랑은 본질적으로 같습니다. 무엇을 의식한다는 것은 그것을 있는 그대로 있게 하고 그것을 여러분의 사랑과 자비로써 감싸는 것을 뜻합니다.

여러분은 흔히 감정적 문제를 극복하기에는 '의식 자체만으로는' 충분하지 않다고 생각합니다. 이렇게 말하지요. ― '내가 감정을 억눌렀다는 걸 알아. 그 원인도 알아. 그걸 인식하지만 감정이 사라지질 않아.'

이럴 때 여러분 안에는 그 감정에 대한 미묘한 저항이 있습니다. 여러분은 그 감정과 거리를 유지하고 있습니다. 그것에 압도될까봐 두려워서지요. 하지만 의식적으로 그것을 허용하기로 마음먹으면 여러분은 결코 그것에 압도되지 않습니다.

감정과 거리를 두고 있는 한 여러분은 그것과 전쟁을 벌이고 있는 것입니다. 여러분은 감정과 싸우고 있고, 감정은 몇 가지 방식으로 여러분에게 대항할 것입니다. 결국 여러분은 감정을 밖으로 온전히 몰아내지 못합니다. 그것은 여러분의 몸속에서 통증이나 긴장이나 우울한 느낌으로 자신을 드러낼 것입니다. 축 처지거나 지친 느낌은 종종 여러분이 어떤 감정을 억누르고 있다는 분명한 신호입니다.

요점은, 감정이 여러분의 의식 속으로 온전히 들어가도록 허용해야 한다는 것입니다. 정확히 어떤 감정이 있는지를 모르겠다면 두말할 것 없이 몸속의 긴장을 느껴보는 것으로부터 시작하면 됩니다. 이것이 감정을 만나는 문입니다. 감정은 고스란히 여러분의 몸속에 저장되어 있습니다. 예컨대, 복부에 통증이나 긴장을 느낀다면 주의를 거기에 기울이고 무엇인 문제인지를 물어보세요. 몸의 세포들이 말하게 하세요. 아니면 바로 거기에 아이가 있다고 상상하세요. 그의 내면에 어떤 감정이 자리 잡고 있는지를 보여달라고 하세요.

자신의 감정과 연결되는 데는 몇 가지 방법이 있습니다. 감정 속에 갇혀 있는 에너지는 움직이고 싶어한다는 사실을 깨닫는 것이 매우 중요합니다. 이 에너지는 풀려나고 싶어서 육체적 불편이나 스트레스나 우울의 느낌으로서 여러분의 문을 두드립니다. 여러분이 할 일은 정말로 문을 열어젖히고 그 감정을 느낄 준비를 하는 것입니다.

감정은 여러분의 지상의 현실의 일부입니다. 하지만 그것이 여러분을 지배해서는 안 됩니다. 감정은 태양을 가리는 구름과도 같습니다. 그러니 자신의 감정을 자각하고 그것을 의식적으로 다루는 것이 너무나 중요합니다. 맑고 균형 잡힌 감정체를 지니면 직관을 통해 여러분의 영혼, 혹은 내면의 속알맹이를 만나는 것이 훨씬 더 쉬워집니다.

여러분의 사회에는 감정에 대한 이해에 많은 혼란이 있습니다. 다른 것들 중에서도 특히 자녀를 기르는 방식에 대한 혼란과 논쟁이 얼마나 많은지가 이 사실을 분명히 보여줍니다. 아이들은 확실히 당신네 어른들보다 훨씬 더 감정 표현이 자발적입니다. 이것이 문제를 일으키지요. ─ 도덕의 울타리를 넘어서면 어쩌지? 상황이 걷잡을 수 없게 되어 혼돈에 빠지면 어쩌지? 아이들에게 규율을 가르쳐야 하나, 아니면 자신을 자유롭게 표현하도록 놔둬야 하나? 아이들의 감정을 통제해야 하나 말아야 하나?

자녀교육에서 중요한 것은 자신의 감정을 이해하고 그것이 어디서 오는지를 알고 그에 대한 책임을 지도록 가르치는 것입니다. 여러분이 도와주면 아이는 자신의 감정을 '오해의 폭발'로 바라보는 법을 배울 수 있습니다. 이 같은 이해가 아이로 하여금 자기 감정의 물속에 '빠져서 허우적거리지' 않게 해줍니다. 이해는 여러분을 해방하여 감정을 억누르지 않으면서 여러분의 중심으로 데려다줍니다. 부모는 살아 있는 본보기가 됨으로써 자녀가 감정을 이런 식으로 다룰 수 있도록 가르쳐줍니다.

자녀를 대하는 문제에 관한 모든 의문은 여러분 자신에게도 적용됩니다. 여러분은 자신의 감정을 어떻게 다룹니까? 여러분은 자신에게 엄격합니까? 한동안 화가 나거나 슬플 때면 여러분은 자신을 이렇게 길들입니까? ─ '그러고 있지 말고 그만 일어나.' 여러분은 감정을 억누릅니까? 자신을 이렇게 길들이는 것이 좋고 필요하다고 느끼나요? 누가 그렇게 가르쳤나요? 부모님입니까?

아니면 반대로 하나요? 자신의 감정을 놓아 보내고 싶어하지 않고 그 속에서 뒹굴고 있나요? 그런 일도 많지요. 여러분은 오랫동안 자신이 외부의 어떤 상황, 예컨대 성장과정, 동반자, 혹은 직장 분위기의 피해자인 것처럼 느껴왔을 수도 있습니다. 어떤 순간에는 여러분에게 영향을 미친 부정적인 일들에 대한 내면의 분노를 접하면서 크나큰 해방감을 느꼈을 수도 있습니다. 분노가 이런 영향력으로부터 여러분을 해방시켜서 여러분만의 길을 가게 해줄 수도 있습니다. 하지만 여러분은 그 분노의 감정에 홀려서 더 이상 그것을 버리고 싶지 않아질 수도 있습니다. 분노가 하나의 문이 되어주는 대신 삶의 방식이 되어버리는 것이지요. 그러면 치유와는 거리가 먼 일종의 피해자 의식이 생겨납니다. 그것은 여러분을 정말 자신의 힘으로 일어서지 못하게 막아버립니다.

감정을 절대적인 진리로 만들지 않고 자신의 감정에 대해 책임을 지는 것이 매우 중요합니다. 감정을 '오해의 폭발'로 바라보지 않고 거기에 진리의 지위를 부여하면 여러분은 그것을 바탕으로 행동하게 될 것이고, 그것은 여러분을 오도하여 중심을 잃은 결정을 내리게 만들 것입니다.

감정의 자유를 지나치게 허락받은 아이들에게도 같은 일이 일어납니다. 그들은 방종해져서 통제할 수 없게 됩니다. 그들은 작은 폭군이 되어버리고, 그것은 옳은 일이 아닙니다. 감정의 카오스는 부모에게나 아이에게나 모두 유쾌한 것이 못 됩니다.

간단히 말해서, 감정(그리고 상응하는 비유로서 자녀)을 대할 때 여러분은 너무 엄격할 수도 있고 너무 관대할 수도 있습니다. 이 '관대한' 방식에 대해서 좀더 이야기할까 합니다. 요즘은 이쪽이 더 문제가 되는 것 같으니까요. 60년대 이후로 감정을 억누르는 것이 능사가 아니라는 대중의 자각이 있었습니다. 그것은 여러분의 자발성과 창조력과, 급기야는 영혼 자체를 질식시키는 일이니까요. 그러나 사회는 가슴의 속삭임보다 규율을 더 중시하는, 규율에 순종하는 아이들을 만들어내려고 했고, 이것은 슬픈 일입니다. 사회를 위해서나 개인을 위해서나 말입니다.

하지만 그 반대편 극은 또 어떻습니까? 감정을 정당화해서 그것이 여러분의 삶을 지배하게 하는 것 말입니다.

여러분은 내면을 살펴서, 자신이 감정을 그 본질인 오해의 폭발로 바라보는 대신 스스로 애지중지하여 진리로 여겨지게끔 만들고 있는 것이 아닌지 어떤지를 얼마든지 알아낼 수 있습니다. 그것은 여러분이 동일시해온 감정들입니다. 역설적인 것은, 그것이야말로 너무나 자주 여러분에게 온갖 고통을 안겨주는 감정들이란 사실입니다. 예컨대 무력감('어쩔 수 없어'), 통제욕구('내가 손봐주지'), 분노('그건 그들의 잘못이야'), 혹은 슬픔('산다는 건 비참해') 등 말입니다. 이것은 모두가 고통스러운 감정들이지만 또 다른 차원에서는 매달릴 만한 특별한 무엇이 되어줍니다.

무력감이나 '피해자가 된 느낌'을 봅시다. 이런 감정 패턴에는 이점이 있을 수 있습니다. 그것이 안전한 느낌을 줄 수도 있지요. 어떤 의무나 책임에서 놓여나게 해주니까요. '나도 어쩔 수 없어, 안 그래?' 여러분은 어두운 구석에 앉아 있지만 그곳은 안전해 보입니다. 그런 감정적 패턴과 오랜 시간 동안 동일시, 혹은 깊이 엮여 있을 때 생길 수 있는 위험은 자신의 진정한 자유, 가장 깊은 내면의 신성한 알맹이와의 교감을 잃어버리게 된다는 것입니다.

정당화할 수 있는 분노와 원한의 감정을 북돋우는 일이 여러분의 인생길에서 일어났을 수도 있습니다. 어렸을 때나 컸을 때, 혹은 심지어 전생에 일어났을 수도 있습니다. 분노, 슬픔 등, 내면에 강하게 충전되어 있는 그 어떤 에너지든지 그것과 의식적으로 교감하여 자각하게 되는 것은 매우 중요한 일입니다. 하지만 어떤 시점에 이르러서는 여러분이 그 감정들에 대해 책임을 져야만 합니다. 그것이 외부의 사건에 대한 여러분의 반응을 만들어내기 때문입니다.

중심을 잡는다는 것, 의식이 명료하고 영적으로 균형이 잡혀 있다는 것은 자기 내면의 모든 감정에 대해 온전히 책임을 진다는 뜻입니다. 그런 연후에야, 예컨대 속에 있는 분노의 감정을 알아차리고 동시에 이렇게 말할 수 있게 됩니다. ― '이것은 어떤 사건에 대한 나의 반응이었다. 나는 이 반응을 이해로 감싸면서 동시에 그것을 놓아 보내기를 의도한다.'

결국 삶은 '옳은' 사람이 되기 위한 것이 아니라 자유롭고 온전해지기 위한 것입니다. 생활방식으로 굳어버린 해묵은 감정적 반응을 놓아 보내는 것은 시원한 해방감을 줍니다.

이 모두가 감정을 억누르는 것과 그 속에 빠져드는 것 사이의 미묘한 중도에 관한 문제라고 할 수도 있습니다. 어느 쪽에서든 여러분은 영적 연금술의 본질에 부합하지 않는 견해와 이상으로써 양육되었습니다. 영적 성장의 핵심은, 어떤 것도 억누르지 않지만 동시에 그것에 온전히 책임을 지게 되는 것입니다. ― '나는 이렇게 느끼고 이렇게 반응하기를 택했으므로 그것을 치유할 수 있다.' 삶의 주재자인 여러분의 자리를 찾는 것, 이것이 나의 메시지가 진정으로 전하고자 하는 것입니다.

어쩌면 이것은 사실 중도라기보다는 하나의 다른 길일 겁니다. 이 모두가 영적인 주인이 되기 위한 것입니다. 자기 내면에 있는 모든 것을 받아들임으로써 여러분은 그 위로 솟아올라서 그것의 주인이 됩니다. 주인은 강하면서도 부드럽습니다. 거침없이 수용하면서도 규율에는 엄격합니다. 용기와 정직의 규율 말입니다.

주인인 여러분의 자리를 찾으세요. 종종 여러분의 등 뒤에서 여러분을 괴롭히는 감정의 파편들의 주인이 되세요. 그것과 교감하고 책임을 지세요. 여러분을 곁길로 빠지게 하여 내면의 자유로 가는 길을 가로막는 무의식적인 감정의 상처가 여러분을 몰아가도록 내버려두지 마세요. 치유를 일으키는 것은 여러분의 의식입니다. 아무도 여러분을 대신해서 여러분 자신의 감정에 대한 권한을 회복시켜줄 수는 없습니다. 그 감정을 없애버릴 수 있는 외부의 도구나 방법은 없습니다. 그것이 빛 속으로 놓여나게 하는 것은 힘과 결심과 공감과 자비로써 그것을 자각하고 알아차리는 것입니다.

감정의 차원에서 온전하고 자유로워지는 것은 영적 성장의 가장 중요한 측면 중 하나입니다. 나는 이 말로써 이 채널링을 끝맺고 싶습니다. ― 일을 괜히 어렵게 만들지 마세요. 영적인 길은 단순한 길입니다. 그것은 자신을 사랑하기 위한 것이고 내면이 명료해지기 위한 것입니다. 여기에는 특별한 지식이나 특별한 의식이나 규율이나 방법이 필요하지 않습니다. 여러분의 영적 성장에 필요한 모든 것은 여러분 안에 있습니다.

　고요해지는 순간이 오면 자신의 '느끼는' 부분에게로 가세요. 여러분의 이 느끼는 부분이 여러분 내면에서 무엇이 정화되고 명료해져야 하는지를 일러주게 하세요. 여러분의 직관을 신뢰하세요. 그것을 바탕으로 공부하세요. 자신을 믿으세요. 여러분은 여러분 삶의 주인입니다. 사랑과 자유를 향해 가는 여러분만의 길의 주인공입니다.

성과 영성

사랑하는 친구들, 다시 만나게 돼서 기쁩니다. 여러분을 볼 때, 나는 여러분을 거울에 비쳤을 때 보이는 것과 같은 육신으로 보지 않습니다. 내가 느끼고 보는 것은 여러분의 내면, 곧 생각과 느낌과 감정의 내적 움직임입니다. 나는 여러분의 여행을 돕기 위해서 여기에 있습니다.

오늘 제가 이야기하고 싶은 내용은 여러분의 지상의 역사를 통틀어 큰 영향을 미쳐온 주제입니다. 곧 성에 관한 이야기, 그것이 남자와 여자에게 어떻게 경험되는가에 관한 이야기입니다.

이것은 쉬운 주제가 아닙니다. 성은 온갖 심판과 두려움과 감정에 얼룩져 있습니다. 성의 거의 어떤 측면도 더 이상은 자발적이거나 자명하지 않습니다. 이것은 성의 유아적인 측면, 마음껏 탐사하는 순진무구한 아이의 측면이 상실되었다고 말하는 것과 같은 뜻입니다. 자신을 성적으로 표현하는 대목에 이르면 여러분은 두려움과 긴장에 휩싸입니다.

나는 이 채널링에서 이 점을 다루고자 합니다. 하지만 그보다 먼저 영적인 관점에서 성이란 무엇을 의미하는지부터 잠깐 이야기하고 싶습니다.

성은 남성과 여성 에너지가 함께하는 춤사위입니다. 원래 성은 육체적 행위 이상의 것이었습니다. 그것은 여러분과 여러분의 짝의 모든 차원 혹은 측면이 참여하는 하나의 춤사위가 되어야 했습니다.

이 에너지의 춤사위에 각각 한 역할을 할 수 있는 네 가지 차원 혹은 측면들을 구분해서 이야기해보겠습니다.

성적 경험의 네 가지 측면

먼저 육체적 차원, 곧 육신이라는 측면이 있습니다. 몸은 순진합니다. 몸은 성욕과 색정을 압니다. 이것은 몸속에 자생적으로 있는 무엇입니다. 몸은 그 욕망의 만족을 추구하고, 그 성욕을 발동시켜 실현할 방법을 결정하는 것은 인간, 곧 인간 속의 영혼의 의식입니다. 다시 말하지만 몸은 순진해서 욕망과 욕정을 압니다. 거기에는 잘못된 것이 없습니다. 그것은 재미와 유희와 즐거움의 원천이 될 수 있습니다. 하지만 몸은 그 성적 에너지를 어떤 방법으로 표현할 것인지를 스스로 선택할 수 없습니다. 선택의 권한을 가진 것은 인간인 여러분이고 몸은 여러분의 지도를 필요로 합니다.

가장 사랑에 찬 성경험을 하고 싶다면 그 지도의 힘이 나오는 자리는 가슴에 있게 될 것입니다. 가슴에 여러분의 성 에너지를 맡기면 가슴은 그것을 가장 환희롭게 표현할 방법을 찾아낼 것입니다. 다른 방법은 생각(판단)이나 감정이 성적 흐름을 지배하게 하는 것인데, 이것은 에너지에 몇 가지 막힘이 생기게 할 것입니다. 이것에 대해서는 뒤에 이야기하겠습니다.

내가 구분하고자 하는 성의 춤사위의 두 번째 측면은 감정적 차원입니다. 성적 합일은 매우 감정적인 행위입니다. 이 측면을 무시한다면 여러분은 그 행위 속에 온전히 있는 것이 아니라서 자신을 성의 진정한 의미로부터 떼어놓게 됩니다.

앞서 '감정 다루기'에서 우리는 감정의 문제를 깊숙이 다뤘습니다. 두려움, 분노, 그리고 슬픔의 강력한 감정들을 강조하고 그것이 어떻게 여러분의 중심을 잃게 만드는지를 이야기했습니다. 두 사람 사이에서 작용하고 있는 이 강력한 감정들 중 어느 것이라도 의식적으로 알아차리고 다루어지지 않으면 그것은 그들이 깊은 관계를 나눌 때 올라올 것입니다. 이런 감정들은 육체적으로 깊은 관계를 나눌 때 저항이나 마음을 닫아걸게 하는 심리반응을 불러일으키거나, 몸이 성욕이나 흥분을 느끼지 못하게 만듭니다.

이 같은 심리적 혹은 육체적 막힘이 일어나면 그것을 그것이 일어난 차원, 곧 감정적 차원에서 다루는 것이 중요합니다. 배후의 감정적 역학을 살피지 않고 육체적인 징후만을 없애려 든다면 여러분은 자신과 자신의 몸을 경시하는 것입니다. 몸이 깊은 관계에 저항할 때는 감정의 막힘이 존재한다는 순수하고 분명한 메시지를 여러분에게 보냅니다. 이것은 여러분과 동반자 사이의 문제로 기인한 것일 수도 있고, 아니면 여러분이 전생에서부터 지니고 온 감정적 상처일 수도 있습니다. 어느 쪽이든 간에 성 에너지가 자유롭게 흐르게 하려면 먼저 그것을 부드럽고 자애롭게 다루고 돌봐줘야만 합니다.

감정적 차원 다음에 있는 것은 느낌의 자리인 가슴의 차원입니다. 우리는 이전의 채널링에서 감정과 느낌의 차이를 구별했었습니다. 느낌은 직관과 내적 앎의 영역에 속합니다. 여러분의 느끼는 측면은 지혜와 자비에 찬 조용한 속삭임을 통해서 말해옵니다. 감정은 성질이 더 극적이어서 우리는 그것을 '오해의 반응'이라 불렀습니다. 그것이 감정의 본질이니까요. 여러분에게 일어나는 일에 대한 오해의 폭발 말이죠.

섹스를 하는 두 사람의 가슴이 열리면 그들 사이에는 신뢰와 사랑과 안전이 생겨납니다. 성적인 만남의 자리에 가슴이 함께하면 여러분은 직관으로 하여금 둘 사이의 깊은 행위 중에 일어나고 있는 일을 감지하도록 허용하게 됩니다. 여러분은 자신의 감정을 숨기지 않고 터놓고 이야기합니다. 오래된 고통이 표면으로 떠오를지라도 있는 그대로 받아들여집니다. 여러분은 있는 그대로의 모습으로 받아들여지고, 이런 종류의 받아들임이야말로 존재하는 가장 큰 치유력입니다. 가슴의 에너지를 성 에너지에 연결시키면 치유가 시급한 부위에 큰 치유가 일어날 수 있습니다.

하지만 가슴은 또한 성 경험을 즐겁고 사랑에 찬 것이 되지 못하게

막는 미묘한 역할도 할 수 있습니다. 가슴은 다양한 이유로 성의 희열로부터 자신을 스스로 차단했을 수도 있습니다. 첫째, 지상의 물리적 현실 위로 솟아오르려는 열망이 가슴속에 존재할 수 있습니다. 둘째, 성의 본질에 가슴을 열지 못하도록 가로막는 종교적 도그마가 작용하고 있을 수도 있습니다. 이제부터 이 두 문제를 다뤄보겠습니다.

가슴은 밀도 높은 물질적 현실 위로 솟아오르려는 강한 성향을 띨 수 있습니다. 성적 합일에는 전혀 관심 없고 사실은 (성을 포함한) 지상세계에 대한 미묘한 저항을 품고 있는 합일의 열망이 있을 수 있습니다. 여러분 중에서도 이 현실을 초월하고 싶어하는 이런 열망을 익히 알고 있는 분들이 많을 겁니다. 많은 사람들이 지상에 환생하기 전에 비물질적 세계에서 경험했던 사랑과 조화의 에너지를 기억하고 있습니다. 여러분의 가슴은 가볍고 편안한 느낌의 이 진동을 갈구하고 있습니다. 명상할 때 여러분은 이 에너지를 마시려고 애씁니다. 높은 차크라들, 즉 가슴, 목, 영안靈眼, 정수리 차크라는 종종 이런 식으로 활성화됩니다. 여러분의 지상의 자아에게 없어서는 안 될 하부의 세 차크라(태양신경총, 배꼽, 꼬리뼈)는 다소간에 방기된 채로, 상부의 이 차크라들만 열립니다.

더 부자연스러운 경우로는, 마약을 복용할 때도 이런 일이 일어납니다. 마음을 확장시켜주는 약물을 복용하면 상부의 차크라들이 인위적으로 벗겨져 열리고, 일시적으로 황홀경과 지복감을 경험할 수 있습니다. 그것이 지상의 현실의 밀도 높고 무거운 측면을 잊게 만들어주니까요.

초월에 대한 열망은 이해할 수 있지만 지상의 현실과 사이좋게 지내는 것도 중요합니다. 그러지 않으면 여러분은 자신의 에너지장의 상부와 하부 사이에 인위적인 분리를 만들어내게 됩니다. 여러분은 의식으로써 오라의 상부에 머무는 것을 선호하게 되고 육체적, 감정적, 성적 현실에는 미묘하거나 아니면 공공연한 저항을 쌓아갈 것입니다. 이것은 여러분의 에너지장에 불균형을 일으킵니다.

이처럼 본원(집)이 그리워질 때, 여러분이 바로 지금 지상에 있게 된 이유와 목적을 느끼려고 애써보세요. 여러분이 여기 있는 이유는 지상을 초월하려는 것이 아니라 집을 지상으로 가지고 내려오려는 것입니다. 이것이야말로 하나의 신성한 여행입니다.

가슴이 성을 기피하는 두 번째 이유는 종종 전생으로부터 지니고 온 종교적 도그마입니다. 여러분은 순결의 서약을 하거나 육체적 쾌락과 성에 대한 수치심이나 죄책감을 주입받은 생을 살았을 수 있습니다. 이런 에너지가 아직도 가슴속에 머물고 있을 수 있습니다. 그 때문에 여러분은 육체적인 관계에 대해 부정적인 심판이나 미묘한 저항감을 가지고 있을 수 있습니다. 이런 판단과 정서는 진실에 근거한 것이 아닙니다. 다시 말하지만 육체 자체는 순진무구합니다. 여러분으로 하여금 성적 합일을 갈망하게 하는 정욕과 욕망과 모든 육체적 작용은 자연스럽고 건강한 작용입니다. 성적인 부분에서 일어나는 불균형은 거의 언제나 비물리적 차원에 원인이 있는데, 그중 두 가지를 방금 이야기했습니다.

네 번째이자 마지막 차원은 마음의 측면입니다. 마음의 차원에는 성을 즐기지 못하게 가로막는 도덕적 혹은 영적 신념이 있을 수 있습니다. 이런 믿음의 대부분은 종교적인 성격을 띠고 있지요.

영적인 차원에서 여러분은 육신을 일종의 감옥처럼 느낄 수 있습니다. 여러분은 (내가 아니라 여러분들이 부르는 이름인) '높은 세계'의 비물질적 현실을 너무나 찬양하는 나머지 물리적 현실은 가치를 격하시킵니다. 빛의 일꾼들 사이에서는 이런 일이 종종 일어납니다. 특히 그들 사이에는 성이 제공할 수 있는 즐거움과 쾌락에 대한 저항이 많습니다. 이것은 부분적으로는 종교적 혹은 윤리적 신념에서 나온 것이고 또 일부는 삶의 이런 측면의 경험으로부터 바로 나온 것입니다. 대부분의 빛의 일꾼 영혼들은 수사, 수녀, 혹은 유사한 역할로 사회를 떠나 동반자나 가족이 없이 여러 생을 살아왔습니다. 그들은 영적인 삶에 너무나 집중하여 성적인 부분은 무시했습니다.

영적이거나 종교적인 사람들에게는 육체의 자연스러운 자기표현 방식에 대한 존중이 종종 결여되어 있습니다. 이것은 정말 유감스러운 일인데, 우리 쪽에서는 물질 속으로의 자기표현이야말로 영혼이 가야 할 가장 신성한 여정으로 여기기 때문입니다. 집을 멀리 떠나서 물질과 형상의 세계에서 여러분의 신성의 씨를 뿌리고 수확하는 것은 신성한 일/임무입니다. 그것은 가장 높은 단계의 신성하고 창조적인 행위입니다.

어쩌면 여러분도 언젠가 누군가를 임종하는 자리에 있었거나 아기가 태어나는 모습을 본 적이 있었을 것입니다. 그런 순간에 영혼은 물질과의 춤사위 속으로 들어오거나 거기서 빠져나갑니다. 이런 순간들은 모두가 신성한 분위기에 감싸여 있지요. 여러분은 이 순간을 여러분을 감싸는 깊은 고요로서 감지할 수 있습니다. 그 고요는 영혼이 오거나 떠남을 알리는 경의의 느낌으로 충만해 있습니다. 그 순간 베일의 우리 쪽에는 여러분이 그 순간에 하는 일에 대한 지극히 깊은 존중밖에는 아무것도 없습니다. 물질과의 춤사위는 신성합니다. 그럼에도 여러분은 그것을 너무나 곧잘 혐오합니다!

진정한 의미의 성은 물질 속의 춤사위이며, 동시에 물질 위로 솟아오릅니다. 여러분은 균형 잡힌 성적 자기표현을 통해 물질적 현실을 초월하게 됩니다. 물질적 현실을 무시하거나 억누르지 않고, 하부의 세 차크라를 방기하거나 상부의 차크라만을 통해 황홀경을 추구하지 않고 말입니다. 온전한 성은 여러분 존재의 모든 차원을 통합시켜줍니다. 성은 물질과 영 사이의 간극을 이어줍니다.

두 사람이 사랑에 충만하여 육체적 관계를 가질 때 그들 몸의 모든 세포는 좀더 빠르게 진동하게 됩니다. 세포들이 조금씩 춤을 추기 시작하는 것이지요. 좀더 높은 진동과 가벼운 느낌의 에너지 현실을 향해 문이 열립니다. 두 사람의 모든 것 ─ 몸과 영혼과 마음 ─ 이 함께한 성적 합일을 마치면 여러분은 평화로우면서 동시에 환희로워집니다. 고요한 황홀경이 느껴집니다. 육신의 세포들은 여러분이 사랑의 현실을 좀더 가까이 가져온 순간, 사랑의 에너지를 맛보았습니다. 여러분은 방금 여러분을 통해 흐르기만을 고대하는, 여러분의 성적 본능을 깊이 존중할 줄밖에 모르는 사랑의 신성한 에너지가 여러분의 존재를 관통하게 한 것입니다.

성적 교합을 통해 네 차원의 에너지가 모두 함께 흐르면, 그것은 하나의 신성한 창조행위입니다. 그와 같은 행위로부터 태어난 아이들은 자연스러울 수밖에 없습니다. 남성과 여성의 춤사위가 그처럼 환희롭게 펼쳐지면 거기서는 아름다움과 사랑스러움밖에는 나올 것이 없습니다. 그런 식으로 아이가 잉태되면 그 아이는 사랑과 빛의 미끄럼틀을 타고 지상세계로 들어옵니다. 그것은 한 영혼이 지상에서 경험할 수 있는 가장 사랑 깊은 환영입니다.

성 에너지는 너무나 귀한 것이므로 우리는 여러분에게 이렇게 권합니다. ─ 부디 여러분의 성을 존중심으로 대하세요. 그것을 둘러싼 문제나 두려움이나 긴장이 일어나더라도 성 자체를 심판하거나 외면하지 마세요. 그것은 여러분의 자연스러운 일부이며 신성한 것이기 때문입니다.

성적 문제와 성대결

이제부터는 성의 역사에 대해 이야기하고 나서 오늘날 남녀가 성적 자기표현에서 겪는 구체적인 문제에 대해 몇 가지를 이야기하겠습니다.

성적인 부분에서 많은 일이 일어났습니다. 성은 그 한가운데에 큰 빛의 잠재력을 담고 있지만 동시에 그로 인해서 심각하게 악용될 가능성도 있습니다. 내가 이야기하고자 하는 역사는 남과 여 사이의 권력싸움의 역사입니다. 이 역사는 오래된 것이어서 사실 외계 은하 제국이 지상의 생명에 개입하기 시작했을 때로부터 비롯되었습니다. 그 전까지 지구는 순진무구한 아름다움만이 넘치는 일종의 낙원, 에덴동산이었습니다. 여기서는 이 시대에 대해서는 논하지 않겠습니다. 단지 여러분이 5천 년의 역사시대보다 훨씬 더 오래된 어떤 권력싸움의 마지막 단계에 와 있다는 사실만을 주지하고 넘어가겠습니다.

이 역사의 마지막 단계에서 남자는 분명히 가해자와 억압자의 역할을 했습니다. 그러나 그게 언제나 그랬던 것은 아닙니다. 여자가 사적인 생활영역뿐만 아니라 공적인 영역에서도 훨씬 더 힘이 셌던 시대도 있었습니다. 여자들은 사디스트처럼 잔인하게 남성 에너지를 억압했습니다. 여성은 본래적으로 억압받는 복종적인 성이 아닙니다. 또한 사랑이 많은 성으로 정의되지도 않습니다. 여성은 사랑스럽지만 약하다거나 남성은 강하지만 둔감하다는 식의 여러분의 고정관념은 남녀의 본연의 성질에 관한 것이 아니라 언급한 역사의 마지막 단계에 관한 것입니다.

여가장제 사회가 표준으로 여겨지던 역사 이전의 시대가 있었습니다. 그 당시에는 여성도 각자의 생명력과 인간에 내재된 창조성을 경시하면서 자신의 에너지를 파괴적으로 휘둘렀습니다. 여자가 남자보다 더 큰 힘을 가졌던 시대가 있었습니다. 여자들은 그들이 천성적으로 친숙한 감정과 직관의 힘을 사용하여 남자들을 통제하고 조종했습니다. 그들은 남자들을 지배하기 위해서 자신들의 심령적 능력도 이용했습니다. 예컨대 남자들을 고문하여 죽이는 희생제례가 있었습니다.

나는 여러분의 역사상, 이런 측면들은 남녀 사이의 관계에 대한 반쪽 그림밖에 보여주지 않는다는 점을 강조하고자 합니다. 남성에 의한 여성 억압의 역사는 역사시대 전체를 통틀어서 확연히 드러나 있습니다. 그러나 남자들이 여자들에게 보인(그리고 아직도 보이고 있는) 적의와 증오는 괜한 것이 아닙니다. 그들에게 영향을 끼친 문화적, 전통적 관습 위에, 그보다 훨씬 오래전 시대로부터 비롯된 남성의 집단영혼에 난 깊은 감정적 상처도 있습니다.

이 시대에 관한 자세한 이야기는 접어두고, 여러분이 다음과 같은 경험을 했을 가능성이 있는지를 가만히 느껴보시기를 바랍니다. 여성들께 던지는 질문은 이것입니다. ─ 한때 남자들에게 힘을 휘둘러서 그들의 에너지를 통제하는 시도에 성공했던 일을 상상할 수 있나요? 그리고 남성들께 던지는 질문은 이것입니다. ─ 이런 일이 큰 규모로 일어나서 여러분이 '성적 약자'가 되었던 일을 상상할 수 있나요? 속으로 이렇게 물어볼 때, 어떤 이미지나 환상이 떠오를 수도 있을 겁니다. 여러분의 직관이 그것을 보여주게 하고, 올라오는 감정을 지켜보세요. 이것은 놀라울 수도 있습니다.

이 고대의 역사로 인해 남성의 집단영혼 내면에 증오와 원한이 생겨났습니다. 정치영역에서 이것은 여성 에너지의 억압으로 나타났지만 종교영역, 특히 교회를 통해서도 나타났습니다. 성은 곧 죄악이라거나 잘 봐준다고 해도 필요악이라는 생각은 남자의 성이 억압받

왔던 다른 시대로부터 싹튼 증오와 원한에 사무친 남자들의 사고방식입니다. 그 당시 남자의 성은 그들 내면의 느낌이나 아버지-자식 간의 정서적 유대에 대한 존중이 없는, 단순한 번식의 도구로 간주되었습니다. 아이들은 아버지에게서 떨어져서 어머니에 의해 길러졌고, 아버지가 무엇을 생각하고 원하는지에 대해서는 거의 관심이 주어지지 않았습니다. 중요한 가치관은 어머니를 통해 전해졌는데, 남성은 열등하다는 것도 그중의 하나였습니다. 남자는 동등한 지위의 동반자가 아니라 일꾼이었지요.

교회가 좌절한 남성 에너지의 보루가 된 데 더하여, 과학계도 여성 에너지에 적의를 내보였습니다. 과학과 종교는 여러모로 타고난 원수지간임에도 불구하고 여성 에너지의 직관적이고 유동적인 측면에 대한 저항에 와서는 서로 똘똘 뭉쳤습니다. 교회의 도그마야 말할 것 없이 엄격하게 경직되어 있지만 과학의 방법론 또한 다른 식으로 제약적입니다. 현대과학을 밀어온 배후의 힘은 (허위적인 권위를 몰아내려는 욕구에서는) 계몽적이고 혁신적이었지만 결국은 여성의 에너지가 끼어드는 것을 허용하지 않는 편협한 합리적 사고방식에 갇혀버렸습니다. 과학적 사고방식은 분석적이고 논리적이지만 상상과 관찰의 초감각적(직관적) 원천에 대해서는 문을 제대로 열어주지 않고 있습니다. 하지만 합리적 이성으로 설명할 수 없는 일이나 '초상현상'에 대해 많은 과학자들이 지니고 있는 반감은, 부분적으로는 여성이 남자들을 조종하는 수단으로서 자신의 심력능력을 남용했던 시대까지 거슬러 올라가는, 고통과 굴욕으로 점철된 영혼의 기억 때문입니다.

내가 이 고대의 역사를 언급하는 이유는 이 '성의 대결'에 궁극적으로는 가해자도 피해자도, '좋은 편도 나쁜 편도' 없다는 점을 분명히 밝히고 싶기 때문입니다. 여러분 모두가 양쪽 다였으니까요. 원래는 서로 상보적이었던 이 에너지들이 반대극이 되게 만든 것은 양성간의 싸움이었습니다. 오늘날 이 시대는 남성과 여성이 그 힘을 다시 합쳐서 태초의 남녀가 펼쳤던 그 춤사위의 환희와 영광을 재발견해 내라고 손짓하고 있습니다.

본질적으로 여성 에너지는 이끌어주고 영감을 주는 반면 남성 에너지는 봉사하고 보호합니다. 여성 에너지는 모든 창조 배후의 영감입니다. 남성적 측면은 그것이 형상과 행위로 나타나도록 돌봅니다. 두 에너지는 남녀를 불문하고 모든 인간을 통해, 모든 개인을 통해 작용합니다. 여러분이 남자인지 여자인지는 사실 중요하지 않습니다. 중요한 것은 여러분 내면의 두 에너지 사이의 관계와 균형입니다.

여성의 성적 폐색

이제 여성이나 남성에게 구체적으로 관련되는 성 영역의 에너지 막힘에 대해 이야기하겠습니다. 여성들이 여러 세기에 걸친 성적 억압과 폭력의 결과로서 난타당하고 상처 입은 곳은 첫 번째와 두 번째 차크라(꼬리뼈와 배꼽) 부위입니다. 여성은 수천 년 동안 사회의 거의 모든 분야에서 복종적인 역할에 갇혀 있었고, 이런 상태는 지구상의 많은 곳에서 지금까지도 계속 이어지고 있습니다. 성과 관련된 이 같은 불평등은 사회 전반에 만연한 강간과 폭행과 모욕으로 나타났습니다. 그 결과 많은 여성들이, 실로 여성이라는 집단 전체의 영혼이 믿을 수 없는 고난을 당했습니다. 치유를 위해서는 많은 시간과 사랑과 극진한 돌봄이 필요한 깊은 감정적 상처가 존재합니다.

여성에게 성적 합일의 욕구는 종종 가슴의 열망으로서, 혹은 영적인 어떤 느낌으로서 느껴집니다. 그러나 육체적 관계를 할 때 그들은 첫 번째와 두 번째 차크라의 에너지 막힘 때문에 자신이 성 에너지를 제대로 표현하지 못한다는 것을 깨닫게 됩니다. 이 에너지 중추들에는 강요된 성적 모욕의 (영혼의) 기억이 저장되어 있습니다. 그 경험은 너무나 고통스러워서 여성은 자신의 에너지, 자신의 의식을 아랫배 부위로부터 철수시켜버렸습니다. 이제 이 부위를 다시 성적으로 접근해가면 근육이 본능적으로 긴장하거나 감정체가 자동적으로 저항의 신호를 보냅니다. 신체 세포들이 그 트라우마를 기억하고 있어서 무도회의 초대에 쉽사리 응하지를 않습니다. 세포들은 더 이상의 공격으로부터 여러분을 보호하기 위해서 문을 닫아걸고 장애물을 설치하려고 합니다. 이런 반응은 너무나 이해할 만하고, 언제나 지극한 존중의 태도로 대해야만 합니다. 저항을 해제하기 위해서 무엇이든 강요한다면 어떤 면에서 그것은 상처 난 중추에 다시금 폭행을 가하는 짓입니다.

여러분이 여성으로서 이런 감정을 느낀다면 그것을 온전히 자각하는 것이 매우 중요합니다. 거기에는 분노가 있을 수 있습니다. 육체적 관계에 대한 저항 혹은 두려움 말입니다. 그리고 이 모든 감정들은 흔히 지금의 이 관계보다 오래된 것이고, 심지어 이 생애보다 더 오래된 것일 수도 있습니다. 이 하부 차크라들 속에는 깊은 감정적 상처를 만들어낸 매우 오래된 트라우마가 숨겨져 있을 수 있습니다.

특히 이런 고통을 알아차리고 있는 여성들에게는 자신이 (정반대로) 가해자였던 생애에 친숙해지기를 권합니다. 그런 전생에 접근하는 것이 어렵다면 자기 내면의 '공격자 혹은 막강한 여성의 에너지'와 교감해보세요. 이것은 매우 괴이한 말처럼 들릴지 모르지만, 그 이유는 이렇습니다. 여러분이 성폭력의 피해자였을 때 그것은 여러분의 에너지장에 커다란 분노를 일으켰습니다. 거기에는 여러 생애로부터 누적된 분노가 있을 수도 있습니다. 이 분노가 여러분을 차단하여 무력감과 피해 입은 느낌 속에 가둬놓습니다. 그 분노를 풀어놓기 위해서는 이해가 필요합니다. 그것이 왜, 그리고 무엇을 위해서 거기에 있는지에 대해서 말입니다. 더 큰 그림을 보아야 하는 것입니다. 남자를 무자비하고 잔인하게 다룰 수 있는 막강한 여성이 된 자신을 상상할 수 있다면, 그리고 그 또한 자신의 일부임을 느낄 수 있다면, 그때 비로소 분노를 녹여낼 수 있습니다. 좀더 철저한 이해가 일어날 수 있습니다. 자신이 가해자와 피해자 양쪽의 역할을 번갈아가며 다 맡았던 카르마 대하극의 일부임을 자각하는 것 말입니다. 자신의 반대쪽 측면인 '어두운 면' 또한 목격하지 않고서 고통과 무력감과 피해자의 느낌에서 놓여나는 것은 거의 불가능합니다.

자기 내면의 이 어두운 부분을 알아차리기 위해서 꼭 전생까지 가야 할 필요는 없습니다. 나날의 생활 속에서 자신을 주시해보는 것으로도 그것을 자각할 수 있습니다. 이런 에너지(즉 상대방에게 힘을 휘두르거나 해를 입히려는 의지)를 느낄 때, 여러분은 자신이 외부환경의 가련한 피해자이기만 하지는 않았다는 것을 감지할 수 있습니다. 가해자와 피해자 사이에는 카르마의 고리가 있습니다. 양쪽의 역할은 여러분 자신의 각기 다른 측면들을 비춰 보여주고 있는 것입니다.

자신의 어두운 면을 알아차리고 받아들이면 여러분은 즉시 자기 내면의 상처를 달리 바라보고 용서할 수 있게 됩니다. 이해가 생기면 분노도 풀어지고 여러분은 그 밑의 감정의 층들과 교감할 수 있게 됩니다. 여러 층에 겹겹이, 그리고 몸 자체에도 각인되어 있는 슬픔과 한탄과 고통 말입니다.

여성에게는 자기 내면의 공격자 측면을 인정하고 그것을 다루는 것이 매우 중요합니다. 성에 대한 혐오와 원한의 느낌이 있다면, 그런 감정을 느낄 때마다 여러분은 더욱더 피해자 역할 속으로 동화되어 들어가서 자신의 자유를 스스로 강탈하고 있음을 깨달아야만 합니다. 성의 무대 위에서 여러분이 좋은 편과 나쁜 편 양쪽의 역할을 번갈아 맡는 카르마의 게임이 펼쳐지고 있음을 내면에서 느껴보도록 하세요. 거기서 여러분은 용서의 자리를 찾아갈 수 있습니다. 다른 사람뿐만 아니라 자기 자신에 대해서도요. 모든 건 다 이유가 있어서 일어나는 겁니다. 폭력과 억압의 행위에는 아무런 의미도 없는 것처럼 보일 수도 있지만 그 배후에는 언제나 사연이 있습니다. 그리고 성폭력이 일어날 때마다 그것은 인간의 네 가지 차원 모두에 깊은 각인을 남겨놓게 됩니다.

남성의 성적 폐색

남성의 성경험에서는 대부분의 막힘이 가슴이나 머리의 차원에서 일어납니다. 이 차원에는 내맡김에 대한 두려움, 감정적으로 친밀하고 깊은 관계에 대한 두려움이 있을 수 있습니다. 대부분의 경우 이 두려움은 기억할 수 있는 것보다 더 먼 과거로 거슬러 올라갑니다. 그것은 여성이 남성을 지배했던 시대와 관련되어 있습니다. 이것이 성적 유혹의 게임을 만들어냈습니다. 그것은 처음에는 악의없이 절로 생겨난, 위협적인 놀이였습니다. 남자들은 상대방에게 자신의 감정을 드러내고 가슴을 여는 것은 위험한 일이라는 사실을 터득했습니다.

남자들의 내면에는 자신의 느끼는 측면에다 자신을 내맡기는 것에 대한 뿌리 깊은 두려움이 있습니다. 그리고 이 두려움을 육체적인 차원에까지 나타낼 필요는 없습니다. 남자들은 자신의 느낌은 따로 놔두고도 육체적인 성행위에 몰두할 수 있습니다. 그래서 남자는 자신의 '느끼는' 본성은 (부분적으로) 결석시킨 채로 육체적 차원에서만 성행위에 출석할 수 있습니다. 그는 가슴을 열었다가 다시금 차이는 꼴을 당할까봐 감정의 문을 꼭꼭 닫아걸었습니다. 버림받고 감정의 상처를 입은 영혼의 오래된 기억들이 남아 있습니다.

인내와 사랑

에너지의 막힘은 남자와 여자의 경우 대체로 좀 다른 면이 있습니다. 그러므로 함께할 때 서로 자신이 느끼고 감지하는 것을 터놓고 소통하여 나누는 것이 매우 중요합니다. 서로가 상대방을 진정으로 신뢰하면, 육체적 관계를 할 때 자신의 성 에너지가 어디서 막히는지를 부끄럼 없이 들여다볼 수 있게 됩니다. 언제 둘 사이에 흥분의 전율과 내밀한 느낌이 일어나는지, 어디까지 느끼고 표현하도록 자신을 허용하는지를 자각하는 것만으로 그것을 할 수 있는 것입니다. 몸의 어느 부위에서, 혹은 감정과 느낌의 어느 부분에서 막히거나 갇힌 느낌이 일어나는지를 살펴보세요. 서로가 함께할 때 여러분은 가슴에 따뜻한 불이 지펴지는 것을 느끼나요? 상대방을 향한 영적 열림을 느끼나요? 상대방의 존재를 총체적으로 맞아들일 준비가 되어 있나요?

이상하게 들리겠지만 여러분은 진정으로 깊은 관계를 맺기를 두려워합니다. 여러분은 모두가 만족스러운 관계를 강렬히 원합니다. 거리에 나가보면 거의 모든 간판들이 감정적, 성적으로 만족스러운 이상적인 관계를 말하고 있습니다. 하지만 진실로 깊은 관계는 여러분을 두려움에 떨게 만듭니다. 누군가가 아주 가까이 다가와서 여러분의 모든 가면을 벗기를 요구하면 미처 자각하지 못했던 온갖 금기가 다 올라옵니다. 그런 것들이 올라오는 순간 그 때문에 자신을 심판하지 않도록 하세요. 대신 그것을 여러분 내면의 금기와 차단막들을 들여다볼 좋은 기회로 바라보세요. 거의 모든 사람들이 내가 첫 부분에서 묘사한 온전한 의미의 성을 경험하지 못하게 하는 차단막을 지니고 있습니다. 내가 여러분 모두에게 ― 혼자이든지 관계 중이든지 간에 ― 내면의 성 에너지의 흐름을 자애롭게 살펴 자각하고, 발견되는 차단막들을 존중하는 마음으로 관심 깊게 대면하기를 권하고 싶어하는 이유는 바로 이 때문입니다. 이 문제에서 강제적인 힘은 최악의 상담자입니다. 인내와 사랑이 절대적으로 필요합니다.

진정하고 온전한 성경험에 대한 열망이 살아 있게 하세요! 목욕물과 함께 아기까지 쏟아 버릴 필요는 없습니다. 성적 욕망은 건전한 것입니다. 충만하고 환희로운 성의 경험으로 가는 길은 멀고도 험한 것일 수 있습니다. 그러나 그 길을 가는 동안 여러분은 상대방뿐만 아니라 자신에 대한 사랑과 연민을 키워가게 될 것입니다. 그리고 이것이야말로 당신네 인간세상에 너무나 너무나 귀한 것입니다.

여러분은 남성과 여성 간의 오랜 갈등의 역사를 치유해가고 있습니다. 남성과 여성의 에너지는 다시금 만나서 환희로운 창조의 춤사위를 펼치고 싶어합니다. 여러분이 개인적 차원에서 여기에 기여하는 모든 것이 여성과 남성의 집단 영혼에 긍정적인 영향을 미칩니다. 여러분의 자기애가 다른 사람들에게도 인내와 사랑의 에너지를 공급해주는 것입니다.

일, 돈, 창조력
편안한 흐름과 풍성한 흐름

사랑하는 친구들, 오늘도 기쁨과 애정으로 여러분과 함께합니다. 나는 여러분을 너무나 잘 알고 있어서, 마치 바로 엊그저께 만났던 것처럼 느낍니다. 내가 머무는 세계에서는 시간이 그리 중요하지 않습니다. 내가 여러분을 알았던 때와는 여러분이 자신을 나타낸 모습, 곧 신체적 외양이 달라졌지만 그래도 나는 여러분을 너무나 잘 알아볼 수 있습니다.

나는 예수아입니다. 나는 예수라는 이름으로 인간의 몸을 입고 지상에 살았었습니다. 나는 바로 여러분과 같은 사람들 사이에서 살던 한 인간이었습니다. 인간의 모든 것이 나에게는 낯설지 않습니다. 내가 여러분의 발전을, 새로운 시대로의 여러분의 탄생을 도우러 온 것도 바로 이 인간으로서의 존재 경험에서 비롯된 것입니다. 새로운 시대가 오고 있습니다. 지금, 바로 오늘날, 그 변성이 진행되고 있습니

309

다. 그리고 여러분은 모두 거기에 강한 연결감을 느끼고 있습니다.

나 자신에 관해 새로운 이야기를 해드리겠습니다. 지상에서 나는 피와 살을 가진 한 인간으로서 그리스도의 에너지와 통하는 통로를 열었습니다. 그리스도 에너지는 나를 통해서 밖으로 흘러나갔고, 그 것이 당시에 내가 지구에 한 공헌의 핵심이었습니다. 하지만 그리스도 에너지는 나만의 것이 아닙니다. 그것은 여러분 모두의 것입니다. 여러분은 모두가 하나의 씨앗을 심어서 오늘날 이곳 지구에 그 에너지의 일부를 가져오고 있습니다. 여러분의 가장 큰 성취는 바로 거기에 있습니다.

하지만 구시대로부터 새로운 시대로의 이 변성은 많은 것들의 뿌리를 뽑아 흔들어놓습니다. 일과 돈의 영역도 이 '뿌리 뽑힘'에 깊이 연루되어 있습니다. 바로 이 영역이야말로 구시대의 에너지가 특히 왕성하게 작용하고 있는 영역이기 때문입니다. 이것은 에고와 권력의 에너지로 특징지을 수 있습니다.

이 영역에서는 구시대의 에너지가 너무나 강력히 작용해오고 있기 때문에 아마 여러분도 일과 돈의 문제에 대해서는 균형이 잘 잡힌 태도를 취하기가 상당히 어렵다는 사실을 알고 있을 겁니다. 여러분의 일에서, 여러분이 일하는 조직이나 회사에서, 혹은 함께 일하는 동료들에게서 여러분은 사회를 대면하고 있습니다. 여러분은 수시로 이렇게 자문합니다. ― '전혀 친숙하지 않지만 날마다 둘러싸여 지내고 있는 이 에너지들에 난 어떻게 대처해야 하나?' 여러분은 구시대와 새 시대의 교차점에서 이 마찰에 대처할 방법을 알고 싶을 것입니다.

나는 이 문제를 몸의 에너지 중추의 맥락 위에서 좀더 설명해보고 싶습니다. 각자의 인간들이 지닌 오라에는 일곱 개의 차크라, 곧 에너지 중추가 있습니다. 세 번째 차크라인 태양신경총(횡격막 혹은 위장 근처)에는 의지가 자리 잡고 있습니다. 권력과 야망이 자리 잡고 있는 곳은 바로 이 개인적 의지의 중추입니다. 낡은 에너지의 시대, 옛날의 사람들은 바로 이 중추로부터 무절제한 삶을 살았습니다. 이것은 이기기에만 몰두하는 태도, 자신의 이해를 우선시하여 남의 손해를 딛고 이기려고 달려드는 태도와 관계가 있습니다. 이런 태도는 대개 두려움과 미아가 된 느낌에서 나옵니다. 나의 요지는 이런 에너지에 판결을 내리려는 것이 아닙니다. 나는 단지 이 에너지들이 대개 세 번째 차크라인 태양신경총에서 작용한다는 사실을 말하려는 것입니다.

이 차크라 위에는 가슴의 중추가 있습니다. 가슴은 여러분의 높은 근원에, 여러분이 한때 거주했던 에너지 권역에 여러분을 연결해줍니다. 여러분은 그곳으로부터 에고와 권력의 에너지와는 극명하게 대조되는 이상을 지니고 왔습니다.

이제 작금의 의식 변성 과정에서 일어나고 있는 일은, 태양신경총으로부터 가슴으로 운전대가 넘어가고 있는 것입니다. 이것은 태양신경총을 통째로 방기하거나 뒷전으로 밀쳐둬야 한다는 뜻은 아닙니다. '에고를 제거해야' 한다는 것은 옳은 말이 아닙니다. 그보다 그것은 운전대를 존재의 다른 차원으로 넘겨주기 위한 일, 그럼으로써 여러분의 삶을 가슴의 에너지에다 터 잡게 하기 위한 일입니다. 여러분은 모두가 개인적인 삶에서나, 아니면 특히 직업이나 창조적 작업 분야에서 이런저런 방법으로 이것을 해내려고 애쓰고 있습니다. 여러분은 모두 가슴의 에너지로 전환해가는 이 일에서 친숙감을 느낍니다. 여러분 모두는 그렇게 살면 훨씬 더 큰 기쁨과 평온 속에서 살 수 있게 되리라는 것을 느끼고 있습니다.

(여러분 내면과 주변의) 에고에 중심한 에너지를 다루는 방법과 관련해서 여러분이 거쳐야 할 핵심적인 단계는, 가슴으로부터 태양신경총 에너지(의지와 에고)와 연결을 맺고 그 에너지들을 사랑으로써 다정하게 인도하는 것입니다. 일과 창조성과 돈의 영역에서 풍요를 가져다주는 것은 가슴과 태양신경총 사이의 (더 일반적으로는 상부와 하부 차크라들 사이의) 연결입니다.

그렇다면 여러분이 가슴으로부터 행위를 하고 있는지, 아니면 두려움이나 에고로부터 행위를 하고 있는지를 어떻게 판별할 수 있을까요? 가슴의 에너지를 일상생활 속에서 알아차릴 수 있도록 도와줄 두 가지 중요한 성질을 말해주려고 합니다. 첫 번째 성질은 용을 쓰지 않는, 단순함과 편안함입니다. 나는 그것을 간단히 편안한 흐름이라 부르겠습니다.

편안한 흐름

여러분은 자신이 원하는 것을 얻기 위해 싸우며 발버둥치는 데에 익숙해져 있습니다. 특히 직업세계에는 경쟁과 에고의 싸움이 넘쳐납니다. 자신의 가치를 증명하고 인정받기 위해서는 종종 자기가 아닌 사람도 되어야만 합니다. 이것은 여러분 가슴이 열망하는 것과는 상반됩니다. 가슴은 그보다 훨씬 더 자연스러운 존재를 열망합니다. 가슴의 에너지는 압박을 가하지 않으며, 천성이 매우 부드럽고 온화합니다. 가슴 에너지는 직관을 통해 말합니다. 가슴은 부드럽게 제안하고 밀어주지, 결코 두려움이나 압박의 감정이 밴 말을 하지 않습니다.

일상생활 속에서 여러분은 일이 순조롭게 풀려서 자연스럽게 제 길을 찾아가는지, 아니면 이루려고 애쓰는 일이 번번이 저항에 부딪히는지를 분명히 알아차릴 수 있습니다. 만약에 후자라면 그것은 여러분이 가슴의 에너지에 조율되지 ― 혹은 제대로 조율되지 ― 않았다는 뜻입니다. 가슴 에너지의 비밀은, 힘으로가 아니라 편안함과 부드러움으로써 기적을 행한다는 데 있습니다.

자신의 직관을 과감히 신뢰하는 것이 내가 '편안한 흐름'이라 부르는 가슴의 에너지 흐름에 동조하는 가장 중요한 방법입니다. 창조적인 일을 할 때 직관에 따라 행동하면 설사 자신의 일터 문화에 역행하는 행위라 할지라도 뜻밖의 가능성과 기회를 만들어줄 것입니다. 직관을 따르는 행동은 여러분을 여러분의 신성한 자아에게로 데려가서 가슴 차원의 힘을 부여해줄 것입니다. 그리고 그 자체가 여러분 가슴의 소망을 이루어줄 장소와 사람들을 여러분에게로 끌어올 것입니다.

일에서 문제를 겪을 때, 자신의 일터에서 적합한 자리에 있지 않다고 느낄 때는 혼자서 고요한 시간을 가져보세요. 환경과 사회로부터 받아들인 모든 생각과, 그에 수반하는 모든 두려움과 근심을 놓아 보낼 고요한 순간을 찾아보세요. 이 생각과 감정들을 가슴 한가운데의 고요하고 그윽한 자리로부터 바라보도록 해보세요. 그들을 있는 그대로 바라보세요. 그것은 태양을 가리고 떠 있는 구름입니다. 그러나 그것은 여러분이 아닙니다. 가슴속 그 태양의 한가운데로 가서 여러분의 신성한 자아에게 지금 무엇을 하는 것이 현명한 일인지를 물어보세요. 여러분의 오래고 지혜로운 가슴, 가장 높은 창조성의 근원에 접속하고 여러분의 직관에게 이 순간 무엇이 옳은 일인지를 말해달라고 하세요. 외부의 견해나, 특히 일터를 지배하는 사회적 행동규범을 따라 행동하려고 애쓰지 마세요. 직업세계의 사회적, 집단적 의식은 두려움에 단단히 뿌리를 박고 있습니다. — 일자리를 잃을 것에 대한 두려움, 사회적 실패에 대한 두려움, 궁핍에 대한 두려움 등등. 이 모든 두려움이 여러분의 직관에 그늘을 드리우더라도 내면의 목소리는 여전히 여러분이 지금 당장 해야 할 일을 일러주고 있습니다. 열쇠는 용기를 내어 이 목소리에 귀를 기울이는 것입니다. 그러면 여러분은 그것이 떠올려주는 진정한 해결책을 발견할 것입니다.

내면의 한가운데로 다가가려고 하면 자기의심이 여러분을 가로막아 가슴에 느껴지는 직관과 의향을 비현실적이고 잘못된 것으로 여기고 멀리하게끔 만들 것입니다. 자기의심은 여러분 앞에 펼쳐진 영적 행로를 신뢰하지 못하게 막을 것입니다. 영적 행로란 여러분의 가장 높은 창조성의 원천, 여러분을 통해 밖으로 흘러나가고 싶어하는 창조적 에너지와 교감하게 해주는 경험의 경로를 뜻합니다. 이 에너지는 이미 거기에 있습니다. 하지만 여러분은 오직 자신의 느낌에 귀 기울이고 그것을 신뢰함으로써만 그것을 인식하고 외부세계에서 실현할 수 있습니다. 영혼은 느낌을 통해 말하기 때문입니다. 외부에는 안전의 보장이 없습니다. 신뢰가 필수적입니다. 자신의 느낌이 데려가고 있는 방향을 받아들여 직관에 따라 행동하는 것은 곧 가슴의 인도에 자신을 열어 에고에 중심한 의식으로부터 가슴에 중심한 의식으로 진정으로 전환해가는 것입니다.

여러분은 태양신경총이 지배하는 단계의 끝에 다다랐습니다. 여러분의 영혼은 그런 존재 방식을 놓아 보내려는 의도를 품고 이생으로 들어왔습니다. 그리고 여러분은 모두 가슴으로부터 자신의 창조성을 표현하고자 하는 깊은 욕구를 품고 있습니다. 나는 여러분이 이 단계에서 자신을 신뢰하고 이 길을 계속 나아가기를 권합니다. 여러분은 이미 이 세상에 아주 귀한 새로운 에너지를 가져오고 있으니까요. 이 에너지는 종종 여러분도 알아차리지 못하는 가운데 변화를 가져옵니다. 여러분은 스스로 깨닫는 것보다 더 많은 선을 행하고 있습니다. 여러분은 가슴의 흐름을 신뢰하고 편안한 흐름을 과감히 따름으로써 새로운 시대의 탄생을 돕고 있습니다. 그러니 의심하지 말고 여러분의 길을 계속 가십시오.

가슴의 에너지는 직업세계를 지배하는 경쟁적이고 가혹한 에너지보다 훨씬 더 고요하고 부드럽습니다. 이 때문에 가슴에 중심을 둔 채 에고에 중심한 에너지에 둘러싸여 있으려면 용기와 힘이 필요합니다. 하지만 나는 여러분께 이렇게 말합니다. ─ 가슴의 흐름을 따르면 결국 여러분은 매우 실질적이고 현실적인 창조적 가능성을 만나게 될 것입니다. 그것은 여러분에게 물질 차원의 풍요를 가져다줄 것입니다. 이 흐름에 자신을 내맡기는 것은 믿음과 용기의 행위입니다.

나는 가슴의 에너지의 두 가지 중요한 성질을 이야기하겠다고 했고, 먼저 편안한 흐름에 대해 이야기했습니다. 이제는 내가 풍성한 흐름이라 부르는 풍요의 흐름에 대해 이야기하겠습니다.

풍성한 흐름

가슴의 에너지는 여러분 삶 속의 진정한 풍요의 원천입니다. 풍요는 육체적, 물질적 차원에서부터 감정적, 사회적, 그리고 영적 차원에 이르기까지 삶의 모든 영역과 관련됩니다. 여러분은 스스로 즐기게끔 되어 있고 이 모든 차원에서 풍성하게 누리게끔 되어 있습니다. 여기서 나는 특히 물질적 풍요의 문제를 다루고자 합니다. 이것은 빛의 일꾼 영혼들에게 특히 중요한 의미를 지니고 있기 때문입니다.

빛의 일꾼 영혼들과 영성을 지향하는 이상주의적인 사람들은 대개 돈을 매도하는 경향이 있습니다. 그들에게 돈은 저급한 에너지로 죄악시되지요. 이렇게 매도하는 것은 그들이 돈을 다른 사람들을 착취해서 얻어진 부와 권력에 결부시키게 되었기 때문입니다. 실제로 돈은 권력과 같은 말이 되어버렸습니다. 이 글을 읽는 많은 사람들에게 물질적 풍요의 흐름이 차단된 주된 원인도 바로 이 같은 결부 때문입니다.

또한 영성에 깊이 몰두한 빛의 일꾼 영혼들은 돈을, 초월해야만 할 천박하고 사소한 삶의 소품에 결부시킵니다. 여기에는 물질세계를 떠나 내핍과 고행과 금욕 수행을 했던 전생에서 비롯된 온갖 신념들이 작용하고 있습니다. 이들은 이런 생애들을 오로지 영적 해탈만을 목표로 삼고 홀로 살았습니다. 이런 생애들의 에너지가 아직도 여러분의 에너지장 전체를 진동시키고 있습니다. 그 결과 여러분은 자신을 좁아지게 만드는 일종의 '엄격한' 태도를 가지게 됩니다.

그러나 돈은 아무런 죄가 없습니다. 돈은 사실 순수한 잠재능력을 상징하는 에너지의 흐름입니다. 돈은 기회를 제공해줍니다. 돈은 잠재적 가능성이고 거기에는 잘못된 것이 하나도 없습니다. 내가 돈을 받는 것이 곧 다른 이의 출혈에 기대는 행위도 아닙니다. 돈을 가지고 다른 이들을 위해 아름답고 좋은 것들을 만들어낼 수 있습니다. 기쁘게 돈을 받음으로써 여러분은 자신과 타인을 위해 풍요의 흐름을 확장시킵니다. 창조의 나선은 반드시 받아들이는 흐름도 일으키게 되어 있습니다. 그를 통해 받기와 주기의 균형이 이루어집니다. 이것이 가슴의 길입니다. 그러니 돈을 받는 것을 두려워하지 마세요.

여러분이 자신의 가장 고귀한 재능과 선물을 세상과 나누면서도 자신이 원하고 필요로 하는 것을 세상에 요구하기는 주저하는 것을 지켜보는 것은 슬픈 일입니다. 구시대의 온갖 분별과 판단이 여러분으로 하여금 진정으로 자신을 옹호하여 나서서 받아들이고 즐기지 못하게끔 가로막고 있습니다. 하지만 우주의 비밀은 균형입니다. 우주는 여러분이 이생에서 가장 높은 잠재력을 표현하도록 모든 차원에서 지원을 받아야 한다는 것을 알고 있습니다. 거기에는 죄악이라 할 만한 것이 없습니다. 가슴으로부터 진정으로 창조력을 발휘하면 받아들이는 흐름 또한 끌어들이게 됩니다. 그리고 오직 그것이 흘러 들어오도록 허용함으로써만 밖으로 흘러나가는 창조성이 계속 살아서 진동하게 할 수 있습니다.

여러분은 자신이 삶 속에서 돈의 흐름을 차단하고 있거나 부지중에 돈에 대한 혐오감을 가지고 있다는 사실을 자각하지 못하고 있을 수 있습니다. 잠시 시간을 내어 돈에 대한 자신의 가장 내밀한 생각과 감정을 들여다보면 그것이 어떻게 여러분의 삶에서 풍요의 흐름을 차단하고 있는지를 쉽게 알 수 있습니다. 여러분은 지상의 삶을 즐기게끔 되어 있다는 사실을 깨달으세요! 감각을 달래주는 아름다운 것들에서 기쁨을 얻거나, 가슴을 영감으로 가득 채우는 것은 자연스러운 일입니다. 이곳은 여러분의 집이고 꽤 오랫동안 살아갈 장소이니 여러분의 물질적 환경도 원하는 만큼 스스로 창조해내도록 허용하세요. 그저 지구와 그 물질적 현실을 사랑하는 것만으로도 여러분은 풍요의 흐름을 만들어내게 될 것입니다. 지구는 여러분이 단지 영적으로 성장하고 진화해가기 위해서만이 아니라 한 인간으로서 그저 삶을 즐기는 데 필요한 모든 것을 제공해주고 싶어하므로 여러분의 말에 귀를 기울일 것입니다.

그러니 물질적 풍요에 대한 여러분의 태도를 최대한 깊은 차원에서 성찰해보세요. 그리고 실로 풍요의 흐름이 어떻게 여러분에게 새로운 지구의 건설을 도울 기회를 제공하는지, 여러분의 꿈을 어떻게 가장 밀도 높은 차원계에서 실현할 기회를 제공해주는지를 느껴보세요. 지금은 저잣거리를 떠나 산속에서 홀로 명상에 빠져 있을 때가 아닙니다. 지금은 여러분의 에너지가 세상으로 흘러들게 하고, 그 응답으로서 돌아오는 모든 것을 마음껏 받아들일 때입니다. 풍요를 받아들이기를 두려워하지 마세요. 자신의 기여를 스스로 높이 사고, 그 노력의 대가를 충분히 받아들이는 것도 균형 잡힌 영적 인간이 되는 일의 일부입니다.

'풍성하다'는 말에 대해 좀더 이야기하고 싶습니다. 가슴의 에너지는 먼저 편안한 흐름으로 특징지어질 수 있다고 말했습니다. 일이 쉽게 성사되어 여러분에게 필요한 모든 것이 여러분의 길에 절로 나타나면 그것은 여러분이 가슴의 흐름과 함께 잘 가고 있다는 징표입니다. 내가 구분 지은 두 번째 에너지 흐름은 풍성한 흐름입니다. '풍성하다'는 말은 온전한 인간 천사가 되기 위해 내가 지금 필요로 하는 모든 것이 제공되고 있다는 뜻입니다. 풍성한 흐름 속에서 산다는 것은 지금 가지고 있는 것에 만족과 감사를 느낀다는 뜻입니다. 물질적, 감정적, 정신적, 영적 차원에서 여러분을 둘러싼 환경에 의해 부양받고 있음을 느끼는 것입니다. 그것이 풍요입니다. 그것이 풍성하게 가지는 것입니다.

풍성한 흐름을 경험한다는 것은 지금 이 순간 가지고 있는 것을 즐긴다는 뜻입니다. 풍요를 경험하는 것이 일종의 주관적인 마음의 상태임은 여러분도 모두 알고 있습니다. 그것은 상황에 좌우됩니다. 소유한 물질이 양적으로 얼마나 많은가는 여러분이 경험하는 즐거움의 양과 반드시 직결되지 않습니다. 풍요를 경험한다는 것은 부자가 되는 것이 아닙니다. 그것은 여러분을 둘러싸고 있는 모든 것에서 부를 경험하는 것입니다. 어떤 종류의 물질적 풍요가 자신을 만족시키고 채워주는지를 스스로 알아내야 합니다. 어떤 사람들에게는 그것이 호젓한 오두막에서 홀로 자연을 마음껏 누리며 사는 것을 의미할 수도 있습니다. 또 다른 사람들에게는 그것이 도심의 호화로운 집에서 살면서 북적거리는 도시생활을 즐기는 것을 의미할 수도 있습니다. 우리 쪽에서도, 신이나 영의 관점에서도, 이런 형태의 삶에 대해 아무도 판단을 가하지 않습니다.

여러분에게 풍성하다는 것이 어떤 의미인지는 스스로 알아내야 합니다. 요점은 여러분을 행복하게 해주는, 여러분이 정말 충만한 삶을 살고 있다고 느끼게 해주는 흐름을 찾는 것입니다. 그것이 풍성한 흐름입니다. 여러분은 그것을 자신이 소유한 물질의 양이 아니라 일상의 삶 속에서 느끼는 희열과 충만감을 통해 인식할 수 있습니다. 풍성하다는 것은 느낌이지 물건이 아닙니다.

이 흐름에 동조되지 않고 벗어나는 데는 두 가지 형태가 있습니다. '풍성한 것보다 더 많은 것'을 원하거나 '풍성한 것보다 적은 것'을 원할 수는 없습니다. '풍성한 것보다 더 많은 것'을 원한다면 여러분은 진정으로 필요하지 않거나 진정으로 즐기지 못할 물질적 부를 갈망하고 있는 것입니다. 너무 많은 소유는 삶을 복잡하게 하고 실제로 여러분의 기쁨을 일부 앗아갑니다. 기쁨은 단순하고 멋진 삶 속에서 피어납니다. 풍성한 것보다 더 많은 것을 얻으려고 애쓸 때, 여러분은 대개 미래에 대해 든든한 느낌을 느끼기 위해서 그렇게 합니다. 여러분은 그저 돈이 주는 안전감 때문에 돈을 가지고 있는 느낌에 중독될 수 있습니다. 하지만 그것은 지금 이 순간 속에서 풍요를 경험하는 것이 아닙니다. 그것은 물질적 부의 한가운데서 결핍을 경험하는 것입니다! 진정 풍성한 흐름 속에 있으려면 과감히 두려움을 놓아보내고 지금 있는 것을 즐겨야 합니다. 바로 이 즐기는 마음이 여러분의 삶 속에 더 많은 즐거움을 끌어올 것입니다. 그것이 풍성한 흐름을 계속 유지시켜줄 것입니다. 하지만 물질적 안정감이 더 필요하다고 생각하기 시작한다면 여러분은 두려움 속으로 빠져들고 있는 것입니다. 필요한 것은 더 큰 신뢰와 더 적은 두려움인데 말입니다.

'풍성한 것보다 적은 것'에 만족해도 여러분은 역시 두려움에 갇히는 것입니다. 여기서 그 두려움이란, 세상을 향해 자신을 정말로 열어젖히는 것, 자신을 표현하고 또한 그로부터 대가를 받는 것에 대한 두려움입니다. 여러분은 삶을 정말 충만하게 살기가 두려운 것입니다. 여러분은 자신이 그럴 자격이 없다고 생각할 수도 있고, 그럴 능력이 없다고 생각하거나 자신의 있는 그대로를 모두 받아들이고 그에 대한 온전한 인정을 받아들이는 것이 죄스러운 일이라고 생각할 수도 있습니다. 여러분에게 필요한 것은 자신의 본연의 아름다움과 순진무구함을 느끼는 것입니다. 여러분은 자신을 표현하고 있는 그대로의 자신으로서 사랑받게끔 되어 있습니다. 여러분의 영혼의 재능을 세상에 나누면 세상은 더 아름답고 빛나는 곳이 됩니다. 그리고 세상은 풍성한 대가로써 여러분을 축복하고 싶어합니다. 우주는 풍요롭도록 설계되어 있고, 순수하고 조건 없는 사랑인 자신의 진정한 본성에 마음을 열기만 하면 여러분도 그 흐름의 일부가 될 수 있습니다.

'풍성함'은 존재 본연의 상태입니다. 여러분은 모두가 풍성함을 경험하기 위해 여기에 있습니다. 풍성한 흐름은 여러분 모두에게 열려 있습니다. 그보다 적은 것으로 만족하는 것은 정말 의미가 없습니다. 금욕이나 자발적인 궁핍으로 자신이 발전하리라는 생각은 맞지 않습니다. 그보다는 그 때문에 오히려 괴로움과 적개심만 키우게 될 가능성이 더 많습니다. 풍요롭지 못한 것을 영적으로 합리화하려고 하지 마세요. 여러분은 모두 삶을 한껏 즐기기 위해서, 자신의 창조적 에너지를 세상에 흘려보내기 위해서, 그리고 그 대가로 기쁨과 만족과 물질적 풍요를 받아들이기 위해서 여기에 와 있습니다.

풍성한 흐름 창조하기

자신이 풍성한 흐름에 들어 있지 않다고 느낀다면 현재의 삶의 환경을 살펴보고, 그것을 자신에게 전해지는 에너지적 메시지로 해석하세요. '이것이 지금 내가 창조하고 있는 현실의 모습이구나.' 그것을 가지고 자신이든 누구든 심판하지는 마세요. 그저 그것을 알아차리세요.

그런 다음 그것이 집이든 여러분의 사회생활이든 직장이든 간에 현재의 환경의 에너지를 느껴보세요. 그리고 그것을 여러분이 가슴속에서 진정으로 열망하고 있는 것과 비교해보세요. 시간을 충분히 가지고 여러분이 원하는 것을 정말로 느껴보세요. 모호한 불만감이나 불안감 정도에서 만족하지 말고 자신이 삶에서 무엇을 원하는지를 명확히 정의하세요.

이로써 여러분은 없는 것에 대한 '결핍'을 자각하게 됩니다. 이로 인한 내면의 고통을 알아차리되, 그 결핍감이나 불만감 속에 주저앉아 있지 마세요. 이것은 여러분의 기분을 상하게 만들기 위한 훈련이 아닙니다. 대신 여러분이 품은 열망에 의식의 초점을 맞추고, 이것이 여러분의 영혼이 여러분을 위해 원하는 것임을 깊이 깨달으세요. 이 열망이 여러분의 영혼이 이 생애에 이루고자 계획했던 방향을 가리키고 있음을 확신하세요. 그것이 실현되도록 우주가 여러분을 도울 것입니다.

가슴 깊이 느껴지는 이 열망에 대한 여러분의 고요히 집중되고 열려 있는 자각만으로도 변화가 일어나게 하기에 충분합니다. 자신의 본성을 깨닫는 것이야말로 여러분의 일상에 변화를 일으키는 가장 큰 자석입니다. 물질적 차원에서 변화를 일으키려고 애쓸 필요는 없을뿐더러 아무 소용이 없습니다. 열쇠는 자신이 열망하는 그것을 깊이(감정적으로는 말고) 느끼고, 그런 후에는 그것을 여러분 가슴의 처분에 맡겨두는 것입니다. 그저 놓아버리고 믿으세요.

삶 속의 일들이 변화하기 시작할 것입니다. 어쩌면 여러분은 먼저 자신의 사고방식이나 느낌이나 사람들에 대한 반응 속에 깊이 각인되어 있는 자신의 습관을 좀더 가까이 들여다보기 시작하게 될 수도 있습니다. 그런 후에 여러분의 진정한 목표에 이바지하지 않는 인간관계나 일이 여러분에게서 떨어져나갈 수도 있습니다. 그리고 여러분의 목표를 향해 서서히, 그러나 확실히 데려다줄 흐름 속으로 자신이 들어서게 될 것임을 믿을 수 있게 됩니다. 삶에서 일어나는 일들을 주의해서 살펴보세요. 사람들이 여러분에게 하는 말이나 행동에는 종종 여러분의 목표와 관련해서 여러분이 서 있는 지점을 알려주는 배후의 메시지가 담겨 있을 수 있습니다.

여러분의 가슴 깊은 소망을 실현하기 위해 물리적 차원에서 필요한 모든 것이 난데없이, 힘들이지 않는 방식으로 삶 속에 나타날 것입니다. 그것은 여러분의 삶 속에 쉽고도 우아하게 들어올 것입니다. 그건 기적처럼 보이면서도 동시에 너무나 마땅한 일로 느껴질 수 있습니다. 그것을 여러분에게 가져다주는 것은 부여잡고 애쓰고 밀어붙이고 용을 쓰는 것이 아니라 자신의 가장 진실한 요구에 대한 고요한 자각, 그것을 직시하려는 여러분의 정직성, 그리고 믿고 놓아 보내는 여러분의 용기입니다. 그와 같은 집중과 내맡김으로써 가슴의 열망을 받드는 것이 풍성한 현실을 여러분 앞에 가져다줄 것입니다.

병과 건강

사랑하는 친구들, 여러분을 따뜻해지는 가슴으로 맞이하며 나의 모든 사랑을 보냅니다. 여러분 한 사람 한 사람을 너무나 사랑합니다. 여러분에 대한 나의 사랑은 보편적이기만 한 것이 아니라 개인적인 것이기도 합니다. 내가 지상에서 살았을 때 여러분 중 많은 이들을 알고 지냈기 때문입니다.

나는 예수아입니다. 나는 예수라는 이름으로 지상에 살았습니다. 내가 사람들 사이에 온 것은 우리 안에 있는 근원으로부터 우리 모두에게 주어진 사랑을 보여주기 위해서였습니다. 이제는 그 횃불을 여러분이 넘겨받을 때가 왔습니다. 여러분은 이제 꽃을 피워내고 있는 씨앗들입니다. 이것이 그리스도 재림의 뜻입니다. 재림하기로 한 것은 한때 지상에서 살았던 한 남자가 아닙니다. 우주적인 그리스도 에너지의 힘이 이제 막 여러분 속에서 태어나고 있는 것입니다. 나는 이 과정을 이처럼 여러분과 함께하면서 여러분을 돕는 것이 너무나 기쁩니다.

이 채널링을 시작하려고 할 때 파멜라와 게릿이 오늘은 어떤 주제를 이야기하고 싶은지를 물었습니다. 그래서 나는 이렇게 말했지요. ─"그건 중요하지 않아요. 난 그저 이 사람들과 함께하고 싶습니다." 나는 그저 나의 에너지로 여러분을 건드려서 여러분 자신의 위대함을 상기시켜주고 싶을 뿐입니다. 나의 에너지를 확장시켜서 여러분께 보내는 유일한 목적은 여러분이 자기 내면의 명료한 의식의 불꽃, 여러분의 진실의 불꽃을 느끼게 하는 것입니다. 그것이 그리스도 에너지의 본질입니다. 나는 이 불꽃을 쳐들었던 선구자이지만 이제는 여러분이 그 횃불을 들 차례입니다. 자기 내면의 본성을 자각하는 것이 중요합니다. 이 횃불을 쳐드세요. 그것을 세상에 보여줄 때가 온 것을 깨달아야 합니다. 세상이 그것을 기다리고 있습니다. 지금은 변성의 시기입니다. 어둠과 빛의 온갖 얼굴을 보여주고 있는 크나큰 변화의 시기입니다. 넓은 시야를 가진 사람들, 차분하고 평화로운 마음으로 어둠과 빛의 모든 현현을 지켜볼 수 있는 사람들, 그리고 심판함이 없이 사랑 속에 머물 수 있는 사람들을 위한 때가 왔습니다.

오늘은 병과 건강에 대해 이야기하겠습니다. 하지만 명심하세요. 기본적으로, 나의 관심사는 내가 여기 있음을 여러분이 느끼도록 하는 것, 나에게 여러분은 동등한 존재이고 여러분에게도 내가 동등한 존재임을 여러분이 느끼도록 하는 것입니다. 우리는 하나이고 우리는 특별한 빛 에너지를 전하는 이들입니다. 우리는 이 에너지가 지구에 뿌리를 내리게, 닻을 내리게 하기 위해 오랜 세월 동안 여러 생에 걸쳐 일해왔습니다. 그것이 여러분이 할 일입니다. 그것이 여러분의 사명입니다.

나를 우러러 받들어야 할 존재로 바라보는 태도를 버릴 때가 왔습니다. 나는 여러분의 형제이고 친구이지 추종해야 할 스승이 아닙니다. 나는 사랑과 진실의 에너지로 여러분을 감싸고자 합니다. 그것이 내가 할 수 있는 일의 전부입니다. 이제는 여러분이 홀로 일어서서 여러분의 횃불이 빛을 발하게 해야 할 차례입니다.

병과 건강 ─ 이것은 모든 사람이 삶 속에서 늦든 빠르든 당면해야만 할 주제입니다. 우선 병이란 것이 실제로 무엇인지부터 이야기하고 싶습니다. 모든 질병은 영적인 차원에 그 기원을 두고 있습니다. 여러분이 가지고 있는 다양한 신체들을 구분 지어서 설명해보겠습니다. 여러분은 육안에 보이는 육체와 더불어 눈으로 볼 수 없는 감정체, 정신체, 그리고 영체라 부를 수 있는 것도 가지고 있습니다.

병은 주로 감정체에서 시작됩니다. 물질 차원의 육체에 어떤 폐색 상태가 자리 잡는 것은 이 감정체에서부터 비롯됩니다. 흔히는 정신체의 신념 ─ 깊이 각인된 믿음이나 사고습관 ─ 이 감정적 폐색이 일어나게 만들고, 그것이 병으로 나타납니다. 그 신념이란 대개 자신에 관해 무엇이 옳고 무엇이 그른가 하는 데 대한 신념들입니다.

분별과 판단은 여러분의 감정적 에너지 체계 속에 말 그대로 폐색을 만들어냅니다. 막힘이 일어나는 곳, 감정 에너지가 자유롭게 흐르지 못하는 곳에서는 오라aura에 어두운 에너지 같은 것이 보이는데, 이 에너지가 육체에 자리 잡을 수 있습니다. 반드시 그렇게 되지만은 않는 것은, 이 과정은 시간이 제법 걸리고 그것이 병으로 나타나기 전에 감정적 균형을 회복할 기회는 충분히 있기 때문입니다.

에너지가 흐르지 않을 때는 보통 여러분의 감정이 그것을 알려줍니다. 그리고 그 메시지를 존중하여 그쪽으로 주의를 돌려주면 폐색이 풀립니다. 예컨대 어떤 일을 해야 하게 될 때마다 짜증과 화가 날 수도 있습니다. 그때 그 감정들을 잘 들여다보면 그것은 지금 여러분이 자신의 본성이나 자신이 되고자 하는 모습과는 실제로 어울리지 않는 일을 하도록 자신을 몰아붙이고 있다는 사실을 알려줍니다. 그런데 일부러 그 화를 계속 무시해버리고 정말로 하고 싶지 않은 일을 하도록 자신을 강요하면 감정은 지하로 숨어듭니다. 그것은 의식에서 철수하여 몸에서 자신을 표현합니다. 억압된 감정이란 여러분이 귀 기울여주기를 원하는 하나의 에너지입니다. 그것이 육체를 통해 자신을 표현할 때, 그것이 몸의 부조로 나타납니다.

일반적으로 육체적 증상, 곧 병은 여러분이 대체로 자각하지 못하고 있는 내면의 감정상태를 가리켜 보여줍니다. 육체적 증상은 그것이 물질 차원에서 여러분의 육안에 보이게 만들어서, 사실은 그를 통해 여러분이 그 폐색상태와 교감할 수 있도록 도와주고 있는 것입니다. 그러니까 육체적 증상이나 통증은 영혼의 언어입니다. 영혼은 자신의 모든 부분들 사이에 온전한 소통이 이루어지기를 소망합니다. 영혼은 에너지가 자유롭게 흘러서 자신의 모든 측면들이 끊임없이 새로워질 때 행복을 느낍니다. 폐색은 에너지가 자유롭게 흐르지 못하게 하고, 그것은 영혼을 우울해지게 합니다.

그러니 병은 가리켜주는 자의 역할을 하고 있는 것입니다. 병은 여러분에게 치유가 필요한 곳을 알려줍니다. 병은 여러분을 온갖 증세와 고통에 시달리게 한다는 점에서 좋지 않은 것처럼 보이지만, 병을 하나의 메시지나 신호로 해석하면 그것이 바로 비밀의 열쇠가 됩니다. 그렇게 하면 여러분은 병에 저항하지 않고 오히려 서로 협조할 수 있게 됩니다.

영혼은 여러분과 소통하는 다양한 방법을 가지고 있습니다. 영혼이 좋아하는 방법은 말 없는 어떤 느낌, 육감, 가슴의 부드러운 속삭임 등으로 직관을 통해 소통하는 것입니다. 그렇게 해서 통하지 않는다면 감정이 여러분에게 경고를 보낼 것입니다. 감정은 좀더 큰 목소리의 언어로 말합니다. 그것은 여러분에게, 내면을 살펴서 무엇이 그런 감정적 반응에 불을 붙이는지를 밝혀내야 한다는 사실을 분명히 보여줍니다. 감정에 강하게 사로잡힐 때마다 여러분은 그 이유와, 그것이 여러분에게 무엇을 뜻하는지를 알아내야만 합니다. 침묵 속에서 주의 깊게 귀를 기울이고 있으면 영혼이 그것을 말해줄 것입니다. 감정에 저항하거나 감정을 부인해버리면 이제 영혼은 여러분의 몸을 통해 말을 할 것입니다. 몸은 지적인 존재여서 단지 여러분이 섭취하는 물질적인 것들(음식이나 음료)뿐만 아니라 여러분이 가진 감정, 느낌, 생각에도 매우 예민하게 반응합니다. 몸은 소통자가 되게끔 만들어져 있습니다. 그것은 단순히 여러분의 거처로서만 존재하는 것이 아닙니다. 몸은 영혼이 물질 속에서 자신을 표현하면서 자신을 알아가게끔 도와주는 지적인 기능과 역할을 가지고 있습니다.

영혼이 몸을 통해 병으로 표현된다면 그 언어를 이해하는 법을 어떻게 배울 수 있을까요? 병이 모습을 드러내는 순간에는 그것이 여러분에게 어떤 메시지를 전하고 있는지가 분명하지 않을 수 있습니다. 사실 여러분은 그것이 대변하고 있는 감정을 오랫동안 외면해왔기 때문에, 병이 여러분에게 하려고 하는 말이 무엇인지를 분명히 이해하지 못하는 게 당연합니다. 병의 영적 의미를 이해해가는 것은 하나의 과정입니다. 그것은 여러분이 소통의 능력을 서서히 회복해가게끔 해주는 내면의 여정, 하나의 탐구과정입니다.

이 여정에 나서려면 우선 여러분의 병을 받아들여야만 합니다. 병에 대한 처음의 반응은 대개가 부인이나 저항입니다. 여러분은 병이 최대한 빨리 사라져주기를 바랄 겁니다. 병은 여러분을 겁에 질리게 하기 때문이지요. 여러분은 고장과 쇠퇴와 장애, 그리고 결국은 죽음을 맞게 되는 것을 두려워합니다. 육체적 낙오인 병에 직면하면 여러분은 공황상태에 빠져서 마음을 열고 더 넓은 시야로 병을 바라보지 못하게 됩니다. 하지만 병을 다른 시각으로부터 조명하여 바라볼 수도 있습니다. 그것을 변화의 메시지, 여러분이 잃어버렸던 귀한 어떤 것으로 돌아가라는 권유로 경험할 수도 있습니다.

병을 하나의 '신호'로 이해하고 병과 협력하기 위해서는 몸을 통해 자신을 드러내 보여주고 있는 병의 증상과 고통을 긍정하고 받아들이는 것이 매우 중요합니다. 몸의 상태를 긍정하고 그것을 통해 영혼이 하고 싶어하는 말에 기꺼이 귀를 기울인다면 여러분은 사실상 문제의 반을 이미 푼 것입니다. 진짜 문제는 병 그 자체가 아니라 그것이 가리키는 것, 배후의 에너지 폐색상태입니다. 말하자면 병은 여러분을 붙들고 하소연하면서 여러분이 배후의 이 폐색을 들여다봐주기를 강력히 요구하고 있는 것입니다. 고개를 돌려 병을 직면하고 가슴과 영혼으로 그것을 긍정하고 받아들인다면 여러분은 그 병이 무엇을 말하고자 하는지는 아직 정확히 모르더라도 이미 막힘의 일부를 뚫은 것입니다. 기꺼이 나서는 여러분의 태도, 이 내면의 여정을 떠나겠노라는 결심과 인내심만으로도 이미 대화통로의 일부는 회복된 것입니다.

하지만 병을 긍정하고 안아 들이는 것은 쉽지 않습니다. 여러분은 그것에 저항하고 노여워하고 절망하면서 그것이 이미 말하고 있는 것에 귀를 주지 않으려고 하는 자신의 모습을 발견하게 될 것입니다. 여러분은 구체적인 단서를 자주 얻고 있습니다. 예컨대 신체의 장애는 여러분이 일손을 놓고 활동을 줄이면서 혼자서 조용한 시간을 더 많이 갖고 자신에게 필요한 것이 무엇인지를 잘 귀 기울여 돌봐야 한다는 사실을 말해주고 있습니다. 현재의 육체적 상태를 영적인 차원에서는 어떻게 해석해야 할지는 아직 모를지라도, 병이 여러분에게 어떤 행동을 강요하고 있다면 그것은 종종 분명한 단서가 됩니다. 병은 특정 분야에서 여러분을 제약함으로써 여태껏 어둠 속에 가려져 있던 것들을 비춰서 드러내주고 있는 것입니다. 자신을 상냥하고 참을성 있게 대하는 능력은 어떻습니까? 여러분은 자신의 육체적, 감정적 요구를 정말 잘 돌봐줄 수 있나요? 병은 언제나 이런 질문을 제기합니다. 그리고 그것이 일으키는 감정을 직면하여 받아들이는 것이야말로 치유과정의 일부입니다.

치유의 과정이 정말로 시작되게 하려면 고통과 불편과 초조와 불안과 분노, 이 모든 것을 긍정하고 받아들여야만 합니다. 그것을 우호적인 눈으로 똑바로 들여다보면서 손을 내밀어야 합니다. 그것은 치유되기 위해서 여러분에게 오고 있는 것입니다. 그것은 최대한 빨리 길에서 치워내야 할 장애물이 아닙니다. 그것이 지금 여러분의 삶에 들어온 것은 그저 우연히 일어난 사고가 아닙니다.

몸의 말을 무시하고 병에 계속 저항하면 그것의 영적 의미와 본질을 통찰하는 것이 매우 어려워집니다. 너무나 많은 분노와 두려움이 그것을 둘러싸고 있습니다. 자신의 병과 고통과 불편과, 또한 두려움과 혐오의 느낌을 똑바로 대면할 때만 진정으로 내면의 자유를 얻을 수 있습니다. 그것을 안아 들이고, 열린 의식으로 조용히 물어보세요. ― '내게 하고 싶은 말이 뭐니?'

여러분의 사회에서는 자신의 몸과 친밀해진다는 것이 무슨 뜻인지가 자명하지 않습니다. 몸을 사랑과 존중을 받을 자격이 있는 존재인 것처럼 여기고 말을 거는 것이 자연스러운 일로 간주되지 않습니다. 여러분의 사회에는 몸매는 어때야 하고 건강과 체력의 의미는 무엇이고 무엇을 먹어야 하거나 먹으면 안 되는지에 대한 온갖 이상화된 이미지만 넘쳐납니다. 건강하게 장수하는 삶에 대한 온갖 규칙과 기준이 난무합니다.

이 모든 이상화된 그림들은 영혼의 길과는 아무런 상관도 없습니다. 영혼의 길은 지극히 개인적인 길입니다. 그러므로 여러분의 몸이 시달리고 있는 모든 질병과 만성병과 고통에 관한 진실을 밝혀내려면 이 모든 일반적이고 종종 인위적인 규칙과 기준은 내버려두고 자기 자신과 매우 친밀하게 공감하며 다가가서 그 내면으로 들어가야만 합니다. 이 모든 외부적 기준을 내려놓고 내면 깊이 자기만의 진실을 찾아 떠나야 합니다.

이것은 여러분에게는 큰 도전입니다. 병에 걸렸을 때 사로잡히게 되는 두려움과 공황이 여러분으로 하여금 곧장 외부의 권위를 찾아 두리번거리게 만들기 때문입니다. 여러분은 외부의 권위자를 찾아가서 위로와 충고의 말을 구합니다. 그것은 의사일 수도 있고 대안요법 전문가일 수도 있습니다. 사실 어느 쪽이든 차이는 없지만요. 요점은, 여러분은 두려움 때문에 스스로 책임지기를 포기하고 그것을 부분적으로 다른 누군가에게 떠넘겨버리게 된다는 점입니다.

물론 전문가의 충고에 귀를 기울이는 것 자체는 잘못된 것이 전혀 없습니다. 오히려 많은 경우 이렇게 하는 것이 현명한 일입니다. 하지만 그 지식을 가져와서는 항상 자신의 가슴속의 저울에다 달아봐야만 합니다. 그 충고가 여러분에게 울림을 주는지를 느껴보세요. 오로지 여러분만이 여러분 삶의 진정한 창조자요, 여러분 몸의 주인입니다. 오로지 여러분만이 자신의 몸에 무엇이 가장 좋은지를 압니다. 진실로 진실로, 여러분은 자기 몸의 창조자입니다.

병은 부분적으로 여러분 의식의 시야 너머에 갇혀 있는 감정을 상징하므로 그 병이나 증세가 가리키고 있는 것이 무엇인지를 이해하기가 늘 쉽지만은 않습니다. 어떤 때는 특정한 병을 통해 영혼이 하려고 하는 말이 무엇인지를 알아내기가 매우 어려워 보입니다. 이럴 때는 그 병으로써 자신을 나타내고 있는 것이 어떤 종류의 에너지인 지와, 그것이 무엇을 이야기하려고 하는지를 점차 자각하게 되리라 는 기대를 품고 내면으로 들어가서 자신을 속속들이 살펴볼 필요가 있습니다.

자신의 몸과 친밀한 관계를 회복하는 데는 훈련이 필요합니다. 그 것은 당연한 듯이 누릴 수 있는 관계가 아닙니다. 너무 쉽게 포기하 지 마세요. 만성적인 증상을 다루고 있다면 그것을 다시 한 번 살펴 보세요. 잠시 자신을 편안히 이완시키고 중성의 의식으로써 병이 자 신을 표현하고 있는 신체부위를 돌아다니며 탐사해보세요. 고통이 나 병에게, 생명체의 형상을 취하여 여러분이 말을 걸 수 있게 해달 라고 부탁하세요. 그것이 동물이나 아이나 인간의 모습으로 나타나 도록 부탁하세요. 아니면 어떤 모습이든 안내자로 나타나도록 부탁 하세요. 상상력을 동원하세요! 상상력은 영혼 가장 깊은 곳의 동요動 搖를 찾아내는 귀한 도구입니다.

여러분이 그렇게 하고, 또 몸이 그에 응답해온다면 — 이미지나 느 낌으로써 — 여러분은 환희를 맛보게 될 것입니다. 회복된 친밀한 관 계로 인해 여러분은 행복을 느끼게 될 것입니다. 몸이 소통자의 기 능을 회복하여 여러분에게 말을 해온 것입니다! 이것은 하나의 돌파 입니다. 자신의 몸을 내부로부터 알 수 있게 되었음을, 그리고 자신 을 위해 그것을 할 수 있는 것은 여러분 자신뿐임을 깨닫는 순간, 여 러분은 더 큰 자신감을 느끼게 됩니다. 이 자신감은 병이 여러분에게 무엇을 말하려고 하는지를 더욱더 쉽게 느낄 수 있게 해줍니다. 이것은 내면의 자아에게서 얻어낸 대답을 외부세계의 통념과 맞지 않는다고 먼지처럼 쓸어내버리지 않게 해줍니다. 몸과의 친밀한 관계는 어떤 상황에서나 매우 소중하지만 몸이 아프거나 지쳐 있을 때는 더욱 그렇습니다.

몸이 말을 하게 만드는 비법은 사랑입니다. 치유의 확언이나 심상화 기법을 열심히 되풀이하면서 병을 없애려고만 애를 쓰면 몸과의 대화는 고무되지 않습니다. 그것 역시 저항과 몸부림의 일종입니다. 열쇠는 여러분이 몸의 아픈 부위의 의미를 이해하게 되는 데에 있습니다. 그것만 이해하면 경과가 바뀌고 감정적 폐색도 제거될 것입니다. 이것이 치유과정이 작용하는 원리입니다. 어떤 식으로든 병과 싸우지 않고 그것을 마치 올바른 길을 가르쳐주려고 애쓰는 친구처럼 반가이 맞아들이는 것 말입니다. 병은 여러분을 겁에 질리게 하고 우울해지게 만들기 때문에 사실 이것은 이해하기가 어렵습니다. 하지만 병을 받아들이고 이해하는 것만이 진정한 치유로 가는 유일한 길입니다. 병은 여러분을 집으로 데려가고 싶어합니다.

만성병과 치명적인 병

병의 목적은 자신에 대한 더 깊은 이해를 얻기 위한 것입니다. 이것을 해내고 내면의 치유과정을 따라가기 시작하면 종종 육체적 회복이 일어납니다. 하지만 언제나 이런 식으로 작용하지는 않습니다.

어떤 병은 여러분이 그 배후의 감정적 폐색의 뿌리까지 다다른 것 같은데도 사라지지 않을 수 있습니다. 만성병의 경우가 그렇습니다.

만성병의 경우 자꾸만 재발하는 끈질긴 증세가 있습니다. 특히 내면의 자아와의 교감이 많든 적든 상실된 취약한 기간에는 증세가 때로는 점점 더 심하게 재발하기도 합니다. 이것은 사람의 사기를 꺾어 놓습니다. 그러므로 병을 좀더 넓은 시야로부터 고찰하는 것이 중요합니다.

만성질병을 앓는 사람들은 매우 도전적인 과제를 떠맡은 것입니다. 영의 차원에 있을 때 그들은, 병과 관련해서 올라오는 두려움을 직면해보기로, 그리고 삶을 어떻게 살아야 한다는 이상을 직면해보기로 동의했던 것입니다. 이런 과제를 떠맡았다는 사실은 그들의 큰 용기를 보여줍니다.

한 영혼이 어떤 특별한 문제를 고도로 집중해서 다뤄보고자 할 때 만성적인 병을 택하는 경우가 흔히 일어납니다. 병은 매번 그를 특정한 감정 속으로 거듭 던져 넣습니다. 이 병에 수반하는 감정은 일정한 패턴을 띠고 있습니다. 이 감정을 끊임없이 다루는 것은 매우 힘겨운 일이지만, 그것은 영혼을 위해 좋은 결실을 맺어줍니다.

이런 생은 대부분, 남의 눈에는 잘 띄지 않지만, 매우 심오한 의미와 높은 내적 질을 지니고 있습니다. 그러므로 끊임없이 병과 씨름을 벌이며 의학적 상태의 호전만을 기대하는 것은 도움이 되지 않습니다. 사실 이 병은 흔히 나선상으로 진행되면서 매번 똑같은 증상으로 되돌아가는 것처럼 보임에도 불구하고, 내적 차원에서는 여러분이 순환적으로 상승하면서 성장해가도록 돕습니다. 영적 차원에서는 여러분은 다시 떨어지는 것이 아니라 과거에는 – 심지어 전생에는 – 간과했을 수 있는 감정들에 더욱더 깊이 다가가고 있는 것입니다.

이것은 유전적이거나 선천적인 신체장애의 경우에도 해당합니다. 이에 대해서 여러분은 때로 카르마를 언급하는데, 나는 이 개념과 관련해서는 주의를 기울입니다. 왜냐하면 여러분은 카르마를 죄와 벌에 관련시키는 경향이 있기 때문입니다. 그것은 그런 식으로 작용하지 않습니다. 이런 영혼은 자신을 온전히 알고 자유로워지고자 하는 진지한 열망을 품고 있습니다. 이것은 그의 가장 깊은 열망입니다. 이런 열렬한 소망 때문에 영혼은 때로 그 목표에 도달하게끔 도와줄 만한 질병이나 만성병이나 신체장애를 택합니다. 이것은 업보를 갚는 식의 문제가 분명 아닙니다. 그것은 자유로워지고자 하는 깊은 뜻을 지닌 의도로서, 때로 거기에 이르는 최선의 방법은 자신의 몸속에서 극도로 힘든 상황을 경험하는 것입니다. 특히나 능력과 쓰임새와 아름다움과 성공에 관한 초인적인 이상적 이미지를 신봉하는 여러분의 사회에서는 이와 같은 의도를 최대한의 존중심으로써 대하는 수밖에 없습니다. 이 같은 이상적 관념은 장애를 가지고 살면서도 그것을 기쁘고 의미 깊게 경험하는 것을 훨씬 더 힘들게 만듭니다.

마지막으로 불치의 치명적인 병에 대해 이야기하겠습니다. 누군가가 병에서 살아남을 수 없다는 것이 분명해지는 경우도 있습니다. 몸이 서서히 병 앞에 굴복합니다. '지상의 형틀'이 더 이상 스스로를 부지하지 못합니다. 그런 순간에 그 몸속에 있는 자신을 발견하게 된 영혼은 무엇을 할까요? 병에 계속 저항하는 한 여러분은 이제 작별 인사를 할 시간임을 말해주는 자신의 영혼이나 내면의 앎과 교감하지 못합니다. 때로는 자신이 떠나야 한다는 것을 미리 감지하지만 그 생각이 너무나 큰 공포와 슬픔으로 다가와서 여러분은 병과 계속 싸웁니다. 언제든지 또 다른 치료를 받아보고 싶어하고, 새로 개발된 신약이 발표되기를 기다립니다.

이것은 얼마든지 이해할 만한 일이어서, 그런 태도를 탓하려는 것은 전혀 아닙니다. 하지만 여러분은 끔찍한 방법으로 자신에게 상처를 입히고 있습니다. 마음을 내려놓고 죽음이 다가오도록 허용하면 여러분은 죽음이 적이 아니라 친구임을 깨닫게 될 것입니다. 죽음은 여러분을 몸부림에서 풀려나게 합니다.

죽음이 여러분에게 해주고 싶어하는 말을 따르면 여러분은 실제 죽음의 과정이 일어나기 전에 몇 단계의 과정을 거치게 될 것입니다. 이것은 속세의 모든 것과 사랑하는 사람들과 속세의 주변환경과, 그리고 주변의 그 모든 것을 관찰하는 데 쓰는 감각들을 서서히 놓아보내는 단계입니다. 이것은 아름답고 자연스러운 과정입니다.

그저 생명줄을 붙잡고 있으려고 기를 쓰는 전투적인 태도로써 이 과정 위에다 그늘을 드리우는 것은 딱한 일일 것입니다. 그때쯤 되면 흔히 육신은 이미 너무나 약해져서 삶이 더 이상 살 만한 가치가 없어집니다. 놓아 보내세요. 죽음은 여러분의 시중을 들러 온 해방자이지, 여러분의 적이 아닙니다. 죽음은 새로운 생명을 가져다줍니다.

불치병에 걸린 사람과 함께 있을 때 그가 자신이 죽을 것임을 아는 것처럼 느껴진다면 그것에 대해서 부드럽고 조심스럽게 이야기를 해보도록 하세요. 그것은 죽어가는 사람에게 위안을 줍니다. 죽어가고 있는 사람에게 여러분이 해줄 수 있는 가장 사랑 깊고 귀한 일은 곁에 앉아서 손을 잡아주는 것입니다. 이밖에는 죽어가는 사람을 임종할 때 여러분이 알아야 하거나 할 수 있는 일이 아무것도 없습니다.

여러분의 사회에서 임종 간호는 매우 중요합니다. 언젠가는 여러분도 가족이나 친구들 중의 누군가가 죽는 모습을 대면하게 될 것입니다. 그저 죽어가는 사람과 함께 하면서 다가오는 여정을 느껴보세요. 영혼이 몸을 떠나서 다른 세계, 그 집으로 돌아가는 그 불가항력의 순간을 느껴보세요.

죽음으로 이끄는 병을 여러분이 결국 지고 말 적수로 여기지 마세요. 그것은 싸움이 아닙니다. 죽음은 아주 흔히, 여러분을 더 깊은 고통과 불행으로부터 구해주기 위해서 찾아옵니다. 여러분은 물론 패배자가 아닙니다. 여러분은 단지 다른 방식으로 자신의 여정을 이어가게 될 것입니다.

때로는 어떤 것을 마치고 죽거나, 이생에서 극복하고 싶었는데 이루지 못한 어떤 일이 남아 있습니다. 이것은 여러분을, 그리고 여러분뿐만 아니라 남아 있는 사람들까지 슬프고 괴롭게 만들 수 있습니다. 나는 그럼에도 여러분이 이것을 평온하게 떠나기를 권합니다. 새롭고 더 나은 환경에서 여러분과 사랑하는 사람들이 함께하도록 인도하는 더 깊은 차원의 지혜가 작용하고 있으니까요. 언젠가는 여러분과 그들이 모두 다시 모여서 삶을 찬양하며 누리게 될 것입니다.

병에 관련해서 오늘 내가 남기고 싶은 가장 큰 부탁은 병을 진정으로 안아 들이라는 것입니다. 병을 사랑과 자각의식으로써 감싸고 그것이 여러분을 자신에 대한 더 깊은 이해로 안내해주게끔 하세요. 병에게 자신을 내맡기고 자신과의 더욱 깊은 대화 속으로 들어가도록 하세요. 내맡긴다는 것은 병을 한탄하면서 수동적으로 끌려가는 것을 뜻하지 않습니다. 그것은 오히려 병을 마치 친구처럼 여기고 적극적으로 협조하는 것을 뜻합니다.

나의 모든 사랑으로 여러분을 포용하면서, 오늘 여기에 있는 나를, 여기에 있는 그리스도 에너지를 느껴보시길 권합니다. 병들었든 건강하든 여러분 모두에게 주어지고 있는 사랑을 느껴보세요. 여러분 주변 모든 곳에 너무나 많은 사랑이 차 있어서 여러분은 판단을 내려놓기만 하면 곧바로 그것을 느낄 수 있습니다. 여러분은 자신이 무엇을 할 자격이 있는지 없는지, 무엇을 잘하고 있는지 못하고 있는지, 아직도 이뤄야만 할 모든 일에 관해 너무나 많은 분별과 심판을 내리고 있습니다. 놓아 보내세요. 지금 이곳에 여러분 모두를 위해 사랑이 있습니다.

문지기

사랑하는 친구들, 나는 기쁘고 즐거운 마음으로 오늘 여기에 있습니다. 여러분 한 사람 한 사람에게 따뜻한 환영의 마음을 보냅니다. 우리의 만남은 변화를 일궈냅니다. 여러분이 나의 말에 귀를 기울이는 이 강연만이 아니라 여기서 여러분의 존재와 만나 하나가 되는 나의 임재가 이 지상에 빛이 닻을 내릴 수 있는 에너지 공간을 만들어 냅니다.

여러분은 빛의 문지기입니다. 여러분은 지구에서 더 많은 빛, 새로운 시대의 빛에 문을 여는 이들입니다. 구시대는 서서히 지나가고 있습니다. 낡은 권력구조와 에고에 중심한 의식은 힘을 잃고 점차 대양의 밑바닥으로 가라앉을 것입니다. 사랑과 가슴의 가치에 바탕을 둔 새로운 사회, 존재의 새로운 상태가 부상하고 있습니다.

여러분은 모두가 이 변혁에 저마다 자신의 몫을 하고 있습니다. 때로 여러분은 이 변혁의 과정에 자신이 얼마나 긴밀하게 개입되어 있는지를 제대로 깨닫지 못합니다. 여러분의 기여도 스스로 흔히 생각하고 있는 것과는 다릅니다. 구시대로부터 새로운 시대로의 이 전환기간에 변화하는 것은 여러분 자신, 여러분의 에너지체입니다. 여러분이 깃들어 있는 이 육체에 더하여, 여러분은 또한 일부는 감지되고 일부는 감지되지 않는 에너지의 조합입니다. 여러분은 모두가 걸어다니는 에너지원입니다. 여러분은 제각기 자기만의 진동을 방사하는 에너지장으로서, 흔히 자기도 모르는 사이에 주변환경에 영향을 미칩니다. 여러분 주변에서 일어나는 모든 일과 여러분이 삶으로 끌어들이는 모든 것을 결정하는 요인은 바로 이 방사, 곧 에너지장입니다. 그것을 '존재의 상태'라고도 부를 수 있습니다. 지구에 변화가 일어나게 하는 것은 바로 이 존재의 상태입니다. 많은 개인이나 그룹들이 자신의 에너지장을 정화하고 변화시키면 이것이 지구에 또 다른 에너지 현실을 끌어오게 될 것이기 때문입니다. 이것이 지금 일어나고 있는 범지구적 전환이고, 그것은 각 개인들의 내면에서부터 시작됩니다.

물론 지구는 많은 영역들 ─ 아스트랄계와 영계들 ─ 에 둘러싸여 있고 그 세계들은 여러분이 이 변화, 이 깨달음을 알아차리도록 기꺼이 돕고자 합니다. 하지만 여러분이 문지기입니다. 여러분이 지상에서 빛을 향해 문을 여는 이들입니다. 이 문이 열리지 않으면 빛이 지구에 와서 꽃힐 수가 없습니다. 그러니 자신을 믿고, 자신이 지금 지구에 띠고 왔던 바로 그 목적과 사명을 다하고 있음을 내면에서 알고 느끼는 것이 매우 중요합니다.

여러분은 모두가 자신의 존재에 영적 변성을 일으키기 위해 내면의 작업을 하고 있습니다. 그리고 이것이야말로 여러분이 온 목적입니다. 여러분의 순수한 의도와 늘 일치하지는 않고 때로는 저항하는 세상에서 여러분의 진동을 높이는 내면의 작업 말입니다. 여러분은 빛의 일꾼이요, 새로운 시대의 개척자입니다. 여러분은 여러분 가슴의 사랑과 조화로부터 새로운 시대를 탄생시킬 것입니다. 이렇게, 내면의 작업을 통해서 여러분은 무수한 시대에 그래왔던 것보다 훨씬 더 아름답고 애정 깊은 물질적 현실을 끌어오게 될 것입니다.

중요한 것은 여러분이 일상생활에 무엇을 하는가나, 어떤 직업을 가지고 있느냐가 아닙니다. 여러분이 목수이든 치료사이든 주택건설업자이든 교수이든, 아무런 차이가 없습니다. 정말로 중요한 것은 여러분의 '존재 상태', 여러분이 내보내는 에너지, 여러분이라는 에너지체입니다. 변성의 근원은 여러분이 하는 일이 아니라 여러분 자신입니다.

이제 이 방 안의 에너지를 잠시 느껴보세요. 우리 모두의 집단적 에너지를 느껴보세요. 나는 오직 여러분을 통해서만 여기에 있을 수 있습니다. 여러분이 가슴으로 나를 받아들일 때, 나의 에너지는 여러분 속으로 흘러들었다가 여러분을 통해 여기 지상으로 나올 수 있습니다. 나는 여러분이 나에게 가슴을 열 때마다 들어와서 나의 빛을 발하게 합니다. 하지만 문을 열어주는 것은 여러분이고, 나는 그것에 감사합니다. 여러분은 이곳에 올 때 띠고 온 임무를 다하고 있습니다. 지구는 변화하고 있습니다. 구시대의 잿더미로부터 새로운 세계가 솟아날 것입니다.

이 새로운 시대가 내면에서는 어떻게 느껴지는지에 대해서 좀 이야기하고 싶습니다. 외적인 징후보다는 내적인 징표에 대해서 말입니다. 여러분의 감정체에서는 큰 변성이 일어나고 있습니다. 감정체는 두려움과 분노와 공격, 그리고 여러분을 쉽게 중심에서 끌어내는 모든 강한 정서에 매우 예민합니다. 여러분은 모두가 자신의 감정체를 정화하는 작업을 하고 있습니다. 여러분은 내면화 과정 — 자신이 느끼는 감정에 책임을 지고, 그것을 살펴 그 근원으로 따라가는 작업 — 을 통해서 감정체를 정화합니다. 이 내면화 과정에서 여러분은 문제의 원인을 더 이상 외부세계에서 찾지 않고 자기 내부에서 찾아냅니다. 그로써 여러분은 자신의 에너지에 대해 책임을 지게 되는데, 이것은 크나큰 전진의 발걸음입니다. 자기 내면에 존재하는 모든 것에 대해 책임을 지는 순간, 여러분은 차단된 감정을 자각하고 그것을 변성시킬 수 있게 됩니다. 여러분이 이 시대에 하고 있는 작업이 바로 이것입니다.

새로운 시대에는 감정체가 안정되어 정착할 것입니다. 여러분은 지금까지 익숙해왔던 것보다 훨씬 더 직관적인 방식으로 살게 될 것입니다. 주변환경도 이 직관적인 삶의 방식에 발을 맞춰줄 것입니다. 가슴에는 평화와 고요가 자리 잡을 것입니다. 자신이 이것을 얼마나 열망하고 있는지 느껴지시나요? 여러분과 타인들 사이에 에너지가 거침없이 통하고, 여러분의 사랑을 공공연히 내보일 수 있고, 세상과 주변 사람들에게 안전하게 기댈 수 있는 그런 깨어 있는 의식상태를 여러분이 얼마나 열망하고 있는지를 나는 보고, 느낍니다. 만사가 태평함을 알므로 여러분은 그저 여러분 자신으로 남아 있어도 되는, 그런 깨어 있는 의식상태를 여러분은 열망합니다.

여러분이 열망하는 것은 해방감과 안도감입니다. 그리고 내 다시 말하건대, 이런 에너지는 이미 온전히 제공되어 있습니다. 그러나 그 신성한 에너지를 자신의 영혼 속으로 맞아들일 문을 여는 것은 여러분입니다. 저 너머 세계의 다른 많은 존재들과 내가 여러분을 돕고 받쳐주기 위해 바로 여러분 곁에 있습니다. 지금 바로 여기서 나의 에너지를 느껴보시기를 부탁합니다. 나의 에너지가 여러분 모두에게 주어져 있음을 느껴보세요. 여러분은 실로 새로운 탄생을 준비하고 있습니다. 가슴속의 고요를 느껴보세요. 오래된 에너지를 배출하고 새로운 에너지가 들어올 길을 내주는 내면의 공간을 느껴보세요. 여러분 모두가 갈망하고 있는 해방과 자유는 지척에 있습니다.

새로운 것이 도착하기 직전에는 언제나 힘든 단계가 있습니다. 옛것의 필사적인 몸부림 말입니다. 해 뜨기 직전이 가장 어두운 때지요. 해묵은 모든 두려움이 표면으로 떠오르고, 암흑이 지상을 가리고 있던 시대의 과거생으로부터 현생까지 쌓아온 모든 슬픔과 분노가 떠오릅니다. 이 모든 것은 소화되고 통합되기 위해서 표면으로 떠오르는 것입니다. 겉모습에 속아 넘어가지 마세요. 이 모든 부정적 에너지가 여러분의 의식 속으로 들어오는 것은 좋은 징조, 발전의 징조입니다. 그것은 여러분이 시험을 통과할 수 있을 만큼 강해졌다는 뜻입니다.

여러분은 모두가 빛과 어둠 사이, 자아에 대한 자각의식과 권력의 망상, 두려움, 무지 사이의 내적 싸움에 시달려온 생애들의 쳇바퀴를 내려오기 위한 마무리 작업을 하고 있습니다. 영혼의 깊숙한 곳을 들여다보고 거기서 빛을, 신성한 빛을 방사하는 불꽃을 다시 찾으라는 호소가 여러분 모두의 문을 두드리고 있습니다.

이제 옛것을 놓아 보낼 때 마주치게 될지도 모르는 세 가지 함정을 적시하고자 합니다. 그것은 모두가 감정체와 관련되어 있고, 또 여러분이 빛의 일꾼이라는 사실과도 깊이 연관되어 있습니다.

1. 영적 분노

첫 번째 장애물은 분노입니다. 여기서 나는 사실 조화와 정의에 대한 갈망에서 나오는 그런 종류의 분노에 대해 말하고 있습니다. 영적인 분노라고 부를 수 있는 그런 것이지요. 그것의 기원을 설명해드리겠습니다.

지상에서 생애의 순환을 시작했을 때, 여러분은 모두가 하나의 영감을 품고 있었습니다. 이 영감은 그리스도 에너지와 강하게 연결되어 있습니다. 내가 지상으로 내려온 것은, 곧 예수아(혹은 예수)의 강림은 여러분에게 하나의 횃불, 영감의 근원이었습니다. 여러분은 내 안에서 여러분도 모두 내면에 지니고 있는 어떤 에너지를 발견했습니다. 이전에 여러분은 모두가 이 에너지를 지상에 뿌리내리게 하기로 마음먹었었습니다. 하지만 그것을 시도한 여러 생애에서 여러분은 많은 저항을 경험했습니다. 그리고 이것이 감정체에 해를 입혔습니다. 감정체란 다름 아니라 여러분 내면의 아이입니다. 여러분 내면의 아이는 생기 있고 자유로운 여러분의 부분으로, 자신의 감정에 따라 자체적으로 행동하고 반응합니다. 이 아이는 여러분이 지상에 그리스도 에너지의 씨를 뿌리는 내면의 사명을 완수하려고 애쓴 생애들 동안에 많은 고난을 겪었습니다.

여러분의 한 부분은 늘 우주의 영감을 받고 있고, 높은 자아, 곧 영혼의 차원에서는 일어나고 있는 모든 일의 의미를 느껴 알고 있습니다. 여러분은 매사를 빛과 지혜의 관점으로부터 바라볼 수 있습니다. 하지만 여러분에게는 또 다른 부분인 지상의 인격이 있습니다. 이것은 내면의 아이, 곧 여러분의 에고입니다. 여러분이 그것을 어떻게 부르든 간에, 그것은 여러분의 인간다움입니다. 이 차원에서는 일어나고 있는 일에 대한 많은 두려움과 이해의 결핍이 있을 수 있습니다. 영혼은 그것이 높은 목표에 이바지하고 있고 '괜찮다'는 것을 알고 있더라도 말입니다.

지상의 생애 동안 여러분은 종종 새로운 발상이나 태도의 형태로 빛의 씨앗을 심도록 영감을 받았습니다. 하지만 주변으로부터는 자주 오해를 받았습니다. 여러분은 배척당하거나 무시되거나 심지어는 멸시당했습니다. 환영받지 못한 이런 경험으로부터 많은 감정적 트라우마가 생겨났습니다. 여러분 내면의 아이는 왜 그것이 반대받는지를 이해하지 못했습니다. 여러분의 영혼은 그것을 이해했지만,

지상의 자아인 여러분의 감정체는 박해와 폭력과 반대로부터 일어난 깊은 트라우마의 경험을 겪고 다뤄내야만 했습니다. 여러분은 모두가 내면에 이 같은 트라우마를 영혼의 상처로 지니고 있습니다.

여러분은 모두가 이 현실 속으로 빛을 가져오기 위해 지상으로 왔습니다. 그것은 꽤 복잡한 과거의 역사로부터 비롯됩니다. (그 전체 사연은 이 책의 첫 부분인 빛의 일꾼 시리즈 참고. 편집자 주.) 여러분이 지상의 생의 순환을 시작하기로 결심했을 때, 거기에는 일종의 개인적 카르마가 개입되어 있었다는 점만 언급해두겠습니다. 여러분 자신이 어둠에 빠져 있어서 (다른 목적들과 더불어) 지상의 영혼들에게 휘두를 권력을 얻기 위해 살았던 시기가 있었습니다. 지상에서의 여러분의 사명은 이런 전생의 행위를 탕감하는 것이었습니다. 인류에게 사랑과 정의를 되찾아주는 것 말입니다.

이 영감, 이 빛의 횃불이 여러분의 가슴속에서 강렬히 타오르고 있는 동안에도 여러분 내면의 아이 부분은 그것을 이해하지 못했습니다. 그리고 그래서 영적 분노와 같은 것이 일어났습니다. 여러분의 아이 부분은 그 어둠에 자신이 기여했던 카르마를 이해하지 못했기 때문에 그것을 자신의 외부로 투사했습니다. 여러분 내면의 아이 부분은 그저 감정적인 동기에서 선을 위해 나서 싸우기를 원했습니다. 내면의 아이 부분에게는 지구 현실의 저항과 느린 반응에 대한 관용이 거의 없었고, 참을성도 없었습니다. 이 아이 부분으로부터 영적인 분노가 태어났습니다.

영적 분노는 세상의 악에 의해, 죄 없는 사람들의 고난에 의해, 지

348

구의 파괴에 의해, 동식물 세계의 파괴에 의해 여러분이 엄청난 영향을 입을 수 있음을 뜻합니다. 이 모든 것 − 정치/사회적 불평등, 분명히 피할 수 있는 무수한 아이들의 죽음, 전쟁과 폭력 등 − 이 여러분을 분노케 합니다. 이것이 바로 여러분에게 깊이 영향을 미쳐서 내부에서 분노를 휘저어 일으키고, 여러분으로 하여금 무력감을 느끼게 만드는 문제들입니다.

이런 분노에 스스로가 휩쓸리게 내버려두고 자신의 한계를 넘어가버리는 것이 빛의 일꾼들의 성향입니다. 그들은 세상을 변화시키고 개선하려는 욕망 속에 스스로 매몰되어버립니다. 그것은 정치적, 사회적 차원의 변화를 추구하는 열정으로 나타날 수도 있고, 사생활이나 직업을 통해 개인적 차원에서 사람들을 돕고자 하는 열망으로 나타날 수도 있습니다.

누군가를 돕고 일을 변화시키고자 하는 욕구는, 눈에 띄지는 않더라도 종종 일종의 영적 분노를 담고 있습니다. 따지고 보면 여러분은 단지 다른 누군가나 사회를 위해서 '최선을 원하는 것'뿐인 것처럼 보입니다. 그러나 상대방이 태도나 감정을 바꾸도록 강요 − 아무리 미묘하게라도 − 하고 싶어하는 마음을 스스로 느낄 때, 거기 여러분의 내면에는 분명히 분노가 있습니다. 여러분은 종종, 아직은 때가 멀었다는 것을 알아차리지 못합니다.

무엇을 바꿔놓고 싶은 강렬한 분개나 엄청난 열정을 느낄 때, 혹은 있는 그대로의 상황에 대해 분노나 무력감을 느낄 때, 여러분은 영적 분노라는 함정 속에 빠져 있는 것입니다. 여러분은 한꺼번에 너무 많은 것을 원하고 있는 것입니다. 여러분은 감정, 분노의 감정에 휩싸여 있어서 있는 그대로의 현실에는 관심을 두지 않습니다. 나는 여러분께 이 점을 자각하고 그것을 놓아 보내기를 당부합니다. 분노로 충전된 이런 종류의 영감은 여러분을 중심에서 멀리 떼놓기 때문입니다. 그것은 지상에 여러분의 빛을 구현하도록 도와줄 여러분의 감정체에 진정한 영감과 평화와 고요를 가져다주지 않을 것입니다.

여러분은 자신의 존재, 순수하고 고요한 마음 상태 속에 오롯이 중심을 내리고 있음으로써 지상에 여러분의 빛이 진실로 구현된 상태를 이룰 수 있습니다. 이런 상태에서 여러분은 자신이 세상에 존재하되 거기에 속하지 않음을 느낄 수 있습니다. 세상에 속한다 함은 감각에 관찰되는 모든 것 — 폭력, 전쟁, 병, 파괴 — 에다 가치의 꼬리표를 갖다 붙이는 것을 의미합니다. 그것을 오로지 육체적인 감각을 통해서만 바라보면 분노가 올라오기 쉽습니다. 그래서 우리는 여러분이 한 걸음 뒤로 물러서서 자신을 노여워하게 만드는 일들에서 어떤 영적 역학이 작용하고 있는지를 가만히 느껴보기를 권하는 것입니다.

고난에는 감춰진 의미가 있습니다. 지상의 각 영혼들, 살아 있는 각각의 존재들은 자신을 펼쳐내어 표현하기 위해, 그리고 인간인 동시에 영으로 존재하는 것이 어떤 것인지를 배우기 위해 이곳에 와 있습니다. 각각의 영혼은 자기만의 길을 따라 발전해 나아갑니다. 그리고 여러분은 이것을 존중하여 한 발짝 뒤로 물러나서 오로지 자기 자신, 자신의 빛에만 집중하기를 요청받고 있습니다. 그 결과로 여러분이 방사하는 에너지, 진실, 진동은 사람이나 동물이나 식물을 불러들여서 여러분의 에너지장 속에서 치유의 진동을 경험하게 합니다. 이 것이 여러분이 여기에 온 목적입니다. 여러분이 바리케이드 위에 올라설 필요는 없습니다. 이 일을 위해 싸울 필요는 전혀 없습니다.

여러분의 진정한 영적 임무는 존재이지 행위가 아닙니다. 여러분의 영적 에너지에 균형이 잡히면 다른 이들에게 여러분이 내보내는 치유의 에너지는 육체적으로나 정신적으로나 애쓰지 않아도 쉬이 흘러갑니다. 그건 가볍고 부드럽게 느껴질 뿐, 여러분을 소진시키지 않습니다. 여러분이 가는 길에 사물과 사람들이 스스로 나타나서는 치유받기 위해 여러분을 향합니다.

나는 여러분이 스스로를 분노와 의분 속에 가둬놓게 될 때마다 — 그것이 불의와 차마 지켜만 볼 수가 없는 고난에 관한 것이라고 할지라도 — 한 걸음 뒤로 물러서서 자신의 중심으로 들어가기를 권합니다. 침묵 속으로 들어가서 모든 것은 있는 그대로 그러함을 받아들이세요. 여러분이 가장 사랑하는 사람들을 포함해서 모든 것은 자기만의 발달과정을 따라 자기만의 순환주기를 완성합니다. 그들 또한 자유롭게 놓아주세요. 그들은 거기에 있는 것이 더도 덜도 아니라 딱 맞습니다.

2. 영적 우울증

내가 설명하고 싶은 두 번째 함정은 우울증 혹은 고독감입니다. 앞서 빛의 일꾼인 여러분이 모두 저항과 박해와 폭력의 피해자가 됐던 역사를 간략하게 이야기했었습니다. 이것은 여러분의 영혼에 흉터를 남겨놓았습니다. 그것은 여러분에게 너무나 깊은 상처를 주어서 여러분은 이 세상 속으로 자신의 빛을 다시 한 번 밝힐 용기를 잃어버렸습니다. 그래서 여러분은 자주 우울해지고, 삶이 아무런 의미가 없게 느껴질 수도 있습니다. 자신이 이 세상에서 환영받지 못하고 있다고, 여러분이 지닌 에너지가 세상에 잘 맞지 않는다고 느낄 수도 있습니다. 여러분은 자신이 별종이라고 느낍니다.

우울증이나 비관적인 느낌은 자신감의 부족에서 나옵니다. 여러분도 한 편에서는 자신이 내면에 영적 빛을 품고 있음을, 자신이 감수성 깊고 동정심 많고 지혜로운 사람임을 잘 알고 있을 수 있습니다. 하지만 다른 한 편에는 상처받은 내면의 아이가 있어서 바깥세상으로부터 인정과 칭찬을 받고 싶어합니다. 외부의 주의와 안전을 갈구하는 여러분의 한 부분이 존재합니다. 하지만 여러분은 그것을 한 번도 충분히 얻어보지 못한 것 같습니다. 정말 받아보고 싶은 외부의 인정도 여러분이 별종이라서 받을 수가 없습니다. 주변의 사람들도 여러분의 진정한 모습을 알아보지 못해서 여러분을 인정하고 키워주지 못합니다.

상처받은 내면의 아이는 외부의 어떤 것으로부터는 결코 치유되지 않고 오직 여러분 자신, 여러분 자신의 힘과 지혜에 의해서만 치유될 것입니다. 여러분 자신의 고통과 슬픔을 스스로 돌보고, 아무도 믿어주지 않을 때도 자신을 스스로 신뢰해야 진정으로 자신감을 획득할 수 있습니다. 이렇게 이 힘의 원천을 열어젖히고 나면 여러분은 여러분을 도와줄 물리적, 사회적 환경과 자신이 가장 깊이 열망하는 것을 끌어들이게 될 것입니다.

영적 고독감이나 우울감에 시달리는 모든 사람은 지상의 현실을 초월하여 태평한 조화의 세계로 돌아가고 싶어하는 강한 욕망을 경험합니다. 여러분의 영혼이 다시금 내면의 빛을 신뢰하여 그 속에 굳건히 서기를, 여러분 모두에게 당부하고 기도합니다. 사랑과 평안을 제공하는 빛이 지금 여기 여러분에게 있습니다. 그 빛은 여러분의 가슴속에서 타오르면서 여러분이 다시 거기에 주의를 보내주기만을 간청하고 있습니다. 저 너머 세계의 우리는 기꺼이 여러분의 짐을 덜어주고 싶어하지만, 여러분이 자신이 품은 빛을 믿고 거기에 스스로 불을 밝히지 않는 한 아무도 여러분을 도와줄 수가 없습니다.

자신이 낙담하여 우울한 느낌에 빠져들도록 놔두지 않는 것이 지극히 중요합니다. 이것은 완전히 길을 잃어버리게 할 수도 있는 위험한 함정입니다. 그러면 자신의 진정한 본성, 천사, 여러분 안에 깃들어 있는 빛의 생명체와의 교감을 잃어버리게 되기 때문입니다. 자꾸 우울한 그리움 속으로 빠져들 때는 조용히 호흡에만 주의를 기울이는 것이 도움이 될 수도 있습니다. 숨 쉴 때 몸 전체에 일어나는 움직임을 알아차리고, 숨을 들이쉬고 내쉴 때마다 다음 말을 소리 내서

하거나 속으로 말하세요. — "나는 나다. 나는 나인 그대로 좋다."

나의 빛으로 여러분을 감쌉니다. 자신감이 들어올 수 있도록, 오로지 내면의 자아로부터만 싹트는 그 자신감에 문을 조금 더 열기만 하면 빛이, 우리 자신의 큰 자아의 빛이, 그리스도 에너지의 빛이, 지구를 둘러싼 세계들로부터 여러분을 사랑하여 돕는 모든 원조자와 인도자와 천사들의 빛이 내면을 밝혀줄 것입니다.

변화의 때가 왔습니다. 바로 지금 이 어려운 시기에 나는 여러분이 머리를 높이 쳐들고 새로운 시대의 지평선을 주시하기를 바랍니다. 사랑과 조화로 가득한 현실이 여러분을 기다리고 있습니다. 그것은 여러분의 유산이어서, 심지어는 이번 생에 많은 사람들이 그것을 맛볼 것입니다. 열쇠는 자신을 신뢰하고, 필요한 모든 것이 주어질 것임을 믿는 것입니다. 어둠을 두려워하지 마세요. 여러분 내면의 빛이 더 강하니까요. 여러분의 빛은 어둠에 결코 지지 않습니다. 여러분이 손을 뻗쳐 문을 열 때까지, 빛의 현실이 사랑과 인내로써 여러분을 기다리고 있습니다.

3. 자신의 힘에 대한 두려움

마지막으로 여러분의 감정체에 많은 동요를 일으키는 또 다른 장애물에 대해 이야기하겠습니다. 나는 아직도 내면의 평화와 명료한 의식을 방해하는 에너지에 대해 말하고 있습니다. 그것은 분노가 될 수도 있고 우울감이 될 수도 있지만 두려움이 될 수도 있습니다. 이 두려움이 바로 세 번째 함정입니다.

두려움은 자기 자신의 영감과 느낌과 직관에 대한 신뢰의 결핍과 깊이 관련됩니다. 자신의 느낌을 의심하면 여러분은 걱정이 많아지고 자신을 중심으로부터 멀리 멀리 떼어놓는 온갖 감정을 다 불러일으키게 됩니다. 두려움에 빠지면 직관이 차단됩니다. 머리와 감정이 판을 지배하면서 금방 공황상태의 혼돈상황을 만들어냅니다. 머리와 감정은 직관을, 가슴을 그 바탕으로 가져야만 합니다. 그럴 때만 머리와 감정이 여러분을 위해 유용한 일을 해줄 수 있습니다.

가슴이 빠져 있으면 머리는 멈출 줄 모르고 끝없이 돌아가고, 감정은 평화로워질 시간이 없어질 것입니다. 그러면 두려움이 여러분을 사로잡아 온갖 종류의 상황으로 자신을 드러낼지도 모릅니다. 평소에 능숙하던 일조차 잘 해낼 수 있을지 의심하게 될 수도 있습니다. 너무나 분명한 것도 의심하기 시작하여 모든 면에서 문제를 일으키게 될 수도 있습니다. 내면에 일종의 조바심이 일어나서 자신과 고요히 평화롭게 함께할 수가 없게 만듭니다.

여기서 열쇠는, 그 모든 근심걱정에서 자신을 해방하여 가슴으로, 느낌으로 돌아가는 것입니다. 이 모든 부산스러운 생각과 혼란한 감정들 아래에서 여러분은 정말로 무엇을 느낍니까? 아랫배로 편안하게 숨 쉬고 있으면 여러분은 자신의 바탕으로 돌아갈 수 있습니다. 그러면 내면의 안도, 생각과 감정 너머에 있는 고요한 지점을 느끼게 될 것입니다. 그러면 여러분은 자신이 품고 있는 생각과 감정들을 자신을 둘러싼 구름처럼 경험하게 될지도 모릅니다. 여러분은 거기에 주의의 초점을 맞출 수도 있고 맞추지 않을 수도 있습니다. 그러면 여러분은 이미 자유의 감각, 특정한 생각이나 감정을 택할 수 있는 능력을 회복해 있는 것입니다.

자신의 어떤 생각이 맞거나, 어떤 느낌이 옳다고 믿으면 여러분은 그것에 완전히 빠져들어서 그 생각과 감정의 길을 줄곧 따라가게 될 것입니다. 하지만 한 걸음 뒤로 물러서서 이렇게 말할 수도 있습니다. — '가만, 이 생각과 감정은 저들 생긴 대로 내버려두고 난 돌아가겠어. 난 나 자신 속으로 더 깊이 들어가서 정말로 무슨 일이 일어나고 있는지, 내가 지금 왜 이런 생각과 감정을 품고 있는지를 느껴보겠어.' 한 걸음 뒤로 물러서는 순간 여러분은 자신의 힘을 되찾을 것입니다. 여러분의 자신감은 다시 자유롭게 흐를 것입니다. 검은 구름이 걷히고 평화와 맑은 의식이 돌아올 것입니다. 이런 단계가 최대한 자주 반복돼야 합니다. 여러분에겐 아직 가슴으로 사는 직관적 본성이 뚜렷이 돌아오지 않았기 때문입니다. 그래서 여러분은 많은 두려움을 경험합니다.

여러분은 낡은 확신을 내려놓고 있습니다. 이젠 더 이상 아버지나 어머니가 말했다는, 선생님이 그렇게 가르쳤다는, 혹은 상관이 그렇게 시켰다는 이유만으로 무조건 그것을 믿지 않습니다. 지능이나 과학의 산물을 더 이상 무턱대고 믿지 않습니다. 또한 여러분은 자신의 감정이란 것이 매우 불안정한 것일 수 있음을, 또한 그것이 진실의 척도도 아님을 압니다. 이런 모든 확신을 내려놨기 때문에 — 그것은 곧 힘의 징표이기도 하지만 — 두려움이 올라와서 마치 망망대해에서 파도에 떠밀려 다니고 있는 것처럼 느끼게 될 수도 있습니다. 하지만 바로 이 상황이야말로 여러분으로 하여금 내면으로 들어가서 자기만의 밑바탕으로부터 깊이 느껴보지 않을 수 없도록 밀어붙여줍니다. — '나는 누구인가? 이 세상에서 나는 어디에 서 있는가? 나는 외부세계가 나를 이끌어가도록 내버려두지 않고 나 자신의 내면의 나침반이 나를 인도하게 한다.' 바로 이 나침반만이 여러분을 새로운 시대로 들어갈 수 있게 해줄 것입니다.

이 내면의 중심에 접하여 한 걸음 뒤로 물러설 때마다 여러분은 영혼의 내면이 명료해지는 것으로 보상받게 됨을 깨달을 것입니다. 거기서 여러분은 빠져들지 않고 자신의 감정을 지켜볼 수 있습니다. 자신의 분노를 지켜보며 거기에 사랑을 보낼 수 있습니다. 우울해하는 자신을 관찰하면서 자신에게 도움의 손을 내밀 수 있습니다. 자신의 두려움을 지켜보면서 거기에 구조의 에너지를 보내줄 수 있습니다.

여러분이 여러분 자신의 메시아입니다.

여러분 말고 메시아는 없습니다. 여러분에게 다가가고 싶어하는 무수한 메시아가 있지만 가슴의 문을 열고 그 빛을 받아들일 수 있는 것은 오직 여러분뿐입니다. 새로운 시대가 온다는 것은 기본적으로 이것을 말합니다. 가슴을 열어젖히고 있는 여러분 말입니다. 실제로 지상에 사는 사람은 여러분입니다. 우리는 그저 도우미일 뿐입니다. 여러분이 행동을 취하는 자입니다. 그에 대해 우리는 깊은 존경을 보여줄 수 있을 뿐입니다. 여러분이 우리의 사랑과 빛을 나눌 수 있게끔, 우리는 언제나 여러분 곁에 있습니다.

여러분은 대담하고 용기 있습니다. 여러분은 새로운 시대의 전사입니다. 나는 여러분이 자신과 자신의 사명을 믿기를 당부합니다. 그리고 무거운 감정과 어두운 생각들에 압도될 때마다 잠시 쉬면서 내면의 자아, 내면의 고요한 중심에 연결되도록 하세요. 그것이 새로운 시대의 닻입니다. 닻은 이미 내려졌습니다. 평화는 이미 여러분의 가슴속에 존재합니다. 지금 해야 할 유일한 일은 그곳으로 돌아가는 것입니다. 자신이 평화와 맑은 의식의 중심에 다시금 다시금 닻을 내리게 하는 것입니다.

소란한 드라마에 갇혀 있지 마세요. 감정적 소용돌이는 진실의 친구가 아닙니다. 다만 가슴의 조용하고 평화롭고 맑은 목소리에 기대고, 여러분 혼자가 아니라는 것을 아세요. 우리는 여러분이 이 길에서 떼놓는 모든 발걸음에 여러분과 함께합니다. 여러분을 사랑합니다. 그리고 여러분 가운데 있는 나의 에너지를 받아들이기를 권유합니다. 이 역사적인 순간에 여러분을 돕는 일, 때로는 힘겨운 빛의 길을 가는 여러분을 돕는 이 일이야말로 나의 간절한 소망입니다.

나의 사랑을 받아주세요.

새로운 시대의 인간관계

사랑하는 친구들, 오늘도 큰 기쁨과 행복으로 여러분과 함께합니다. 나의 에너지는 여러분 사이를 흐르고, 여러분도 느낄 수 있겠지만 이것은 통상적인 의미의 강연이 아닙니다. 나는 (정보와 더불어) 어떤 특정한 에너지를 전하고 있고, 여러분은 나나 파멜라나 게릿과 마찬가지로 이 일의 한 부분을 차지하고 있습니다. 우리는 여기서 함께 모여 이 방 안에, 지구로의 이 입구(opening)에 하나의 장, 곧 에너지의 소용돌이(vortex)를 만들어냅니다. 그러므로 이곳은 신성합니다. 사람들이 — 인간의 몸을 입은 천사들이 — 자신의 빛을 지구에 심으려는 의도로 함께하는 모든 곳에서 땅은 신성해집니다.

최근에 매우 대중화된 채널링이라는 현상에 대해 잠깐 이야기하려고 합니다. 여러분은 모두 요가와 동양철학에서 말하는 프라나(氣)에 대해 알고 있습니다. 프라나는 여러분이 숨 쉴 때마다 들어오는 영적 에너지입니다. 그러니까 여러분은 숨을 쉴 때 단지 산소만을 들이쉬는 것이 아니라 물리적 에너지를 능가하는 우주의 에너지, 곧 여러분을 살아 있게 하는 생명의 에너지도 함께 들이쉽니다. 이제 내가 지적하고자 하는 점은 이것입니다. ― 모든 사람이 숨을 들이쉴 때 산소와 함께 프라나를 마시는 것과 마찬가지로, 모든 사람이 자기만의 방식으로 끊임없이 채널링을 하고 있다는 것입니다. 채널링은 특별한 능력을 지닌 몇몇 사람들만의 전유물이 아닙니다. 채널링은 세상에서 가장 자연스러운 일입니다. 여러분은 우주의 에너지가 없이는 살 수 없습니다. 우주의 에너지를 받아들이지 않고는 살아 존재하여 번성할 수가 없습니다. 산소만으로는 살 수 없듯이, 여러분은 자신의 본원인 우주의 에너지와 어떻게든 연결되지 않고는 아주 기본적인 기능조차 할 수가 없습니다. 지구의 현실 속에서 자신을 한 인간으로서 온전히 나타내기 위해서는 지구와 우주, 산소와 프라나, 이 양쪽 모두가 필요합니다.

앞서의 채널링에서 나는 여러분을 지구가 더 많은 빛을 받아들이도록 문을 열어주는 문지기라고 불렀습니다. 하지만 여러분은 또한 우주적 영역과 지구 영역 사이를 이어주는, 우주적 에너지를 지구에 채널링하는 교량의 건설자들입니다. 이것은 여러분이 '실제로 하고 있는' 일이고, 뜻의 성취와 기쁨과 건강을 누리기 위해서는 '해야만 하는' 일입니다. 직관을 사용할 때마다, 내면으로 깊이 들어가 상황의 느낌을 감지하면서 그것을 어떻게 변화시키고 싶은지를 느낄 때마다, 여러분은 채널링을 하고 있는 것입니다. 이럴 때 여러분은 자신의 더 높은 자아와 이어지는 통로를 만들어내고, 지상의 것이 아닌 우주적 영역의 지혜에 연결됩니다. 그리고 그것은 여러분이 이 지상에서 자신의 목표에 도달하도록 도와줍니다. 여러분 한 사람 한 사람이 모두 어떤 방식으로든 시공간 밖에 있는 자신의 더 큰 자아에 자신을 조율시키기 위해 채널링을 합니다.

오늘 우리는 서로의 에너지를 공유하면서, 이 새로운 시대에 지구에 와닿을 길을 찾고 있는 우주적 에너지에 채널을 잇기 위해 모여 있습니다. 새로운 시대는 더 이상 미래의 전망이 아닙니다. 그것은 이미 무수한 개인들의 나날의 삶 속에서 모습을 드러내고 있습니다. 신문이나 TV 뉴스를 보자면 그런 때는 아직 먼 것처럼 보일 수 있습니다. 그러나 새로운 시대가 가져오는 깨어남은 정부기관이나 단체 같은 수준에서부터가 아니라 개인적 수준에서부터 시작됩니다. 새로운 에너지의 흐름은 여러분 자신의 나날의 존재 속에서 그 모습을 드러냅니다. 여러분 가슴의 흐름이 여러분을 손짓해 부르고, 그 가벼움과 지혜를 따라 살고 생동하게 합니다. 새로운 시대의 탄생은 이렇게 일어납니다. 보통 사람들이 제 가슴의 속삭임에 귀를 기울임으로써 말입니다. 진정한 변화와 변신의 영적 바탕은 항상 개인적 차원에서부터 놓여집니다. 여러분 가슴속에서 일깨워진 에너지는 아직도 에고에 중심한 의식의 낡은 패러다임을 붙들고 있는 조직과 단체들을 관통하여 차츰차츰 제 길을 찾아갈 것입니다. 해묵은 권력의 보루는 폭력이 아니라 가슴의 부드러운 에너지에 의해 무너질 것입니다. 가슴이 주도권을 잡으면 옛것은 권력과 폭력의 힘이 아니라 사랑의 힘에 의해 붕괴될 것입니다.

이 새로운 시대에는 인간관계도 큰 변화를 겪습니다. 인간관계는 여러분 내면에 크나큰 환희로부터 깊은 고뇌에 이르기까지 가장 깊은 감정을 일으키는 원천입니다. 인간관계 속에서 여러분은 그 관계 자체보다 본질적으로 훨씬 더 오래된, 인간 존재보다도 더 오래된 내면의 고통을 자각하게 될 수도 있습니다.

이 시대를 사는 여러분은 종종 이 인간관계의 장에서 깊은 차원의 자가치유를 성취하도록 초대받고, 도전받고 있습니다. 이제 모습을 드러내고 있는 새로운 에너지 덕분에 인간관계의 파괴적인 요소를 변화시켜 여러분과 상대방 사이의 긍정적이고 동등한 에너지 흐름으로 바꿔놓는 것이 가능해졌습니다. 하지만 치유와 개인의 변성은 또한 자신을 온전히 표현할 수 없는 인간관계를 놓아 보내는 것을 의미할 수도 있습니다. 그것은 흔히, 여러분 내면의 길은 다른 곳을 향하고 있기 때문에 매우 사랑하는 사람이라 하더라도 작별을 고해야만 하게 될 수도 있음을 뜻합니다. 그것이 관계의 결별로 이어지든 재설정으로 이어지든 간에, 여러분은 모두가 이 개인적 유대관계의 장에서 매우 뿌리 깊은 문제들을 직면해야만 하는 과제를 안고 있습니다. 새로운 시대를 특징짓는 가슴의 부름, 가슴에 중심한 에너지가 여러분 나날의 삶 속으로 들어와 있고, 더 이상은 그것을 외면할 수가 없습니다.

인간관계가 왜 아플 수 있는지, 그것이 왜 여러분의 삶을 완전히 뒤집어놓을 수 있는지를 설명하기 위해, 나는 여러분 영혼이 내면에 간직하고 있는 오랜 고통에 대해 이야기하려고 합니다. 그것은 매우 오래된 고통으로서, 이번 생보다 훨씬 더 오래된, 심지어 이 지상의 모든 전생보다도 더 오래된 것입니다. 나는 여러분을 한 영혼으로서 태어났던 태초의 고통으로 데려가려고 합니다.

'옛날 옛적에는' 모든 것이 온전한 전체여서 나뉘어 있지 않았습니다. 이것을 상상할 수 있나요? 잠시 여러분의 상상력이 제멋대로 여행하도록 허용해보세요. 그저 상상해보세요. ─ 여러분은 육신 속에 있지 않습니다. 여러분은 순수한 의식이고, 편안하게 여러분을 에워싸고 있는 거대한 에너지장의 일부입니다. 여러분은 자신이 이 단일체의 일부이며 아무런 조건 없이 아낌받고 있다고 느낍니다. 이 에너지장이 한없이 편안한 담요처럼 여러분을 감싸고 있는 것을 느껴보세요. 그것은 여러분이 마음껏 자라고 탐사해가도록 허용해주는 사랑 가득한 에너지입니다. 그래서 여러분은 자신을 ─ 있는 그대로의 자신으로서 존재할 천부의 권리를 ─ 의심하지 않습니다. 불안도 두려움도 없습니다. 이처럼 편안하고 안전한 느낌이 여러분을 한 개체 영혼으로 출현하게 한, 탄생 이전의 조건을 이루고 있었습니다. 그것은 우주의 자궁이었습니다. 그것이 이제 여러분의 현 상태와는 너무나 멀어졌음에도 불구하고 여러분의 가슴은 아직도 이 완전하고 온전한 느낌, 사랑과 자비의 그 담요 속에서 느꼈던 절대적으로 안전한 느낌을 그리워하며 아파합니다. 여러분이 기억하고 있는 일체성의 느낌은 바로 신이었습니다. 이 사랑의 담요 속에서 여러분은 함께 신을 이루고(constitute) 있었습니다.

이 신성한 의식 혹은 사랑의 담요 속에서 언젠가, 새로운 상황을 창조해보기로 하는 결정이 내려졌습니다. 이것을 인간의 말로 표현하기는 매우 힘들지만, 신 안에, 이 단일체 의식 안에는 뭔가 다른 것, 단일체가 아닌 어떤 것에 대한 갈망이 있었다고 상상해도 됩니다. 말하자면 경험에 대한 열망이 있었던 것이지요. 어떤 순수하고 온전한 존재 속으로 완전히 융합되면 여러분은 무엇을 경험하는 것이 아니라 그저 그것이 됩니다. 여러분은 그것입니다. 이런 존재상태의 황홀함과 전적으로 안전한 느낌에도 불구하고 탐사하고 진화해가기를 원하는 신의 한 부분, 이 우주적 자각의식의 한 부분이 있었습니다. 이 부분이 '자신으로부터 떨어져 나온' 것입니다.

여러분은 신의 이 부분입니다. 어떤 시점에 여러분의 의식은 통일된 단일체로부터 떨어져 나와 하나의 '나', 하나의 실체, 규정된 개체적 의식이 되는 이 실험을 해보기로 동의했습니다. 이건 아주 큰 발걸음이었습니다. 여러분은 존재의 밑바닥으로부터 이것이 좋은 일임을 느꼈습니다. 여러분은 창조성을 발휘하여 새로워지기를 소망하는 것은 긍정적이고 가치 있는 열망이라고 느꼈습니다. 그러나 일체성의 장을 실제로 떠나는 순간, 고통이 있었습니다. 여러분의 기억 속에서 맨 처음으로, 여러분의 삶에서 최초로 깊은 고통이 경험되었습니다. 여러분은 너무나 분명하고 당연하게 느껴졌던 사랑과 평안의 세계로부터 떨어져 나와 있었습니다. 이것이 앞서도 말했던 탄생의 고통입니다. 이 최초의 끔찍한 황폐화의 경험 속에서도 여러분의 가장 내밀한 존재 속의 무엇은 이것은 여러분이 스스로 선택한 것이니 괜찮다고 말했습니다. 그러나 그 고통은 너무나 깊어서, 존재의 외층에서 여러분은 혼란되어 방향을 잃어버렸습니다. 여러분이 곧 신이고 아무 문제가 없다는 것을 아는 내면의 깊은 지혜와 교감을 유지하는 것이 매우 어려워졌습니다.

그 당시에 생겨난 고통받는 부분을 나는 내면의 아이라 부릅니다. 여러분의 영혼, 여러분의 고유한 개체성은 한 쪽에는 지극히 순수하고 신성한 지혜를, 다른 한 쪽에는 트라우마를 지닌 우주적 아이를 내면에 품고 있습니다. 신과 아이의 이 통일체, 지혜와 경험의 통일체는 긴 여행길을 떠났습니다. 여러분은 하나의 개체적 영혼으로서 출발했습니다. 여러분은 '나', 한 사람의 규정된 개인이 된다는 것이 어떤 것인지를 조사하고 경험해보기 시작했습니다.

신은 신인 자신(Godself)의 일부를 영혼으로 변신시켰습니다. 영혼은 자신의 신성한 기원을 다시 깨닫기 위해 경험이 필요했습니다. 영혼은 영혼이 실로 누구인지, 어떤 존재인지를 ― 말하자면 신을 ― 느껴보기 위해 살아서 경험하고 발견하고 자신을 파괴하고 재창조해내야만 합니다. 하나이고 온전한, 너무나 분명하고 당연한 느낌은 산산이 흩어져버려서 경험을 통해 다시 얻어내어야만 했습니다. 이것은 그 자체가 창조의 위대한 묘기였지요. '나'라는 의식의 탄생은 하나의 기적이었습니다! 그것은 일찍이 없었던 일이었지요.

여러분은 종종 일체성과 깊은 통일성을 다시금 경험해보기 위해 여러분의 '나'의 경계를 초월하려고 애씁니다. 여러분은 그것이야말로 여러분의 영적 탐구의 목표라고 말할지도 모르지요. 하지만 잠시만 생각해보세요. ― 신의 입장에서 본다면 '나'라는 것, 분리야말로 기적입니다! 일체인 상태는 '늘 그래왔던 대로의' 평범하고 정상적인 상태였습니다. 개체 영혼이 되는 기적 속에는 엄청난 아름다움과 환희와 창조적 힘이 놓여 있습니다. 여러분이 그렇게 느끼지 않는 이유는, 여러분은 아직도 한 영혼으로 태어날 때의 고통 때문에 몸부림치고 있기 때문입니다. 여러분의 내면 깊은 어디선가는 아직도 그 원초의 고통과 배신의 비명이 울려 퍼지고 있습니다. 그것은 어머니/아버지로부터 떨어져야 했던, 어딜 가나 늘 있던 사랑과 평안의 담요로부터 떨어져 나와야 했던 트라우마의 기억입니다.

시간과 경험을 거쳐 가는 여행에서 여러분은 많은 일을 겪었습니다. 여러분은 온갖 다양한 형체를 취해보았습니다. 인간의 몸을 취하지 않았던 생들도 아주 많습니다만 지금은 그것을 이야기할 때가 아닙니다. 이 맥락에서 내게 중요한 것은, 이 오랜 역사를 통해 여러분이 두 가지 다른 동기에 이끌려왔다는 사실입니다. 한 편에는 탐사하고 창조하고 새로워지고자 하는 열망이 존재하고, 다른 한 편에는 낙원에서 쫓겨난 서글픔과 그리움과 주체할 수 없는 외로움이 있습니다.

여러분 내면의 모험적이고 진보적인 부분, 여러분을 우주의 자궁에서 밀어낸 그 에너지에 의해 여러분은 많은 것을 경험하고 창조했습니다. 그러나 내면에 각인된 탄생의 고통과 향수병 때문에 여러분은 온갖 트라우마와 미몽도 겪어내야만 했습니다. 그래서 여러분의 창조는 늘 자비롭기만 하지는 못했습니다. 시공간을 여행하는 동안 여러분은 나중에 후회하게 될 — '나쁘다'고 할 만한 — 일들을 저질렀습니다. 우리의 관점에서 보면 이런 행동들은 단지 미지의 세계에 뛰어들어 그곳을 탐험하고 경험하리라고 마음먹은 결과일 뿐입니다. 알다시피, 하나의 개인이 되는 순간, 자명한 일체성에서 떨어져 나오는 순간부터 여러분은 오로지 빛만을 경험하고 있을 수는 없게 됩니다. 모든 것을 새롭게 발견해야만 합니다. 그래서 암흑도 경험하게 됩니다. 모든 극단을 포함하여 있는 모든 것을 경험하게 됩니다.

진화의 현시점에서 여러분은, 여러분의 '나'라는 것을 진정으로 포용하는 힘에 모든 일의 성패가 달려 있음을 깨닫게 됩니다. 그것은 여러분 자신의 신성을 진정으로 포용하고, 그러한 자기인식으로부터 기쁨과 풍요를 경험하기 위한 것입니다. 여러분이 이 우주에 탄생하던 순간에, 외롭고 고통스러운 느낌에 휩싸이던 그 순간에 여러분은 자신이 작고 하찮은 존재라고 느끼기 시작했습니다. 그 순간부터 여러분은 여러분을 구원해줄 수 있는 어떤 것 ─ 여러분 밖의 힘, 신, 지도자, 배우자, 자녀 등등 ─ 을 찾아 헤매기 시작했습니다. 이제 여러분이 경험하고 있는 깨어남의 과정에서 여러분은 자신이 갈구하고 있는 근원적 평안은 부모든 애인이든 신이든 간에 외부의 것에서는 찾을 수 없는 것임을 깨닫고 있습니다. 어떤 특정한 인간관계가 이 갈구와 그리움을 아무리 강렬히 촉발시키더라도 거기서는 근원적 평안을 찾지 못할 것입니다. 심지어 신과의 관계 속에서도 말입니다.

여러분이 전통으로부터 물려받아 믿고 있는 신, 아직도 여러분의 인식에 깊은 영향을 끼치고 있는 그 신은 여러분의 외부에 존재하는 신이기 때문입니다. 그것은 여러분의 매사에 윤곽을 그어주고 여러분이 갈 길을 정해주는 신입니다. 그러나 그런 신은 존재하지 않습니다. 여러분이 신입니다. 여러분은, 모든 것을 완전히 다른 방식으로 경험하기 위해 자신만의 길을 가기로 한, '신의 그 창조적인 부분(that creative part of God)'입니다. 여러분은 태초의 탄생의 상처로부터 자신을 치유할 수 있으리라는 자신이 있었습니다. 탐사하며 새로워지기를 열망하며 확장해가는 에너지는 남성적 에너지라고 할 수 있습니다. 반면에 하나로 결합하는 에너지, 본향의 에너지는 여성적 에너지라 할 수 있습니다. 이 두 에너지가 모두 여러분의 본성에 속합니다. 영혼으로서의 여러분은 남성도 여성도 아닙니다. 본질적으로 여러분은 남성인 동시에 여성입니다. 여러분은 이 두 가지 속성을 모두 지닌 채 여행을 떠났습니다. 그리고 이제는 이 두 에너지가 함께 조화롭게 작용하게 할 때가 왔습니다. 여러분 자신 속의 온전한 전체성을 제대로 경험할 때가 온 것입니다. 그토록 오랜 세월 동안 자신의 위대성을 부인해온 끝에, 여러분은 자신이 그리워해온 그 신이 '되는' 것 외에는 다른 길이 없다는 것을 마침내 깨닫기 시작할 것입니다.

이것이 깨달음으로 가는 궁극의 돌파구입니다. 여러분 자신이야말로 여러분이 그리워하고 있는 그 신임을 깨닫는 것 말입니다. 여러분을 여러분 자신의 권능의 심장부, 여러분 자신의 온전함으로 데려다줄 수 있는 것은 여러분밖에는 없습니다. 여러분이 그것입니다. 여러분이 그이고, 언제나 그였습니다! 오매불망 여러분을 기다려온 것은 여러분 자신이었습니다.

이 내적 자각의 불꽃이 밝혀지면 너무나 큰 환희가 일어나고 너무나 깊은 환향의 느낌에 젖어들어서 그것은 여러분의 모든 인간관계가 새로운 관점에서 바라보이게 만듭니다. 예컨대 여러분은 다른 사람들이 여러분에게 말하는 것들에 신경이 덜 쓰입니다. 어떤 사람이 여러분을 비판하거나 불신하더라도 그것을 자동적으로 개인적인 것으로 받아들이지 않게 됩니다. 여러분은 거기에 영향을 덜 받고 열띠게 반응하지 않게 됩니다. 그것을 더 쉽게 놓아 보내고, 자신으로부터나 상대방으로부터나 자신을 방어하려는 욕구가 떨어져 나갑니다. 여러분에 대한 다른 사람의 생각에 감정이 쉽게 흔들린다면 그것은 여러분 안에 타인의 부정적인 견해에 동조하게 만드는 자기경멸이 도사리고 있음을 가리켜주고 있는 것입니다. 여러분은 이 자기경멸을 상대방과 싸우는 것으로 해결하려 들지 않고 오로지 안으로 들어가서 자기 내면의 감정적 상처와 교감하고 돌봄으로써 해결합니다. 이 상처야말로 지금 이 순간의 상황보다 훨씬 더 오래된 것입니다.

사실 모든 배척의 고통, 모든 인간관계의 고통의 기원은 치유되지 못한 탄생의 고통으로 거슬러 올라갑니다. 원인은 가까운 곳에 있음을 말해주는 듯한 온갖 종류의 복잡다단한 인간관계의 상황들이 있기 때문에 나의 이 말이 엄청난 비약처럼 들릴 수도 있습니다. 여러분이 겪는 이 고통은 배우자가 저지른(혹은 하지 않은) 어떤 일 때문인 것처럼 보일 수도 있습니다. 외부의 어떤 것이 여러분에게 고통을 일으키고 있는 것처럼 보일 수도 있습니다. 그래서 여러분은 문제의 해결책은 상대방의 태도에 달려 있다고 생각합니다. 그러나 내 말하노니, 근본적으로 여러분은 자기 내면의 오래고 오랜 고통의 치유 문제에 당면해 있는 것입니다. 이것을 자각하지 못하면 여러분은 지극히 고통스러워질 수 있는 인간관계 문제에 쉬 말려들게 됩니다.

특히 남녀관계(애정관계)에서 종종 여러분은 태초의 아련한 기억 속의 일체상태와 비슷한, 일종의 평안한 합일상태를 만들어내려고 애씁니다. 잠재의식 속에서 여러분은 무조건적인 사랑과 수용의 담요에 포근히 감싸여 있는 느낌을 재창조하려고 애쓰고 있는 것입니다. 여러분의 내면에는 그 무조건적인 수용을 갈구하는 아이가 있습니다. 하지만 만일 여러분 내면의 이 아이가 여러분 동반자 내면의 아이와 어깨동무를 하게 되면 너무나 흔히, 양쪽 모두 진정한 자기표현을 못하게 만드는 질식할 것 같은 의존관계가 생겨납니다.

그러면 여러분은 감정적으로 상대방에게 의존하게 되어서 자신의 행복을 위해 상대방의 사랑이나 인정을 필요로 하게 됩니다. 의존성은 언제나 힘과 통제의 문제를 불러옵니다. 왜냐하면 누군가를 원한다는 것은 곧 그/그녀의 행동을 통제하고 싶어하는 것이기 때문이지요. 이것이 파괴적인 인간관계의 시초입니다. 절대적 일체성에 대한 무의식의 갈망에 이끌려서 인간관계에서 자신의 개체성을 포기하는 것은 자신에게나 상대방에게나 파괴적입니다.

진정으로 사랑하는 두 사람에게서는 서로로부터 완전히 독립적으로 기능할 수 있는 두 에너지장을 볼 수 있습니다. 각 에너지장은 그 자체가 하나의 단일한 총체여서, 둘은 그 총체성의 바탕 위에서 서로 연결됩니다. 상호의존적인 애정관계에서는 '유기적인 온전성'을 추구하지만 상대방 없이는 기능을 하지 못하거나 하기를 원치 않는, 정합되지 않은 몸부림이 발견됩니다. 이것은 에너지 얽힘 현상을 초래하는데, 오라 장에서 보면 그것은 두 사람이 서로에게 에너지를 공급해주는 에너지 탯줄로 관찰됩니다. 그들은 의존과 통제라는 중독적인 에너지를 먹고 삽니다. 이런 식의 에너지 얽힘은 여러분이 자신을 스스로 책임지지 않고 있음을, 여러분 자신만이 치유할 수 있는 오랜 영혼의 상처를 외면하고 있음을 가리켜 보여줍니다. 이 깊은 고통을 스스로 책임지고 돌보기만 하면 여러분은 자신이 온전해지기 위해서 다른 누구를 필요로 하지 않음을 깨닫고 인간관계의 파괴적인 측면으로부터 자신을 해방하게 될 것입니다.

업연業緣

이와 동일한 맥락에서 업연에 대해 이야기하고자 합니다. 업연이란 전생에 서로에 대해 강렬한 감정을 경험하면서 알고 지낸 사람들 사이의 인간관계를 말합니다. 업연의 특징은 두 사람이 서로에 대해 죄책감, 두려움, 의존성, 질투, 분노 등과 같은 맺힌 감정을 품고 있다는 데에 있습니다. 이 풀리지 않은 감정적 부하 때문에 그들은 다른 생에서도 서로에게서 끌림을 느끼게 됩니다. 새로운 만남의 목적은 당면한 문제를 해결할 기회를 주기 위한 것입니다. 이런 일은 짧은 기간에 동일한 문제를 재창조함으로써 일어납니다. 그들이 맨 처음 만나면 이 카르마 게임의 '선수'들은 서로에게 다가가고 싶은 충동을 느끼고, 조금 지나면 그들의 해묵은 감정적 역할 패턴을 되풀이하기 시작합니다. 이제 해묵은 문제를 새롭게 대면하여, 어쩌면 그것을 좀 더 깨어 있는 방식으로 다룰 수 있는 무대가 마련된 것입니다. 이 새로운 만남의 영적 목적은 두 사람으로 하여금 전생에 했던 것과는 다른 선택을 하게 하는 것입니다.

예를 하나 들어드리지요. 전생에 두목 행세를 하는 매우 소유적인 남편을 가졌던 여성이 있다고 합시다. 그녀는 한동안은 그것을 받아들여줬지만 어떤 시점에서 이젠 충분하다고 판단하고 그와 결별을 했습니다. 그 후에 남편은 자살을 해버렸습니다. 여자는 회한을 느꼈습니다. 그녀는 자신에 죄가 있다고 믿었습니다. 그에게 기회를 좀더 줬어야 하지 않았을까? 그녀는 평생 동안 이 죄책감을 품고 살았습니다.

그들은 다른 생에서 다시 만납니다. 그들 사이에는 이상한 끌림이 있습니다. 처음엔 남자가 너무나 매력적이고 여자는 그의 주목의 대상입니다. 그는 그녀를 너무나 좋아합니다. 그들은 애정관계로 돌입합니다. 하지만 이제 그는 갈수록 질투심과 소유욕을 불태우기 시작합니다. 그는 그녀가 바람을 피운다고 의심합니다. 그녀는 속에서 갈등을 느낍니다. 남편이 자기에게 터무니없는 죄를 씌워서 화가 나지만 한편으로는 그것도 용서하고 돌이킬 기회를 줘야 한다는 기이한 의무감 같은 것을 느낍니다. 그녀는 그가 상처 입은 남자라고 생각합니다. 그 상처를 어쩌지 못해서 버림받을 것에 대한 두려움을 느끼고 있는 것이라고 말입니다. '어쩌면 그가 그것을 극복하도록 내가 도와

372

줄 수 있을 거야.' 그녀는 이런 식으로 자신의 행동을 합리화하지만 사실 그녀는 자신의 개인적인 울타리가 무너지는 것을 내버려두고 있습니다. 그 관계는 그녀의 자긍심에 부정적인 영향을 끼칩니다.

이제 여자에게 가장 큰 해방을 안겨주는 선택은 관계를 끊고 죄책감 없이 자신의 길을 가는 것입니다. 남편의 고통과 두려움은 그녀의 책임이 아닙니다. 그의 고통과 그녀의 죄책감이 파괴적인 인간관계를 이끌어왔습니다. 그들의 관계에는 다른 전생 때문에 이미 감정적 부하가 실려 있습니다. 새로운 만남의 의미는, 여자는 죄책감을 느끼지 않고 놓아 보내는 법을 배워야만 하고 남자는 감정적으로 홀로 서는 법을 배워야 한다는 데 있습니다. 그러니 유일한 진짜 해법은 관계를 끊는 것입니다. 여자의 카르마의 해법은 죄책감을 영원히 놓아 보내는 것입니다. 그녀가 전생에서 저지른 실수란, 남편을 버린 것이 아니라 그의 자살에 책임을 느낀 것입니다. 이번 생에서 아내가 떠나면 남편은 다시금 자신의 고통과 두려움을 대면하게 될 것이고, 그것은 그에게 그런 감정들을 더 이상 회피하지 않고 직면할 수 있는 새로운 기회를 제공할 것입니다.

만나는 즉시 상대방이 기이할 정도로 친숙하게 느껴질 때, 여러분은 업연의 만남을 알아차릴 수 있습니다. 함께하면서 서로를 발견해 가고 싶은 충동을 억누를 수 없게 만드는 쌍방의 이끌림도 아주 흔합니다. 기회가 주어지면 이 강한 이끌림은 애정관계나 깊은 정사로 발전합니다. 그 감정적 경험이 너무나 강렬하면 여러분은 자신이 드디어 영혼의 짝을 만났다고 생각합니다. 하지만 일은 겉보기와 같지 않습니다. 그런 인간관계는 언제나 조만간에 표면에 떠오르게 될 문제를 안고 있습니다. 두 사람은 흔히 힘과 통제와 의존을 주제로 하는 심리적 갈등에 휘말리게 됩니다. 이로 인해서 그들은 잠재의식 속에서는 전생에도 일어났던 일임을 알고 있는 비극을 되풀이합니다. 전생에 그들은 연인이었을 수도 있고, 아니면 부모나 자녀나 상사나 부하였을 수도 있고, 아니면 다른 종류의 관계를 맺었을 수도 있습니다. 하지만 그들은 언제나 불신의 행위나 힘의 남용이나 상반된 성향이나 너무 극단적인 애정 등으로 인해 서로의 깊은 상처를 건드렸습니다. 그들 사이에는 깊은 흉터와 감정적 트라우마를 남긴 깊은 만남이 있었습니다. 그 때문에 그들이 새로운 생에서 다시 만나게 될 때 그토록 강력한 끌림이나 밀어냄이 작용하는 것입니다.

이런 식으로 에너지가 얽힌 모든 영혼들에게 줄 영적인 권고는, 서로를 놓아 보내고 각자 자유롭고 독자적인 존재가 되는 것입니다. 이야기한 것과 같은 업연은 대부분이 결코 장기적이고 안정적인 애정관계가 아닙니다. 그것은 치유적인 관계라기보다는 파괴적인 관계입니다. 만남의 기본적인 목적은 대부분이 상대방을 놓아 보내는 데 성공하는 것입니다. 이것은 한두 번의 전생만으로 해낼 수는 없는 것이지만 이제는 사랑 속에서 서로를 놓아 보낼 수 있는 또 다른 기회가 있습니다.

자신이 많은 고통과 슬픔을 일으키는 강렬한 감정으로 물든 관계를 맺고 있으면서 거기서 헤어나지 못하고 있다면, 상대방 곁에 머물러 있도록 여러분을 강요하는 것은 아무것도 없다는 사실을 깨닫기 바랍니다. 그리고 그 강렬한 감정은 서로 간의 사랑보다는 깊은 고통을 암시한다는 사실도 깨달아야 합니다. 사랑의 에너지는 본질적으로 평온하고 경쾌하고 영감을 줍니다. 그것은 무겁고 비극적이어서 기운을 소진시키지 않습니다. 관계가 이런 성질을 띤다면 그건 다시 '어떻게 해보기'보다는 놓아 보내야 할 때입니다.

때로 여러분은 자기들이 '공동의 카르마'를 갖고 있고 그것을 '함께 해결해야' 하기 때문에 함께 살아야 한다고 자신을 설득하기도 합니다. 여러분은 엄청난 고통을 겪으면서도 그 관계를 연장시키기 위한 핑계로 카르마라는 개념을 이용합니다. 그러나 사실 여기서 여러분은 카르마의 개념을 왜곡시키고 있습니다. 카르마는 함께 풀어가는 것이 아닙니다. 카르마는 개인적인 것입니다. 앞서 말한 것과 같은 관계가 당면해 있는 카르마는 흔히 완전히 놓아 보낼 것을 요구합니다. 여러분 각자가 그 자신만으로도 온전하다는 것을 경험할 수 있도록, 그런 인간관계로부터 물러날 것을 요구합니다. 다시 말하지만, 카르마를 푸는 것은 당신 혼자서 하는 일입니다. 상대방이 둘 사이에 온갖 드라마가 펼쳐지게 만드는 무엇을 당신 안에서 건드릴 수는 있습니다. 하지만 (상대방의 문제가 아니라) 당신 내면의 상처를 돌보는 것만이 당신의 유일한 일이요 과제로 남아 있습니다. 당신은 오로지 당신 자신에 대한 책임만 있습니다.

이것은 깨달아야 할 중요한 사실입니다. 왜냐하면 이것이 인간관계의 중요한 함정이기 때문입니다. 당신은 상대방에게 책임이 없고 상대방도 당신에게 책임이 없습니다. 당신의 문제에 대한 해결책은 상대방의 행동에 있지 않습니다. 당신은 가끔 상대방의 내면의 아이, 내면의 감정적 상처와 너무 긴밀히 연결된 나머지 자신이 그 아이를 '구해줘야만 할' 사람이라고 느낍니다. 아니면 당신의 짝이 당신에 대해 그렇게 느끼고 있을지도 모르지요. 하지만 이것은 먹히지 않을 것입니다. 당신은 상대방의 내면에 무력감과 피해자가 된 느낌만 강화시켜놓게 될 것입니다. 일정 선을 그어두고 홀로 서기를 하면 그편이 오히려 더 도움이 될 텐데 말입니다. 오로지 자신의 힘으로 온전하고 완전함을 느낄 수 있게 되는 것이야말로 여러분의 운명입니다. 이것이 진정으로 충족한 인간관계의 가장 중요한 조건입니다.

치유적인 관계

치유적인 관계가 있고 파괴적인 관계가 있습니다. 치유적인 관계의 특징은 쌍방이 서로를 변화시키려 하지 않고 있는 그대로 존중해주는 것입니다. 그들은 함께하면서 큰 즐거움을 느끼지만 상대방이 곁에 없더라도 불편하거나 외로워서 사무치도록 그리워하지 않습니다. 이런 종류의 관계에서는 상대방의 문제를 해결해주려고 애쓰지 않고, 사랑하는 사람을 이해하고 지원해주고 용기를 북돋아줍니다. 그 관계 속에는 자유로움과 평화가 있습니다. 물론 가끔씩은 오해가 있을 수도 있습니다. 그러나 그것이 일으키는 감정은 오래가지 않습니다. 둘은 모두 용서할 준비가 되어 있습니다. 그들은 가슴으로 연결되어 있지만 그 결과로 상대방의 감정이나 실수를 자신에 대한 것으로 받아들이지는 않습니다. 그것이 깊은 층의 고통을 불러일으키지 않기 때문에 그들은 거기에 큰 중요성을 부여하지 않습니다. 그들은 자신의 힘과 행복을 상대방의 인정이나 존재로부터 얻어내지 않습니다. 상대방은 내 삶의 빈 곳을 메꿔주는 것이 아니라 새롭고 활력을 주는 어떤 것을 더해줍니다.

치유적인 관계의 쌍방은 한두 번의 전생에서 서로 알았던 사이였을 수도 있습니다. 하지만 이 경우에는 앞서 이야기한 것과 같은 카르마의 감정적 짐이 없습니다. 두 영혼은 전생에 본질적으로 서로 고무하고 지원해주는 방식의 교류를 가졌을 수 있습니다. 친구나 동반자로서, 혹은 부모와 자식으로서, 그들은 서로를 영혼의 짝으로 인식했습니다. 이것은 여러 생에 걸쳐 변하지 않는 유대감을 만들어냅니다.

또 다른 예를 들어보겠습니다. 젊은 남자가 중세의 가난한 집안에서 자라납니다. 그는 천성이 점잖고 감수성 깊어서 자신의 환경에 잘 어울리지는 않습니다. 그의 가족은 열심히 일하는 좀 거친 사람들이어서 그의 실질적이지 못한 몽상적인 성격을 이해해주지 못합니다. 그는 자라서 수도원에 들어갑니다. 그는 거기서도 정말 행복하지는 않습니다. 생활이 엄격히 규제되고, 거기 사는 사람들 사이에는 따뜻한 인간미나 우정 같은 것이 거의 없기 때문입니다. 하지만 다른 사람들과는 약간 다른 한 사람이 있습니다. 그는 높은 지위에 있는 사제인데 권위의식이 없고 그에게 정말 관심을 가지고 있습니다. 그는 가끔씩 그의 안부를 물어보고, 정원일 같은 즐거운 일거리를 맡겨주기도 합니다. 서로 눈이 마주칠 때 그들 사이에는 뭔가 동류의식 같은, 인정의 느낌이 오갑니다. 가슴으로부터 말 없는 연결감이 있습니다. 그들은 자주 만나거나 많은 말을 나누지는 않지만 젊은이에게는 그 사제가 희망과 용기의 원천이 됩니다.

그다음 생에서 이 청년은 여자가 됩니다. 이번에도 그녀는 온화하고 몽상적인 천성을 지니고 있습니다. 그녀는 자신을 주장하는 데 어려움을 느낍니다. 성년이 되자 그녀는 권위적이고 두목 기질이 있는 남자와 결혼하게 되어 꼼짝 못하게 됩니다. 처음에는 그녀도 그의 강하고 뚜렷한 카리스마에 매혹됐지만 시간이 흐르면서 그의 지배적인 성격이 자신을 얼마나 억압하는지를 깨닫게 됩니다. 하지만 그녀는 그에게서 자신을 놓여나게 하는 것이 너무나 어렵다는 것을 깨닫습니다. 일터에서 그녀는 가끔 약간 나이 든 남자동료에게 이 고민을 몇 번 이야기합니다. 그는 그녀에게 자신의 요구에 진실하라고, 일어서서 자신을 주장하라고 용기를 부추겨줍니다. 그와 이야기할 때마다 그녀는 그가 옳다는 것을 직관적으로 느낍니다. 그리하여 그녀는 많은 고민과 갈등 끝에 남편과 이혼합니다. 이제는 동료와의 만남의 성격이 바뀌었습니다. 그녀는 그에게 애정을 느낍니다. 그가 독신이라는 것도 알게 됐습니다. 그녀는 마치 서로가 오랜 세월 동안 알고 지낸 사이인 것처럼 그와 함께할 때면 편안함을 느낍니다. 그들은 서로 애정 깊고 편안하고 고무적인 관계를 시작합니다. 전생에 둘 사이에 흘렀던 공감의 느낌은 이제 남편과 아내 사이의 만족스러운 관계로 형태를 취했습니다.

이것이 치유적인 관계입니다. 여자는 전남편을 떠나서 자신을 위한 선택을 하는 중요한 결정을 내렸습니다. 이로써 그녀는 자신의 감정적 독립성을 다졌습니다. 이것이 마음 맞는 영혼과 균형이 잘 잡히고 애정 깊은 관계를 맺을 수 있는 바탕을 만들어냈습니다.

쌍둥이 영혼

여기서 여러분도 모두 익히 듣고 있을 쌍둥이 영혼이라는 개념에 대해 이야기하고 싶습니다. 쌍둥이 영혼은 여러분에게 아주 매력 있는 개념입니다. 하지만 그것은 매우 위험성이 큰 것입니다. 왜냐하면 그것은 쌍방에게 탄생의 고통과 감정적 의존성에서 풀려나게 해주기보다는 오히려 강화시키는 방식으로 해석될 수 있기 때문입니다. 이것은 여러분이 쌍둥이 영혼의 개념을 자신에게 완벽하게 어울리고 자신을 온전해지게 만들어주는 그런 사람이 존재한다는 식으로 이해할 때 일어나는 위험입니다. 이것은 쌍둥이 영혼을 여러분의 다른 반쪽으로 여기는 개념입니다. 그러면 여러분은 자신이 너무나 사무치게 그리워하는 일체성과 평안의 상태가 자신과 완벽하게 맞는 누군가를 만나면 성취될 것이라고 생각하게 됩니다.

쌍둥이 영혼에 대한 이런 설익은 생각 때문에 영혼이란 서로 만나야 일체가 되는 두 개의 반쪽이라는 인식이 퍼져 있습니다. 대개 이두 반쪽은 각각 남자와 여자이지요. 그래서 이 개념은 여러분의 존재

자체가 불완전함을 암시할 뿐만 아니라 또 여러분이 본질적으로 남성 아니면 여성이라고 암시하고 있습니다. 이와 같은 쌍둥이 영혼 개념이 영적인 관점에서 건강하거나 치유적이지 않다는 것을 여러분도 깨달을 수 있을 겁니다. 이것은 여러분으로 하여금 자기 외부에 있는 것에 의존하게 만듭니다. 이것은, 그 자체로서 온전하여 남성이자 여성이며 모든 것인 여러분 자신의 신성한 기원을 부정합니다. 이것은 여러분을 집으로부터 멀리멀리 떼놓는 온갖 망상을 만들어냅니다. '집'이란 말로써 나는 여러분 자신의 자아, 여러분의 '나'의 신성을 뜻합니다. 그 어떤 영혼도 다른 누군가의 다른 반쪽으로 태어나지 않았습니다.

쌍둥이 영혼은 실제로 존재하는데, 그들은 말뜻 그대로 쌍둥이입니다. 그들은 같은 '분위기' 혹은 진동을 지닌 영혼입니다. 혹은, 생물학적 쌍둥이와 마찬가지로 탄생 시時가 같다고 할 수 있습니다. 특정한 탄생 시간, 곧 시공간 속의 이 독특한 순간은 생명으로 태어나는 영혼들을 독특한 분위기로 충전시켜줍니다. 그들은 어떤 식으로도 서로에게 의존적이지 않습니다. 그들은 남성도 여성도 아닙니다. 하지만 그들은 분명히 비슷한 영으로서 서로에게 동조됩니다.

쌍둥이 영혼이 창조된 이유는 무엇일까요? 그들은 왜 존재하는 걸까요? 여러분은 종종 어떤 것의 존재 이유는 그것이 주는 배움이라고 생각합니다. 그러나 쌍둥이 영혼의 경우에는 그렇지 않습니다. 쌍둥이 영혼이 존재하는 이유는 뭔가를 배우기 위해서가 아닙니다. 그 목적은 단지 기쁨과 창조성입니다. 쌍둥이 영혼은 이원성 속의 기능을 갖고 있지 않습니다. 여러분은 이원성을 초월할 때만 여러분의 쌍둥이 영혼을 만날 것입니다. 여러분이 자신을 다시금 자기 안의 신, 나뉘지 않은 전체이며 그 어떤 형상도 취할 수 있는 신과 동일시할 때 말입니다. 쌍둥이 영혼은 집으로 돌아가는 길에서 서로 다시 만납니다.

잠시 여정의 출발점으로 돌아가봅시다. 일체의 상태를 떠나 개체가 되는 순간 여러분은 이원성으로 들어섭니다. 갑자기 거기에는 어둠과 빛이, 큰 것과 작은 것이, 병과 건강 등등이 존재합니다. 현실이 나뉘어 있습니다. 여러분은 더 이상 자신이 진정 누구인지를 가늠할 기준을 가지고 있지 않습니다. 처음에는 '전체의 일부임'에서 자신의 정체를 취했습니다. 이제 여러분은 전체로부터 떨어져 나온 하나의 조각입니다. 하지만 여러분이 알아차리지 못하는 가운데 여러분과 동등한 누군가가, 그 무엇보다도 여러분과 가장 많이 닮은 누군가가 여러분과 동행합니다. 이 둘은 일체성의 담요 속에서 '동일한 공간'을 차지하고 있었습니다. 서로 너무나 가까웠기 때문에 태어나기 전까지는 자신이 둘이라는 것도 몰랐습니다. 둘을 연결하고 있는 것은 이원성 너머의 어떤 것입니다. 이원성의 역사 이전의 어떤 것입니다. 이것은 말로써 제대로 설명하기가 어렵습니다. 왜냐하면 이것은 정체성에 대한 보통의 정의를 무력해지게 만들기 때문입니다. 보통의 정체성이란 하나이든가 아니면 둘이든가 해야지 동시에 하나요 둘일 수는 없으니까요.

이제 당신네는 둘 다 여행을 ─ 온갖 경험을 다 거치는 긴 여행을

— 나서고 있었습니다. 당신네는 둘 다 이원성의 극단을 경험하면서 차츰차츰 자신의 본성은 이원성 안이 아니라 그 밖에, 이원성의 배후를 이루는 무엇인가에 있다는 사실을 깨닫습니다. 이 배후의 일체성을 깊이 자각하는 순간, 여러분의 돌아가는 여행이 개시됩니다. 여러분은 차츰차츰 권력, 명예, 돈, 특권 등과 같은 외부적인 것들에 덜 집착하게 됩니다. 열쇠는 무엇을 경험하는가가 아니라 그것을 어떻게 경험하는가에 놓여 있다는 것을 점점 더 확실히 깨달아갑니다. 깨어서 자각하느냐 못하느냐에 따라서 여러분은 자신의 행복과 불행을 만들어냅니다. 여러분은 자신의 의식의 힘을 깨달아가고 있는 것입니다.

이원성의 모든 산봉우리와 계곡을 다 거치고 나면 자신의 쌍둥이 영혼을 조우하는 순간이 옵니다. 쌍둥이 영혼의 에너지와 모습에서 여러분은 자신의 매우 깊은 일부분, 이원성 너머 여러분의 본성을 알아볼 것입니다. 그리고 바로 이 인식을 통해 여러분은 자신을 더 잘 이해하기 시작하고 자신이 진정 누구인지를 알게 될 것입니다. 여러분의 쌍둥이는 여러분이 이번 생애와 전생을 통해 자신에 대해 품어온 한정된 믿음 너머로 여러분을 데려다주는 하나의 준거 틀입니다. 여러분은 쌍둥이 형제 속에 비친 자신의 이 모습을 봄으로써 자신을 해방합니다. 그것은 기억을 상기시켜주는 힌트 같은 것으로, 감정적 의존과는 아무런 상관도 없습니다. 서로의 만남은 서로가 더 강하고 자신을 더 잘 아는 개인이 되어서 지상에서 창조성과 사랑을 꽃피우도록 도와줍니다. 그것은 여러분의 '나', 여러분의 고유한 개체성을 온전히 보전하고 표현하면서도 더 높은 단계의 일체성으로 올라서도록 도움으로써 돌아가는 여행이 빨라지게 해줍니다.

궁극적으로 우리는 모두가 하나입니다. 우리는 우리 모두의 안에 보편적으로 존재하는 하나의 에너지로부터 지탱되고 있습니다. 쌍둥이 영혼은 어느 한도 내에서는 개체성과 일체성 사이의 연결고리입니다. 그것은 일체성으로 가는 디딤돌과도 같습니다. 자신의 쌍둥이 영혼과 의식적으로 물질적으로 연결되면 여러분은 뭔가 새로운 것을 창조해내게 될 것입니다. 둘의 결합된 작용으로부터 태어나는 제3의 에너지 말입니다. 그 에너지는 둘만 있을 때보다 더 큰 규모에서, 일체성에 대한 자각이 높아지도록 늘 도와줍니다. 쌍둥이 영혼은 집으로 돌아가는 길에 서 있기 때문에 사랑과 일체성의 에너지가 지구에 닻을 내리게 하고자 하는 영감을 느낍니다. 그리고 그들은 자신들의 고유한 재능과 기술에 따라 독특한 방식으로 그 일을 합니다. 이리하여 쌍둥이 영혼의 사랑은 '한 개체가 되는 것'과 '하나가 되는 것' 사이에 징검다리를 놓아줍니다.

쌍둥이 영혼들 사이에는 깊은 내면의 유대가 있지만, 그것이 그들이 그 자체로서 각각 완전한 통일체라는 사실을 바꿔놓지는 않습니다. 그들의 결합은 사랑과 기쁨을 가져다주고 그들의 만남은 창조성과 자아실현을 도와줍니다. 그들은 감정적 의존이나 중독의 함정에 빠지지 않고 서로를 지지해줍니다. 쌍둥이 영혼 사이의 사랑은 서로를 온전해지게 만들기 위한 것이 아니라 새로운 무엇을 창조해내기 위한 것입니다. 둘은 하나가 되는 대신 셋이 될 것입니다.

우주적 탄생의 고통 치유하기

여러분도 언젠가는 자신의 쌍둥이 영혼을 만날 것입니다. 이것을 아는 것만으로 충분합니다. 여러분을 지금 여기로부터 떨어져 나오게 하는 기대와 희망 위에 주저앉아 있지 않도록 합시다. 지금 이 순간 중요한 것은, 여러분이 간절히 소망하는 사랑과 평안은 여러분 자신의 내면에 있음을 온전히 깨닫는 것입니다. 열쇠는, 이 절대적인 자기수용은 다른 어떤 사람, 심지어는 쌍둥이 영혼에 의해서도 결코 주어질 수 없다는 사실을 깨닫는 것입니다.

애정관계뿐만 아니라 부모와 자식 사이에도 상대방에게서 절대적인 일체성과 평안을 찾고자 하는 유혹이 있습니다. 자신이 이루지 못한 모든 꿈을 자식이 이뤄주기를 은근히 바라는 부모를 생각해보세요. 아니면 다 자란 자식이 아직도 부모에게 매달려서 그들을 자신의 절대적으로 안전한 천국으로 여기는 경우를 생각해보세요.

자신의 인간관계 배후의 역학과 동인을 자각하고 그것을 의식의 빛 속에서 치유하는 것이 중요합니다. 여러분의 우주적 향수병은 인간관계에 의해서 혹은 인간관계 안에서 치유되지는 않을 것입니다. 그것은 오로지 여러분에 의해서만, 여러분의 본성에 대한 온전한 깨달음에 의해서만, 자신의 빛과 아름다움과 신성을 깨달음으로써만 치유될 것입니다. 이것이 여러분의 여행의 목적지입니다.

또한 여러분은 자신이 온 곳인 일체성의 상태로 되돌아가게 되지는 않을 것입니다. 여러분이 태어난 '사랑의 담요'는 여러분의 태아기를 형성했었습니다. 이제 여러분은 성숙한 신들이 되어가고 있습니다. 여러분은 자신의 가슴으로부터 절대적 평안과 사랑의 장을 만들어낼 것이고, 다른 이들도 아무런 조건 없이 그 속에서 그것을 나누어 누리게 할 것입니다. 그것이 신의 본성입니다. 아무런 속셈도 계획도 없이 방사하고 창조하고 아껴주는 조건 없는 사랑 말입니다.

이제 나는 여러분에게 잠시 침묵하면서 자신의 '나', 여러분이라는 고유한 존재를 진정으로 느껴보게 하고 싶습니다. 지금 사람들에 둘러싸여 있다면 잠시 동안 여러분의 '나'를 아주 강력히 느껴보세요. 여러분은 - 아무 조건 없이 - 신의 이 부분입니다. 그것은 여러분에게서 앗아갈 수 있는 무엇이 아닙니다. 그것은 '있는', 부정할 수 없는 그것입니다.

자, 이제 부정할 수 없는, '내가 존재한다'는 사실이 여러분에게 얼마나 큰 기쁨과 힘의 원천이 될 수 있는지를 느껴보세요. 여러분이라는 존재의 기적을 긍정하고 포용하세요. 그렇습니다, 나는 나입니다. 나는 분리되고 고유한, 나만의 존재입니다. 내가 다른 이와 깊이 연결되어 있더라도, 그래도 나는 언제까지나 '나'로서 남아 있습니다. 여러분은 이 사실의 배후에는 황무지 같은 고독이 놓여 있다고 생각할지 모르지만 그 생각조차 넘어가서 여러분 안의 권능과 생명력을 느껴보세요. 여러분의 개체성에 진정으로 "예스"라고 말할 때 여러분은 자신감과 신뢰를 경험합니다. 그 바탕 위에서 여러분은 사랑 깊은 관계를 창조해내게 될 것이고, 황무지 같은 고독은 사라져버릴 것입니다.

고독감이 파도처럼 밀려올 때는, 여러분 내면의 아이를 무릎에 앉히세요. 이 아이의 상처를 느껴보세요. 그것은 아이가 태아였던 시절에 맛봤던 절대적인 평안에 대한 갈망입니다. 아이는 그 평안이 배우자의 얼굴에, 자녀의 얼굴에, 어머니나 아버지의 얼굴에, 치료사의 얼굴에 비쳐 보이기를 바라고 있습니다. 그 아이에게 여러분의 얼굴을 보여주세요. 여러분은 이 아이에게는 천사의 얼굴인 그것을 가지고 있습니다. 여러분은 이 아이를 여러분이 꿈꿀 수 있는 가장 절대적인 방법으로 치유해주게끔 되어 있습니다. 나나 그 어떤 '스승'도 여러분 대신에 그것을 해줄 수 없습니다. 우리는 단지 방향을 가르쳐줄 수 있을 뿐입니다. 여러분 자신이 자신의 구원자입니다.

마지막으로 나는 여러분이 잠시 우리의 함께함을 느껴보기를 바랍니다. 여러분은 이 글을 읽고 있을 뿐 우리와 함께하고 있지 않다고 하더라도, 우리의 연결된 느낌을 느껴보세요. 지금은 '나'의 느낌에 주목하지 말고 아주 자유롭고 편안하게 우리의 함께함에 주의를 모아보세요. 에너지를 느껴보세요. 우리를 하나로 묶어주는 그것을 느껴보세요. 그것은 온전한 전체인 상태를 향한 갈망입니다. 이제 우리가 존재할 수 있는 가장 강력한 에너지, 여러분의 깨어난 자아의 에너지, 여러분 내면의 천사의 에너지에 둘러싸여 있다고 상상하세요. 이 에너지를 들이마시고, 잠시 동안 그 힘을 깊이 느껴보세요.

여러분의 존재에 감사드립니다.

새로운 시대의 아이들

사랑하는 친구들, 여러분을 진심으로 환영합니다. 여러분 사이를 흐르고 있는 나의 에너지는 여러분이 향해 가고 있는 집, 그리고 여러분이 온 본원인 고향집의 에너지로 여러분에게 식별됩니다. 나의 에너지는 단순히 2천 년 전에 이 땅에서 살았던 한 남자의 에너지가 아닙니다. 나는 여러분 모두가 그 안에서 한몫을 하고 있는, 그리고 여러분의 높은 자아들이 그 안에서 하나로, 그룹 에너지로서 존재하는 근원 에너지를 상징합니다.

일체성의 이 차원에는 여러분이 그리스도 에너지라 불러도 좋을 상위 영혼(oversoul)이 있습니다. 그것은 나 예수아를 포함하여 우리 모두를 마치 우산처럼 덮고 있습니다. 여러분이 잠시 길을 못 찾고 헤맬 때 우리가 지상의 여러분에게 메시지를 전하고 거울을 들어 여러분의 모습을 비춰 보여주는 것은 바로 이 에너지로부터입니다. 우리가 여러분에게 보여주고 싶은 것은 여러분 자신의 높은 자아, 여러분 영혼의 가족, 여러분의 상위 영혼의 에너지입니다. 우리는 여러분에게 여러분이 내려온 곳이요, 여러분의 가장 깊은 영감이 싹터 나오는 곳인 근원을 상기시켜주고 있는 것입니다.

여러분을 하나로 묶어주는 그 영감은 지구에 빛을 가져오기 위한 것입니다. 그것은 새로운 시대의 도래를 위한 것입니다. 여러분이 지금 이곳 지구에 태어난 것은 여러분이 살고 있는 전환의 시대와 깊이 관련되어 있습니다. 오늘 내가 하고 싶은 이야기는, 지상에 새로운 세대의 아이들 도착하고 있는 것에 관해서입니다. 이 아이들은 여러분이 익숙해 있는 것과는 다른 성격들을 보여줍니다. 어떻게 이런 일이 일어난 걸까요? 이런 현상은 어디서 오는 걸까요? 이것을 설명하기 위해서는 여러분을 과거로 데리고 가서 여러분이 이 아이들이 가져오고 있는 새로운 에너지의 물결의 선구자였던 내력을 들려줘야만 합니다.

지상에는 에너지가 무겁고 갑갑했던 시기가 있었습니다. 모든 것이 규율과 제한에 의해 규정되어 있어서 장난스럽고 사랑 넘치는 에너지를 가져오는 상상력과 직관력이 들어설 자리는 거의 없었습니다. 이 무거운 에너지가 오랜 세월 동안 지구를 장악했습니다. 나는 이 질식할 것 같은 에너지의 권세를 무너뜨리고 박해와 권력이 횡포를 부리는 암울한 현실에 빛을 가져온 선구자였습니다. 자신, 곧 가슴의 에너지를 표현할 자유와 상상력은 억압당하고 있었습니다.

이 같은 역사의 도정에서 제2차 세계대전은 전환점이 되었습니다. 전쟁이 끝나자 60년대의 혁명으로 여러분도 익히 알고 있는 새로운 시대의 정신이 출현했습니다. 그것은 영적 변혁을 의미하기도 했습니다. 그때 가슴의 에너지가 다시 태어났습니다. 60년대의 에너지는 다소 설익은 채로 떠다니는 순진한 에너지였지만 그래도 하나의 돌파구 역할을 하면서 약동하는 새로운 에너지의 출현을 예고해주었습니다.

제2차 세계대전 시기나 그 후에 태어난 여러분은 모두가 새로운 시대의 선구자였습니다. 지금 태어나고 있는 새로운 세대의 아이들은 여러분이 일궈놓은 그 영적 바탕 위에서 출현한 것입니다. 그들은 여러분 가슴의 노래를 알아듣고, 그것을 더 멀리 퍼뜨리고 있습니다. 이제 이 아이들에 대해 이야기하겠습니다.

이 아이들은 이전의 어떤 에너지보다도 순수하고 높은 에너지를 지니고 옵니다. '높다'는 말은, 그들은 지상에 도착할 때 자신의 영혼의 에너지가 상하지 않게끔 더 잘 지킬 수 있었다는 뜻입니다. 이것을 달리 표현하자면, 제2차 세계대전 이후 몇십 년 동안 여러분과 그 밖의 많은 사람들이 이뤄놓은 선구적인 업적 덕분에 여러분의 물질적 현실과 영적 세계 사이의 베일이 얇아진 것입니다.

그 시절에 많은 것이 개방되었습니다. 전통적 권위에 의문이 던져졌고, 새로운 사상이 부상하여 전 세계 인류의 집단의식에 영향을 끼쳤습니다. 초기에는 이것이 혼란과 혼돈을 가져왔습니다. 하지만 가슴의 에너지는 규율과 조직을 좋아하고 진리의 말씀을 듣기 위해 확고한 권위자를 우러러보는 사람들을 혼란과 혼돈에 빠뜨리기 마련입니다. 그런 시대는 갔습니다. 여러분은 모두가 진실하고 명료한 에너지를 느끼고 그것을 내면에 다지기를 열망합니다. 이 내면의 작업이 지상에 새로운 시대가 찾아올 길을 열어줍니다. 여러분은 모두가 한 발은 구시대에, 한 발은 새로운 시대에 발을 디디고 있습니다. 새로운 시대로의 전환은 길고 점진적인 변성의 과정입니다. 지금 태어나고 있는 아이들은 이미 새 시대 속으로 여러분보다 훨씬 더 깊숙이 들어서 있습니다. 그럼에도 불구하고, 여러분과 그들 사이에는 중요한 연결고리와 상호인정이 있습니다.

이것을 좀더 분명히 설명하기 위해서 지금 지구로 오고 있는 다양한 그룹의 아이들에 대해 이야기하겠습니다. 오늘 이 자리에 있는 모든 분들과, 이 메시지에 유난히 끌림을 느끼는 모든 이들은 빛의 일꾼 영혼들입니다. 나는 이전의 채널링에서 빛의 일꾼 영혼들의 특징과 여러 시대에 걸친 그들의 역사에 대해 이야기했습니다. 여러분은 나이가 많아서 무수한 전생의 지혜와 경험을 가지고 왔습니다. 여러분이 겪어온 모든 일로 인해서 여러분은 자신을 지혜롭고 자비롭지만 동시에 취약하게 만드는 예민한 감수성을 영혼 속에 발달시켰습니다. 여러분은 종종 자신이 '별나다'고 느끼고, 사회적인 환경에 잘 적응하지 못했습니다. 특히나 질서와 규율과 느낌의 억압이 일상이던 시절에 이것은 여러분에게 깊은 고통을 가져와서, 그 때문에 느낌의 중추가 상처를 입었습니다. 그런데 여러분의 특징인 그 감수성이 지금 지구에 태어나고 있는 빛의 일꾼 아이들의 눈 속에서 빛나고 있는 것을 분명히 볼 수 있습니다.

나는 이것을 '새 시대 아이들'의 첫 번째 그룹으로 구별하고 싶습니다. 그들은 기본적으로 여러분과 같은 빛의 일꾼 영혼이지만 다른 문 혹은 베일을 통해 지구에 들어옵니다. 그들은 여러분보다 구시대 에너지의 짐을 덜 지고 있습니다. 여러분은 낡은 교육방식을 견뎌내야 했습니다. 그것은 선의에 의한 것이었지만 아이들을 질식시키는 훈육방식이어서 종종 아이들이 타고난 경이감, 상상력, 자기긍정의 느낌을 억눌렀습니다. 그러나 이 모든 것이 지난 수십 년 동안에 바뀌어왔습니다. 각 개인의 성격에 대한 더 깊은 존중, 감정의 중요성에 대한 더 깊은 이해, 느낌에 귀 기울일 수 있는 더 많아진 여유, 더 큰 자유가 있습니다.

그래서 지금 들어오고 있는 빛의 일꾼들은 다른 방식으로, 다른 에너지 속에서 받아들여지고 있고, 이로 인해서 그들은 베일 너머로부터 자신의 영혼의 에너지와 우주적 빛을 더 많이 가져올 수 있습니다. 그러므로 그들의 감수성은 확연히 눈에 띄고, 그것이 또한 불균형을 초래할 수도 있습니다. 그에 대해서는 좀 있다 더 이야기하겠습니다.

두 번째 그룹의 '새 시대 아이들'을 설명하겠습니다. 그들은 토착영혼입니다. 그들은 역사적으로 우리가 이야기해온 그 빛의 일꾼 가족의 영혼에 속하지 않습니다. 그들의 발달과정은 지구 생명의 진화와 깊이 연루되어 있습니다. 그들의 그룹은 이제 에고에 중심한 의식을 놓아 보내고 가슴에 중심한 의식을 향해 옮겨가는 초기 단계를 겪고 있습니다. 최근에 지구에 온 토착영혼들은 더 예민한 감수성을 보여줍니다. 이것은 그들 자신의 내적 발달 때문이기도 하지만 베일이 얇아져서 감정적 자아를 표현할 수 있는 여지가 커졌기 때문이기도 합니다.

그다음으로 세 번째 그룹이 있습니다. 그들은 당신네의 영성 서적에서는 크리스탈 아이들로 불리고 있지요. 이 아이들은 지구에 비교적 새로운 아이들입니다. 그들은 다른 존재계나 차원에서 풍부한 경험을 쌓았지만 이곳에서는 많은 생을 살지 않았습니다. 그들은 거기서 인체가 아닌 다른 형태로 태어났었습니다. 그들을 별의 아이들이라고 부를 수도 있을 겁니다. 그들의 에너지는 대개 몽상적이고, 감수성이 예민한 것도 특징입니다. 그들에게서는 지구의 에너지와 물질계의 거친 밀도에 적응하기 어려운 데서 기인하는 음식 알러지나 피부병 증세도 나타날 수 있습니다. 이 지구의 신참들은 매우 섬세한 에테르 에너지를 가지고 오기 때문에 이곳에 제대로 안착하기 위해서는 많은 안전장치와 보호가 필요합니다.

이제 우리는 새로운 시대의 아이들을 세 그룹으로 나눠 이름 붙였습니다. 그러니 이 시대에 태어나고 있는 모든 아이들은 그 본성이 그렇듯이 새로운 시대의 일부라고 말할 수 있습니다.

이 글을 읽고 듣고 있는 여러분은 특히 빛의 일꾼 영혼에 대해 잘 압니다. 왜냐하면 여러분 자신이 빛의 일꾼이니까요. 여러분은 모두 지상에 빛을 가져온다는 사명에 깊은 영감을 느끼고 있고 내면에 배척당하고 외로워하는 해묵은 상처를 지니고 있습니다. 이 때문에 여러분에게는 지구와 평안하고 사랑 깊은 연결감을 느끼는 것이 늘 쉽지만은 않습니다. 하지만 새로운 아이들이 자신의 에너지를 이곳에 안착시켜 만족스러운 삶을 살도록 돕는 데에 지극히 중요한 지점이 바로 이 지점입니다. 여러분 자신이 지상의 현실과 사랑 깊은 연결감을 경험하는 것이 그들을 인도하고 지원하고, 그들에게 필요한 정서적 안정을 제공해주기 위한 전제조건인 것입니다.

이제 나는 이 아이들이 당면하게 될 몇 가지 문제를 언급하고 여러분이 부모로서나 선생으로서나 치유자로서 그들을 만날 때 그에 대해 할 수 있는 일이 무엇인지를 이야기하겠습니다. 여러분 중 어떤 이들은 그들과 함께 일하도록 부름을 받은 것을 느낄 텐데, 그것은 매우 당연한 일입니다. 여러분은 특히 그들 배후의 동기와 영감을 알아차리는 데는 달인이기 때문입니다. 여러분은 그들이 아동기나 그 이후에 억압되고 묵살당한 측면들을 알아볼 수 있습니다. 그리하여 여러분은 이 아이들을 만날 때 그들 속에서 자신의 모습, 자신의 사랑, 자신의 기원, 또한 자신의 고통을 보기 때문에 그것이 여러분의 깊은 감정층을 건드릴 수 있습니다. 이 아이들도 물론 지상에서 환영받지 못하는 느낌으로 고통을 받을 수 있습니다. 시대가 변했어도 그들이 자신의 진동과 의식 수준에 걸맞은 형태로 자신을 나타낼 수 있을지는 불확실합니다. 여기에는 몇 가지 이유가 있습니다.

첫째, 아직도 그들의 에너지나 진동은 지구의 에너지와 인류 집단 의식의 에너지에 맞지 않습니다. 그들은 시대를 앞서 있습니다. 구세대와 신세대 사이의 이런 이해 결핍은 여러분 자신의 경험을 통해서도 익숙한 일입니다. 구세대인 여러분 안에는 여러분의 사회적 현실에 잘 들어맞지 않았던 가슴의 지혜와 앎이 들어 있습니다. 그것은 뿌리 깊은 전통적 가치와 관념에 반하기 때문에 회의와 불신의 눈초리를 받았습니다. 이 아이들도 이 같은 저항을 겪어내야만 합니다. 그것이 아직도 사라지지 않았기 때문입니다. 게다가 (두 번째 이유로) 지상의 물질적 현실은 그 밀도 때문에 반응속도가 느립니다. 꿈과 소망이 쉽사리, 얼른 현실화되지 않습니다. 가슴 깊은 열망을 진정으로 실현하려면 모든 — 정서적, 물질적, 정신적, 영적 — 차원에서 자신을 지구에 연결할 수 있어야만 합니다. 오로지 그럴 때만 여러분의 에너지는 비옥한 땅을 찾아내고, 오로지 그럴 때만 영혼의 씨앗이 싹을 틔우고 번성할 수 있습니다.

새로운 시대의 아이들에게는 자신을 안착시킬 수 있는 능력이 매우 중요합니다. 곧, 그들은 거침없고 열정적이고 영감에 찬 자신의 우주적 에너지를 지상에 연결하는 법을 알아야만 합니다. 자신의 영혼의 에너지를 이 행성의 에너지 현실에 연결할 수 있게끔 인내심을 기르는 것이 중요합니다. 낙후되어서 그들이 제공하는 지혜를 아직 소화하지 못하고 심지어는 그들의 행동을 강퍅하고 거역적인 것으로 받아들이는 인류와 사회의 부분들에 대해 인내심을 발휘하는 것도 매우 중요합니다.

구세대와 신세대 사이에 문제를 초래할 수 있는 대립이 여기서 일어나고 있습니다. 새로운 아이들의 에너지는 낡은 사상을 가진 사람들에게 종종 오해받을 것입니다. 낡은 사상은 규율과 질서와 복종만이 아이들의 능력과 인격을 제대로 발달시키기 위한 전제조건이라고 말합니다. 이제 여러분은 기실 이 구세대와 신세대의 사이에 서 있어서, 양쪽의 교량 역할을 할 수 있는 사람들입니다. 여러분은 자신의 진정한 영적 에너지를 억눌러서 속에 품고 있어야만 했기 때문에 고생을 겪었습니다. 여러분은 자기표현을 차단당하는 것이 어떤 기분인지를 압니다. 그러므로 여러분은 새로운 아이들을 꽤 잘 이해합니다. 여러분은 느낌의 억압과, 권위에 바탕한 규율에서 벗어나고자 하는 그들의 요구를 이해합니다.

이 아이들에게는 자신을 탐사하고 자기만의 개체성을 향유할 공간이 필요합니다. 동시에 그들은 권위주의적인 규율이 아니라 사랑에 찬 규율의 가치를 이해해야 합니다. 그들은 자신을 억압하지 않으면서 자신의 에너지를 관리하고 소통시키는 법을 터득해야 합니다. 이것은 여러분이 자신의 내면의 길을 가면서 마주쳐 스스로 다루고 있는 바로 그 문제이기도 합니다. 자신의 우주적 에너지, 자기 내면의 불꽃을 자신의 몸을 통해 지상의 현실과 소통시킬 수 있는 능력이 여러분 모두에게 매우 중요합니다. 구체적으로 이것은 여러분을 지금 여기에 있지 못하게, 물질적 현실 속에서 자신을 표현하지 못하게 훼방하는 감정을 다뤄야 함을 뜻합니다.

빛의 일꾼 영혼들에게는 에너지장의 상층부(어깨와 머리)에 많은 영적 에너지를 품고 있으면서도 정체되어 있는 그것을 아래로 가져갈 방법을 찾지 못하는 것이 가장 큰 문제, 곧 '컴플렉스' 중의 하나입니다. 그 에너지는 지상으로 제대로 연결되지 못합니다. 달리 말하자면, 그들은 그 에너지가 속에 갇힌 채 자신을 제대로 꽃피워내지 못하는 기분을 느끼고 있습니다. 이것은 개인적 인간관계나 일터에서도 마찬가지여서 자신이 마음껏 창조성을 발휘하지 못하고 있다고 느낄 수 있습니다. 이 모든 것이 뿌리를 땅에 온전히 내리지 못하는 것과 관계가 있습니다. 에너지가 아래로 내려가서 온전히 몸으로 체화되지 못하는 이유는, 아랫배 부위에 감정적 트라우마가 자리 잡고 있어서 에너지의 흐름을 차단하거나 훼방하기 때문입니다. 그러므로 감정적 치유가 필요한 이 부위에 깨어 있는 의식으로 주의를 기울이는 것이 매우 중요합니다.

온전히 체화되어 땅에 뿌리박은 영성을 이룩함으로써 이 에너지가 오라 장의 상층부에 갇혀 있게 하지 않는 것이 실로 중요합니다. 상부에 갇혀 있는 에너지는 순진하고 불안정한 영성을 일궈내서, 그것이 수시로 환희로운 기분과 열광적인 기운을 일으킬 수는 있지만, 지상에 제대로 뿌리를 내려 만족스러운 직업이나 안정되고 사랑 깊은 인간관계나 물질적 풍요의 형태로 자신을 표현시킬 '몸'을 가지고 있지는 않습니다. 영적 에너지는 감정체와 연결되고, 거기서 다시 물질적 현실로 연결되어야만 합니다. 그 흐름을 차단하는 것은 해묵은 상처입니다. 두려움, 분노, 열등감, 좌절과 인생에 대한 배신감 등의 상처 말입니다. 이런 감정들이 여러분이 부딪혀 있는 장애물인바, 내 말하노니, 이 같은 기본적인 감정 문제를 해결하는 것이야말로 새로운 아이들을 도와줄 길을 찾는 열쇠입니다. 자신의 감정을 치유하고 나면 여러분은 아이들로 하여금 사랑 가득하면서도 절도 있는 방식으로 자신을 땅에 안착시킬 수 있도록 도와줄 방법을 찾아내게 될 것입니다. 이 문제를 꾸준히 다룸으로써 여러분은 그들이 따라올 수 있는 에너지적 통로를 뚫게 될 것이기 때문입니다.

감정의 치유란 무엇을 뜻하는 걸까요? 앞서의 채널링에서 (특히 '감정 다루기'에서) 이것을 더 깊이 다루긴 했지만 이 부분에 대해 다시 이야기하고자 합니다. 감정을 억눌러야 하거나 다소간에 금기처럼 취급받는 경우를 여러분 모두가 경험한 적이 있습니다. 특히 여러분 중 나이가 많은 이들은 그것이 정상으로 여겨지던 세대를 살아왔습니다. 60년대에는 그에 대한 반작용이 일어나서 감정이 해방되고, 때로는 그 반대극으로 치달리기까지 했습니다. 감정은 이성을 넘어서 버립니다. 전통의 울타리를 마음껏 파헤치고 넘어서기 위해서 합리적인 사고는 잠시 미뤄둬야 했습니다. 그리고 한동안은 그렇게 하는 것이 성과가 있었습니다. 억눌려 있던 감정을 마음껏 탐사하는 데는 얼마간의 함정도 있습니다. 감정에 전권을 주어 여러분을 좌지우지하게 놔두는 것으로는 감정을 변화시키고 치유할 수가 없습니다.

영적 자유의 핵심은 모든 감정을 인정하고 거기에 있을 수 있도록 허용하는 것입니다. 그리고 동시에 그것을 온전히 깨어서 늘 의식하는 것, 즉 여러분의 천사 같은 의식으로써 품어 안아주는 것입니다. 내면의 해결되지 않은 감정 에너지는 어린아이와도 같습니다. 그 아이는 혼란에 싸인 채 슬퍼하고 두려워하면서 여러분에게 와서 위로를 구합니다. 여기서 '여러분'은 여러분 내면의 천사, 여러분의 높은 자아를 말합니다. 이런 방법을 통해 여러분의 높은, 천사 같은 자아가 여러분의 감정체로 내려와 치유의 작업을 합니다. 이것이 바로 여러분의 사명입니다. 그리고 그렇게 하면 여러분의 빛은 아래로, 하부의 에너지 중추(차크라)로, 여러분의 팔과 다리를 통해 외부세계로 흘러나갑니다. 이것이 여러분의 천사 같은 에너지, 곧 영혼의 에너지를 지상에 안착시킨다는 말의 뜻입니다.

그것은 자기단련이 요구되는 과정입니다. 나는 이것이 저절로 일어나지는 않는다는 점을 지적하기 위해 단련(discipline)이라는 말을 씁니다. 자기치유 과정은 자기 내면의 삶에 정직한 주의를 꾸준히 기울일 것을, 그리고 내부의 모든 감정을 기꺼이 직면하려는 태도를 요구합니다. 그것을 자신의 것으로 인정하고 그것에 책임을 지고 과거나 타인이나 사회의 피해자가 된 느낌 속에 머물러 있지 않을 것을 요구합니다. 아니, 여러분은 이런 감정들을 흡수했던, 그리고 그것을 변성시킬 힘을 지니고 있는 천사입니다. 이것이 여러분이 지구에 온 이유입니다. 자신의 두려움과 분노와 슬픔을 사랑과 용서와 이해로 변성시키는 것 말입니다. 그렇게 함으로써, 여러분은 스스로 기쁨과 만족의 삶을 창조해낼 것이며, 지상의 현실 앞에서 편안해질 것입니다. 그리고 그럼으로써 여러분은 지구에 도착한, 그리고 도착하고 있는 새로운 아이들을 위해 에너지의 통로를 뚫습니다. 그들은 여러분의 선구적인 작업 덕분에 높은 에너지를 가지고 오지만 이 에너지가 땅에 발을 붙여 굳건히 안착할지는 보장이 없습니다.

이들이 발붙일 곳을 마련해주기 위해서는 우리 모두가, 사회 전체가 이 아이들의 새롭고 색다른 측면들에 마음을 열어야만 할 것입니다. 우리는 그들을 맞이하여 그들이 자신의 에너지를 마음껏 표현할 수 있도록 허락하고 동시에 자신의 에너지를 지상의 현실과 소통시킬 수 있는 집중력과 인내심을 기르도록 가르쳐야 합니다. 그들은 자신의 영혼의 에너지, 우주적 영감을 지구상의 물질적 형체로 표현해야 합니다. 그리하여 자신을 감정적으로, 정신적으로, 창조적으로, 영적으로, 그리고 언어와 소통과 조직화를 통해서 표현할 수 있음을 경험해야 합니다. 그들이 이 현실 속에 자신의 에너지를 가져오도록 초대받았다고 느끼는 것이 중요합니다. 비록 그것이 안팎의 저항과 어려움을 겪는 것을 뜻한다고 하더라도 말입니다.

새로운 아이들의 메시지는, 그들의 맑은 크리스탈 에너지는 오직 그들이 사랑 속에서 땅과 연결되도록 우리가 도와줄 때만 비옥한 땅에 뿌리내릴 수 있습니다. 이런 측면에서 보자면 여러분 자신도 감정체가 핵심적인 역할을 하는 근본적인 변성의 과정을 겪고 있습니다. 여러분은 모두가 자신의 깊은 감정에 스스로 책임을 지고, 그것을 자신의 천사 같은 의식의 빛 속에 서서히 풀어놓는 과정에 있습니다. 여러분의 천사 자아는 이 지상계에서 여러분이 겪을 수 있는 깊은 두려움과 암담한 기분에 대해 연민을 느낍니다. 천사 자아는 그리스도 에너지의 진수에 속해서, 온통 어둠뿐인 것처럼 보이는, 그래서 빛의 존재가 인식되게 만드는 가장 낮은 지점까지 내려갑니다. 사랑과 평안이 충만한 우주적 차원계에서 빛을 퍼뜨리는 것은 대단한 일이 아닙니다.

그리스도 에너지의 진정한 힘은, 그것이 가장 어두운 골방도 뚫고 들어가며 절망의 한가운데에 사랑을 가져다준다는 데에 있습니다. 이토록 아름답고 풍성하면서도 일체성과 사랑으로부터는 너무나 먼

이 행성 지구에서, 그리스도 에너지는 씨앗을 싹 틔울 못자리를 만들며 새로운 전망을 열어젖힙니다. 여러분은 모두가 이 씨앗의 싹이며 새로운 시대의 개척자입니다. 그 길이 험하고 힘들어 보여도 여러분은 많은 것을 이뤄냈고, 여러분 자신의 내적 변성을 통해, 지금 지구로 쏟아져 내리고 있는 새로운 빛 에너지의 물결을 맞아들일 문을 여는 데 일조했습니다.

아직도 그것은 쉬운 일이 아닙니다. 지금도 권력의 남용, 두려움, 구시대의 에너지 등, 온갖 어둠이 표면으로 떠오르고 있습니다. 그러니 나는 여러분이 자신의 사명에 믿음을 갖기를 부탁합니다. 이제 싹을 틔우고 있는 여러분의 그리스도 에너지로써 자신의 내면의 어둠을 밝히는 일 말입니다. 새로운 시대의 아이들은 여러분에게 감사를 느낄 것입니다. 그들은 여러분을 필요로 하지만 또한 보답으로서 뭔가를 줄 것입니다. 그들은 가슴속에 행복과 신선한 기쁨과 고향집에 대한 생생한 기억을 품고 있습니다. 그들은 기쁨으로 빛나고 희망에 차 있고 봉오리를 틔우는 꽃처럼 사랑에 차 있습니다. 이 에너지는 여러분의 가슴을 열어서 그 안에서 경쾌한 기분과 장난기를 휘저어놓을 수 있습니다. 갖은 풍상을 겪어오면서 늙고 지친 기분에 젖은 여러분, 새로이 오는 이들에게 손을 내미세요! 그들은 여러분의 후원과 경험을 필요로 합니다. 그리고 그들은 여러분의 삶에 사랑과 즐거움을 가져다줄 것입니다. 이것이 여러분 모두를 감화시키는 과정입니다. 여러분이 아이들을 직접 대하고 있든 그렇지 않든 상관없이 말입니다. 그것은 모두를 변화시킵니다.

땅에 의식을 연결하고 잠시 침묵의 시간을 갖는 것으로 이 시간을 마무리하고자 합니다. 지구는 자체가 하나의 지성입니다. 새로운 아이들의 도착을 기다리고 있는, 영혼을 지닌 존재입니다. 그녀는 여러분을 바라볼 때 혼자 미소를 짓습니다. 그 언젠가 여러분이 이곳에 도착했을 때, 여러분 또한 너무나 아름다운 아이들이었기 때문입니다. 여러분은 개척자이자 중재자였습니다. 지구가 여러분께 품고 있는 감사를 느껴보세요. 여러분은 이 거대한 과정에 긴밀히 개입되어 있습니다. 이젠 영감과 기대에 설레며 새로운 아이들의 도착을 느껴보세요. 그들 또한 여러분을 돕기 위해서 이곳에 있습니다. 그들의 생동하는 에너지와 지혜는 여러분의 기분을 북돋아주고, 새로운 시대가 동트고 있음을 상기시켜줄 것입니다. 또한 실로 가장 먼 길이란 집으로 이어지는 마지막 모퉁이 길임을, 그리고 사랑과 평화가 마침내 꽃을 피울 날이 곧 올 것임을 상기시켜줄 것입니다.

저자의 신상과 채널링에 대해

여기서 나의 개인적 삶의 배경과 거쳐나온 영적 과정에 대해 조금 더 설명하겠다. 내가 어떻게 채널링을 하게 되었는지, 그리고 예수아와 어떻게 연결되게 되었는지를 많은 사람들이 물어왔다. 이 글은 채널링 현상에 대한 설명이라기보다는 그것이 나에게 무엇을 의미하는지에 대한 개인적인 이야기다.

배경

나는 1968년 9월 6일에 네덜란드의 작은 마을에서 태어났다. 나는 어릴 때 아동용 성서 속의 예수의 생애에 관한 이야기에 강한 호기심을 가졌었는데, 우리 부모님이 종교를 적극적으로 믿지 않았던 사실을 감안한다면 이것은 이상한 일이다. 열두 살 때 할머니가 돌아가셨다. 나는 할머니를 무척 사랑했다. 그녀는 우리 집에서 한 가족으로 살았기 때문에 내게는 부모님과도 같은 존재였다. 할머니가 돌아가신 이후로 우리 ─ 엄마, 고모, 사촌들과 나 ─ 는 사후생이나 심령현상 등에 관한 책에 매우 관심을 갖게 되었다. 이런 흥미는 내가 열아

홉 살에 대학에 입학할 때도 그대로 남아 있었다.

　나는 라이덴 대학교에서 철학 공부를 시작했고, 한 해가 지나자 회의주의자가 되어서 이 모든 종교적인 짓거리들을 미신적이고 불합리한 것으로 생각하게 되었다. 나는 철학의 합리적인 접근법을 너무나 좋아하게 되었고 열심히 공부했다. 대학교를 우수한 성적으로 졸업하면서 네덜란드의 다른 대학교에서 철학박사 학위생 자리를 제의받았다. 나의 전공분야는 현대 과학철학이었다. 한편 23세 때 나는 학계의 경력을 성공적으로 쌓아가고 있는 좀 나이 든 남자와 연애를 시작했다. 우리는 멋진 집에서 함께 살았고 나는 내가 꽤 행복하다고 생각했다.

　하지만 깊은 사랑에 빠지게 될 젊은 남자를 만나면서 그것이 사실은 그렇지 않다는 것을 깨달았다. 그도 철학박사 학위를 가진 철학자였다. 그런데 나의 애인과는 대조적으로 그는 지적이고 합리적이면서도 동시에 '영적인 것'을 믿고 있었다. 이것이 내 안의 깊은 곳을 휘저어놓았다. 나는 영적인 것에 관한 해묵은 관심을 지니고 있었지만 그것은 학문적인 환경 속에서 금지되었고, 이제 내가 영혼의 짝이라고 말할 어떤 사람이 나타나서는 너무나 오랫동안 감춰져 있었던 나의 일부를 내게 상기시켜주고 있었다. 우리는 철학과 영성에 관해 끝없이 이야기를 나눌 수 있었다. 우리는 사랑에 빠졌고, 나는 동반자와 헤어져서 살던 집과 도시를 떠났다. 하지만 우리는 그 후로 오래오래 행복하게 살지 못했다. 우리의 관계는 오래가지 못하고 내게 큰 감정적 트라우마로 경험된 일만 남기고 끝나버렸다. 우리의 심각한 충돌은 양쪽 모두의 삶을 뿌리째 뽑아버렸다. 성격 차이와 감정적인 혼란 때문에 우리는 함께 살림을 도모하지 못하고 6개월도 되지 않아 헤어져야 했다.

위기

당시 나는 다시 가난한 학생처럼 혼자서 작은 방에 세들어 살고 있었다. 그래도 나는 물질적 퇴보에 대해서는 신경 쓰지 않았다. 이 영혼의 짝인 애인이 날 버렸다는 슬픔과 한탄으로 가슴이 찢어질 뿐이었다. 이제는 아무것도 중요하지 않아져서 철학박사 논문을 완성하는 일 따위는 안중에도 없었다. 그런데 느닷없이 미국 하버드 대학교에서 한 학기 머물 수 있는 장학금이 주어졌다. 나는 특별히 어떤 것을 해야 한다는 압력도 받지 않고 그저 내가 좋아하는 수업에 참석할 수 있었다.

그래서 이 나 혼자만의 여행을 받아들였고, 그것은 내게 믿을 수 없을 만큼 깊은 경험이 되었다. 나는 생애 처음으로 완전히 혼자가 된 느낌을 느꼈다. 그리고 말하자면 별수 없이 그것을 견뎌내는 수밖에는 없었다. 지적으로 나는 완전히 빈 깡통이 되어 있었다. 철학이라는 학문에 대한 나의 관심은 완전히 시들어버려서 세계에서 가장 유명한 대학에서 내가 수강 신청한 수업을 듣는 동안, 나는 깨어 있기 위해 엄청나게 애써야만 했다. 내 마음은 더 이상 지적인 것을 받아들일 수가 없었다. 나는 너무나 지쳤고 수업이 끝나면 그저 잠을 자거나, 아니면 불행한 결혼생활에서 막 빠져나와 그 역시 외로웠던 상냥한 룸메이트와 함께 시간을 보냈다.

학교 근처의 책방에서 나는 제인 로버츠를 통해 채널링된 세쓰Seth의 책을 발견했다. 채널링 관련 서적을 읽어본 적이 없었기 때문에 처음에는 그것에 대해 아무것도 이해를 못했다. 그런데 그 책에 자꾸만 마음이 끌려서, 얼마 지난 후에는 이 책을 읽는 것이 내 나날의 큰 즐거움이 되었다. 나를 흔들어놓은 것은 독창적이고 심오하게 다가온 내용만이 아니었다. 나를 감동시키고 고양시킨 것은 에너지였다. 그것은 나를 다시 삶으로 데려온 최초의 무엇이었다.

다시 막히다

미국에서 1년을 머문 후, 나는 더 이상 학문의 길을 추구하지는 않을 것임을 알면서도 철학박사 과정은 마치기로 결심했다. 1997년, 29세 때 나는 박사학위를 받고 졸업했고, 혼자 살 멋진 아파트도 다시 얻어서 독립적인 생활을 즐기고 아꼈다. 나는 성장했다. 나는 생애 최악의 위기를 극복했고, 이제는 어느 정도 회복해야 했다. 나에게는 가장 어려운 교훈 중의 하나를 터득해야만 했다. 인간관계 속에서 자신을 완전히 망각해버릴 수는 없다는 것, 자신의 '개인성'을 받아들여야 한다는 것을 말이다.

나는 사랑에 빠지는 것을 언제나 거의 종교적인 사건으로 경험했다. 이 외로운, 불완전한 상태로부터 나를 들어 올려줄, 황홀한 일체감과 온전히 인정받는 느낌을 느낄 수 있게 해줄 누군가를 혹은 무엇을 기다리고 있었던 것처럼 말이다. '나'의 울타리 너머로 솟아오르는 초월 혹은 일체성을 갈구하는 욕망은 결국 나를 극도의 외로움과 좌절로 몰고 갔다. 이제 나는 새로운 자각의 느낌과 함께 이것으로부터 회복해가고 있었다. 하지만 아직도 매우 외로웠다. 그때 옛날의 동급생을 만났는데, 그는 당시의 내게 의미가 있는 것에 대해 정말로 허심탄회하게 이야기를 나눌 수 있는 유일한 말상대였다. 우리는 거의 4년 동안 사귀면서 함께 살았다. 하지만 그것은 남매 관계에 더 가까웠다. 나는 그게 최선이라고 스스로 타일렀다. 지나친 열정은 실컷 경험했고, 예전의 관계에 대해서는 아직도 환멸을 느끼고 있었다.

한편 대학생활에 작별을 고했으니 이제 나는 일자리를 찾기 위한 준비를 해야 했다. 그것은 생각보다 쉽지 않았다. 남자친구와 나는 철학을 가르치고 상담 일을 하고 돈을 위해서 파트타임 직업을 갖기로 했다. 나는 여러 직종에서 비서 일을 시작했지만 사무직 생활이 어떻게 돌아가는지를 알고 나서는 오싹해졌다. 권력투쟁과 가십, 비서로서는 자신의 진정한 능력을 온전히 표현하지 못하는 데서 오는 굴욕감 등등. 나는 천진난만하기 짝이 없었다. 대학교에서만 10년을 보내면서 대부분의 시간을 집에서 공부만 하고 내가 원하는 공부만 할 수 있는 자유를 만끽했으니 말이다. 몇 년 후에는 좀더 높은 직급의 일로 옮겨갔지만 결국은 스트레스에 짓눌려버렸다.

그러던 중에 전환점이 왔다. 나는 나중에 나의 스승이 된 한 여인으로부터 오라 리딩을 받았다. 그 리딩이 나를 크게 감동시키고 일깨워줬다. 그것은 내가 일에서도 애정관계에서도 행복하지 않고 균형 잡히지 못했다는 사실을 깨닫게 해주었다. 나는 내가 막다른 골목에 부딪혀 있다는 사실을 인정할 수 있었다. 나는 솟아나는 창조적인 에너지와, 미래에 대한 꿈과 전망을 품고 있었지만 한편으로는 나 자신을 온전히 표현하지 못하게 가로막는 애정관계와 직장에만 그저 매달려 있었다. 다시 홀로 서기가 두려웠던 것이다. 이 영적 치유가를 만나고 몇 달 후에 그녀와 함께 직관력 계발과 오라 리딩 코스를 시작했다. 그리고 스트레스 많고 불만스러운 회사 일은 때려치우고 좀 더 쉬운 파트타임 일을 시작했다.(그 또한 얼마 가지 않았지만.)

자아 탐사

2000년 가을에 나는 전생퇴행요법을 통해 전생을 알아보고 싶어졌다. 이것은 놀라운 모험이 되었다. 나는 이미 전생의 이미지를 저절로 볼 수 있게 되기 시작했다. 그것은 내 속에서 강한 감정을 불러일으켰고, 현재의 내 인격보다 훨씬 더 큰 존재와 동화된 느낌을 가져다주었다. 전생퇴행요법에서 나는 많은 전생을 탐사했는데 그것은 내가 왜 특정한 기분에 늘 휘둘려왔는지를 설명해주었다. 아마도 가장 큰 영향을 준 것은 가장 최근의 전생으로, 아우슈비츠 수용소에서 홀로코스트 피해자로 죽은 일이었을 것이다. 이 경험을 되살리자 내 깊은 곳에서 늘 느껴왔던 설명할 수 없는 슬픔과 삶에 대한 저항감을 이해할 수 있게 되었다. 매우 영적인 삶을 살았던 생애로부터 정말 힘없는 신분으로 살았던 생애와 권력을 함부로 휘두르며 살았던 생애에 이르기까지의 경험들은 의식의 새로운 지평을 열어주어서 내 경험을 그것을 이해할 만한 사람에게 이야기하고 싶은 욕망이 막 솟아올랐다. 그렇게 되자 남자친구는 내가 정신이 살짝 이상해져 가고 있다고 생각하기 시작했다.

게릿을 만나다

인터넷에 막 친숙해져서 여기저기를 둘러보며 다니다가 나는 윤회와 시간과 영성 등의 개념을 다루는 게릿의 웹사이트를 방문하게 되었다. 나는 즉시 그곳이 방사하는 에너지와 우리가 공유하고 있는 관심사에 이끌렸다. 나는 그가 믿기 어려울 정도로 친숙한 사람이거나, 아니면 내가 미쳐서 제멋대로 상상을 꾸며내고 있거나 둘 중 하나라는 기이한 느낌을 느꼈다. 아무튼 나는 그에게 편지를 쓰기로 했고, 왕성한 서신왕래가 있었다. 3개월 후에 우리는 일대일로 만났다. 당시 나는 남자친구와 헤어져 있었다. 게릿을 만났을 때, 나는 내가 그를 아주 잘 알고 있다는 느낌을 받았다. 단지 이 20세기의 모습으로만이 아니라 말이다! 그것은 신비하고 설명할 수 없는 느낌이었다. 나는 곧장 그에게로 끌렸고, 사실은 그 역시 그랬다!

몇 달 후 나는 그의 집으로 이사 왔고 즉시 임신했으며, 한 해가 지나기 전에 우리는 결혼식을 올렸다! 2002년에는 우리의 딸 로라가 태어났다. 나의 전생을 샅샅이 탐사하고, 게릿을 알게 되고, 게릿이 사는 네덜란드의 다른 곳으로 이사해온 기간은 내게는 깊은 전환, 심지어는 죽음의 기간처럼 느껴졌다. 내 이전의 인격으로부터 새로운 나로, 하지만 이전까지 그래왔던 것보다 더 큰 나로 솟아오르는 것만 같았다! 완전히 새로운 존재방식 속으로 발을 들여놓고 있는 듯한 느낌이었다. 마침내 모든 일이 서로 아귀가 맞아들어서 이해가 되고, 오랜 꿈이 실현될 길이 열리고 있었다.

일을 시작하다

딸을 낳은 후 나는 오라 리딩과 치유를 하는 나의 영적인 작업을 시작했다. 2002년 중반 이후로 의뢰자들이 나를 찾아오기 시작했다. 일은 그리 애를 쓰지 않고도 그저 자연스럽고 부드럽게 흘러갔다. 마침내 나 자신을 온전히 표현할 수 있는 일을 찾아낸 것이다. 스스로 예상치 못했던 많은 두려움을 다뤄가야만 했다. 이제 내가 좋아하는 일을 하게 되자, 나는 내가 자신을 진정으로 표현하고, 남과 다르고, 강하고 자신감 있는 존재가 되는 것 자체를 두려워한다는 사실을 깨달았다. 생애 처음으로 아무것도 억누르지 않고 자신을 진정으로 표현하고 있었으므로 나는 무방비 상태로 노출된 불안을 느꼈다. 사람들로부터 거부당하거나 비판을 받을지도 모른다는 위험이 나를 두렵게 만들었다. 일주일에 겨우 몇 번의 상담밖에 할 수 없었다.

예수아를 만나다

한편 게릿과 나는 우리 자신을 위한 시간을 자주 가졌다. 우리 내면세계의 감정적 상처, 이생과 전생의 상처들을 들여다보고, 점성학이나 세계정세의 변화상 등에 관해서도 탐사했다. 어느 날 밤, 나는 친숙해 있던 에너지와는 다른 에너지가 곁에 와 있는 것을 감지했다. 그것은 진지하고 엄숙한 느낌이어서 나를 좀 불안하게 만들었다. 나 자신이나 다른 사람들의 인도령을 접촉하는 데는 익숙해 있었지만, 이것은 다른 느낌이었다.

나는 게릿의 도움을 받아 이것이 누구인지를 알아보기로 했다. 그리고 내가 트랜스 상태에 들어 그 에너지와 연결되자 예수아 벤 요셉이라는 이름이 내 영안 앞에 떠올랐고, 나는 즉시 그것이 진실임을 느꼈다. 그 즉시, 내 지성이 의심과 의문을 제기하기 전에, 나는 예수아가 내게는 매우 친밀한 존재라서 가깝게 느끼는 것이 너무나 당연한 일임을 알아차렸다. 나는 그 에너지를 속으로 알아볼 수 있어서 그 연결을 받아들였다. 그가 자신을 예수가 아니라 예수아 벤 요셉으로 소개했다는 사실은 성경과 기독교 전통이 조작하여 만들어낸 그 인격은 자신과 무관하다는 점을 애초부터 분명히 밝히고자 하는 그의 뜻을 보여주었다.

나는 다음 몇 달 동안 예수아와의 연결을 탐사해보기 시작했다. 아무에게도 이야기하지는 않았다. 게리만이 알고 있었다. 예수아와 연결될 때 나의 오라와 신체로 들어온다고 느껴지는 그 에너지는 거기에 적응하는 데 기간이 필요했지만, 권위 있고 올바른 어떤 것처럼 느껴졌다. 그의 에너지는 매우 중심 잡히고 안정되어 있어서 내 의식에 감상적이거나 극적인 요소가 없는 선명한 초점을 제공해주었다. 그것은 매우 직선적이고 힘이 있었다. 그것이 품고 있는 힘은 나를 겁나게 했다! 그것은 내게 상황을 매우 선명하게 직시할 수 있는 의식 수준을 제공해주었다. 하지만 그것은 다른 사람에게는 소요를 일으키거나 불안해지게 만들 수도 있는 그런 방식이기도 했다. 사람들과 맞부딪히기를 피하면서 친절하고 상냥하게 굴려고 애쓰는 것이 내 성격의 일부였지만, 나는 내가 그 동안에 이미 꽤 독립적이고 단호해졌다고 생각했었다. 그러나 예수아의 에너지는 내가 아직도 한참 더 가야 한다는 것을 보여주었다! 특히나 리더reader와 힐러healer로 일하면서 나는 나의 감수성 높고 공감에 능한 측면을, 용감히 나서서 자신의 울타리를 지키고 무거운 감정적 에너지들 속에서 균형과 중심을 유지할 수 있도록 도와주는 남성적 에너지와 균형을 이루게 해야 했다. 예수아는 말로써 정보를 주는 것뿐만 아니라 실제로 자신의 에너지를 내게 전해주어 사물을 그의 눈으로, 아니 어쩌면 더 잘 표현하자면, 우리 모두의 내면에 있는 그리스도 에너지의 눈으로 바라보면 어떻게 보이는지를 이해할 수 있게 함으로써 치유가로서의 나의 작업에 안내자 역할을 제공해줬다. 그의 에너지를 채널링함으로써, 말 그대로는 그것을 내 몸과 오라 속으로 들어오게 함으로써 나는 개인적으로 더욱 성장하고 사물을 더욱 잘 이해할 수 있게 되었다.

얼마 지난 후부터는 예수아가 게릿과 나에게 좀더 우주적인 성격의 정보를 주기 시작했다. 나는 게릿의 안내를 받아 트랜스 상태로 들어가고, 그러면 예수아가 단어와 느낌의 형태로 오는 메시지를 전해주곤 했고, 나는 그것을 말로 옮겨야 했다. 그것을 가장 잘 표현할 방법은 아마도, 그가 나에게 통찰 ― 아, 그렇구나! 하는 느낌을 느끼게 하는 ― 을 전해주면 나의 할 일은 그것을 적절한 단어와 문장으로 옮기는 것이었다고 말하는 것이리라. 어떤 때는 마치 말이 그대로 그렇게 내게 전해진 것만 같이 입에서 술술 나왔고, 다른 때는 내가 느끼는 에너지에 어울리는 외형적 표현을 찾아야만 했는데, 그건 몸부림에 가까웠다. 채널링 중에 나오는 에너지는 말로 표현하기가 어려울 때가 많았는데, 그것은 단순히 문자적인 정보만이 아니라 치유와 사랑과 명료한 의식의 에너지이기 때문이었다.

맨 먼저 전해진 메시지는 빛의 일꾼 시리즈(이 책의 1부)였다. 그것은 빛의 일꾼 영혼들의 역사와 새로운 시대의 도래, 그리고 에고에 중심한 의식에서 가슴에 중심한 의식으로의 변성에 관한 메시지를 담고 있다. 예수아는 이 시리즈가 특히 빛의 일꾼들을 위한 것이라고 말했다. 그는 그들이 깨어나서 자신의 정체를 깨닫는 것이 중요하다고 했다. 나머지 인류가 가슴에 중심한 의식으로 향해 가도록 그들이 도울 수 있게 되는 것은 그들 자신이 그렇게 깨어난 이후부터라는 것이다.

대중 앞에 나서다

나는 아직도 사람들로부터 조롱받거나 그들이 믿어주지 않을까봐 겁이 나서 예수아와의 연결에 대해서는 아무에게도 이야기하지 않고 있었다. 나로서는 그 누구에게도 내가 "예수아, 곧 예수를 채널링하고 있노라"고 말한다는 것이 도무지 불가능한 일로 보였다. 내 마음의 뒤편에는 내가 자신을 속이고 있거나 헷갈려 있거나 정신이 나갔거나 아니면 그보다 더 심각한 상태임을 스스로 노출시키고 있는 것이라고 자신을 일깨우려고 애쓰고 있는 회의적인 철학자의 모습이 어른거리고 있었다. 그럼에도 불구하고 나는 가까운 몇몇 친구에게 그 사실을 털어놓고 작은 모임을 함께 가졌는데, 그것이 잘 진행됐다. 또 우리는 채널링의 첫 번째 시리즈 내용을 나의 네덜란드어 웹사이트에다 공개했다. 그리고 내가 예수아를 '만난' 지 1년이 더 지났을 때, 벨기에의 한 영성 센터로부터 공개 채널링을 해달라는 초청을 받았다. 나는 그것을 생각만 해보고도 놀랐다. 하지만 다른 한 편에서는 그것을 거부해서는 안 된다는 것을 알았다. 나는 이 두려움을 극복하고 지나가야 하며, 예수아가 날 헤매게 놔두지 않으리라는 것을 알고 있었다. 나는 몇 주일 동안 불안에 떨고, 전날에는 아프고 잠도 못 잤다. 하지만 최초의 공개 채널링은 개최됐고, 그것은 내게 매우 긍정적인 영향을 미쳤다. 그것은 짤막한 채널링과 문답 시간이었지만(이 책 2부의 치유 시리즈 앞부분) 나는 예수아의 임재가 나를 관통하여 쏟아져 내리는 것을 매우 선명하게 느꼈다. 사람들은 따뜻하고 열정적인 반응을 보여줬고, 공개처형은 일어나지 않았다.

그 최초의 공개 채널링 후에 나는 너무나 의식이 고양되어서 즉시 앞으로는 우리 집에서 모임을 갖기로 했고, 실제로 그렇게 했다. 하지만 아직 두려움이 모두 사라진 것은 아니었다. 청중들 앞에서 채널링을 해야 할 때마다 나는 엄청난 저항과 두려움과 심지어는 분노까지 느꼈다! 나는 내성적이고 소심해서 사람들 앞에서 편안하게 말하는 성격이 아니었다. 내 입에서 뭔가 그럴듯한 말이 나오리라는 확신도 없으면서, 아니 애초에 예수아가 거기에 임재할지를 확신하지도 못하면서 왜 자신을 그런 위험한 지경에 떠밀어 넣는단 말인가! 물론 그는 나를 위해 언제나 거기에 '있었다'. 끈질긴 불안과 두려움과 '내가 이 짓을 해야만 한단 말이야?' 하는 분개는 단지 이 너무나도 황당한 짓을 끝장내버리려는 내 에고의 최후의 발악이었다.

예수아가 나를 통해 말하게 하는 이 일은 나의 모든 방어체계를 허물어뜨리며 진행되었다. 그것은 조심조심 몸을 사리며 방관하기만 하는 나의 모든 습성을 우습게 깔아뭉개버렸다. 나는 오랫동안 사람들을 쉽게 믿지 않고 좀 염세주의적으로 살아왔다. 그런데 이제 이 에너지적 존재는 내 입을 통해 사람들에게 자신이 그들을 얼마나 아끼고 사랑하는지를 말하고, 그들 자신의 내적 앎과 권능을 포용해 들이도록 부추기고, 심지어는 그들의 완강하고 저항적인 태도를 유머러스하게 나무라기까지 하고 있었다. 이건 나일 수가 없었다!

나는 우리에 대한 사람들의 반응에 놀랐다. 우선, 우리는 모든 채널링 내용을 네덜란드어로 된 우리의 웹사이트에 올렸고, 그것은 점점 더 많은 사람들을 끌어들이기 시작했다. 우리는 그다음 해에 사람들로부터 수백 통의 이메일을 받았고, 그들은 메시지에 매우 감동했으며 마치 예수아가 직접 말하는 것만 같았다고 말했다! 나중에 나는 채널링 내용을 영어로 옮겨서 영어 웹사이트도 만들었다. 그것은 처음에는 많은 독자를 끌어들이지 못했지만 예수아는 우리에게 그저 그대로 놔두고 기다리라고 했다. 과연 1년 이상 지나자 영어권 독자들로부터 메시지가 오기 시작했고, 우리는 외국에 있는 사람들에게도 장거리 리딩을 해주기 시작했다. 일이 바빠지고 있었다.

확장

여러 나라로부터 몇몇 사람들이 이메일로 연락하여 예수아의 메시지를 번역해주겠다고 자원했다. 마치 가족 같은 느낌의 마음 맞는 영혼들이면서 유능한 번역가인 그들은 난데없이 우리에게 나타났다. 그리고 그저 예수아의 메시지에 영감을 받았다는 이유만으로 노력봉사를 제공했다. 놀라운 일이었다. 이제는 스페인어, 히브리어, 프랑스어, 포르투갈어, 독일어, 핀란드어 판도 인터넷에서 읽을 수 있다.(현재는 20개 국어로 서비스 중임. 역자 주.) 우리는 문화의 장벽을 초월하여 공통의 관심사와 소망을 지닌 온 세계의 사람들과 친구가 되었다. 예수아는 나에게 메시지 내용을 글로 쓰고 나서는 그저 놓아 보내라고 했다. 그것은 제가 알아서 자신의 길을 찾아가리라는 것이었다. 그리고 그건 정말로 그랬다.

여기에는 인터넷이 주된 매체가 되어주었다. 우리의 이야기 속에서 한 가지 동시성 현상은, 게릿이 IT 컨설턴트로 일하고 있어서 웹사이트를 설계하고 관리할 수 있다는 사실이었다. 또한 나는 철학도였던 나의 배경이 예수아의 에너지를 말과 개념으로 옮겨놓는 데 크게 도움이 되었다고 느낀다. 그리고 또 나는 언제나 글쓰기를 좋아했고, 철학도 시절에는 영작 훈련도 했었다. 채널링의 통로를 열고 의뢰자를 위해 리딩을 해주면서, 나는 내가 마침내 '나의 일을 하고 있다'는 느낌을, 내가 타고난 그 일을 하고 있다는 느낌을 느낀다. 세계 각지의 사람들로부터 따뜻하고 상냥한 반응을 받아보는 것은 나에게 깊은 성취감을 안겨준다. 나는 또 이제 내가 가장 좋아하는 일을 하면서 살아갈 수 있다는 사실에 감사를 느낀다.

채널링 – 약간의 폭로

마지막으로, 채널링이라는 전반적인 현상에 대해 약간의 말을 덧붙이고 싶다. 어쩌면 네덜란드인으로서(우리는 매우 현실적인 사람들로 여겨진다!), 그리고 내가 마주쳤던 일부 뉴에이지 관련물에 대해서는 아직도 상당히 회의적인 사람으로서, 채널링에 관련된 몇 가지 사항에 대한 견해를 바로잡고 싶다.

– 채널러와 채널되는 존재 사이의 관계

나는 채널링을 인간과 스승 역할을 하는 비육체적인 존재 사이의 하나의 협동작업으로 여긴다. 스승은 인간에게 영감과 확장된 시야를 제공하고, 인간은 그 영적 존재의 에너지를 인간이 성장환경과 교육과 문화를 통해 익숙해져 있는 언어와 개념으로 옮겨준다. 나는 비육체적인 존재의 에너지를 순수하게 채널링하기 위해서 인간 채널러가 자신을 완전히 한구석으로 밀어놓는 것이 가능하다고, 아니, 바람직하다고도 믿지 않는다. 나는 채널러의 사고 틀과 인식과 어휘가 전해지는 내용에 크게 영향을 미치게 되는 것은 불가피한 일이라고 생각한다. 채널러가 깊은 트랜스 상태에 들어간다고 하더라도 그 채널은 수신기이자 그릇이어서 그 내용물의 공동창조자이다. 나는 채널러가 자신은 아무런 역할도 하지 않고 전적으로 외부로부터 메시지를 수신할 수 있다고 가정하는 것은 순진한 생각이라고 본다. 나는 메시지가 내면으로부터, 채널러의 의식을 통해서 나오고 그것이 영적 스승의 의식에 의해 확대된다고 믿는다. 그리고 채널링의 질은 채널러가 자신을 제거하는 정도보다는 채널러와 채널되는 존재가 지닌 의식의 수준에 더 좌우된다고 믿는다. 채널링은 본질적으로 공동창조다.

– 채널링된 정보의 질을 판단하는 법

채널링은 아름답고 영감을 주는 것일 수 있다. 그러나 그것은 또 말도 안 되는 장난이나 공허한 언사나 두려움에 찬, 도덕주의적인 비탄이 될 수도 있다. 심하면 그것은 어떤 보이지도 않는 영적 위계구조상의 지위나 이름밖에는 아무런 실속도 없는 권위에 대한 숭배로 이끌어갈 수도 있다. 외부의 모호한 권위를 숭배하는 것 ― 이것이야말로 모든 영적 스승들이 경계해온 바로 그것이 아닌가?

정보가 채널링된다는 사실 자체는 그 내용의 질에 대해서는 아무것도 말해주지 않는다. 과학이론을 과학적인 적으로, 믿을 만한 것으로 만드는 것이 무엇인지를 탐구하는 철학분야인 과학철학에서는 '발견의 맥락'과 '정당화의 맥락' 간의 구분이 유용하게 쓰인다. 과학이론의 발견으로 이끈 그것은 그 이론이 정당화될 수 있는지 여부와는 아무런 상관이 없다. 과학자들은 자신의 개인적인 꿈과 연상과 공상을 바탕으로 자신이 바라는 어떤 이론이든지 만들어낼 수 있다. 하지만 일단 이론이 만들어지면 그것은 실험을 통한 확인, 일관성, 설득력 등의 공인된 기준에 의거하여 동료들의 판정을 받게 된다. 그러니 발견의 맥락 내에서는 무엇이든지 다 가능하다. 하지만 정당화의 맥락에서는 어떤 이론이 과학계에서 가치를 인정받으려면 일정한 품질기준을 만족시켜야 한다.

나는 채널링 내용에 대해서도 같은 기준이 적용된다고 생각한다. 채널링 메시지도 '한갓 인간'이 전한 영적 메시지와 동일한 기준에 의거하여 판단해야 한다. ― 정보가 명확한가, 그것이 기존의 지식에 새로운 통찰을 더해주는가, 자신을 더욱 사랑하도록 영감을 북돋아주는가, 메시지에 의해 고양되고 깨달은 느낌이 드는가? 그 대답이 '그렇다'라면 누가 그것을 채널링했고 어떻게 나오게 되었는지(발견의 맥락)는 상대적으로 중요하지 않다고 본다. 증거는 요리 자체에 있지 그것을 만든 요리사가 자처하는 지위나 등급에 있지 않다.

- 나의 채널링 경험

예수아를 채널할 때, 나는 자신이 작아지기보다는 커지는 것을 느낀다. 나는 그의 에너지가 나를 나 자신의 더 큰 자아의 품격으로 솟아오르도록 도와주는 것을 느낀다. 나는 그가 사실은 일상의 작은 나와 더 큰 나 사이에 다리를 놓아서 내가 더 큰 나를 조금씩 더 체화해가도록 도와주고 있다고 생각한다. 그가 이렇게 할 때마다, 그리고 내가 그것을 허용할 때마다 나는 의식을 조금씩 더 확장해가고, 그것은 나 자신이 더 강해지고 성장해가도록 도와준다. 한번은 채널링을 하는 중에 나 자신의 더 높은, 혹은 더 큰 자아(내가 '오렐리아'라 부르는)의 임재감이 하도 강하게 느껴져서 내가 아직도 예수아를 채널링하고 있는지가 의심스러워졌다. 그날 저녁 잠들기 전에 그에게 그것을 물어보았더니 그는 매우 깊은 애정을 느끼게 만드는 말을 했다. ― "늘 명심하세요. 내가 당신을 위해 거기에 있는 것이지 당신이 나를 위해 거기에 있는 것이 아니랍니다." 이것이 나에게는 그것을 아

420

주 분명히 이해하게 해줬다. 우리는 모두가 우리의 더 큰 자아를 이 땅 위에 온전히 체화하여 나타내게끔 되어 있다. 스승들은 우리가 가는 길을 돕기 위해 오고, 진정한 스승이라면 그/그녀는 우리가 필요로 할 때까지 우리를 도와줄 것이고, 그다음엔 길을 비켜준다.

처음만큼 자주 그와 '채팅'을 나누지는 않고 있음에도 불구하고, 예수아는 여전히 나와 함께 있다. 요즘은 내가 개인적인 질문을 던질 때 그는 종종 되묻는다. ─ "당신은 그에 대해 정말 어떻게 느끼나요?" 그래서 내가 거기에 의식을 집중하면 대답은 거기서, 나 자신의 내면의 앎과 직관으로부터 나온다. 그렇게 예수아는 우리 모두로 하여금 자기 자신의 힘을 발휘하도록 부추겨주고, 채널링을 목적이 아니라 하나의 수단으로 바라보게 한다. 어쩌면 나도 언젠가는 더 이상 예수아에게 기대지 않고 나 자신의 더 높은 자아, 곧 그리스도화된 나의 자아를 채널링할 수 있게 되리라. 그런 나에게 그가 제일 먼저 박수를 보내줄 것임을 확신한다!

예수아가 채널링에 대하여

'채널링에 관한 채널링'으로 이 글을 마무리하겠다. 아래는 채널러인 나와 그의 관계에 대해 예수아가 한 말이다.

채널링은 다른 ― 비육체적인 ― 존재의 도움을 받아 여러분 자신에게 더 가까이 다가가는 하나의 방법입니다. 이 존재는 일시적으로 스승의 역할을 합니다. 스승의 에너지는 여러분으로 하여금 자신의 더 깊은 차원에 다가가도록 도와줍니다. 스승의 에너지는 여러분 자신의 빛을 가리고 있는 두려움에서 벗어나도록 여러분을 들어 올려 줍니다.

스승은 여러분 자신의 빛을 여러분에게 보여줍니다. 스승은 여러분의 빛에 대해 여러분보다 더 잘 압니다. 이 빛, 여러분 내면의 앎에 스스로 다가갈 수 있게 되는 순간 스승은 불필요하게 됩니다. 그러면 여러분은 자기 자신의 빛을 채널링할 수 있게 됩니다. 스승은 더 이상 여러분과 여러분의 더 높은 자아 사이에서 다리의 역할을 할 필요가 없어집니다.

나는 잠시 동안 여러분 자신의 빛에 대해 여러분을 상기시켜주고 있습니다. 나는 예수아 벤 요셉의 모습으로서 여러분 자신의 위대한 참모습을 비춰 보여줍니다. 내 안에서 여러분은 여러분 자신, 여러분의 그리스도 자아를 봅니다. 하지만 여러분은 아직 이것을 온전히 깨닫지 못하고 있습니다. 나는 여러분에게 하나의 준거 틀과도 같습니다. 나의 에너지는 하나의 횃불과 같은 역할을 합니다. 나는 여러분이 자신의 그리스도 자아와 더 깊이 친밀해지도록 도와줍니다. 그것이 서서히 전면으로 나서고, 나는 배경으로 물러날 것입니다. 이건 아무 문제가 없습니다. 원래 그렇게 되어야만 합니다. 잊지 마세요. ― 이 관계에서 내가 여러분을 위해서 거기에 있는 것이지, 여러분이 나를 위해서 거기에 있는 것이 아닙니다. 나는 목적이 아니라 수단입니다. 그리스도의 거듭남은 여러분 그리스도 자아의 깨어남이지 나의 깨어남이 아닙니다.

나는 여러분의 큰 자아에 이롭도록 행동합니다. 나의 목표는 여러분이 나를 불필요한 존재로 만들게 하는 것입니다. 나를 채널링할 때 여러분 자신을 작은 존재, 보이지 않는 존재로 만들려고 애쓰지 마세요. 나는 여러분이 자신을 더 크게 만들어 자신의 진정한 힘이 흘러나가는 것을, 그리하여 세상을 밝히는 것을 느끼기를 바랍니다.

스승은 길을 가리켜주지만 그 길을 걸어가는 것은 여러분입니다. 좀 가다 보면 여러분은 자신이 혼자서 걷고 있는 것을 깨달을 것입니다. 스승은 뒤에 남겨두고 왔으니까요. 이것이야말로 장엄하고 거룩한 순간입니다. 스승은 여러분 내면의 존재로서 가슴속에서 여러분과 함께 있을 것입니다. 하지만 분리된 형상은 사라지고 없을 것입니다.

우리는 연결되어 있습니다. 하지만 성장해갈수록 여러분은 나를 점점 덜 자주 보게 될 것입니다. 아니면 나를 분리된 존재로서 찾고자 하지 않게 될 것입니다. 나는 서서히 여러분 자신의 에너지의 일부가 될 것입니다. 그리고 어느 시점에 이르면 여러분은 나를 더 이상 자신과 분리된 존재로 알지 않게 될 것입니다. 이것이 여러분이 나를 진정으로 듣고 보았음을 입증해줄 것입니다.